연결의 법칙

연결의 법칙

장벽을 허물고 관계를 변화시키는 마인드셋

데이비드 롭슨
김수진 옮김

THE LAWS OF CONNECTION

까치

THE LAWS OF CONNECTION : 13 Social Strategies That Will Transform Your Life

by David Robson

Copyright © 2024 by David Robson
All rights reserved.
Korean translation copyright © 2025 by Kachi Publishing Co., Ltd.
Korean translation rights arranged with Felicity Bryan Associates Ltd.
through EYA Co., Ltd.

이 책의 한국어판 저작권은 EYA Co., Ltd.를 통해서 Felicity Bryan Associates Ltd.와 독점계약한 (주)까치글방이 소유합니다. 저작권법에 의하여 한국 내에서 보호를 받는 저작물이므로 무단전재와 무단복제를 금합니다.

역자 김수진(金秀眞)
이화여자대학교와 한국외국어대학교 통번역대학원을 졸업한 후 공공기관에서 통번역 활동을 해왔다. 현재 번역 에이전시 엔터스코리아에서 번역가로 활동하고 있다. 옮긴 책으로 『물의 시대』, 『딜리셔스』, 『제텔카스텐』, 『명상록』, 『지그문트 바우만 행복해질 권리』, 『선악의 기원』, 『어떻게 행복해질 것인가』, 『혐오와 대화를 시작합니다』 등 다수가 있다.

편집, 교정_옥신애(玉信愛)

연결의 법칙
장벽을 허물고 관계를 변화시키는 마인드셋

저자/데이비드 롭슨
역자/김수진
발행처/까치글방
발행인/박후영
주소/서울시 용산구 서빙고로 67, 파크타워 103동 1003호
전화/02 · 735 · 8998, 736 · 7768
팩시밀리/02 · 723 · 4591
홈페이지/www.kachibooks.co.kr
전자우편/kachibooks@gmail.com
등록번호/1-528
등록일/1977. 8. 5
초판 1쇄 발행일/2025. 9. 5

값/뒤표지에 쓰여 있음

ISBN 978-89-7291-881-3 03180

로버트에게

추천의 글

과학적인 연구 결과와 실용적인 조언을 섞어 엄밀하고도 명료하게 기술하는 책이다. 동시에 사회적 연결이란 그저 있으면 좋은 것이 아니라, 우리의 생존에 반드시 필요한 요소라고 주장한다. 이 책은 자신이 '사교적인 사람'이 아니라고 생각하는 사람들에게 안도감을 선사한다.……지혜와 실용적인 조언으로 가득한 이 책에는 한 번도 접한 적 없는 유익한 정보들이 담겨 있다. 「디임스」(2024년 올해의 자기계발서 선정)

롭슨은 다른 사람들과 의미 있는 유대관계를 맺으려고 고군분투하는 이들에게 용기를 줄 만한 소식을 전한다. 이 책은 당신의 생각보다 사람들이 당신을 더 많이 좋아하고 존중하며 마음속 가장 깊은 생각과 감정에도 큰 관심이 있다고 강변한다. 롭슨의 모든 주장은 사회적 연결이 정신 건강과 장수에 필수적이라는 심리학과 신경과학 분야의 최신 연구 결과에 뿌리를 둔다. ―「월 스트리트 저널」

롭슨은 방대한 우수 연구 결과들 중에 핵심만을 뽑아서, 사회적 연결을 구축하거나 단절하는 방법을 설명하는 매력적인 책을 탄생시켰다. 나는 이 책을 읽고, 명백히 잘못된 믿음을 우리가 얼마나 오래 품어왔는지를 깨닫고 놀라고 말았다. 사회적 고립이 흔해진 이 시대에 필요한 시의적절한 책이다. ―로런 아기레(과학 저널리스트, 『기억 도둑』 저자)

누구나 대부분 알고 있지만 너무 빠르게 잊어버리는 사실 하나가 있다. 다른 사람들과 유대를 이루는 것보다 더 중요한 일은 이 세상에 별로 없다는 것이다. 이 사실을 새롭게 상기시키는 책이다.
―너태샤 런(저널리스트, 「레드 매거진」 편집장)

현시대의 고립이라는 문제를 해결할 완벽한 해독제이다. 롭슨은 특유의 재기, 그리고 미묘한 차이를 놓치지 않는 문장들로, 왜 많은 사람들이 바다 한가운데에 떠 있는 섬처럼 외톨이라고 느끼는지를 희망차고도 재미있게 설명한다. 또한 섬과 섬을 잇는 다리를 세우듯이, 다른 사람들과 인연을 맺으면서 사회적으로 더 충만한 삶을 살기 위한 실용적이고도 검증된 전략을 제공한다.
―할 허시필드(캘리포니아 대학교 로스앤젤레스 심리학과 교수)

이 책은 인간의 소속감을 탐구하는 과학의 세계로 아름다운 여행을 떠나도록 초대한다. 스스로 사회적 관계가 부족하다고 느끼는 사람을 포함하여 모든 이들에게 매우 유용한 책이다. 롭슨의 눈부시게 매력적인 이 책을 널리 추천한다. ―윌 스토(저널리스트, 『이야기의 탄생』 저자)

모든 과학 분야를 아우르는 세계적인 저널리스트가 내놓은 눈부신 작품이다. 사회성의 이점을 파헤친 최신 연구들의 진수만을 뽑아 만든 역작이 탄생했다. 롭슨은 모든 종류의 건강한 인간관계를 형성하고 유지하는 데에 필요한 과학 기반의 실용적인 조언을 공개한다. 이 비결들은 수명만 연장하는 것이 아니라 목숨까지도 구할 수 있다. 롭슨은 우리에게 대범해지라고 주문한다. 모르는 사람에게 말 걸고, 주저 말고 칭찬하고, 솔직하게 속을 훤히 드러내고, 연락이 끊긴 친구에게 다시 연락하고, 도움을 청하고, 용서하고, 사과하라고 한다. 무엇보다도 사회적 연결이 음식이나 물만큼 우리의 정신적, 육체적 건강에 필수적이라는 사실을 마음속 깊이 받아들일 것을 요청한다. 소심한 사회성을 극복하는 로드맵이자 인간 혐오증을 고치는 과학 기반 치료법을 제공한다.

　　　　—저스틴 그레그(성 프랜시스 그자비에 대학교 생물학과 겸임교수)

롭슨은 내가 가장 좋아하는 작가이다. 그의 글은 과학적인 정확성, 매력적인 스토리텔링, 적절한 실용성이라는 3박자가 완벽한 균형을 이룬다. 대인관계에 관한 방대한 연구들 중에서 최고의 조언만을 골라서 엮은 이 책은 관계를 맺고 강화하기 위한 포괄적인 로드맵을 제시한다. 사람들과 가벼운 이야기를 능숙하게 나누고 싶든 인생에서 중요한 사람과 친밀한 관계를 유지하고 싶든, 이 책은 당신에게 과학적으로 검증된 동시에 피부에 와닿는 해법을 제시한다.

　　　　—버네사 본스(코넬 대학교 조직행동학 교수)

당신을 그야말로 더 좋은 친구, 더 좋은 동료로 만들어주며, 심지어 당신의 사회생활을 향상시켜줄 매력 만점의 책이다. 롭슨은 흥미진진한 일화들와 강력한 조언을 마치 씨실과 날실처럼 매끄럽게 엮어서, 누구보다 요란한 외향인이든 누구보다 조용한 내향인이든 사회성을 향상할 수 있게 도와준다. 점점 양극화되어가는 오늘날, 다른 사람들과 잘 어울려 지내고 싶은 사람이라면 누구든지 반드시 일독해야 한다.

　　　　—멜리사 호겐붐(BBC 과학 저널리스트, 『엄마라는 이상한 이름』 저자)

롭슨은 '사교적인 사람'으로 살지 않아도 된다는 생각을 일축한다. 호감의 대상이 되지 못할지도 모른다는 두려움이 우리를 망설이게 만든다. 이번 주말에 당장 파티에 참석하라! 당신의 목숨을 구할지도 모른다.

　　　　—마리안 파워(저널리스트, 『딱 1년만, 나만 생각할게요』 저자)

고개를 끄덕이게 만드는 책이다. 지나치게 과학에 몰입되지 않으면서도 사회적 연결이 가져오는 이점의 심리학적, 신경과학적 뿌리를 찾아 내려가는 롭슨의 솜씨가 노련하다. 책은 각 장이 끝날 때마다 구체적인 "행동 전략"을 제시한다. 가령 갈등 상황에서 '어떤 상태인지를 묻는 물음'보다는 더 넓은 통찰을 유도하는 '왜 그런지 이유를 찾는 질문'을 던지라고 한다. 코로나 감염병 유행 이후로 사회적 유대관계를 재정립하고자 애쓰는 사람들에게 롭슨의 통찰은 특별히 귀하게 다가올 것이다.
―「퍼블리셔스 위클리」

삶을 최적화하는 법을 다루는 글이 범람하는 오늘날 이 책은 우리의 사회성을 강화하는 데에 도움이 되는 과학 기반의 실용적이고도 실천 가능한 비법들을 담고 있다.
―「i뉴스」

차례

서론 13

제1부 연결을 만드는 법칙

1 사회적 치유 27

2 우리는 어떻게 연결되는가 53

3 성격이라는 신화 82

4 자기중심적 사고 극복하기 109

5 대화의 기술 137

6 감사 표현하기 166

제2부 연결을 유지하는 법칙

7 진실, 거짓, 비밀 195

8 질투하지 말고 함께 기뻐하기 223

9 도와달라고 부탁하기 246

10　나쁜 감정 치유하기　271
11　건설적인 의견 충돌　299
12　용서 구하기　327

결론 열세 번째 연결의 법칙　355

더 참고할 만한 자료　363
용어 정리　365
감사의 글　371
출처들　373
주　375
역자 후기　419
인명 색인　421

서론

헬렌 켈러는 듣지도 보지도 못한다는 것이 유년 시절의 자신에게 일종의 감금 상태와 같았다고 회고했다. 다른 사람들과 인연을 맺을 수단이 전혀 없던 그녀는 자기 마음 안에 갇힌 수감자와 다를 바가 없었다. 그녀를 그 감옥에서 빠져 나오게 할 방법을 찾지 못한 가족은 점차 절망에 빠졌다.

 그녀의 해방은 앤 설리번이라는 스무 살 여성의 모습으로 찾아왔다. 설리번은 켈러에게 피부의 촉감으로 소통하는 법을 가르쳤다. 그러자 그녀는 독방에서 풀려나는 놀라운 경험을 하게 되었다. "사랑이 찾아와 나의 영혼을 자유롭게 풀어주었다." 훗날 켈러는 이렇게 표현했다. "한때는 초조해하면서 나를 가두던 벽에 몸을 부딪쳤다.……그런데 다른 사람의 손가락에서 나온 작은 단어 하나가 텅 빈 곳을 부여잡은 나의 손 안으로 들어왔다. 그러자 살아 있다는 황홀감에 두근두근 가슴이 뛰기 시작했다."[1]

 그녀는 마침내 언어를 통해서 자신의 생각과 감정을 공유할 수 있게 되었다. 그녀는 일상에서 쓰는 물건의 이름을 익히는 것만으로도 "나머지 세상과 긴밀히 연결되어 있다는 동류의식"이 커졌다. "사랑"이라는 단어를 깨닫는 순간에는 "아름다운 진리"가 마음속으로 불쑥 들어오는 경험을 했다. "나의 영혼과 다른 사람들의 영혼을 이어주는, 눈에 보이지 않는 끈이 있는 것처럼 느껴졌다."[2]

켈러는 성장하면서 다채로운 사회적 연결망을 한 땀 한 땀 만들었다. 그녀는 작가 마크 트웨인과도 놀랄 만큼 친밀한 유대관계를 이루었다. 그는 헬렌 켈러를 가리켜 "카이사르와 알렉산드로스, 나폴레옹, 호메로스, 셰익스피어를 비롯한 모든 불멸의 위인들의 동료"라고 묘사했다.[3] 그녀의 자서전에는 비범한 끈기에 관한 이야기만큼이나 우정에 대한 찬사가 가득하다. "친구들이야말로 나의 인생 이야기를 만들어준 장본인들이다." 그녀는 자서전의 마지막 부분에서 이렇게 언급했다. "그들은 수천 가지 방법으로 나의 한계를 아름다운 특권으로 탈바꿈시켰고, 나의 부족함 때문에 드리운 그림자 속에서도 내가 평온하고 행복하게 걸어가도록 해주었다."[4] 켈러는 사는 내내 이런 정서를 되풀이해서 표현하면서 명언을 남겼다. "나는 빛 속에서 홀로 걷기보다는 어둠 속에서 친구와 함께 걷겠다."

켈러가 앤 설리번을 만나기 전에 얼마나 큰 고독감을 경험했을지 이루 헤아릴 수 있는 사람은 거의 없다. 그래도 나는 우리 모두가 다른 사람들로부터 단절된 느낌이 어떤지 최소한 조금은 공감할 수 있다고 확신한다. 마침내 다른 사람과의 친밀감을 발견하고, 사랑하는 사람들과 자신을 이어주는 "눈에 보이지 않는 끈"이 잡아당기는 느낌에 마음이 설레는 경험이 무엇인지도 분명 공감할 수 있을 것이다.

연결에 대한 갈망은 보편적인 감정이다. 나 역시 인생 속 감정의 풍경을 따라가보면, 외로움과 함께 깊은 계곡으로 빠졌다가 상호 이해의 순간마다 가장 높은 봉우리로 밀려 올랐음을 알 수 있다.

이제 우리는 진한 유대관계가 진한 즐거움만 주는 것이 아니라는 사실을 잘 안다. 여러 연구 결과에 따르면 연결감은 건강 및 장수와 일관되게 관련되어 있다. 즉, 연결감이 커지면 더 건강해지고 더 오래 산다는 말이다. 사회활동은 심리적 괴로움을 감소시키고, 우리를 감염으로부터 보호하고, 알츠하이머와 심장 질환 위험을 낮춘다.[5] 또한 사람들은 강한 사회적 지지를 받는다고 느낄 때, 문제 해결력과 창의력 검사에서 더 좋은 성적을 거두며 직업적으로도 더 큰 성공을 누린다.[6]

과학자들은 풍부한 증거들을 바탕으로 마치 복음을 선파하듯이 우리의 안녕감을 향상하는 연결의 힘을 널리 알리려고 한다. 그런데 우리 중에 충분히 연결되어 있다고 느끼는 사람은 거의 없다. 외로움을 측정할 때에는 흔히 실험 참가자들에게 얼마나 자주 교우관계가 부족하다고 느끼는지, 얼마나 자주 소외감을 느끼는지, 얼마나 자주 "의지할 사람이 아무도 없다"고 느끼는지를 묻는다. 이 기준을 사용해서 수년에 걸쳐 연구한 결과, 미국 시민의 약 50-60퍼센트가 삶을 사는 동안 주기적으로 사회적 단절을 느끼는 것으로 나타났다.[7]

이유가 무엇일까? 현대 사회의 구조 변화로 인해서 사람들을 만나기가 힘들어졌다는 것이 한 가지 설명이다. 사회 비평가들은 오늘날 친척들과 가까이 살 가능성이 줄어들었으며 디지털 기술 때문에 대면 만남이 감소하고 있다는 사실을 되풀이해서 지적한다. 그러나 이

것만으로 모든 것이 설명되지는 않는다. 역사적으로 살펴보면, 외로움은 수십 년 전부터 주요한 문제였다. 대기업에 근무하고 대가족이 있고 화려한 파티에 늘 초대받더라도, 사람들은 여전히 제대로 인정받지 못하고 사랑받지 못한다고 느낀다.[8] 대다수 사람들은 그저 사회활동 기회가 부족하다기보다는 주변 사람들과의 친밀한 감정적 유대가 없기 때문에 단절감과 고독감을 느낀다.

최신 과학 연구들을 살펴보면 그 이유를 파악하는 데에 도움이 된다. 한 흥미진진한 새로운 이론에 따르면, 강한 연결감은 타인과 "공유 현실shared reality"을 구축하면 생겨난다고 한다. 간단히 말하자면 상대방이 대체로 자신과 같은 방식으로 사건을 생각하고 느끼고 해석한다는 것—상대방이 나를 이해하고, 본능적으로 똑같이 느끼고, 같은 방식으로 세상을 경험한다는 것—을 알면 된다는 것이다. 두 사람 사이에 공유 현실이 형성되면, 그들의 신경 활동이 동기화하기 시작한다. 상호 작용이 물 흐르듯 순조롭게 진행되고, 신뢰감과 애정이 커지고, 스트레스 수준이 뚝 떨어진다.

가장 눈부신 최고의 경지에 이르면, 두 사람 사이에 구축된 공유 현실 때문에 두 사람의 마음이 서로 하나로 녹아드는 느낌이 든다. 실제로 켈러는 앤 설리번과의 우정을 설명하면서 이런 느낌을 묘사했다. "우리가 떨어져 있다는 생각이 거의 들지 않을 만큼 선생님은 나와 가까이 있다." 그녀는 이렇게 적었다. "선생님의 존재는 나의 존재와 떼려야 뗄 수 없는 것처럼 느껴진다. 나의 삶의 발자국은 선생님의 발자국 안에 있다."[9] 반대로 주변 사람들과 공유 현실을 형성하지 못하면, 우리는 말 그대로 거리감을 느낀다. 말이 전혀 통하지 않는 먼 곳에 떨어진 외국인처럼 말이다.

이 책에서는 새롭고 획기적인 증거들을 바탕으로, 우리가 만나는 사람들과 공유 현실을 구축하는 법—그리고 공유 현실의 형성을 방해하는 흔한 심리적 장벽—을 보여줄 예정이다. 우리는 타인과 교류할 때마다 결정을 내린다. 어떤 결정을 내리느냐에 따라서 이해와 애정이 커질 수도, 아니면 거리감과 고독감이 지속될 수도 있다. 그런데 우리 뇌의 편향이 작용하는 탓에, 우리는 후자의 길을 선택하는 경우가 너무 많다. 그러면서 뜻하지 않게 공유 현실을 구축할 기회를 날려버린다.

이런 흔한 오류들을 알게 되면 마음이 불편해질 수도 있지만, 이런 연구는 흥미진진한 기회들 또한 제공한다. 연결을 가로막는 심리적 상벽을 파악하고 극복하는 법을 알게 되면, 누구나 주변 사람들—낯선 사람, 동료, 친구, 형제자매, 부모, 연인—과 더 의미 있는 관계를 구축할 수 있다. 타고난 카리스마나 매력, 몸에 밴 자신감이 있어야만 하는 것이 아니다. 누구든지 마음가짐을 바꾸는 것만으로도 더 보람되고 안정적인 사회적 연결망을 구축할 수 있다. 그러면서 그에 따르는 건강과 창의성 측면의 모든 이득을 누릴 수 있게 된다.

이런 연구의 맛보기로, 최근에 발견된 "호감도 차이 효과"를 살펴보자. 이 현상 때문에 우리는—심지어 바로 코앞에 있는—연결 가능성을 그냥 무시하게 된다.

수많은 과학적 발견들이 그렇듯이 이 연구도 개인적인 경험에서 영감을 받았다. 수년 전 심리학자 에리카 부스비는 새로 알게 된 사람과 어쩌다 보니 대화를 나누게 되었다. 그동안 그녀의 연인—마찬가지로 심리학자인 거스 쿠니—은 그들 곁에 서 있었다. 대화를 마친 부스비는 혹시 자신이 그 사람에게 나쁜 인상을 주지 않았을까 걱정하기 시작했다. 그런데 쿠니가 듣기에는 두 사람의 대화가 어디까지나 훈훈하고 우호적이었다. 문제가 될 만한 것은 없어 보였다.

이 일로 이런저런 이야기를 나누던 두 심리학자는 이것이 인간이 흔히 겪는 경험일지도 모른다고 생각하기 시작했다. 우리는 사람을 만난 다음, 함께했던 시간을 상대방이 얼마나 즐겼을지에 대해서 늘 과소평가한다. 우리가 첫 만남에서 형성된 공유 현실에 신뢰를 잃으면, 이미 형성되었던 유대가 이 의구심 때문에 약해지고 만다.

부스비와 쿠니는 이 현상을 가리켜서 "호감도 차이 효과"라고 명명했다. 그리고 이 현상이 얼마나 널리 퍼져 있는지를 조사하기 시작했다. 첫 연구에서는 참가자들을 둘씩 짝지어 5분간 서먹서먹함을 없애는 시간을 가지게 한 후, 각자 설문조사에 응하게 했다. 이를 통해서 상대방에 대한 호감도가 어느 정도인지, 자신에 대한 상대방의 호감도는 어느 정도라고 생각하는지, 상대방과 다시 만날 의향이 있는지를 물었다. 연구진의 가설과 마찬가지로, 사람들은 대부분 자신의 인상이 나빴을 것이라며 과도하게 비관적인 반응을 보였다. 그러면서 상호 이해관계가 정말로 구축되었는지 의심했다. 그러나 일반적으로 상대방은 상상한 것보다 훨씬 더 그들을 좋아했고, 다시 만나고 싶어하는 마음도 훨씬 더 컸다.

누군가를 새로 알게 되면 열심히 전화번호나 이메일 주소를 주고받지만, 그런 다음에는 절대로 메시지를 보내거나 전화하는 법이 없는 이유가 바로 이 호감도 차이 효과 때문이다. 부스비와 쿠니의 첫 연구 결과는 수차례에 걸친 반복 실험으로 확인되었다. 그중 한 실험에서는 사람들이 수개월간 꾸준히 만남을 이어가도 호감도 차이 효과가 계속 남아 있을 수가 있다는 결과도 나왔다. 예를 들면, 대학교 기숙사의 룸메이트끼리는 같이 사는데도 불구하고 거의 1년 내내 상대방이 자신을 어떻게 보는지 확신이 없어서 계속 불안감을 느꼈다. 이후의 연구에서는 호감도 차이 효과가 직장 동료 사이에서도 일반적이어서 창의적인 협력을 방해하기도 한다는 사실이 밝혀졌다.

호감도 차이 효과에 관한 자료를 처음 접했을 때 나는 흠칫하지 않을 수 없었다. 우정의 서곡이 울리는데도 그냥 무시해버린 적이 한두 번이 아니었으리라는 생각이 들었기 때문이다. 그리고 심리학 및 신경과학 전문 작가로서 크게 설레기도 했다. 1970년대 이래로 대니얼 카너먼 같은 행동경제학자들은 경제 분야에서 우리가 잘못된 결정을 내리는 이유를 인지 편향으로 설명해왔다. 그런데 이제는 잘못된 대인관계를 인지 편향으로 설명하는, 사회심리학의 한 하위분야가 탄생하는 장면을 목격하고 있는 것 같았다.

나의 생각은 틀리지 않았다. 지난 몇 년간 사회심리학계에는 다른 사람들과의 연결을 방해하는 수많은 판단 오류들과 이를 극복하는 방법을 개략적으로 설명하는 논문이 쏟아져나왔다. 이 같은 새로운 연구 결과들은 새로 누군가를 사귈 때 느끼는 두려움부터 의견 차이와 갈등을 다루는 복잡한 행위에 이르기까지 모든 것을 아우른다.

가령 우리는 모르는 사람에게 말을 걸면 매우 어색할 것이라고 과대평가하지만, 사람들은 대화의 물꼬를 터주면 보통 대단히 고마워한다. 그러면 모두의 안녕감에 두루 큰 득이 된다. 또한 다른 사람들과 인연을 맺을 기회가 생기면, 우리는 대개 깊이 있는 주제에 대해서 논하기를 꺼리면서 피상적인 한담을 나눈다. 그런데 심오한 대화야말로 공유 현실의 형성을 촉진한다. 이에 못지않게 중요한 사실이 또 있다. 흔히 우리는 칭찬과 사과를 통탄스러울 정도로 잘못 판단한다. 그 결과, 강한 유대를 이루는 데에 필수적인 상호 이해를 강화하거나 바로잡는 데에 도움이 되는 말을 하지 못한다. 또한 우리는 혹시나 아쉬워 보이거나 무능력해 보일까 우려스러운 마음에 다른 사람에게 선뜻 도움을 청하지 않는다. 그러나 단순히 도움을 청하는 것만으로도 우리에 대한 상대방의 인식이 좋아질 수 있다. 우리의 직관과는 달리, 부탁하기는 실제로 상대방과 깊은 신뢰관계를 구축하는 왕도이다. 그러면 부탁하는 측이나 부탁받는 측, 양쪽 모두의 안녕감이 증진된다. 이 현상을 일컬어 심리학자들은 벤저민 프랭클린 효과라고 한다(왜 이런 명칭이 붙었는지는 나중에 살펴볼 예정이다).

지금까지 설명한 내용은 더 의미 있는 관계에 필요한 상호 이해 구축에 우리의 직관이 걸림돌이 되는 경우들의 극히 일부만 소개한 것이다. 나는 300편이 넘는 학술 논문들을 검토한 끝에, 더 만족스러운 사회적 연결망 구축에 도움이 될 만한 13가지 주요 원칙을 도출할 수 있었다. 이름하여 연결의 법칙이다.

혹시 여러분이 이미 사회적 자신감으로 충만하다면, 이런 연구 결과들이 과연 이득이 될지 의구심이 들 수 있다. 혹은 누가 봐도 수줍음 많고 사회생활에 서툰 사람들이나 그 대상이 아닐까 하고 생각할 수도 있다. 그러나 연구에 따르면, 대다수 사람들은 성격을 막론하고 이런 편향을 교정해야 더 의미 있는 사회생활을 누릴 수 있다. 심지어 제아무리 사람들과 어울리기 좋아하는 사람이라도 잘못된 직관 탓에 자신도 모르게 다른 사람들을 멀리 밀어내고 있을 수 있다.

이 대목에서 반드시 강조하고 싶은 점이 있다. 이런 내용이 수준 높은 연구 결과물이라는 점이다. 이것은 심리학 관련 발견을 논할 때 늘 당연하게만 여길 수는 없는 사실이다. 이 분야에서는 (그리고 실제로 거의 모든 과학 분야에서는) 시선을 사로잡았던 연구가 나중에 정밀 조사 결과 퇴색되는 경우가 왕왕 있다. 주로는 실험 참가자 수가 너무 적거나 실험이 너무 형편없게 설계되었기 때문이다. 그 결과, 이른바 "재현성 위기"가 발생한다. 그러나 최신의 연구 결과들을 발표한 사회심리학자들은 이러한 과거의 실수를 익히 잘 알고 있어서, 실험 방법을 용의주도하게 점검했다. 다양한 환경에 사는 수백, 수천 명의 사람을 대상으로 자신의 아이디어를 검증한 덕분에, 우리는 연구 결과에 실제 현상이 반영되었다고 확신할 수 있다.

말할 필요도 없지만, 이 연구 결과들을 일상생활에 활용하려면 어느 정도 근면 성실해야 한다. 언제든 반드시 행동의 맥락을 살피고, 타인이 설정한 경계선을 존중해야 한다(이 점에 대해서는 나중에 관련 내용이 나오면 더 자세히 설명할 예정이다). 그러나 세심하고 공손하게 적용하기만 한다면, 이 연구들을 명분으로 삼아 매우 낙관적인 태도를 지녀도 될 것이다. 누구나 적용할 수 있는 실용적인 단계를 밟으면서 누구든지 더 보람되고 만족스러운 관계를 구축할 수 있다.

혹시나 자신의 사회성에 살짝 회의감이 드는가? 그렇다면 나의 개인적인 이야기와 어쩌다가 이 책을 쓰게 되었는지 그 이유를 여러분과 공유하고자 한다.

나는 유년기와 청소년기에는 수줍음이 많은 아이였다. 낯선 사람을 만날 때마다 긴장해서 말문이 막힐 정도였다. 나의 꿈은 언론인이 되는 것이었다. 그런데 과연 내가 사람들을 인터뷰해서 취재하는 일을 할 수 있을까? 터무니없는 생각 같았다. 그러나 대학교에 진학하면서, 나의 수줍음을 극복할 때가 되었다고 결심했다. 그래서 한 걸음씩 나아가면서 나만의 "호감도 차이 효과"를 꾸역꾸역 극복했다. 나는 내가 직관적으로 믿는 것보다 연결을 구축하려는 사람들의 의향이 훨씬 더 크다는 사실을 인식하게 되었다. 상대방이 적대적으로 반응할지도 모른다는 두려움에는 거의 언제나 근거가 없었다. 심지어 내가 이상한 실수를 해도 사람들은 내가 상상했던 것보다 훨씬 더 너그러웠다. 나는 꾸준히 노력한 끝에 경력에 충분히 시동을 걸 수 있을 정도로 사회적 자신감이 생겼다. 그리고 나는 한 번도 뒤돌아보지 않았다.

사회적 연결을 가로막는 심리적 장벽에 관한 최근의 연구들을 우연히 접하자, 이런 사실들을 어렸을 때 알지 못했던 것이 심히 안타까웠다. 이 책은 내가 자신감이 부족했을 때, 그리고 새로운 사회적 도전에 대한 지침이 필요했을 때 읽었더라면 좋았을 그런 책이다. 여러분이 대학교 입학을 앞둔 수줍음 많은 10대 청소년이든, 외국에서 새로운 삶을 시작한 해외 거주자든, 혹은 단순히 아는 사람들과 더 나은 유대관계를 구축하고자 하는 수많은 사람들 중에 한 명이든 상관없다. 이 책은 바로 여러분을 위한 것이다. 물론 데이트 지침서나 육아 지침서는 분명히 아니다. 그래도 이 책에는 여러분의 연애 생활에 활력을 주거나 가족과 더 나은 관계를 맺을 수 있는 조언들이 담겨 있다. 이런 조언을 따르면 직장 동료와의 상호 작용도 편해질 것이다. 연결의 법칙은 우리 인간의 본성에 뿌리를 두고 있어서, 우리가 만나는 모든 사람에게 다 적용된다.

제1부에서는 사회적 유대와 관련된 신경과학과 생리학을 살펴본다. 여기에서는 어떻게 마음과 마음이 섞여서 공유 현실을 이루는지, 왜 공유 현실이 우리의 건강과 안녕감에 이토록 놀라운 이득을 가져오는지를 다룬다. 또한 사회적 연결망의 현재 상태를 평가하는 도구들도 설명한다. 그중에는 득보다 실이 많은 "양가적 관계"(혹은 "프레너미frenemy")를 구별하는 법도 있다. 그런 다음에는 새로운 연결을 구축하는 법을 탐구한다. 나는 특정한 성격 유형, 가령 수줍음이 많은 사람이 깊은 관계의 형성을 선천적으로 어려워한다는 통념을 타파할 예정이다. 여러분은 "새로움의 대가"나 "이해의 착각" 등 대화 중에 빠질 수 있는 함정들이 신뢰감 구축을 방해한다는 사실ㅡ그리고 이런 함정들을 피하는 방법ㅡ을 알게 될 것이다.

제2부에서는 인연이 평생 이어지도록 유대를 유지하고 돈독하게 키우는 법을 다룬다. 즉, 어느 관계에서나 겪는 불가피한 어려움과 공유 현실에 생긴 균열을 치유하는 법을 살펴볼 예정이다. 거짓말은 정당화될 수 있을까? 아니면 항상 100퍼센트 정직하게 행동해야만 할까? 부정적인 의견을 잘 전달하는 비결은? 정중함을 유지한 채 도움을 청하려면 어떻게 해야 할까? 질투나 원한을 유발하지 않으면서도 성공을 축하받는 방법은? 효과적으로 사과하는 방법은? 거의

모든 경우에 우리의 직관은 크게 빗나간다. 이때 공유 현실 이론은 이런 문제들에 응수하는 데에 필요한 지침을 제공해줄 것이다.

마지막으로 결론에서는 디지털 기술을 다루면서 메타버스와 그 이후의 세상에서의 우정의 미래를 살펴볼 예정이다. 소셜 미디어의 위험성을 부르짖는 진부한 주장들을 박살 내면서, 신기술이 관계를 강화하거나 훼손하는 구체적인 방식을 파악할 것이다. 어떤 매체에서든지 진정한 사회적 연결의 법칙을 적용하는 법도 배울 것이다. 이것이 우리의 마지막 연결의 법칙이 된다.

확실히 나는 이 책을 집필하는 동안 기존의 교우관계가 확대되고 깊어지는 것을 경험했고, 그 과정에서 새로운 관계도 구축할 수 있었다. 부디 앞으로 이어질 내용을 읽으면서 여러분도 나와 같은 경험을 하기를 바란다.

제1부

연결을 만드는 법칙

# 1

사회적 치유

1981년, 요시 긴즈버그는 일생일대의 실수를 저질렀다. 막 군 복무를 마친 순진한 스물두 살의 이스라엘 청년 요시는 남아메리카 대륙을 가로질러 볼리비아 라파스로 향하는 배낭여행 중이었다. 도중에 그는 친구들을 사귀었는데, 그중에는 오스트리아 출신의 "지리학자" 카를 루프레히터도 있었다. 루프레히터는 종전의 공인된 경로가 아닌 미지의 경로를 통해서 아마존 깊숙한 곳까지 일행을 안내하겠다고 약속했다.

그런데 알고 보니 루프레히터는 헤엄조차 칠 줄 모르는 사기꾼에 지나지 않았다.[1] 일행 사이에 긴장이 고조되면서, 긴즈버그는 그중 한 명인 케빈 게일과 함께 무리에서 이탈하기로 했다. 두 사람은 투이치 강을 따라 뗏목을 타고 내려가다가 몇 시간 후에 급류에 휩쓸렸다. 뗏목이 바위에 부딪혀 부서졌고, 게일은 간신히 강기슭으로 헤엄쳐 나왔지만 긴즈버그는 하류로 떠내려가다가 결국 폭포에 떨어지고 말았다.

그 뒤로는 최근에 알려진 가장 놀라운 생존담이 펼쳐졌다. 긴즈버그는 문명의 품으로 돌아오기까지 3주일간의 여정에서 독사와 야생 재규어를 만났고, 기생충이 피부를 깊이 파고드는 일도 겪었다. 극심한 굶주림은 말할 것도 없었다. 그는 구조된 후 먹을 음식을 떠올리며 몇 시간씩 상상에 빠져들고는 했다.

그러나 긴즈버그에게 가장 큰 위협은 동행자가 없다는 것이었다. 훗날 그는 "가장 고통스러웠던 것으로 외로움"을 꼽았다. 원래 확고한 개인주의자였던 그는 "사람에게는 사람이 필요하다"라는 말을 비웃던 인물이었다. 그러나 이제는 사회적 연결이 음식이나 물만큼 필수적이라고 생각하게 되었다. 그는 정신을 유지하기 위해서 상상의 친구를 만들어내기까지 했다.[2]

극심한 고립으로 고통받아본 사람이라면 누구나 이런 감정을 느낄 수 있다. 고인이 된 미국의 상원의원 존 매케인이 들려준 경험담도 그렇다. 베트남 전쟁에 참전한 그는 전쟁 포로로서 독방에 감금되었던 시절의 심경을 이렇게 묘사했다. "이 방법은 그 어떤 학대보다도 정신을 황폐화시키고 저항심을 사그라뜨리는 데에 더욱 효과적이다.……감금되는 즉시 몰려오는 절망감은 가히 대적하기 힘든 강적 중의 강적이다." 그는 다른 죄수들과 몰래 소통할 방법을 찾는 것이야말로 "생사가 걸린 문제"였다고 했다.[3]

이처럼 인간관계는 삶의 근본적인 필요 요건임에 틀림없다. 그렇지 않다면 우리는 홀로 남겨졌을 때 괴로움을 느끼도록 진화해왔을 리 없다. 어마어마하게 많은 연구 결과들에 따르면, 사회적 연결은 균형 잡힌 식단이나 규칙적인 신체활동만큼이나 우리의 장기적 건강에 필수적이다. 반면에 고독감은 서서히 전신으로 퍼지는 독과 같아서 우리의 수명을 크게 단축시킬 수 있다. 그뿐 아니라 사회적 연결은 우리의 창의력과 생산성도 증진해서 업무에서 예기하지 않은 이득까지 낳는다. 그 덕분에 우리는 삶의 스트레스가 줄어들고 보람도 더 느끼게 된다.

C. S. 루이스는 이렇게 말했다. "우정은 불필요하다.……우정은 생존 여부를 결정하지 않는다. 더 정확히 말하자면, 우정은 생존을 가치 있게 만드는 것들 가운데 하나이다."[4] 그러나 이것은 완전히 틀린 말이다. 더 나은 사회적 연결을 구축하는 방법을 알고 싶다면, 먼저 사회적 연결이 왜 그렇게 중요한지부터 파악해야 한다.

알라메다 8

먼저 사회적 연결이 가져오는 건강상의 이익을 뒷받침하는 증거부터 살펴보자. 1960년대 초 캘리포니아 주 공중보건부의 레스터 브레슬로는 장수로 이끄는 생활 습관과 행동을 밝혀내겠다는 야심만만한 계획에 착수한다. 이를 위해서 그는 알라메다 카운티 일대에서 7,000명에 육박하는 연구 참가자들을 모집했다. 그는 세심하게 설계된 질문지를 통해서 참가자들의 생활방식을 매우 구체적으로 파악한 다음, 수년에 걸쳐서 그들의 건강 상태를 추적했다.

브레슬로 연구진은 오늘날 건강의 필수조건으로 알려진 요소들 대부분을 10년 만에 밝혀냈다. 즉, 금연, 절주節酒, 7-8시간의 수면,

운동, 간식 절제, 적정 체중 유지, 아침 식사의 중요성을 확인한 것이다. 당시에는 이 연구 결과가 워낙 충격적이어서, 결과 보고서를 받아 든 그가 연구진이 장난을 친다고 여겼을 정도였다.

그러나 지금 이 책을 읽고 있는 여러분에게는 굳이 이 지침들을 상세히 설명할 필요도 없다. 이제 이 "알라메다 7"은 대부분의 공중보건 지침의 기반이 되었기 때문이다.[5] 그런데 이후로도 연구는 계속되었고, 1979년에는 브레슬로 연구진 가운데 두 명—리사 버크먼과 레너드 사임—이 장수에 영향을 주는 여덟 번째 요인을 발견했다. 그 주인공은 바로 사회적 연결이었다. 연구 결과, 평균적으로 인맥이 넓은 사람들의 사망률이 좁은 사람들보다 거의 절반으로 뚝 떨어지는 것으로 나타났다.[6] 이런 결과는 사회경제적 지위나 조사 시작 시점의 건강 상태 등의 요인들과 흡연이나 운동, 식단처럼 이미 장수에 중요하다고 입증된 또다른 건강 관련 습관들을 통제한 후에도 마찬가지였다.

더 깊이 따져보았더니 모든 종류의 인간관계가 중요했지만, 그중에서도 일부가 유독 유의미하다는 점이 분명해졌다. 배우자나 가까운 친구와의 연결감이 가장 큰 보호막이 되었다. 그래도 교회나 볼링 클럽에서 알게 된 가벼운 관계조차도 저승사자를 돌려보내는 데에 도움이 되었다.[7]

이 여덟 번째 요인이 애초에 공중보건 지침에서 배제되었던 이유는 워낙 대담한 주장이었던 탓이 크다. 당시에는 과학자들이 신체를 우리의 정신 상태나 사회환경과는 동떨어진 일종의 기계로 인식했기 때문이다. 그러나 알라메다 연구를 바탕으로 광범위한 연구가 진행된 결과, 오늘날에는 연결과 고독감이 수많은 다양한 질환에 걸릴 가능성에 영향을 주는 것으로 확인되었다.[8]

예를 들면, 사회적 지지는 우리의 면역체계를 강화하여 우리를 감염으로부터 보호해준다. 1990년대 말 미국의 카네기 멜런 대학교의 셸던 코언은 실험 참가자 276명의 사회적 유대관계를 상세히 조사했다. 그리고 이들의 기존 감염 상태를 검사한 다음, 각자 격리된 상태에서 리노 바이러스—기침감기와 코감기를 유발하는 감염원—가 포함된 비말을 흡입하게 했다. 그러자 이후 5일간 많은 참가자들에게서 감기 증상이 나타났다. 그런데 인맥이 넓고 다양했던 사람들에게서는 증상 발현 가능성이 유의미하게 낮았다. 사회적 연결 수준이 가장 낮았던 사람들은 가족, 친구, 동료, 지인 인맥이 넓은 사람들보다 감기로 발전할 위험이 실제로 3-4배 더 높았다.

훌륭한 과학자라면 다른 교란 변수가 결과에 영향을 주지는 않는지 늘 살펴보아야 한다. 가령 혼자 지내는 사람들이 밖에서 친구나 가족과 보내는 시간이 적다면, 덜 날씬하고 덜 활발할 수 있다고 추정하는 것이 합리적이다. 그러나 버크먼과 사임의 발견과 마찬가지로, 연구자들이 통계분석에서 이 모든 요인을 고려한 후에도 이런 상관관계는 여전했다.[9] 게다가 효과의 크기가—면역체계 강화를 위해서 취할 수 있는 또다른 조치인—비타민 보충제 복용으로 얻는 이익을 크게 넘어선다.[10]

이 같은 사회적 건강 증진 효과는 제2형 당뇨병처럼 삶을 송두리째 바꾸는 만성 질환의 발병 위험에까지 영향을 미친다. 당뇨병 발병 위험은 췌장에서 인슐린을 충분히 생성하지 않을 때, 그리고 체세포가 혈액 속 인슐린에 반응하지 않을 때 높아진다. 두 경우 모두 혈당을 분해해서 세포에 동력을 공급하는 인슐린의 기능을 방해한다. 비만과 같은 요인이 당뇨를 유발하기도 하는데, 우리가 맺고 있는 사회적 유대관계의 질 역시 같은 역할을 하는 것으로 보인다. 영국에서 4,000명을 대상으로 실시한 노화에 관한 종단연구에 따르면, UCLA 외로움 척도가 향후 10년간 참가자들의 제2형 당뇨병 발병 가능성을 예측할 수 있는 것으로 나타났다.[11] 이외에도 또다른 좋은 징후들이 발견되었는데, 사회적 연결이 공고한 사람들은 알츠하이머를 비롯한 치매 발병 위험까지도 낮은 것으로 나타났다.[12]

그러나 뭐니 뭐니 해도 가장 명백한 증거는 심혈관 질환에서 확인된다. 수만 명의 건강 상태를 추적 관찰한 대규모의 종단연구들에서는 사회적 연결과 심혈관 질환의 연관성이 계속해서 확인되었다. 이런 연관성은 심혈관 질환의 초기 단계에서도 발견되며—사회적 관계가 빈약한 사람들이 고혈압일 가능성이 더 크다—외로움이 심장마비나 뇌졸중의 위험을 약 30퍼센트 높인다는 최악의 결과도 등장했다.[13]

사회적 건강 증진의 전반적인 중요성을 측정하기 위한 대대적인 연구도 이루어졌다. 브리검 영 대학교의 줄리앤 홀트-룬스태드는 사회적 통합의 이득과 사회적 단절의 위험을 들여다본 148건의 연구 결과들을 모두 종합했다. 전체 연구 참가자 수를 합했더니 총 30만 명에 달했다. 홀트-룬스태드는 외로움이 미치는 영향을 흡연, 음주, 운동 및 신체활동, 체질량 지수(비만의 척도), 대기 오염, 혈압 관리를 위한 약물 복용 등 다양한 생활 습관 요인들의 위험성과 비교했다.

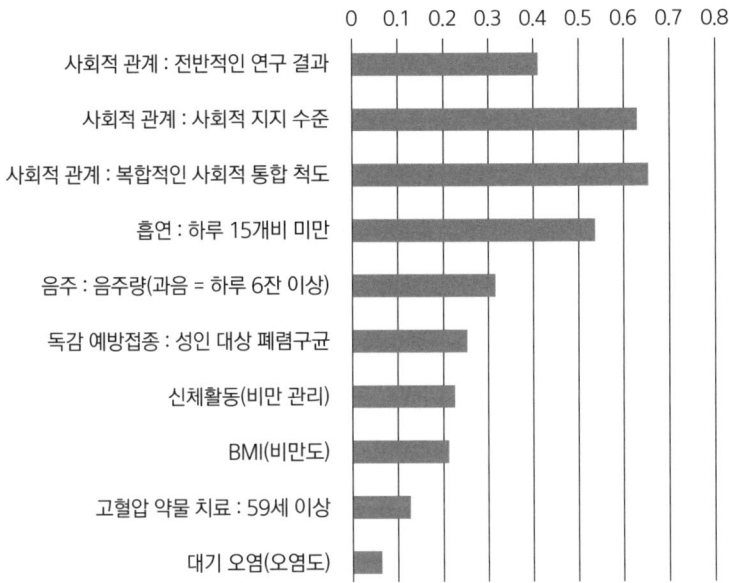

    2010년에 발표된 이 연구 결과는 실로 놀라웠다. 홀트-룬스태드에 따르면, 다른 요인들과 비교했을 때 사회적 관계의 규모와 질이 사망률에 미치는 영향이 거의 모든 요인과 같거나 그 이상인 것으로 나타났다.[14] 주변 사람들의 지지를 받는다고 느낄수록 건강이 좋았고 사망할 가능성도 작았다. 전반적으로 사회적 연결—또는 사회적 연결의 결핍—은 음주, 운동, 체질량 지수, 대기 오염보다 건강에 더 큰 역할을 했다. 흡연이 미치는 영향만이 비슷한 수준이었다.

    위의 그래프는 홀트-룬스태드의 연구 결과를 요약해서 보여준다. 이 그래프를 해석하려면, "효과 크기"에 대한 지식이 조금 필요하다. 이 그래프는 각 생활 습관 요인의 실질적 중요성을 0부터 1까지의 척도로 측정한 결과이다. 한 요인의 효과 크기가 클수록 장수와 관계가 깊다는 의미가 된다. 그래프를 보면 알 수 있듯이 일반적으로 인정되는 좋은 건강 예측 인자들보다 다양한 사회적 연결 요소들의 효과 크기가 더 크다. 사회적 통합은 한 사람의 사회적 연결망의 구조와 크기뿐 아니라 사회적 활동에 대한 참여도도 반영한다. 사회적 지지는 외로움에 대한 인식과 주변인들의 돌봄을 반영한다. 이 두 가지 모두 장수의 필수 요소로 입증되었다.

그런데 이 연구에 대한 비판이 제기되었다. 하나의 생활 습관 요인이 전반적인 장수와 인과관계가 있다는 결정적 증거를 확보하려면, 실험 대상에게 무작위로 다양한 조건을 배당하는 통제된 대조실험을 해야 한다. 약물 실험 방식이 그렇다. 실험 대상 일부는 약을, 일부는 위약을 복용하게 한 다음에 서로 다르게 나타나는 결과를 기록하는 식이다. 그렇다면 이번 경우에는 실험 참가자 일부는 외로운 조건에 놓이도록 친구관계를 끊어야 하고, 다른 일부에게는 다정한 사람들로 가득한 사회적 연결망을 기성품처럼 배정해야 한다. 그러나 이런 설계는 불가능하다. 그래서 혹자는 사회적 연결의 효과라는 것이 진짜인지, 과연 유의미한지 의문을 품는다. 이들은 과학자들이 최선의 노력을 기울였음에도 불구하고 모종의 교란 변수를 놓쳐서 사회생활이 건강 및 장수와 관련이 있다고 착각했을지도 모른다고 주장한다.

그러나 이런 주장은 생각보다 반박하기 쉽다. 우리는 흡연의 위험성을 입증하겠다고 인간을 대상으로 무작위 대조실험을 진행할 수 없다. 이렇게 하면 윤리적인 문제가 훨씬 더 크게 제기된다. 그러나 그렇다고 오늘날 흡연과 건강의 인과관계를 부인하는 과학자는 거의 없다. 하나의 생활 습관과 하나의 질환 사이에 인과관계가 있음을 증명할 다른 방법들이 있기 때문이다.

예를 들면, 알라메다 연구와 같은 종단연구에서는 과학자들이 "시간성"을—생활 습관을 선택한 시점이 질병이 발현한 시점보다 앞서는지를—조사한다. 이번 경우에는 선후관계가 매우 명확하다. 사람들이 외롭다고 밝힌 시점이 그들의 건강이 나빠지기 훨씬 전의 일이기 때문이다. 과학자들은 "용량-반응 관계"—생활 습관 요인에 많이 노출될수록 위험이 커지는지—도 들여다본다. 이번에도 명확한 패턴이 확인된다. 완전히 고립된 사람이 간헐적으로 외로운 사람보다 건강이 나쁠 가능성이 크고, 간헐적으로 외로운 사람이 활발한 사회적 범주를 지닌 사람보다 질환으로 고통받을 공산이 더 크다. 이런 연구 결과가 다양한 인구집단에서 일관되게 나타나는지, 그리고 다양한 측정 방식을 사용해서 얻은 것인지도 확인해볼 수 있다. 만약 이런 효과가 소규모 표본집단 하나에서만 확인되거나 분석한 외로움 관련 질문지가 단 하나에 불과하다면, 의구심을 품는 것이 옳다. 그러나 이미 살펴보았듯이 이번 경우에는 그렇지 않다.

이제는 전 세계적으로 여러 방법으로 사람들의 사회적 유대감을 수량화한 결과를 바탕으로 사회적 건강 증진의 유효성이 입증되었다. 주관적 감정을 묻든, 혼인 여부나 매달 지인을 만나는 정확한 횟수 등 객관적 사실을 고려하든, 결과로 나오는 패턴은 그대로이다.[15] 심지어 돌고래나 차크마개코원숭이, 히말라야원숭이처럼 사회성이 발달한 다양한 동물 종種들에서도 유사한 효과가 발견된다. 한 개체가 무리 안에 통합된 정도가 클수록 더 오래 산다는 뜻이다.[16] 바로 이런 모든 이유로 인해서 공중보건을 연구하는 과학자들 대다수가 사회적 연결이 건강과 장수를 좌우하는 핵심적 결정 요인이라고 인정한다.

뭉쳐야 안전하다

우리의 사회적 유대가 대체 어떻게 그리고 왜 이 정도로 건강에 영향을 줄 수 있는지를 이해하려면, 우리의 진화 과정을 살펴보아야 한다. 인류는 점점 더 큰 규모의 집단생활에 적응해왔다. 그러면서 식량 조달부터 포식자로부터의 신변 보호에 이르기까지 모든 것이 다른 사람들과의 관계에 좌우되기 시작했다. 동반자들과의 사이에서 평판이 나빠지면, 굶주림과 병, 부상의 위험에 처했기 때문이다.

그 결과 우리의 뇌와 몸은 사회적 고립을 심각한 위협이라고 해석하도록 진화해왔다. 그래서 외롭거나 단절되면 그토록 괴로운 것이다. 육체적 통증이 우리에게 안전한 곳을 찾아 상처를 돌보라고 경고하듯이 사회적 고통은 적대적인 상대를 피해서 사회적 유대관계를 재정립하라고 설득한다.[17]

마찬가지로, 배척당하거나 고립되었다고 느끼면 생리적 반응이 물밀듯이 몰려온다. 진화적 측면에서 보면 과거에는 이런 반응이 포식자나 적의 공격처럼 고립의 결과로 발생할 수 있는 직접적인 위험으로부터 우리를 보호하기 위한 것이었다. 이런 위기 상황에 놓이면, 뇌는 노르에피네프린과 코르티솔 분비를 촉진한다. 이들 호르몬은 우리가 마음으로는 위협에 대한 경계를 늦추지 않고 몸으로는 공격에 대비하게끔 만든다. 그러는 동안 면역체계는 염증 유발 물질의 생성을 증가시키기 시작한다. 염증으로 병원체에 대한 첫 번째 방어선이 구축되면, 공격으로 부상을 입더라도 감염 위험이 줄어든다.[18] 고립감과 사회적 스트레스는 피브리노겐 생성도 증가시킨다. 피브리노겐은 혈액의 응고를 촉진하기 때문에 상처가 생겼을 때 출혈의 위험으로부터 우리를 보호하는 데에 도움이 된다.[19]

그런데 이와 같은 반응은 단기적으로 생존 확률을 높였을지 모르지만, 장기적으로는 손상을 초래할 수 있다. 우리 신체가 적대 행위와 공격에 대해서 끊임없이 대비 태세를 이어가면 심혈관계에 부담이 가중된다. 또 한편으로 만성 염증 반응 덕분에 상처의 감염은 예방될 수 있지만, 그에 수반되는 면역 반응 때문에 바이러스에 대한 대응 능력이 떨어진다. 이렇게 되면, 가령 호흡기 질환에 걸릴 가능성이 커진다.[20] 만성 염증은 다른 세포들의 파괴도 초래해서 당뇨병, 알츠하이머, 심장병의 발병 위험도 높일 수 있다. 그러는 동안 혈액 응고 인자인 피브리노겐 수치가 높아져서 혈전이 생기면 심장마비나 뇌졸중으로 이어질 수 있다.

수십 년간 외로움과 고립 속에서 지내면 이러한 변화들 때문에 발병과 조기 사망 위험이 급격히 상승할 수 있다. 그러나 사회적 연결 및 사회적 지지는 체내 염증 반응과 같은 과정을 억제한다. 그 결과, 건강의 토대가 훨씬 튼튼해져서 병에 잘 걸리지 않게 된다.[21]

사회적 동물에게는 연결이 무척이나 중요하다. 혼자 있을 때 점점 더 활성화되는 "외로움 뉴런"이라는 특수한 신경세포라도 있는 것

사회적 치유 37

만 같다. 허기나 갈증이 음식과 물을 찾게 만들듯이 외로움 뉴런은 사람들에게 다가가서 함께 있고 싶다는 갈망을 부른다. 그리고 이런 갈망이 충족되면, 혼자 있는 시간도 더 행복하게 느껴진다. 외로움 뉴런이 다시 활성화되기 전까지는 말이다.[22]

 만약 연결이 결핍된 상태가 너무 오래 지속되면, 이런 신호에 귀 기울이기를 그냥 멈추어버릴 수도 있다. 이는 섭식 장애가 있는 사람이 몸으로 느끼는 배고픔을 무시하려고 하는 모습과도 비슷하다. 그러나 연결의 법칙을 따르면, 의미 있는 관계 구축에 도움이 되는 장기적 해법을 찾음으로써 더 건강해지고 행복해질 수 있다.

두려움을 잊다

이처럼 사회적 연결은 외로움이 직접적으로 미치는 생리적 영향을 감소시킨다. 그 외에도 살면서 받는 스트레스로부터 우리를 보호하는 일종의 심리적 완충장치도 마련해준다.

 사람들은 대중 앞에서 말해야 하는 등의 과제에 종종 직면한다. 이때 자신이 사회적 지지를 많이 받는다고 인지하고 있는 사람들은 대체로 혈압과 코르티솔 호르몬 수치의 변화가 완만하다. 이는 그들의 몸이 과제에 차분히 반응하고 있음을 시사한다.[23] 아마 무의식적으로 그들의 뇌에서는 가용한 모든 자원을 평가했을 것이다. 그래서 누군가가 뒤를 봐줘서 안전과 안락함을 느낀다면 실패해도 여파가 그리 크지 않다는 것을 알고 있을 것이다. 그러면 뇌가 전면적인 투쟁-도피 반응 상태에 빠지지 않게 된다.

　사회적 지지를 받고 있음을 상기시켜주는 것들 역시 무서운 기억을 지우는 데에 도움이 된다. 무서운 기억의 의미가 없어진 후에 그로 인해서 연상되는 부정적인 생각들이 마음속에 남을 가능성이 작아진다는 뜻이다. 실험실에서는 무서운 기억을 형성하는 실험을 할 수 있다. 표준적인 실험 절차는 특정한 그림이나 상징을 보여주면서 작은 전기 충격을 가하는 것이다. 효과는 금세 나타나서, 그 이미지를 보게 되면 우리는 스트레스 상태에 놓인다. 그리고 과학자들이 충격을 멈추더라도 이런 상태가 지속된다. 캘리포니아 대학교 로스앤젤레스의 나오미 아이젠버거의 연구 결과, 사랑하는 사람을 떠올리게 하는 물건으로 잘 무장하면 이런 무서운 기억이 훨씬 희미해지고 더 빨리 사라지는 것으로 나타났다.[24]

　사회적 지지는 심지어 육체적 통증도 완화할 수 있다. 앞에서 우리는 외로움 때문에 아프다고 착각하게 되는 과정을 살펴보았다. 이번에는 정반대 효과, 즉 불편함 감소 효과를 살펴보자. 고통스러울 정도로 뜨거운 막대를 피부에 댈 때, 사랑하는 사람의 사진을 보는 것만으로도 사람들의 참을성이 늘어난다.[25] 안전에 대한 인식이 통증에 영향을 주기 때문이다. 통증은 더 많은 부상을 무릅쓰기보다는 숨어서 상처를 돌보라는 신호이기도 하다. 그런데 곁에 누군가가 가까이 있으면—혹은 사진을 보면서 그 사람의 존재를 떠올리면—우리에게는 그런 강한 신호가 필요 없다. 그 사람이 우리를 보살펴서 그 이상의 위험으로부터 보호해줄 수 있기 때문이다.

　사회적 지지는 스트레스를 완화하며 무서운 기억을 지우는 방법으로 부정적 경험이 남긴 감정의 응어리를 줄여준다. 그러면 우리는 트라우마로부터 더 빨리 회복할 수 있게 된다. 이것이 바로 사회적 지지가 다양한 정신 질환을 예방하는 이유일 수 있다. 예를 들면 전쟁에서 돌아온 참전용사들이 장차 외상 후 스트레스 장애를 겪을지 알려주는 정확한 예측 인자들 가운데 하나가 바로 사회적 유대관계의 강도와 질이다.[26] 게다가 코로나 바이러스-19의 범유행으로 엄청난 압박을 받던 시절에는 가장 탄탄한 사회적 연결과 인맥을 지닌 사람들이 심리적 건강 악화로 고통받을 가능성이 가장 작았다.[27]

연결된 창의력

사회적 건강 증진의 마지막 메커니즘은 높은 수준의 사회적 자본을 보유함으로써 얻는 물질적, 인지적 이득에서 비롯된다. 가령 우리는 실직 상태에 놓일 경우, 친구나 친구의 친구를 통해서 다시 일자리를 얻을 때가 많다. 이는 발이 넓은 사람들이 비교적 경제적으로 안정적인 이유이다. 스페인에서 실시된 한 실업 관련 연구 결과는 매우 놀라웠다. 조사 대상의 84퍼센트가 새로운 일자리를 찾을 때 기존의 연줄이 있는 사람들에게 의존한다고 대답했다. 미국에서는 이 수치가 약 66퍼센트, 영국에서는 50퍼센트로 집계된다.[28]

사회적 연결은 취직하고 난 후에 생산성과 창의력 향상에 기여하기도 한다. 여기에서 주된 가설은 타화수분他花受粉 가설이다. 만약 다양한 사람들을 많이 알고 또 좋아한다면, 다양한 시각을 접할 공산이 커서 자신의 일과 관련하여 흥미로운 것들을 배울 가능성이 크다(역으로 우리도 상대방에게 유용하고 가치 있는 통찰을 제공할 수 있다). 알고 지내는 사람이 많으면 그들로부터 유용한 의견을 받아 생각을 가다듬을 수도 있고, 아이디어를 퍼뜨릴 준비가 되어서 입소문을 내야 할 때에도 도움을 받을 수 있다.

역사적으로 분석해보면 이런 주장을 뒷받침할 정황증거를 얻을 수 있다. 캘리포니아 대학교 데이비스의 딘 사이먼턴은 2,026명의 과학자와 발명가의 전기를 면밀하게 조사했다. 그는 먼저 그들의 "명성" 순위를 매겼다. 이를 위해서 다양한 과학적 참고 문헌에 등장한 피인용 횟수와 수록된 분량을 따져보았다. 그런 다음, 구할 수 있는 기록에 드러난 그들의 친척, 절친한 친구, 멘토, 공동 연구자, 학생 등 사회적 관계인들의 숫자와 이 명성 순위를 비교했다. 사이먼턴의 분석 결과, 이런 인맥의 총수와 과학자의 명성 사이에는 뚜렷한 상관관계가 있었다.

그 전형적인 사례가 바로 아이작 뉴턴이다. 전체 2,026명 가운데 뉴턴은 가장 명성이 높은 인물이자 인맥이 가장 넓은 사람으로 꼽혔다. 보통은 뉴턴이 거의 폐쇄된 곳에 갇혀 일하는 고독한 천재의 전형이라고 많이들 생각한다. 예를 들면, 윌리엄 워즈워스는 뉴턴을 "낯선 생각의 바다를 홀로 항해하는" 사람으로 묘사했다. 그러나 뉴턴의 지적 여정에는 동반자가 차고도 넘쳤던 듯하다. 그와 편지를 주고받던 사람들 가운데에는 경쟁자였던 고트프리트 빌헬름 라이프니츠와 철학자 존 로크, 천문학자 에드먼드 핼리도 있었다. 로크는 뉴턴을 까칠한 사람이라고 생각하면서도 "그를 진정한 친구로 여길 이유는 여러 가지"라고 지적했다. 핼리는 뉴턴이 기념비적인 역작 『자연철학의 수학적 원리*Philosophiae Naturalis Principia Mathematica*』를 집필할 때 격려를 아끼지 않았고, 그 책의 출판에 필요한 기금을 마련하도록 돕기까지 했다.

사이먼턴은 이렇게 결론짓는다. "'고독한 천재'라는 관념은 신화임이 틀림없다. 가장 많은 칭송을 한 몸에 받는 창작자라고 해도 그의 공적에는 그가 속한 사회의 자산이 부분적으로 반영되어 있다."**29**

창의적 타화수분의 위력은 브로드웨이의 가장 상징적인 뮤지컬도 여럿 탄생시켰다. 경영과학자들이 20세기 이래 뉴욕 최고 수준의 수많은 뮤지컬 작품들을 탄생시킨 전문가 인맥을 조사했는데, 작품마다 분석의 초점을 6가지 전문 역할—작곡가, 작사가, 각색가, 안무가, 연출가, 제작자—에 맞추었다. 연구자들은 먼저 팀원들이 예전에 얼마나 자주 함께 일했는지 측정한 다음, 그 팀이 만든 작품의 경제적, 비평적 성공 정도와 비교했다.

어떤 팀은 타인이 끼어들 수 없을 정도로 지극히 긴밀한 유대관계를 맺고 있었다. 그들은 새로운 사람을 영입하지 않고 같은 사람들끼리 일하고 또 일했다. 이 같은 배타적 관계는 진부한 작품이 만들어지는 결과를 낳았다. 이런 작품은 흥행 면에서 실패할 가능성이 상당히 컸다. 이와 대조적으로 가장 큰 성공을 거둔 작품들의 배경에는 완전히 다른 구성의 팀이 있었다. 이런 팀에는 초년생이나 다른 팀에서 일했던 구성원들도 포함되어 있었다. 이들 발 넓은 "창의적 나비"는 다양한 팀들 사이에서 신선한 아이디어와 새로운 접근방식을 교류하는 역할을 했고, 이 모두가 더 많은 관중을 동원하는 데에 도움이 되었다. 「웨스트사이드 스토리」가 대표적인 사례이다. 이 팀은 신인급 작사가였던 스티븐 손드하임과 함께 작곡가 레너드 번스타인, 연출가 제롬 로빈스, 그의 보조 안무가 피터 제나로—경험은 풍부했지만, 함께 일했던 적은 없었다—로 구성되었다. 이처럼 다양한 세계관이 섞인 결과, 역대 최고의 뮤지컬이 탄생했다.30

물론 이처럼 역사적 분석 결과를 해석할 때에는 다소 주의가 필요하다. 그러나 최근 발표된 조사 결과에서도 유사한 모습이 드러났다. 제한된 인맥 안에서 유대관계가 거의 없는 사람들보다는 넓은 인맥의 중심에 있는 사람들이 더 독창적인 아이디어를 내고 이를 활용하는 경향이 있는 것으로 밝혀졌다.31

사업 분야에서는 사회적 연결망을 통해서 아이디어와 정보를 많이 공유할수록 새로운 기회와 시장에서의 이익을 얻을 가능성이 크다. 이는 1989년 베를린 장벽 붕괴 이후 아주 명백히 드러난 사실이다. 동독과 서독을 가르던 옛 장벽을 넘어 폭넓은 사회적 유대관계를 맺은 기업가들이 통일독일 전역에서 이루어지던 광범위한 경제 발전 과정에서 사업 기회를 발견하고 이익을 얻을 공산이 더 컸다. 다만 여기에서 짚고 넘어가야 할 중요한 점이 하나 있다. 기존의 동업관계가 이런 소득 증가를 가져온 것이 아니라는 사실이다. 수십 년간 지속된 동독과 서독 사이의 경제적 분단으로 인해서 사업 측면에서는 양측 지역을 연결하는 인맥이 단절되었다. 그 대신, 차이를 만든 것은 가족 간의 인맥이었다.32

적어도 이것만은 분명하다. 인맥을 만드는 능력이 있으면 업무 만족도가 높아진다. 평균적인 사람이 하루에 직장 동료를 대하는 시간이 깨어 있는 시간의 약 3분의 1이나 된다는 점을 고려하면 절대 간과해서는 안 될 사항이다. 여러 산업을 막론하고—건설업부터 의료와 교육에 이르기까지—직업 만족도를 점칠 수 있는 가장 신뢰할 만한 예측 인자는 무엇일까? 바로 다른 사람들과의 빈번한 상호 작용, 직장에서의 동료 의식, 동료들로부터 받는 감정적 지지이다.[33] 반면에 직장에서 유대관계가 부족하면 번아웃burnout(과도한 업무 스트레스로 에너지가 소진되어 열정과 성취감을 잃은 상태/역주)을 경험할 위험이 훨씬 커진다.[34] 사회적 유대가 가져오는 이 모든 장점—취업, 경력 개발, 마음이 통하는 동료와 함께 누리는 성공적인 직장 생활—덕분에 삶의 스트레스는 줄어든다. 이는 사회적 유대가 강한 사람들이 좋은 건강을 누린다고 볼 수 있는 또 하나의 이유이다.

이제 사회적 연결이 우리의 건강과 행복에 가져다주는 근본적인 이익이 확실히 인정된 만큼, 우리 한 사람 한 사람은 이를 우선시해야 한다. 그러나 아직은 이런 메시지가 대중에게까지 도달하지 못한 듯하다. 알라메다 연구로 확인된 7대 요인—운동, 식단, 7-8시간 수면 등—은 수많은 건강 캠페인의 단골 소재가 되었다. 반면 사람들은 사회생활이 건강에 미치는 영향을 대부분 과소평가한다. 한 연구에서는 영국과 미국 출신 실험 참가자들 500명에게 홀트-룬스태드의 메타 분석에 포함된 모든 건강 관련 행동의 중요성을 평가하게 했다. 그러자 사회적 통합과 사회적 지지가 최하위권을 차지한다는 결과가 나왔다. 이 연구는 사회적 연결과 건강의 인과관계가 처음 알려진 지 수십 년이 지난 2018년에 발표되었다. 그동안 수많은 연구들을 통해서 사회적 건강 증진의 효과가 다른 생활 습관 요인들이

미치는 효과와 같거나 심지어 더 크다는 것이 입증되었음에도 불구하고 이런 결과가 나온 것이다.[35]

　버크먼과 사임의 발견 이후로 40년이 넘게 지난 오늘날, 이제는 여론이 바뀌어야 할 때이다. 최근의 한 연구에서 연구진이 사용한 표현처럼, 우리는 "연결이 보약"임을 인정해야 한다.[36] 사회적 유대를 구축하고 유지하는 일은 새로운 헬스장에 회원 가입을 하거나 하루에 5가지 과일과 채소를 먹거나 예방접종을 하는 것만큼이나 중요하다. 따라서 삶을 소중히 여기는 사람이라면 누구나 이 일을 우선시해야 한다.

위험한 프레너미

나에게 맞는 영양 요구량은 나의 체격과 체형에 맞추어야 하듯이 이상적인 사회적 식단, 즉 사회생활도 사람에 따라 모두 다르다. 사랑하는 사람과 함께 사는 사람들은 혼자 사는 사람들보다 일반적으로 더 건강하고 행복한 경향이 있다. 친구나 친척, 동료와 대략 1주일에 한 번 만나는 사람들은 한 달에 한 번 미만으로 대면 접촉하는 사람들보다 더 건강하고 행복하다.[37] 이것 말고는 최적의 사회적 연결망 규모나 사회적 상호 작용의 빈도 측면에서 모든 사람에게 적용되는 금과옥조 같은 규칙은 없다.

　어떤 경우든 인간관계의 질도 양만큼이나 중요하다. 특정한 인맥이 우리에게 득보다 실이 될 수 있다는 인식도 점차 커지고 있다.

앞으로 살펴볼 연구들에 대한 맛보기로, 여러분의 인맥 가운데 두어 명을 골라 다음 질문에 대해서 1점(전혀 그렇지 않다)에서 6점(매우 그렇다)까지의 점수로 답해보자. 여러분이 조언이나 이해, 호의가 필요하다고 느낄 때, 그 사람은 어떠한가?

- 그 사람은 여러분에게 얼마나 도움이 되는가?
- 그 사람은 여러분을 얼마나 속상하게 만드는가?

이 척도는 유타 대학교의 줄리언 홀트-룬스태드 연구진이 개발했다. 앞에서 건강과 관련하여 사회적 연결의 전반적인 중요성을 조사하며 광범위한 학술적 검토를 진행했던 연구진과 같다. 이들은 이 척도를 활용해서 인간관계를 3가지 범주로 광범위하게 나누었다.[38]

부디 여러분의 인맥 가운데 대다수가 첫 번째 질문에서는 높은 점수를, 두 번째 질문에서는 가능한 한 낮은 점수를 받았기를 바란다. 이런 사람들은 여러분과 **지지적** 관계에 있다. 반면 정반대로 평가한 사람들도 있을 것이다. 이런 사람들은 대개 상처를 주지, 도움을 주는 일은 거의 없다. 이들은 여러분과 순전히 **회피적** 관계에 있는 사람들이다. 가령 업무상의 만남이나 가족 모임처럼 불가피하게 상대해야만 하는 경우가 아니라면, 여러분이 최선을 다해서 말을 섞지 않으려고 할 사람들이다. 이외에도 두 질문 모두에 1점이 나오는 사람도 몇몇 있을 것이다. 이런 경우는 여러분이 관심을 두지 않는 관계이다. 호불호 없이 무미건조하게 그냥 얼굴만 아는 이웃 사람이 여기에 해당할 수 있다.

그런데 인맥 가운데 한 줌 정도가 다소 역설적인 모습을 보일 수 있다. 도움이 된다는 측면에서도 4점을, 상처를 준다는 측면에서도 4점을 받는 경우이다. 이렇듯 양쪽에서 모두 2점 이상 받는 사람은 **양가적 관계**이다. 나에게도 이런 사람이 최소한 두어 명은 있다. 한 지인은 믿을 수 없으리만치 관대하다가도, 샘이 나거나 위협을 받는다고 느끼면 나를 신랄하게 깎아내리면서 맹공을 퍼붓는다. 옛 동료 한 사람은 내가 업무 중 위기 상황을 극복해야 할 때 많이 도와주었지만, 내가 최고의 아이디어를 냈을 때 가끔 자기 덕이라고 주장했다. 어떨 때는 내가 기여한 부분을 인정조차 하지 않았다. 우리는 보통 이런 사람들을 "프레너미"라고 부른다. 친구friend인 듯 적enemy인 듯 양다리를 걸친 사람이라는 뜻이다. 친구가 아니라 부모나 형제자매 중에도 이런 사람이 있을 수 있다. 양가성은 여러 형태로 나타난다. 먼저, 상대방이 여러분을 드러내놓고 무시하기보다는 여러분의 삶에 관심을 가지지 않을 수 있다. 혹은 상대방이 전반적으로 믿을 수 없는 사람일 수도 있다. 이런 사람은 여러분이 뒤 좀 봐주었으면 하고 기대할 때 연락이 닿지 않는 경우가 많다. 배우자가 양가성을 보일 수도 있다. 하루는 "애정 공세"를 퍼붓다가도 그다음 날이면 맹렬히 비난을 퍼부어서 진짜 감정이 무엇인지 확신할 수 없게 만드는 경우이다.

양가적 관계에는 특별한 주의가 필요하다. 우리 건강에 독특한 영향을 미치기 때문이다. 홀트-룬스태드 연구진이 진행한 연구를 살펴보자. 연구진은 102명의 참가자에게 3일간 휴대용 심혈관 추적 장치를 장착했다. 이들은 사회적 상호 작용을 할 때마다 작동 버튼을 눌러서 관찰 내용을 기록하고, 대화를 마친 후에는 앞에서 소개한 점수를 매겼다. 그 덕분에 연구진은 참가자들의 관계마다 촉발되는 다양한 스트레스 반응을 일일이 파악할 수 있었다.

예상대로 사람들은 명백히 지지해주는 사람에 비해서 양면적인 사람을 만났을 때 혈압이 더 올라갔다. 그런데 의외의 결과가 나타났다. 완전한 회피적 관계보다도 양가적 관계가 더 강한 반응을 일으켰다. 어떤 상호 작용이 이루어질지 불확실한 탓에 불친절할 것이 확실한 사람을 만났을 때보다 스트레스가 더 심해진 것이었다.[39]

이후의 연구에서 그 효과가 확인되었다. 홀트-룬스태드에 따르면, 사람들은 다른 과제를 완료하는 동안 옆방에 애증이 뒤섞인 양가적 관계의 사람이 있다는 사실을 아는 것만으로도 혈압이 치솟았다.[40] 우리는 긍정적이기만 한 관계에 있는 친구나 가족을 떠올리면 마음이 누그러지는 경향을 보인다. 반면에 양가적 관계인 사람은—컴퓨터 화면에 잠깐 반짝이듯이—단순히 언급하는 것만으로도 스트레스 반응을 일으킬 수 있다.[41]

양가적 관계는 마치 우리의 목을 옥죄는 것 같다. 우리는 양면적인 사람들의 지지에 의존하여 그들의 마음에 들기 위해서 최선을 다하는 경우가 있다. 그러나 이런 식으로 감정을 투자하면, 양면적인 사람들이 가끔 고약하게 굴 때 큰 상처를 받게 된다. 더군다나 상대방의 어떤 면을 보게 될지—이번에는 지킬 박사일지, 하이드 씨일지—모르는 불확실성 때문에 그 사람을 만나면 스트레스가 더 가중될 뿐이다. 그래서 그가 입을 열기도 전에 우리는 불안에 휩싸인다.

양가적 관계가 여러분의 삶에 차지하는 자리가 너무 크다면, 장기적으로는 거의 인맥이 없는 것만큼이나 해로울 수 있다. 양면성 있는 사람들과 꾸준히 상호 작용하면, 심장에 부담이 가중되거나 체내 염증 수치가 올라갈 수 있다. 이렇게 되면 앞에서 보았듯이 다양한 질환에 걸릴 위험이 생긴다.[42]

이런 효과는 심지어 세포의 노화 정도에서도 확인된다. 우리의 염색체 말단에는 텔로미어라는 보호용 마개가 있어서, 세포 복제 때 DNA가 손상되지 않게 막아준다. 사는 동안 스트레스가 쌓이면서 텔로미어는 서서히 닳아 없어진다. 그러다가 텔로미어가 너무 짧아지면, 세포가 오작동하기 시작하거나 죽을 수 있다. 텔로미어 길이가 짧을수록 노화로 인한 많은 질병에 걸릴 위험이 더 커진다고 알려져 있다. 그런데 양가적 관계가 텔로미어의 쇠락에 일조하는 것으로 보인다. 얼음장 위를 걷는 것처럼 아슬아슬한 관계라는 느낌이 자주 드는 사람과 살고 있거나 이런 느낌이 들게 하는 친구를 꾸준히 만나고 있다면, 동년배의 다른 사람들에 비해서 여러분의 텔로미어 길이가 짧아졌을 가능성이 크다.[43]

직장에서는 양가적 관계가 비일비재하기도 하다. 특히 이런 사람들이 권력 있는 지위에 있는 경우가 문제이다. 이들이 보내는 지지에는 신뢰가 가지 않는다. 이들은 친절했다가도 불친절해서 종잡을 수가 없다. 그러면 부하직원들의 정신 건강에 타격을 주어 우울증, 불안, 탈진의 위험이 커질 수 있다.[44]

이처럼 양가적 관계가 역설적인 성격을 지닌다는 것은 간단한 해법이 없다는 뜻이기도 하다. 물론 이런 사람들이 삶에 존재하는 것이 너무 해롭게 느껴진다면, 아예 접촉을 단절하기로 결심할 수도 있겠다. 그러나 이들이 직장 상사이거나 가족이라면 불가능하다. 혹은 이들이 여러분의 인맥에 너무 깊이 개입되어 이들과의 단절이 자칫 다른 의지되는 관계를 위협할 수 있는 경우도 마찬가지이다.

그러나 어떤 관계가 양면성이 있음을 아는 것만으로도 어느 정도 바람막이가 되기도 한다. 개인적인 이야기이지만, 나는 이런 연구를 알게 된 덕을 톡톡히 봤다. 양면적인 사람들이 보여줄지 모를 복합적인 감정에 대비해서 나 스스로 정신 무장을 할 수 있게 되었다. 그 덕분에 그런 사람들과의 관계에서 좋은 점에 더 집중하면서 그들의 불쾌한 면에 대해서는 연민을 느낄 수 있었다. 또한 삶의 또다른 영역에서 이미 스트레스를 받는 상황이라 이런 사람들 때문에 스트레스가 가중될 것 같다면, 이들과의 접촉을 줄이려고 시도하게 되었다.

중요한 사실이 하나 더 있다. 이 연구 덕분에 나는 나 스스로 양면성 있는 사람이 되지 않기 위해서 나의 행동을 돌아보게 되었다. 아니나 다를까 나는 양면성 있는 사람이 맞았다. 나는 다른 사람의 성공에 충분한 관심이나 기쁨을 표하지 않았다. 다른 사람의 견해와 경험을 충분히 존중하지 않았다. 늘 다른 사람들이 먼저 연락하기를 기다린 다음, 그들의 메시지에 신속히—충분히 열의 있게—응답하지 않았다. 그들의 생일에 축하 메시지를 보내는 것도 잊었다. 이렇게 성찰한 결과로 얻은 것이 바로 첫 번째 연결의 법칙이다. **다른 사람들을 대할 때 일관성을 유지하라. 스트레스를 주는 프레너미가 되지 말라.**

뒤이어 이 책에서는 이런 행동들뿐 아니라 사회적 유대관계를 약화할 수 있는 또다른 행동들에 대해서 더 많이 알아볼 예정이다. 또한 사회적 유대관계를 강화할 방법도 탐색할 것이다. 모든 양가적 관계를 긍정적 관계로 바꿀 수는 없겠지만, 다른 사람들에게 반드시 가장 힘이 되도록 우리가 직접 행동할 수는 있다. 이렇게 하면 많은 경우 다른 사람들로부터 최선을 끌어내는 데에도 도움이 된다.

다음 내용으로 넘어가기 전에 요시 긴즈버그가 과연 어떻게 되었을지 궁금한 사람들을 위해서 뒷이야기를 들려주고자 한다. 그는 아마존에 고립된 경험을 한 후에 수십 년간 여행을 계속했고, 그의 조국 이스라엘과 미국, 볼리비아―그의 불운의 장소―에서 여러 자선 사업을 벌였다.

한때 "사람에게는 사람이 필요하다"라는 생각을 무시해버렸던 그는 이제 사회적 연결을 그의 인생철학의 중심에 둔다. 그는 이렇게 지적한다. "올바른 사고방식을 갖추면, 차이점보다는 우리를 연결해주는 동질성에 초점을 맞출 수 있다. 이런 깨달음을 얻으면 목적의식과 책임감이 생긴다. 단절은 일종의 환상으로, 우리는 단절되지 않기로 선택할 수 있다는 것이 나의 핵심 신념이다."[45]

긴즈버그는 다른 사람들과 함께하는 것이 얼마나 필요한 일인지 정글에서 곤경에 처했을 때 처음으로 깨달았다고 주장한다.[46] 이제 사회적 연결이 건강과 행복에 가져다주는 막대한 이익을 다루는 과학 문헌이 점차 늘어나고 있다. 우리 모두 이런 문헌들이 보내는 경고에서 비슷한 깨달음을 얻어야 한다.

핵심 정리

- 사회적 연결은 육체적, 정신적 건강을 점칠 수 있는 가장 중요한 예측 인자이다. 사회적 연결은 통증을 완화하고, 염증을 감소시키고, 혈전 발생 위험을 떨어뜨린다.
- 아무리 소소하더라도 사랑하는 사람을 떠올리게 하는 물건—가령, 사진—은 놀람 반응을 가라앉히고 속상한 기억을 누그러뜨릴 수 있다.
- 인맥이 넓은 사람일수록 창의성과 일할 기회가 더 많아서 경제적으로 더 안정된다.
- 사회적 연결망의 규모와 상호 작용 횟수도 중요하지만, 가장 중요한 것은 관계의 질이다. 관계 가운데는 지지적 관계, 회피적 관계, 양가적 관계가 있다. 이 중에서 지지적 관계가 가장 이롭고, 양가적 관계가 가장 해롭다.

행동 전략

- 인맥 가운데 양가적 관계에 있는 사람을 찾아내고, 그들이 자신의 감정과 행동에 어떤 식으로 영향을 주는지 생각해보라. 만약 그들이 양면성 있는 프레너미라면, 그들과 만난 다음에는 쉬면서 긴장을 해소할 방법을 찾아라.
- 다른 사람들에게 양면적 행동을 하지는 않는지 자문하라. 그들을 얼마나 아끼는지 보여주기 위해서 자신의 행동을 바꾸려면 무엇을 해야 할지 생각해보라.

2

우리는 어떻게 연결되는가

1950년, 열여덟 살의 실비아 플라스는 추수감사절 방학을 마치고 스미스 대학교로 돌아왔다. 그런데 주변 사람들과 자신을 연결해주던 끈이 끊어진 것 같은 느낌이 극심하게 밀려왔다. 처음 대학교에 입학했을 때만 해도 어머니에게 보낸 편지에는 기숙사를 같이 쓰는 친구들에게 뜨거운 동지애를 느낀다는 내용이 적혀 있었다. 한 번도 경험하지 못한 친근감을 느낀다고까지 했다.[1]

그러나 본가에서 명절을 보낸 뒤, "작위적인 수다"를 떠는 친구들을 만날 생각에 플라스는 절망에 사로잡혔다. 그녀는 자신과 그들 사이의 골이 깊어서 극복하기가 거의 불가능하다고 생각했다. 그녀의 마음은 기억과 꿈, 감각적 감상으로 가득했던 반면, 그들은 "거짓 미소"와 "허울뿐인 유쾌함" 뒤에 내면의 삶을 감추고 있었다. 그녀는 일기에 자신의 외로움을 일종의 "혈액병"으로 묘사했다.

과연—자신과 타인 사이에 가로놓인—이 공간을 건널 수 있을까? 그 당시에 플라스는 이 물음에 회의적이었던 듯하다. "삶은 외로움이다. 마침내 나의 영혼을 모조리 쏟아부을 수 있을 것 같은 사람을 발견해도, 내가 뱉어내는 말에 충격받아 말을 멈추게 된다. 너무도 녹슬고 추하고 의미 없는 이런 말들은 그토록 오랫동안 나의 내면에 있는 작고 갑갑한 어둠 속에 갇혀 있어서 힘을 잃고 말았다."[2]

플라스의 외로움은 우리가 앞 장에서 만났던 무모한 배낭여행자 요시 긴즈버그가 느꼈던 외로움과는 완전히 달랐다. 긴즈버그는 다른 사람들로부터 물리적으로 고립되는 경험을 했다. 반면에 플라스는 적어도 표면적으로는 그녀와 다를 바 없어 보이는 학생들이 많이 사는 기숙사에서 살았다. 그러나 우리도 대부분 느낀 적이 있듯이 단순히 주변에 다른 사람들이 있는 것만으로는 충분하지 않다. 동반자를 갈망한다는 것은 진정으로 이해받는 감각을 받고 싶다는 뜻이다. 다른 사람들도 나와 같은 식으로 생각하고 느끼고 인식하는지 알고 싶다는 것이다.

심리학자들은 이것을 가리켜서 "공유 현실"이라고 부른다. 그들은 현실을 공유하는 느낌이 모든 의미 있는 사회적 연결의 근간임을 입증했다.[3] 가장 심오한 관계에서는 타인이 마치 자신의 일부처럼 느껴지기까지 한다. 이런 사고방식은 우정을 "두 개의 몸속에 머무는 하나의 영혼"이라고 묘사했던 아리스토텔레스로 거슬러올라간다.[4] 주변 사람들과 이런 공유 현실을 느끼지 못할 때─추수감사절 다음 날 기숙사로 돌아온 플라스가 그랬다─이를 가리켜 "존재론적 고독"을 경험한다고 표현한다.

우리는 뇌 안에서 공유 현실이 형성되고 무너지는 방식을 깨달음으로써, 깊이 있고 진정한 유대관계 구축의 기본 원칙을 파악할 수 있다. 이것을 바탕으로 두 번째 연결의 법칙이 도출된다. 만나는 사람들과 상호 이해관계를 구축하라. 피상적인 유사점은 무시하고, 내면세계에 집중하라. 생각과 감정이 일치하는 독특한 방식에 집중하라. 그러나 이뿐만이 아니다. 이 책의 나머지 부분에 등장하는 대다수의 교훈도 그 밑바탕에는 바로 이 원칙이 깔려 있다.

유유상종

민속학자들은 오래 전부터 "유유상종"이라는 말에 의구심을 품었다. 그런데 공유 현실에 관한 최근의 연구에서 매우 구체적인 예측이 나왔다. 사회적 연결은 배경이나 환경 차원의 표면적인 동질성만으로 구축되지는 않고, 여기에 더해서 내면 상태—생각, 느낌, 인식—를 공유하는 것도 필요하다는 것이다. 간단히 말해서 우리는 상대방이 나와 같은 식으로 세상을 경험하는지 알고 싶어한다.

가령 새로운 직장에 출근한 첫날이라고 상상해보자. 그리고 새로 만난 직장 동료에 대해서 다음과 같은 사실을 알게 되었다고 하자.

- 두 사람의 유머 코드가 같다.
- 두 사람 모두 같은 노래를 듣고 눈물을 흘린다.
- 두 사람 모두 같은 예술작품을 보고 경외심을 느낀다.
- 두 사람의 고향이 같다.
- 두 사람은 같은 대학교 출신이다.

이런 사실들은 그 사람에 대한 인식에 어떤 영향을 미칠까?

공유 현실 이론에 따르면, 첫인상에 가장 큰 영향을 미치는 것은 처음의 세 문항이다. 이 문항들에는 내면의 삶에 관한 직접적인 무엇인가가 반영되어 있기 때문이다. 바로 이것이 심리학자들의 연구 결과로 입증된 내용이다. 우리는―제아무리 사소한 사건이라도―어떤 사건에 누군가가 우리와 똑같이 반응한다는 것을 알면, 그 사람에 대한 호감도가 즉시 수직 상승한다. 이외에도 같은 고향 출신인지처럼 배경에 관한 사실들도 라포르rapport(두 사람 사이의 공감적인 인간관계/역주) 형성에 도움이 된다. 그러나 일반적으로 그 사람의 생각과 느낌을 아는 것보다는 위력이 약하다.[5]

버몬트 대학교의 엘리자베스 피넬의 연구 결과는 이를 보여주는 가장 설득력 있는 증거이다. 피넬은 20년간 존재론적 고독과 그로부터 탈피하는 데에 도움이 되는 경험을 탐구해왔다. 한 연구에서 피넬은 참가자들에게 이매지니프Imaginiff라는 게임을 하게 했다. 이 게임에서는 터무니없는 다양한 가정에 답을 생각해야 한다. 가령 미국의 배우인 제니퍼 애니스턴이 도구라고 상상한다면, 칵테일 셰이커, 스크루 드라이버, 큰 망치, 발톱깎기 가운데 무엇일까? 같은 식이다. 연구 결과는 공유 현실 이론과 일맥상통했다. 사람들은 자신과 유사한 답을 고른 사람에게 더 강한 호감을 보였고, 그런 사람과 나중에 같이 일하고 싶어하는 마음이 더 컸다.

어떤 사람이 제니퍼 애니스턴을 스크루 드라이버로 보든 발톱깎기로 보든, 우리가 대체 왜 신경을 쓰는 것일까? 이 결과는 게임에서 나온 답변을 보면 마음의 작동 방식을 어느 정도 알 수 있다고 믿는 경우에만 의미가 있다. 누군가의 대답이 나의 대답과 같다면, 이는 그 사람도 나와 같은 식으로 세상을 대하고 반응한다는 뜻이다. 피넬은 이를 "주체로서의 나 공유하기"라고 부른다(객체로서의 나, 즉 타인이 보는 나의 모습과 대조되는 개념/역주). 세상에 대한 주관적인 경험에 관해서 구체적인 무엇인가를, 즉 하나의 공통된 "의식 상태"를 보여주기 때문이다. 연결감 형성 측면에서도 성적 지향성처럼 내집단이나 외집단에 선입견을 심을 수 있는, 외견상 명백해 보이는 정체성 표지보다 주체로서의 나 공유하기가 더 중요한 것으로 입증되었다. 피넬은 성별, 심지어 인종이라는 뚜렷한 정체성 표지와 비교해서도 같은 결과를 얻었다.[6]

피넬의 최신 연구 결과에 따르면, 친밀한 현실을 공유한다고 인식하면 정치적 견해 차이도 극복할 수 있다. 격렬한 경쟁이 벌어진 2020년 미국 대선을 얼마 앞두지 않은 시기에 피넬은 다양한 나이와 배경을 지닌, 도널드 트럼프와 조 바이든 지지자들 417명에게 잉크가 얼룩진 모양의 그림들을 보여주고 각각 해석하게 했다. 그중 하나가 58쪽과 같은 그림이다.

각자 답을 선택한 다음, 다른 사람은 어떻게 인식했는지 (허위) 응답을 알려주었다. 그후에는 그 사람이 얼마나 좋은지, 그에게 친밀감이 얼마나 느껴지는지, 그 사람과 친구가 되고 싶은 마음이 어느 정도인지 점수를 매기게 했다.

예상대로, 미국 정치의 과열기였던 이 시기에 트럼프와 바이든 지지자들은 일반적으로 서로에 대해서 높이 평가하지 않았다. 다른 모든 조건이 같은 경우, 그들은 같은 정치 성향을 지닌 사람들을 선호

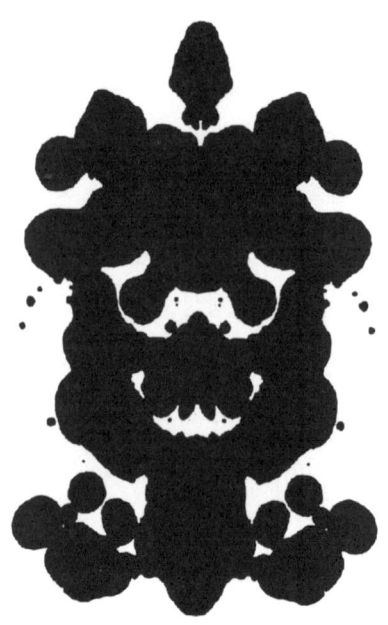

이 잉크 얼룩을 보면 무엇이 보입니까?
A. 괴물   B. 광대   C. 호박 램프   D. 미소

했다. 그런데 상대방이 잉크 얼룩을 자신과 똑같이 해석했다는 사실을 알게 되자 정치적 신념 차이와 상관없이 상대방에게 상당히 더 훈훈한 감정을 느꼈다.[7] 이매지니프 게임의 질문에 대한 답변과 마찬가지로 잉크 얼룩에 대한 해석 그 자체에는 아무런 의미도 없다. 그러나 상대방이 자신과 같은 식으로 그림을 해석했다는 것을 알게 되자 참가자들은 두 사람의 마음이 어느 정도 일치한다고 인식하게 되었다. 그 결과 일시적인 연결감이 생겼다.

그후로 피넬은 수차례에 걸쳐서 이런 연구 결과를 재확인하고 확대했다. 예를 들어 사람들이 서로의 내면 상태에 관한 지식을 공유

하면, 관대함과 신뢰가 상승할 수 있음을 증명했다. 가령 실험실에서 게임을 하는 동안, 실험 참가자들은 공유 현실을 경험하면 더 많은 상금을 나누어야 해도 더 행복해했다. 누군가가 나와 같은 생각을 하고 같은 감정을 느낀다는 것을 알면, 그 사람이 좋아지는 것으로 그치지 않는다. 대가를 치르더라도 그 사람을 도와줄 가능성 또한 커진다.[8]

한마음 한뜻

공유 현실을 형성하면 인식 과정에서 발생하는 인간의 약점을 극복하는 데에 도움이 된다. 어떤 상황이든 뇌가 받아들이는 정보는 매우 애매모호해서, 뇌에서는 보고 들은 것을 수많은 방식으로 해석한다. 그런데 홀로 고립되면 자신이 사건을 타당하게 이해했는지 알 도리가 없다. 그런데 누군가가 나와 생각이나 감정을 공유한다는 것을 알면, 나의 경험이 타당하다는 안도감을 느낄 수밖에 없다. 그 덕분에 자신의 판단에 대한 믿음도 커진다. 다른 누군가가 나와 같은 식으로 세상을 경험한다는 것을 알면, 그 사람의 행동을 더 많이 예측할 수도 있게 된다. 이 또한 더 큰 안전감을 안겨준다.

피넬에 따르면, 사람들은 존재론적 고독에 빠지면 공유 현실의 징후에 민감해진다. 피넬은 실험 참가자들 일부에게 먼저 다음의 지시 사항에 따라서 자신의 생각을 적어보게 했다. "당신은 혼자일 때보다 군중 속에서 더 외로울 수 있습니다. 이것을 마음속에 되뇌면서,

당신이 과거에 주변 사람들로부터 단절감이나 심한 고립감을 느꼈던 상황을 떠올려보십시오." 그런 다음 참가자들에게 다양한 사람들에 대한 호불호를 밝혀달라고 했다. 그랬더니 과거에 지루했던 상황에 대한 글을 먼저 쓰도록 했던 참가자들과 비교했을 때, 다른 사람의 내면의 삶에 관한 정보에 이들이 정말로 훨씬 쉽게 영향을 받는다는 것이 입증되었다. 이들은 깊은 고독감을 경험했기 때문에 자기의 생각과 감정을 확인받으려고 적극적으로 애쓰는 모습을 보였다.[9]

인간관계는 그 하나하나가 공유 현실의 기저를 이루거나 기반을 허무는 수백, 수천 가지 작은 사건들의 결과물이다. 나와 상대방, 둘 다 식당에서 같은 메뉴를 고르거나, 같은 노을을 보고 동시에 환호성을 지르거나, 어떤 동료나 친척의 작은 불행에 똑같이 고소해할 수도 있다. 어쩌면 두 사람이 습관적으로 동시에 똑같은 말을 하거나 이심전심으로 상대가 하려는 말을 서로 알 수도 있다. 이런 일 하나하나가 두 사람이 세상을 같은 식으로 경험하고 있다는 느낌을 강화해준다.

세상에 두 사람이 서로 매사에 동의하는 경우는 없다. 다만 일반적으로 내면의 삶을 공유한다는 인식이 강할수록, 상대와 더 연결되어 있다고 느낀다. 텍사스 A & M 대학교의 심리학자들이 연인관계에 있는 사람들 약 300명에게 물었다. "연인과 함께 무엇인가를 경험할 때, 그에 대해서 두 사람이 같은 감정을 느끼는 순간이 얼마나 자주 있습니까?" 설문 참여자들의 대답을 보면, 연인이 자신의 "진정한" 모습을 잘 안다고 믿는 정도와 그들의 전반적인 관계 만족도를 확실히 알 수 있었다.[10]

혹시 친구나 동료, 친척과 공유 현실을 얼마나 느끼는지 궁금하다면, 컬럼비아 대학교 재직 당시 마이아 로시냐-밀론이 설계했던 설문지를 활용해볼 수도 있다. 여러분의 삶의 테두리 안에 있는 사람을 한 명 떠올려보라. 그런 다음, 다음 문항에 1점(전혀 그렇지 않다)부터 7점(매우 그렇다)까지의 척도로 평가하라.

1. 우리는 정확히 동시에 같은 생각을 하는 일이 빈번하다.
2. 우리는 흔히 논의를 통해서 공동의 시각을 발전시킨다.
3. 우리는 대체로 여러 상황에 대해서 같은 생각과 감정을 공유한다.
4. 우리가 함께 경험할 때 사건이 더 실감 난다.
5. 세월이 지나면서 우리의 사고방식이 더 비슷해졌다.
6. 우리는 상대가 하려는 말을 예상한다.
7. 우리는 함께일 때 상황을 더 확실하게 인식하는 듯하다.
8. 우리는 우리 둘만의 현실을 만들어낸 것 같은 느낌이 자주 든다.

이것을 "일반적 공유 현실 점수"라고 부른다. 각각의 문항 점수를 더해서 나눈 평균값이 최종 점수가 된다. 이 점수는 상대방과 여러분이 표면적으로 얼마나 비슷한지 혹은 여러분이 상대방을 얼마나 존중하는지를 반드시 반영하지는 않는다. 그러나 여러분이 상대방을 얼마나 좋아하는지, 얼마나 그를 가깝게 느끼는지는 거의 확실하게 보여준다. 로시냐-밀론 연구진은 다수의 연구들을 통해서 이를 입증했다.[11]

첫 실험에서 연구진은 평균 9년간 이성애 또는 동성애 연인관계에 있던 사람들 600명 이상을 모아서 관계의 질을 묻는 상세한 설문조사를 진행했다. 대부분 일반적 공유 현실 점수는 대략 5점이었지만, 일부는 1점에 근접하고 또다른 일부는 만점인 7점을 기록하는 등 편차가 컸다. 예상대로, 일반적 공유 현실 점수가 높을수록 서로에 대한 신뢰와 헌신, 만족도가 높은 것으로 나타났다.

표본을 확대하기 위해서 로시냑-밀론은 다시 545명을 추가로 모집했다. 그런 다음 참가자들에게 각자 삶에서 의미 있는 한 사람—사랑하는 사람, 친구, 동거인, 형제자매 등 누구든지—과의 상호 작용을 매일 기록하게 했다. 매일 기록할 내용에는 일반적 공유 현실 점수와 함께 자기 안의 타인 점수도 있었다. 자기 안의 타인 점수는 다음 63쪽의 그림들 중에서 상대방에 대한 나의 감정을 가장 잘 보여주는 것을 고르는 간단한 검사로 도출된다.[12]

조사 결과, 각자 선택한 지인과의 공유 현실이 클수록 교집합이 큰 그림을 고를 가능성이 더 컸다. 일반적 공유 현실 점수가 평균 6-7점인 사람들은 낮은 점수대의 사람들보다 다음 질문에 긍정적으로 답할 가능성이 훨씬 더 큰 것으로 드러났다. "어떤 의미에서든 당신과 상대방이 일심동체라고 느낀 적이 있습니까?"

더 확실히 입증하기 위해서 로시냑-밀론은 사람들의 공유 현실을 교란해서 그들의 반응을 관찰하려고 했다. 이를 위해서 연인들을 실험실로 초대하고 일련의 감각 실험—가령 벨벳의 부드러움이나 리치맛 젤리의 달콤함과 쫄깃함을 평가하기—에 참여하게 했다. 답변 후에는 참가자들에게 컴퓨터 알고리즘으로 그들의 데이터를 처리해서 각 연인의 감각 세계의 경험이 어느 정도로 겹치는지 측정했다고

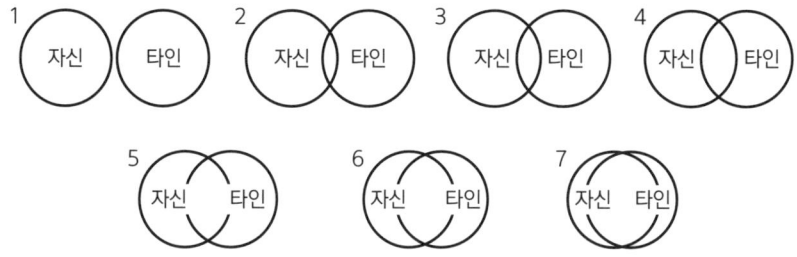

알려주었다. 참가자들에게—서로의 인식 차이가 매우 큼을 암시하도록 의도적으로 설계된—가짜 결과를 알려주었고, 이들은 이를 온전히 믿었다.

외부 관찰자에게는 젤리의 단맛에 대한 작은 견해 차이가 심각한 걱정거리가 될 리 만무해 보일 수 있다. 이매지니프 게임의 질문들과 마찬가지로, 큰 그림에서 보면 이런 작은 세부 사항은 아주 중요해 보이지는 않는다. 그러나 사랑하는 사람과 구축했던 공유 현실에 이런 미세한 균열이 생기자 많은 참가자들이 동요하는 듯했다. 일반적 공유 현실 검사에서 높은 점수를 기록했던 연인이 유난히 더 그랬다. 그래서 이들은 이런 감정을 바로잡기 위해서 적극적인 시도를 했다. 예를 들면, 뒤이은 대화 시간 동안 상대의 견해를 인정하려고 더 노력했고, 공통된 기억을 끄집어내고 두 사람끼리만 통하는 농담을 하기 시작했다. 감각 경험의 차이가 유대관계가 위협받고 있다는 경고 신호로 해석된 것 같았다. 그래서 연인들은 그들의 마음을 다시 제자리로 돌리려고 적극적으로 애썼다. 아마도 우리는 누군가와 현실을 공유하면 이를 잃고 싶지 않은가 보다.

공유 현실은 만남의 횟수가 많아질수록 강력해질 수 있다. 그러나 피넬이 입증했듯이 최소한의 상호 작용만으로도 그 씨앗을 심을 수 있다. 로시냐-밀론은 우리가 낯선 사람과 공유 현실을 어떻게 형성하는지 확인하기 위해서—서로 안면이 없는—200명 이상의 실험 참가자들을 모집하고 둘씩 짝지은 다음, 실시간 메신저로 대화를 나누게 했다. 이들에게 주어진 과제는 모호한 사건을 묘사한 그림을 보고 이에 대한 해석을 서로 논하는 것이었다. 예를 들면, 술집에 앉아서 대화하는 두 남성을 그린 연필화를 놓고 이야기를 나누는 것이다. 과연 이 남성들은 무슨 이야기를 하고 있을까? 그 다음에는 과연 어떤 장면이 펼쳐질까? 이렇게 단 12분간 대화를 나눈 후에 참가자들은 대화방을 나와서 상대방에 대한 느낌을 평가했다. 이때 평가에는 상황에 맞게 조정한 일반적 공유 현실 점수가 포함된 설문지가 사용되었다.

참가자들이 함께했던 시간이 매우 짧았음에도 불구하고, 많은 사람들이 이미 공유 현실을 느끼고 있었다. 일반적 공유 현실 점수가 높을수록 대화하는 동안 "마음이 통했다"라고 답할 가능성이 컸다. 또한 실험 후에도 논의를 계속하고 싶다는 대답도 더 많았다. 현실을 공유했음은 겉으로 보이는 행동으로도 명백히 드러났다. 일반적 공유 현실 점수가 높은 쌍들은 동시에 같은 말을 하고, 대화 중에 상대방의 생각을 잘 읽고, 그림에 대한 해석이 일치할 공산이 더 컸다. 그들이 대화하며 사용하는 표현을 보면, 마치 일심동체라도 된 듯이 같은 의식의 흐름을 가진 것처럼 보였다.[13]

뇌 사이의 연결

나는 공유 현실, 그리고 경계의 불분명함을 탐구한 로시냑-밀론의 연구를 보면서 미셸 드 몽테뉴의 산문 "우정에 관하여"가 떠올랐다. 이 산문은 다른 사람과의 연결이 의미하는 바에 대한 사색의 글이자 시인 에티엔 드 라 보에티에게 바치는 아름다운 애가哀歌이다. 몽테뉴와 라 보에티는 우연히 연회에서 만나 그 자리에서 끈끈한 유대를 맺었다고 한다. 이들의 우정은 그로부터 6년 후 서른둘을 일기로 라 보에티가 요절할 때까지 지속되었다.

몽테뉴는 두 사람의 관계가 영적 결합과도 같다고 설명한다. "그가 내 앞에서 보이는 행동들 가운데에—겉보기에 어떻든—내가 그 행동의 동기를 알아채지 못하는 것은 하나도 없다." 그는 또 이렇게 적었다. "우리 두 영혼은 함께 결합하여 일치를 이루었다. 열렬한 애정을 품은 채 우리는 서로를 응시했고 서로 속을 다 꺼내 보여주었다. 나는 나의 마음을 알 듯 그의 마음을 꿰뚫어 보았을 뿐 아니라, 나 자신보다 그에게 나를 맡기면 더 큰 확신이 생길 정도였다."[14] 다른 대목에서는 또 이렇게 주장했다. "내가 말하는 우정은 영혼과 영혼을 잇는 이음매가 매끈하게 지워질 만큼 전체적으로 뒤섞인 상태를 뜻한다."[15]

몽테뉴가 이상적인 우정을 묘사하고 있다면, 로시냑-밀론의 연구는 생각과 감정의 일체감이 수많은 관계의 핵심임을 보여준다. 오늘날에는 첨단 신경 영상기술 덕분에 살아 있는 뇌 안에서 두 마음이 하나가 되는 모습을 관찰할 수 있다. 유대감을 공유하는 사람들끼리는 같은 사건을 접할 때 현저히 유사한 신경 반응을 보인다. 이것은 공유 현실의 기저에 깔린 일종의 공명 현상으로 "뇌 사이의 연결"이라고 불린다.

이런 과정을 잘 보여주는 것이 캘리포니아 대학교 로스앤젤레스의 캐럴린 파킨슨과 뉴햄프셔 주 다트머스 대학교 연구진의 공동 연구 결과이다. 먼저 연구자들은 같은 지도자 과정에 다니는 대학원생 279명을 모집한 다음, 동급생들과의 관계가 어떤지 질문했다. 가령 점심을 같이 먹거나 술자리를 가지거나 같이 영화를 보러 갈 가능성이 가장 큰 사람이 누구인지 물었다.

이렇게 얻은 데이터로 연구진은 사회적 연결망을 그리고, 사람들 사이에 어떤 성격의 유대관계가 있는지―가까운 사이인지 먼 사이인지―평가할 수 있었다. 약 3개월 후에 연구진은 학생들 일부를 실험실로 불러서 영상을 보여주고 그동안 그들의 뇌에서 일어나는 변화를 fMRI 뇌 스캐너로 관찰했다. 보여준 영상은 우주 비행사가 우주에서 본 장엄한 지구의 모습, 식품산업 관련 다큐멘터리, 어설픈 개그맨의 민망한 애드리브 장면, 아련한 뮤직비디오 등이었다.

fMRI 스캐너의 제약 때문에 촬영은 개별적으로 진행되었다. 그래서 영상을 보는 동안 참가자들은 친구나 지인과 소통할 수 없었다. 그랬음에도 불구하고 특정 장면을 볼 때마다 다른 사람들과는 겹치는 부분이 적은데 두 사람 사이에 현저히 유사한 신경 반응을 보이는 참가자들이 있었다. 예컨대 같은 장면에서 두 사람의 편도체에 불이 들어오기 시작했다. 편도체는 감정 처리와 관련된 뇌 부위라서 두 사람이 매우 유사한 편도체 활동 패턴을 보인다면, 두 사람이 매우 유사한 방식으로 감정적인 정보를 해석한다는 의미가 된다.

파킨슨은 신경 활동의 중첩 정도를 보면 사회적 연결망 안에서 참가자들의 상대적 위치를 점칠 수 있다는 것을 발견했다. 두 참가자의 두뇌 반응이 유사할수록 두 사람의 관계가 가까웠다. 공유 현실 이론의 예측처럼, 가까운 친구들은 영상을 보면서 같은 요소에 주목하고 이를 같은 방식으로 해석하는 것 같았다. 이는 뇌파의 무의식적인 변동으로 나타났다. 파킨슨 연구진의 결론에 따르면, "우리가 주변 세상을 인식하고 그것에 반응하는 방식은 우리 친구들과 유독 비슷하다."[16]

짐작건대 참가자들이 영상을 동시에 함께 시청했다면, 신경 공명 정도가 훨씬 더 컸을 것이다. 특정 코미디를 보며 누군가가 웃었다면 다른 사람도 훨씬 더 재미있어했을 것이다. 혹은 누군가의 눈물이 친구의 슬픔을 더 고조했을 것이다. 그러면서 서로 동시에 반응할 확률도 커졌을 것이다. 이 같은 실시간 상호 작용 실험은 파킨슨 연구진이 사용한 크고 번거로운 fMRI 스캐너로는 수행하기 힘들다. 그 대신, 기저에 있는 신경 부위에서 방출되는 전기장을 감지하는, 모자 형태의 장치를 사용할 수 있다. 이렇게 하면 훨씬 더 정밀하고 정확한 fMRI에 비해서 상대적으로 대략적인 뇌 활성도 값을 얻기는 하지만, 모자의 휴대성 덕분에 마음과 마음이 하나가 되는 장면을 실시간으로 목격할 수 있다.

이런 실험을 통해서 사회적 연결감이 큰 사람들은—연인 사이든 부모와 자녀 사이든 처음 만난 사이든—상호 작용하는 동안 뇌 활성 동기화가 증가한다는 것을 확인할 수 있다. 동기화는 감정과 자전적 기억, 일반 지식, 미래의 계획을 담당하는 디폴트 모드 네트워크DMN(default mode network)에서 대부분 일어난다. DMN은 우리 안에 존재하는, 세상 이치에 대한 기존의 기억과 도식에 외부의 정보를 통합하는 역할을 한다고 알려져 있다. 이런 기능 덕분에 우리는 현재 상황을 이해하고 적절히 반응할 방법을 정할 수 있다. 따라서 DMN 내에서 유사한 반응이 일어나면, 사건에 대한 해석도 당연히 매우 유사할 것이라고 보아야 한다.[17]

뇌 동기화가 공유 현실과 사회적 유대의 기반 역할을 한다는 것은 이제 또다른 많은 정황에서도 입증되고 있다.[18] 흥미롭게도, 눈 맞춤이 뇌 동기화를 촉발하는 것으로 보인다. 그래서 좋은 소통을 위해서는 눈 맞춤이 중요한 듯하다. 어떻게인지는 모르지만, 시선과 시선이 만나면 우리는 상대방의 정신 상태를 나타내는 미묘한 감정적 실마리를 포착하게 된다. 그러면 우리의 뇌는 서로를 거울처럼 투영하기 시작한다.[19] 진정한 의미에서 눈은 "영혼의 창"인 셈이다.

뇌 사이의 연결은 신뢰감과 친밀감 형성뿐 아니라 다른 사람들과의 협업에도 큰 도움이 된다. 신경 활동을 공유하여 같은 것에 주목하고 그것을 같은 방식으로 처리할 것이 확실시되면, 행동을 조정하기가 훨씬 더 쉬워져서 서로 간의 교류가 더 원활해진다.[20] 이것은 육체적 또는 창의적 문제를 해결할 때 매우 중요하다. 이는 상대가 어떤 도구가 필요한지 굳이 말하지 않아도 척하면 척 알아서 건네줄 수 있다는 의미이다. 혹은 상대가 자신의 생각을 반복 설명하지 않더라도 금세 그의 아이디어를 적용할 수 있다는 뜻이 된다.

공유 현실을 형성하면, 필수적인 감정적 지지를 얻는 데에도 도움이 된다. 이는 우리의 안녕감에 중대한 영향을 미친다. 여러 연구들에 따르면, 타인에게 이해받는다는 느낌—그리고 이어서 타인을 이해한다는 느낌—은 앞의 제1장에서 탐구했던 사회적 연결과 건강의 연관성을 떠받치는 바탕이 된다.[21] 우리는 누군가와 공유 현실을 형성한다는 느낌이 많이 들면 들수록 뛰어나게 기능한다. 따라서 생각과 감정의 공통점에 집중해야 한다는 것이 바로 두 번째 연결의 법칙이 된다.[22]

집단적 열광

예부터 우리에게는 협업과 협력에 공유 현실이 매우 중요했던 것 같다. 그래서 공유 현실 형성을 촉진하는 특정 행동을 진화시켰을 정도이다.[23] 이런 이론은 에밀 뒤르켐의 연구에서 그 기원을 찾을 수 있다. 19세기 말에서 20세기 초에 활약했던 선구적 사회학자인 뒤르켐은 많은 의례에 일사불란하게 움직이는 대규모의 사람들이 수반된다고 지적했다. 가장 대표적인 특정 행동의 예가 바로 집단으로 구호를 외치고 북을 치고 노래하고 춤추는 행동이다. 그런데 수동적으로 관람하는 행위만으로도 사람들의 감정을 하나로 만들 수 있다. 뜨거운 석탄 위로 한 발 한 발 내딛는 묘기를 부리는 사람을 구경하면서 집단으로 숨죽이며 응원하는 모습을 떠올리면 된다. 뒤르켐은 이처럼 경험을 공유하면 사회적 결속력이 강화된다고 주장하면서, 이런 현상을 가리켜 "집단적 열광"이라고 묘사했다.[24]

이론상 사람들의 생리적, 정신적 상태를 하나로 만드는 것이라면 그것이 무엇이든 공유 현실을 북돋워 자신과 타인의 경계를 최소한 임시로라도 허문다.[25] 움직임을 동기화하는 것처럼 간단한 작업으로도 그렇게 할 수 있다. 스탠퍼드 대학교 소속이었던 스콧 윌터머스와 칩 히스는 이 발상을 실험으로 시험했다. 두 연구자는 연구 참가자들을 세 사람씩 집단으로 묶어서 대학교 교정을 한 바퀴 돌게 했다. 일부는 자연스럽게 걸을 수 있게 했고, 일부는 두 사람이 계속 발을 맞추어 걷게 했다. 그런 다음 실험실로 돌아와 새로 사귄 친구와 얼마나 연결되어 있다고 느끼는지, 그리고 얼마나 그들을 신뢰하는지 1점(전혀 아니다)부터 7점(매우 그렇다)까지 점수를 매기도록 했다. 그 결과, 같은 리듬으로 발맞추어 걸었던 참가자들의 점수가 상당히 더 높게 나왔다. 신뢰가 커진 결과, 실험실에서 소액을 건 게임을 하는 동안에도 더 협력적으로 행동하는 것으로 나타났다. 발맞추어 걸은 후에는 친구에게 손해가 될 수 있는 이기적 선택을 하기보다는 상금을 나눌 공산이 더 커졌다.

두 번째 시험을 위해서 윌터머스와 히스는 참가자들에게 캐나다 국가를 함께 따라 부르게 했다(미국에 사는 학생들이 부를 노래로 캐나다 국가를 선곡한 것이 이상하게 보일 수 있겠지만, 호의적 연관성이 크지 않을 것이라는 이유 때문에 일부러 이렇게 선택한 것이다). 이번에도 함께 노래 부르기라는 단체행동을 한 결과, 친밀감이 강해졌고 더 신뢰감 있는 행동을 하게 되었다.[26]

이러한 효과는 다양한 집단 사람들 사이에서도 여러 정황에서 여러 차례 확인되었다. 이들의 연구 결과, 작정하고 함께 노래하고 춤추는 행동뿐 아니라 감지하기 힘들 정도로 미미한 주기적인 움직임만으로도 사람들 사이의 호감과 연민, 협력 정도를 증대하기에 충분한 것으로 나타났다. 예를 들면, 아령 들기나 손가락으로 두드리기, 흔들의자에 앉아서 흔들기 같은 행동으로도 충분했다. 이런 참가자들은 서로 대화하게 되자 상대방이 제공한 정보를 더 많이 기억하는 경우가 많았다. 로시냐-밀론이 공유 현실 기록에 사용했던 자기 안의 타인 검사에 따라서 점수를 매기게 한 결과에서도 그들의 친밀감이 증대되었음이 드러났다. 이렇듯 많은 경우 단 몇 분간 함께한 활동만으로도 연결감이 커질 수 있다.[27]

이러한 연구 결과들을 근거로 진화심리학자들은 리듬감 있는 노래와 춤이 사회적 유대를 강화하기 위해서 진화했다고 주장한다. 이런 노래와 춤은 초기 인류집단을 하나로 뭉치게 하는 일종의 "사회적 접착제"였다는 것이다. 이 접착제 덕분에 종국에는 협력과 조정이라는 비범한 행위가 가능해져서 오늘날 우리가 아는 것과 같은 사회로 성장할 수 있었다.[28] 이렇듯 북소리에 맞추어 문명이 건설되었다는 생각은 참으로 아름다운 발상이 아닐 수 없다.

자기 확장

공유 현실을 설명하는 말들 가운데 내가 가장 좋아하는 것은 가수 패티 스미스의 글이다. 회고록 『M 트레인 *M Train*』에서 그녀는 1994년에 사망한 기타리스트 프레드 스미스와의 관계가 시작된 초창기 시절을 회상한다. 때때로 그녀는 자신이 프레드 스미스와 결혼한 유일한 이유가 결혼 후에 성을 바꾸지 않아도 되었기 때문이라고 농담하고는 했다. 그러나 두 사람이 함께 글을 쓰고 가정을 꾸리고 미국 전역을 여행하고 자녀를 키우며 마음속에 품게 된 연결감보다 더 강한 연결감은 상상하기 힘들다. 그들은 서로를 뒷받침하면서 각자 홀로 이루었을 것보다 훨씬 더 많은 것을 성취해냈다. "그가 세상을 떠난 지 한참 지난 지금 되돌아보니, 우리가 살았던 방식이 기적처럼 느껴진다. 한마음으로 축받이와 톱니를 조용히 맞추어가야만 이룰 수 있는 그런 기적 말이다."[29]

내가 이 글을 좋아하는 이유는 패티가 프레드와의 공유 현실을 아름답게 묘사하기 때문만이 아니다. 우리에게 가장 의미 있는 관계가 지닌 "자기 확장성"이 얼마나 중요한지를 잘 포착하고 있기 때문이기도 하다. 이런 관계는 우리의 존재감을 구축하고 넓혀서 우리를 더 나은 사람으로 만들 수 있다. 부부 연구자인 아서와 일레인 아론은 자기 확장 연구의 선두 주자들이다. 이들의 지적에 따르면, 개인의 능력 및 자원의 성장이야말로 인간의 기본적 동기이다. 그래서 개인이 이 과업을 이루도록 서로 도와주는 관계가—정신적 관계든 로맨틱한 관계든—가장 성공적인 관계이다.

아론 부부는 이런 가설을 뒷받침할 만한 증거를 상당히 많이 축적했다. 예를 들면, 수백 명의 학생을 한 학기 동안 추적 관찰하면서 그들에게 관계 현황을 보고하고 "오늘 당신은 누구입니까?"라는 열린 질문에 최대한 많은 형용사를 사용해서 답하게 했다. 10대 후반에서 20대 초반 청년들이라면 으레 그럴 것이라는 여러분의 예상처럼, 많은 학생들이 이 기간에 사랑에 빠지기 시작했다. 그런 학생들은 훨씬 더 많은 형용사와 명사를 사용해서 자기 자신을 기술하기 시작했다. 연인의 도움으로 자기 자신의 새로운 측면을 발견한 덕분에 자기 개념이 말 그대로 확장된 것이다.

관계는—정신적 관계든 로맨틱한 관계든—많은 방식으로 자기 확장에 이바지한다. 누군가와 공유 현실이 생기고 기본적인 세계관이 같다는 확신이 들기 시작하면, 우리는 그 사람의 특징 일부를 우리 것으로 통합하기 시작한다. 그러면서 두 사람 사이의 원래 차이점들 가운데 일부는 배움과 성장의 기회가 된다고 여기게 된다. 나의 경우를 예로 들자면, 수학과 학부생 시절에 영문과 학생과 사귀기 시작하면서 대화를 나누다 보니 자연스레 시와 소설에 관한 관심이 커졌다. 또 환경운동가 친구가 생기자 자연스럽게 자연에 마음이 더 많이 쓰이기 시작했다. 그에게 자연이 얼마나 중요한지 알았기 때문이다.

자기 확장은 각자의 목표를 추구하도록 서로 격려하는 과정에서도 생겨난다. 우리는 꿈을 추구할 용기가 없다가도 친구나 연인의 다정한 격려에 힘입어 용감하게 날개를 펼칠 수 있다. 다른 누군가의 성공을 접하며 자부심을 느끼는 것 역시 우리의 자기 확장에 도움이 된다. 마지막으로, 친구나 연인과 함께하는 새로운 활동이 양쪽 모두의 자기 확장을 가져오기도 한다. 새로운 요리를 맛보거나 같이 예술 수업을 듣거나 먼 나라로 함께 여행하는 등의 간단한 활동도 좋다. 꾸준히 새로운 활동을 함께하는 연인이 관계 만족도가 높고 연인 간 교집합이 넓어서 자기 안의 타인 점수도 높게 나오는 경향이 있다. 이런 경우, 함께 성장한다는 느낌이 연인 사이의 공유 현실을 형성하고 유지하는 데에 적극적으로 이바지한다.

자기 확장이 어떠한 모습으로 나타나든 간에 자기 확장감은 어떤 관계에서든지 친밀함과 만족감을 알 수 있는 최고의 예측 인자이다.[30] 우리는 다른 사람들과 맺는 인연이 상호 이해로 이어지기를, 그리고 서로의 성장에 기여하기를 바라기 때문이다.

연결 구축하기

이렇듯 공유 현실과 자기 확장에 대해서 새롭게 이해하게 되면 더 나은 관계 구축을 위한 몇 가지 교훈을 얻게 된다. 첫 번째 교훈은 더욱더 열린 마음으로 사람들을 대해야 한다는 것이다. 우리는 흔히 누구를 좋아하고 누구를 좋아하지 않을지를 예측하지만, 이런 예측이 심하게 틀리는 경우가 자주 있기 때문이다.

캘리포니아 대학교 데이비스의 폴 이스트윅의 연구를 예로 들어보자. 먼저 연구 참가자들에게 이상형이 갖추어야 할 가장 중요한 특징 세 가지를 꼽아달라고 했다. 그리고 1주일 후에 참가자들을 둘씩 짝지어 즉석 데이트를 하게 했다. 예상대로 사람들은 이상형에 관한 생각이 아주 확고한 경우가 많았다. 그러나 누군가가 이런 기준에 부합하느냐의 여부는 그 사람에게 느끼는 연애 감정에 거의 영향을 주지 않았다. 이스트윅의 연구 결과에 따르면, 참가자들은 낯선 사람의 이상형, 즉 자신의 이상형이 아닌 사람보다 자신의 기준에 부합하는 이상형에게 더욱 끌리지는 않았다. 마치 외식을 하러 가서 특정 음식을 주문한 다음, 옆자리의 사람과 음식을 바꿔 먹는 것과 같았다. 원래 주문했던 요리를 맛있게 먹을 가능성만큼 무작위로 먹게 되는 요리를 맛있게 먹을 가능성도 똑같이 컸다.[31]

이런 행동은 비단 데이트를 할 때나 성적 매력에 끌릴 때만 국한되어 나타나지 않는다. 정신적인 관계에서도 우리의 예측은 정확하게 적중하지 않는다.[32] 우리는 자연스럽게 특정한 조건에 맞는 사람들을 찾고, 사회적 배경이나 교육 수준, 직업 같은 요인을 토대로 다른 사람들에 대해서 온갖 추정을 한다. 그러나 공유 현실이 생기느냐는 문제는 특정한 생각과 감정에 달려 있다. 사람의 마음속 독특한 특징이 관건으로, 상대방의 이런 특징이 나의 마음속 독특한 특징과 겹치는지가 문제이다. 그러나 이를 앞질러 예측하기란 매우 힘들다. 한 사람이 세상에 대한 경험을 우리와 공유하는지 알려면, 우리에게 자신의 참모습을 드러낼 기회를 그에게 주어야 한다. 이어서 우리도 우리의 생각과 느낌을 기꺼이 보여주어야 한다.[33]

인연을 맺을 가능성이 있다고 긍정적으로 기대하는 사람들은 일반적으로 타인과의 표면적인 차이는 신경 쓰지 않고 그 사람과 인연의 스파크가 튀는지 가만히 기다린다. 이런 사람들은 상대적으로 다양한 관계를 누리는 경향이 있다. 반면에 고정관념이 있는 사람들의 사회적 범주는 더 제한적인 경향을 보인다.[34] 사회적 연결에 대한 우리의 신념은 자기 충족 예언이 될 수 있다.

공유 현실 연구에서 얻을 수 있는 두 번째 교훈은 다른 사람들과 언제, 어디에서, 어떻게 상호 작용하느냐 하는 문제와 관련된다. 앞에서 우리는 노래와 춤처럼 공통된 생리적 또는 감정적 반응을 고취하는 활동이 오래 전부터 대규모 집단의 유대를 촉진하는 데에 활용되어왔음을 살펴보았다. 이런 방법은 개인적 차원에서도 유리하게 활용할 수 있다.

하다못해 이 연구 결과는 동료들과 하룻저녁 노래방에 가거나 친구들과 클럽에 갈 약속을 잡을 또 하나의 합리적 이유가 된다(플라스가 스미스 대학교 입학 후 첫 학기에 집으로 보낸 편지의 한 대목이 이를 잘 보여준다. 어느 날 저녁 친구들과 피아노에 둘러서서 함께 노래한 후에 그녀는 동지애라는 위대한 감정을 느꼈다고 한다. 이 공동활동이 여느 저녁마다 몰려왔던 존재론적 고독감을 몰아내버린 것이다).

어린이들과 함께 살거나 이들을 연구하는 사람들은 노래와 춤으로 아주 어린 아이들의 협력을 북돋우는 흥미로운 경험을 하기도 한다. 가령 생후 14개월의 아이들은 비틀스의 "트위스트 앤드 샤우트 Twist and Shout" 연주곡 버전에 맞추어 다 함께 깡충깡충 뛰고 난 다음에는 성인 실험자에게 더 협조적인 태도를 보였다. 이들은 연구자에게 필요한 형광펜을 건네주거나 연구자가 "우연히" 바닥에 떨어뜨린 빨래집게를 더 잘 주워주는 모습을 보였다.[35]

일치된 행동은 직장에서도 유익하게 작용할 수 있다. 최근 한 독일 출판사에서 직원들을 대상으로 단체활동이 포함된 9주일 운동 프로그램을 진행했다. 이후 설문조사를 해본 결과, 프로그램에 참여했던 직원들은 동료들과의 친밀감이 높아진 것으로 드러났다. 이들은 직장생활에서 불가피하게 경험하는 일상적인 짜증을 덜 느꼈다. 아마

도 이렇게 스트레스가 감소한 탓에 병가도 거의 내지 않았다.³⁶

노래와 춤이 여러분의 성향에 맞지 않는다고 절망할 필요는 없다. 이외에도 육체적, 감정적 공명을 불러와서 기본적인 사회적 연결감의 스파크를 튀게 할 활동은 얼마든지 있다. 다른 사람과 여러분이 동시에 같은 것에 주목하여 본능적으로 같은 반응을 보이게 만든다면 무엇이든 유대 강화에 도움이 된다. 예를 들어 코미디를 보면 동시에 웃게 되는데, 이런 웃음 역시 공유 현실을 형성하는 강력한 수단이 된다. 두 사람의 유머 코드에 맞는 요소가 있어서 두 사람이 같은 농담에 똑같이 반응할 수 있다면 말이다(일상적인 것에 배꼽 빠지게 웃는 사람 옆에서 썰렁하게 앉아 있으면 유대관계가 생길 리 없다). 스포츠 팬들이 경기를 함께 관람하면 강한 연대감을 느끼게 되는 이유 역시 감정 기복이 동시에 일어나기 때문이다. 같은 팀을 응원하면, 함께 손에 땀을 쥐고 환호하면서 서로 내적으로 동조하게 되어 경기가 끝날 즈음에는 훨씬 더 가까워진 느낌이 든다.³⁷

심지어는 육체적으로 경험하는 고통도 효과가 있을 수 있다. 몇몇 단체에서는 신고식이 이런 역할을 하기도 한다. 그 순간 우리의 느낌을 주변 사람들도 정확히 그대로 느끼고 있다는 것을 알면, 고통은 공유 현실이 된다. 이런 사실을 깨닫게 되면 다른 사람에 대한 호감과 신뢰가 커진다. 그렇다고 꼭 극단적일 필요는 없다. 상대적으로 매운 음식에 익숙하지 않은 사람들의 경우, 불편할 정도로 매운 음식을 먹는 것으로 이런 목적을 달성할 수 있다. 한 연구에 따르면, 모르는 사람들끼리 매운 고추를 함께 먹은 경우에 사탕을 함께 맛본 경우보다 사회적 연결감이 더 크게 나타나는 경향을 보였다.³⁸ 그래서 유대감 형성을 위해서 흔히 매운 훠궈—중국에서 유명할 뿐 아니라 서양에서도 점점 인기가 많아진 전골 요리이다—같은 요리를 활용하기도 한다. 의심의 여지 없이 맛있고 복합적인 음식의 맛뿐 아니라 불덩이처럼 화끈한 매운맛에서 느끼는 공동의 불편한 감정 또한 우리를 일시적으로 하나로 묶어주는 것이다.

또다른 방법은 성장감과 자기 확장감을 느끼게 해주는 활동을 찾는 것이다. 별 관찰하기나 인물화 그리기, 울트라 마라톤 대회 참가하기 등이 여기에 해당할 수 있다. 전적으로 여러분의 취향에 따라서 선택하면 된다. 다만 두 사람 모두 해본 적이 없어서 친숙하지 않은 활동을 찾는 편이 이상적이다. 여러 연구 결과들을 보면, 도전적인 활동을 함께한 사람들이 수동적으로 함께 시간을 보낸 사람들보다 서로 더 가깝고 헌신적이라고 느꼈다.[39]

어떤 전략을 선택하든 상대방의 반응을 면밀하게 살피고, 여러분도—같은 반응을 공유한다면—같은 식으로 생각하고 느낀다고 확실히 밝히는 것이 중요하다. 그러면 두 사람의 경험이 얼마나 유사한지만으로도 놀라게 될 것이다. 그리고 이를 인정하면 여러분이 느끼는 친밀감도 놀랄 만큼 강화된다.

소설가 아나이스 닌은 1937년부터 쓴 일기에서, 그녀에게 정치적 감성을 일깨워준 페루 출신의 활동가 곤살로 모레와의 관계를 묘사했다. "곤살로와 함께 나는 나의 안에 있는 스페인의 세계, 스페인의 피, 따뜻한 마음과 개인적 관계, 경험에 대한 직접적이고 열정적인 반응, 열기, 광신, 열정, 신앙, 전적으로 행동하는 힘, 온전함, 배려심을 재발견했다." 그리고 이어서 이렇게 썼다. "친구 한 사람 한 사람은 우리 안에 있는 세계를 하나씩 대변한다. 그 친구가 도착한 후에야 탄생할 수 있는 세계를 말이다. 새로운 세계는 바로 이런 만남에 의해서만 탄생한다."[40]

심리학자들은 이러한 세계를 공유 현실이라고 부른다. 닌이 주장하듯이 우리는 다양한 사람들과 함께 다양한 공유 현실을 접할 수 있고, 각각의 현실은 우리 안에서 다양한 자질이 발휘되게 만든다. 앞의 실비아 플라스와 미셸 드 몽테뉴, 패티 스미스의 글에서 알 수 있듯이 다른 사람과 공유하는 현실이 있다면 연결감이, 없다면 소외감이 쉬이 생긴다.

우리는 이미 공유 현실의 구축 전략을 몇몇 확인한 바 있지만, 지배적인 원칙으로서 두 번째 연결의 법칙을 요약하자면 이렇다. **만나는 사람들과 상호 이해관계를 구축하라. 피상적인 유사점은 무시하고, 내면세계에 집중하라. 생각과 감정이 일치하는 독특한 방식에 집중하라.** 앞으로 이어질 부분들에서는 대화를 통해서 공유 현실을 유지하고 성장시킬 더 많은 방법들을 탐구할 예정이다. 또한 사소한 불화로 인한 작은 균열과 중대한 불화로 생길 수 있는 큰 균열을 치유할 방법도 알아볼 예정이다. 제3장에서는 "성격이라는 신화"를 들여다보는 것에서 출발한다. 여러분은 수줍은 성격 때문에 공동의 이해에 이르려면 필수적으로 넘어야 하는 장벽들을 돌파할 수 없다고 느낄 수도 있다. 이것은 누구나 느끼는 지극히 흔한 두려움이다. 그러나 그와 동시에 연결의 기회를 발견하지 못하게 우리 눈을 가리는 신화이기도 하다. 10대 시절의 플라스가 주장했듯이 삶은 외로움이 아니다. 삶은 의미 있는 관계를 발전시킬 풍부한 가능성으로 가득하다. 단, 그러려면 그 가능성을 찾는 법을 알아야 한다.

핵심 정리

- 공유 현실이란, 누군가가 나와 같은 식으로 세상을 경험한다는 느낌이다. 두 사람의 배경이 매우 다르더라도 생각과 감정이 통하고 동시에 생겨난다.
- 두 사람 사이에 공유 현실이 있다면 즉각적인 신뢰감이 생기고, 장기적으로 친밀감과 관계에 대한 헌신이 생겨날 것이라고 예상할 수 있다.
- 공유 현실은 "뇌 사이의 연결"로 나타난다. 두 사람의 신경 활동이 공명하기 시작하면서 같은 사건에 대해서 똑같은 반응을 보이는 현상이다.
- 가장 강력한 관계는 공유 현실과 자기 확장감이 결합할 때 만들어진다. 이렇게 되면 각자가 상대방의 성장을 돕게 된다.

행동 전략

- 61-62쪽에 소개된 일반적 공유 현실 점수로 몇몇 지인과의 공유 현실을 평가해보라. 상황 파악에 도움을 주어 신뢰감 구축에 더 많이 노력할 기회가 될 수 있다.
- 최선을 다해 주변 사람들의 생각과 감정을 인정하는지 깊이 생각해보라. 가령 누군가의 관점에 동의할 때 이를 명백히 밝히는가, 아니면 대체로 그냥 조용히 있는가? 이런 작은 행동들은 의

미 없어 보일 수 있지만, 이를 통해서 두 사람의 뇌가 합을 맞추어 작동하고 있음을 강조할 수 있다.
- 어떤 사람과 더 큰 신뢰를 구축하고 싶다면, 공유 현실 형성에 도움이 되는 활동을 시작해볼 것을 고려해보라. 가령, 음악이나 춤, 코미디 같은 활동들은 움직임이나 웃음을 통해서 감정적, 생리적 반응이 동시에 일어나게 만든다.
- 자기 확장감을 고취하기 위해서 사랑하는 사람과 새롭고 신선한 도전을 시작해볼 것을 고려하라.

3

성격이라는 신화

제인 오스틴의 『오만과 편견*Pride and Prejudice*』 속 등장인물 다아시는 절세 미남으로, 오만하고 도도하다고 알려져 있다. 이런 그의 행동은 사회적 연결을 가로막는 흔한 장벽을 대변하는 것일까? 소설의 중반부, 다아시와 엘리자베스 베넷이 대화를 나누는 장면에는 사회적 기술의 본질이 잘 드러난다. 엘리자베스는 피아노 앞에 앉아 연주하면서 다아시가 사교 모임에서 말도 하지 않고 차갑게 군다고 놀린다. 다아시는 그런 비난을 부정하지는 않지만, 자신은 단지 "모르는 사람에게 호감을 사는 데에 서툴 뿐"이라고 한다. "어떤 사람들은 처음 보는 사람과도 편히 대화하지만, 확실히 나에게는 그런 재주가 없소. 흔히 보듯 대화 분위기를 파악하지 못하거나, 처음 보는 사람의 관심사에 흥미로워하는 모습을 보여주지 못하겠소." 그러자 엘리자베스는 경멸하듯 대답한다. "나의 손가락은 많은 여성이 능수능란하게 연주하는 것처럼 이 악기 위에서 움직이지 못해요. 손가락의 세기나 속도도 다르고 표현하는 것도 다르죠. 하지만 난 늘 나의 잘못이라고 생각했어요. 연습하는 수고를 하지 않았으니까요. 하지만 나의 손가락에 다른 여성들의 손가락만큼 뛰어난 연주 능력이 없다고는 생각하지 않아요."

여러 연구 결과를 보면, 오늘날 많은 사람이 다이시와 같은 견해를 지닌 것으로 나타난다. 사람들은 자신이 새로운 사람들과 이야기를 나눌 만큼 사회성이 충분하지 않다고 믿는다. 그래서 대화가 어색해지고 모두가 난감해질 것이라고 여긴다. 그 결과, 차라리 애쓰지 않는 편이 더 낫다고 생각한다.

이번 장에서는 엘리자베스의 생각이 왜 옳은지 보여주고자 한다. 악기 연주가 그렇듯이 사람을 새로 사귀는 것도 연습하면 쉬워진다. 첫 시도가 조금 어눌하더라도 노력은 배신하지 않는다. 누군가와 공유 현실을 형성하는 것은 생각보다 즐거운 일이다. 공유 현실을 형성하면, 더 강한 연결감을 느끼며 뒤이어 건강과 행복에도 좋다. 그 사람을 다시 볼 일이 없다고 하더라도 이렇게 연습하면 사회적 기술에 대한 자신감이 충만해진다.

첫인상

먼저 사람들이 얼마나 쉽게 연을 맺는지, 그리고 사회적 상호 작용 중에 살짝 어긋나는 상황을 얼마나 쉽게 무마하는지를 보여주는 사고실험부터 살펴보자. 이 연구는 19세기 말에 초연된 에드몽 로스탕의 희극 『시라노 *Cyrano de Bergerac*』에서 영감을 받아 설계되었다. 제2막이 끝날 즈음, 잘생겼으나 우둔한 크리스티앙은 시인인 친구 시라노의 도움을 받아 아름다운 록산에게 구애한다. 사실 시라노도 몰래 록산을 사모하고 있지만, 자신은 너무 못생겨서 기회가 없으리라고 생각한다. 그래서 크리스티앙을 도우며 그녀의 마음을 얻을 재치 있는 글솜씨를 발휘해서 연애편지를 대필해주기로 한다. 이 연극에서 가장 유명한 대목은 록산이 서 있는 발코니 아래에서 크리스티앙이 자신의 헌신적인 사랑을 표현하는 장면이다. 시라노가 크리스티앙의 귀에 대고 그가 할 말을 알려주고 있다는 사실을 록산은 꿈에도 알지 못한다.

2010년대 중반, 런던 정치경제대학교의 케빈 코티와 알렉스 길레스피는 이 희극의 기본 설정을 그대로 가져오기로 했다. 단, 재기 넘치는 시인 시라노 대신 인공지능AI 챗봇이 헤드폰을 통해서 배우에게 대사를 알려주었다. 이런 설정을 모르는 실험 참가자들은 헤드폰을 쓴 배우와 담소를 나눈 후 상호 작용에 관한 질문에 답했다.

지난 10년간 인공지능은 비약적으로 발전했다. 그러나 2010년대 중반만 해도 인공지능은 아직 어색하고 투박했다. 즉, 실험에서 나눈 대화에 논리적으로 맞지 않는 부분과 어색한 문장들이 가득했다는 뜻이다. 그런데 놀랍게도 대부분의 참가자들은 대화가 예상하지 못한 방향으로 흘러가면 대화를 바로잡고 공통점을 찾으려고 상당히 노력했다.[1]

2015년에 나는 처음으로 이런 "에코보그echoborg"(인공지능에 의해서 말이나 행동이 결정되는 것/역주) 실험에 관한 글을 썼다. 그런데 이 기고문을 쓰기 위해서 사전에 조사하는 동안 나도 그만 깜빡 속고 말았다. 실험실을 방문하자 소피아라는 학생이 나를 맞아주었다. 우리는 약간 부자연스러운 한담을 나누었다. 길레스피와 코티가 방으로 들어온 다음에야 나는 소피아를 통해서 챗봇과 대화했다는 사실을 알게 되었다. 많은 참가자들이 두 사람의 연구에서 그랬듯이 나도 속아 넘어간 것이다. 나 역시 대화가 이상하게 흘러가는 몇몇 대목에서 온갖 아량을 기꺼이 베풀었다. 이런 경험을 한 뒤, 나는 이 사실이 이상하게도 사회적 불안감을 없애주는 데에 도움이 된다는 것을 깨달았다. 만약 사람들이 서툰 챗봇에 이렇게 관대하다면—그리고 챗봇을 진짜 인간이라고 오인한다면—내가 가끔 무례를 범하더라도 분명 너른 마음으로 기꺼이 눈감아주지 않을까?

나는 꿈에도 몰랐지만, 다른 사회심리학 실험실에서도 이와 유사한 여러 연구들을 진행하면서 이런 사실을 입증하고 있었다. 그중에 눈길을 끄는 연구가 하나 있다. 시카고 대학교의 니컬러스 에플리와 줄리아나 슈뢰더는 홈우드라는 교외에서 시내로 통근하는 사람들 100여 명을 모집한 후에 세 가지 지시사항 중 하나를 따르게 했다. 첫 번째 "연결 조건" 집단 사람들에게는 다음과 같은 지침이 내려졌다. "오늘 열차에서 처음 보는 사람과 대화를 나누세요. 연을 맺도록 노력하세요. 그 사람에게서 흥미로운 점을 발견하고, 그에게 당신에 관한 이야기도 들려주세요. 대화를 길게 할수록 좋습니다. 당신의 목표는 오늘 아침에 만난 같은 공동체 이웃과 아는 사이가 되도록 노력하는 것입니다." 두 번째 집단은 "혼자서 고독을 즐기세요.……그 시간 동안 혼자 앉아서 생각에 잠기세요"라는 지침을 받았다. 마지막으로 세 번째 집단은 그냥 원래 하던 대로 하도록 했다. 이렇게 비교한 덕분에 에플리와 슈뢰더는 단순히 평범한 일상을 깨고 새로운 일을 시도함으로써 생길 수 있는 모든 변화를 통제할 수 있었다.

통근을 마친 뒤, 참가자들은 즉각적인 생각과 감정을 묻는 설문지를 작성해서 제출했다. 연결 조건 집단에서 부정적인 상호 작용이 있었다는 사람은 한 명도 없었다. 진정으로 적대적인 반응은 극히 드물었다는 뜻이다. 실제로 대화는 한결같이 유쾌했다. 즉 고독을 즐긴 집단이나 특별한 행동 변화 없이 여느 때처럼 통근했던 집단보다 첫 번째 집단이 통근을 마친 후에 훨씬 더 긍정적인 기분을 느꼈다는 의미이다. 이러한 경험은 통근 방식에 대한 참가자들의 예상과 극명한 대조를 이루었다. 참가자들에게 이 다양한 조건들을 상상해보라고 했더니, 대부분은 다른 사람들과 어울려 하루의 스트레스를 가중하지 않고 "혼자만의 시간"을 조금 더 즐기기를 기대했다. 이런 결과를 확인하기 위해서 에플리와 슈뢰더는 실험실로 올 때 버스를 타는 참가자들을 대상으로 다시 실험했다. 실험 결과, 같은 반응을 확인할 수 있었다. 사람들은 실험 전에는 낯선 사람과 연을 맺을 가능성에 대해서 비관적이었다. 그러나 낯선 사람과 연을 맺는 경험은 예상보다 훨씬 즐거운 것으로 입증되었다.[2]

에플리와 슈뢰더의 연구 결과가 발표된 후, 과연 영국인들도 타인의 접근에 이처럼 수용적인 태도를 보이겠느냐는 의구심이 일부 제기되었다. 런던 시민은 유독 내성적이고 친화력 없는 것으로 유명하기 때문이다. 비좁은 지하철 안이라면 더욱 그렇다. 그러나 에플리와 슈뢰더가 영국 승객들을 대상으로도 같은 실험을 하자, 이번에도 승객들 간의 대화가 예상보다 즐거웠던 것으로 나타났다. 미국과 영국 사이의 문화 차이로 인해서 그 효과가 감소하지는 않았다. 단 한 가지 장벽이 있다면, 관심에 대한 사람들의 인식이었다. 참가자들은 다른 통근자들이 잡담하고 싶어하지 않을 것이며, 말을 걸려고 하면 성가셔할 것이라고 생각했다. 그러나 그런 경우는 거의 없었다.[3]

이런 현상은 결코 공공 교통시설이라는 특정한 환경에만 국한되지 않는다. 브리티시 컬럼비아 대학교에서 재직할 당시 질리언 샌드스트롬과 엘리자베스 던은 스타벅스 매장 앞에 서서, 안으로 들어가는 손님들에게 바리스타와 친근하게 몇 마디 나눠달라고 부탁했다. 그런데 최대한 효율적으로 주문만 했던 손님들에 비해서 이런 작은 상호 작용만으로도 기분이 일시적으로 좋아지는 효과가 나타났다.[4]

이후 샌드스트롬은 총 2,300명 이상을 대상으로 다양한 실험을 진행하여 같은 결과를 얻었다. 실험에 자원한 사람들 가운데에는 실험실 소속 학생, 자기계발 과정을 밟고 있는 사람들, 평범한 사람들 등이 고루 포함되어 있었다. 상호 작용의 정도는 한 차례 대화하기부터 1주일 동안 모르는 사람 여러 명과 더 많은 인맥 만들기까지 다양했다. 실험 결과, 모든 경우를 망라하고 인연 맺기에 대한 두려움이 "과대하게 부풀려졌으며" 사람들 사이의 대화가—짧든 길든—예상보다 더 보람 있었던 것으로 밝혀졌다.[5]

호감도 차이 효과

잠재된 사회성을 발휘하려면, 상호 작용 후에 찾아오는 불안감 또한 없애야 한다. 우리 가운데에는 완벽하게 유쾌한 대화를 나눈 후에도 의혹의 먹구름 때문에 사회적 상호 작용의 여운에 그림자가 드리우는 사람들이 많다. 제아무리 즐거운 상호 작용을 했더라도 상대방이 나를 어떻게 생각했을지 우려하지 않을 수 없는 것이다. 그러면 용케 현실을 공유했더라도 이런 의구심 탓에 상호 이해한다는 느낌이 약해져서 더 깊은 연결을 구축하지 못할 수 있다.

바로 이것이 서론에서 언급했던 "호감도 차이 효과"이다. 기억하겠지만, 호감도 차이 효과는 에리카 부스비와 거스 쿠니가 주창한 개념이다. 이들은 사람들을 다양한 맥락에서 대화를 나누게 한 다음, 서로 얼마나 좋아하게 되었는지를 물었다. 그 결과 평균적인 사람은 대화를 마치면서, 새로 알게 된 사람이 실제보다 자신을 훨씬 덜 좋아한다고 느낀다는 것이 드러났다. 상대방도 마찬가지였다. 이처럼 일관된 격차를 보인다는 것은 우리가 자신이 남긴 인상과 장차 친구가 될 가능성에 대해서 과도하게 비관적으로 생각한다는 뜻이다.

두 번째 만남에서 그 영향력이 사라진다면, 호감도 차이 효과는 그리 심각한 문제가 아니다. 그러나 새로 알게 된 사이에서는 그들 간의 사회적 연결 수준이 어느 정도인지에 대해서 몇 주일 혹은 심지어 몇 개월 동안이나 의구심이 남을 수 있다. 부스비와 쿠니의 연구 하나를 예로 들겠다. 두 사람은 예일 대학교 학생 102명을 대상으로 룸메이트에 대한 인상을 조사했다. 첫 번째 설문조사는—이들이 처음 만난—9월에 실시되었고, 후속 조사는 그해 10월, 12월, 그다음 해의 2월, 5월에 실시되었다. 설문은 다음과 같은 질문에 1점(전혀 아니다)에서 7점(매우 그렇다)까지의 척도로 점수를 매기는 방식이었다.

- 당신의 룸메이트를 얼마나 좋아합니까?
- 룸메이트를 얼마나 더욱 잘 알고 싶습니까?
- 룸메이트와 얼마나 더 친해지고 싶습니까?
- 룸메이트와 얼마나 더 많은 시간을 보내고 싶습니까?

그런 다음, 같은 주제로 이번에는 역할을 바꾸어 질문했다. 그들은 룸메이트가 자기를 얼마나 좋아하는지, 자기와 얼마나 더 많은 시간을 보내고 싶어하는지, 자기를 얼마나 더욱 잘 알고 싶어하는지, 자기와 얼마나 더 친해지고 싶어하는지를 추측해야 했다.

친분이 막 싹트기 시작했을 때에는 대부분 자신의 룸메이트가 이런 질문에 훈훈하게 답하지 않으리라고 과소평가했다. 이번에도 호감도 차이 효과가 나타난 것이다. 이런 의구심은 극도로 서서히 사라졌다. 실제로―처음 만난 지 8개월이나 지난―그다음 해 5월이 되어서야 그들은 룸메이트가 자신을 얼마나 높게 평가하는지에 대해서 과소평가하기를 멈추었다.[6]

호감도 차이 효과는 직장 내 단절과 동기 저하의 원인이 될 수 있다. 부스비와 쿠니는 여러 기술팀을 모집한 다음, 개인마다 다른 팀원과의 관계를 물었다. 그 결과, 팀원들 사이에 호감도 차이 효과가 만연한 것으로 드러났다. 몇 달간 가까이에서 같은 프로젝트를 함께 수행했는데도 그랬다. 또한 이는 효과적인 협업에 장애가 되는 듯했다. 호감도 차이가 클수록 다른 팀원에게 도움을 청하거나 솔직한 의견을 전달할 가능성이 작았다. 다시 같이 일하고 싶은 마음 역시 제한되었다. 더 다양한 피실험자들을 대상으로 조사한 결과, 호감도

성격이라는 신화

차이 효과는 직업 만족도를 떨어뜨리는 데에도 일조하는 것으로 나타났다.

실험 참가자들에게 동료와의 관계를 서술하게 했더니 충격적인 결과가 확인되었다. 이들은 주변 사람들의 긍정적인 자질은 쉽게 댈 수 있었지만, 자기 자신의 특성에 대해서는 확신이 없었다. 가령 직장 동료에 대해서는 "단도직입적"이라고 칭찬하는 반면, 자신의 꼼꼼함에 대해서는 비판적이었다. "내가 너무 정확하게 잘하려고 하는 탓에 날 성가시게 여기는 것 같다"는 식이었다. 이 참가자는 동료들이 그의 직업윤리를 긍정적인 자질로 느낄 가능성이 있다는 생각은 하지 않는 것 같았다.[7]

호감도 차이 효과는 성별에 상관없이 모든 사람들에게 공통되게 나타나며, 어린 나이에 발현되는 것으로 보인다. 네덜란드의 위트레흐트대학교의 바우터르 볼프의 연구에 따르면, 만 4세 아이들은 타인이 자신을 어떻게 인식하는지 걱정하지 않는 경향이 있다. 그러나 만 5세가 되면 예의라는 개념을 이해하기 시작하면서 사람들이 감정을 숨길 수 있다는 사실을 점차 깨닫게 된다. 즉, 아이들은 자신이 하는 말을 듣고 누군가가 신난 것처럼 보이더라도 그저 관심 있는 척하는 것일 수도 있음을 이해하기 시작한다. 이런 깨달음과 함께 아이들은 타인의 반응을 예측하기 시작한다. 서로 이해하고 인정한다고 느끼는 것이 그저 착각은 아닌지 걱정하기 시작한다.[8]

다른 사람과 상호 작용하다 보면, 간혹 **정말로** 어색한 말을 할 수밖에 없을 때가 있다. 부스비와 쿠니는 호감도 차이 효과 연구에서 이러한 만일의 가능성을 명시적으로 탐구하지는 않는다. 그러나 간단한 사고실험만으로도, 객관적인 실수에 대한 우리의 걱정 역시 노파심이라는 것을 알 수 있다. 가령 여러분이 어느 만찬 자리에 손님으로 초대되었는데, 주최자에게 줄 선물을 여러분만 준비하지 않았다고 상상해보자. 여러분이 얼마나 부정적으로 평가될지 0점(전혀 부정적이지 않다)부터 10점(매우 부정적이다)까지 점수로 매긴다면? 이번에는 주최자의 입장이 되어 생각해보자. 여러분이 주최한 식사 자리에 빈손으로 참석한 사람을 얼마나 부정적으로 여길지 0점부터 10점까지 점수를 매긴다면?

아마도 여러분은 여러분이 주최자가 되어 손님을 평가하는 것보다 훨씬 더 엄격한 잣대로 다른 사람이 자신을 평가하리라고 믿을 것이다. 이 설정을 마주한 실험 참가자들은 똑같은 실수라고 해도, 타인이 저지른 실수에 대한 자신의 평가보다 자신이 저지른 실수에 대한 타인의 평가가 약 두 배 더 부정적일 것이라고 생각하는 경향을 보였다. 평균적으로 타인에 대해서는 10점 만점에 2.47점이었던 반면, 자신에 대해서는 5.26점으로 나타난 것이다. 얼핏 보면 이런 결과는 그다지 놀랍지 않을 수도 있다. 그러나 이 결과를 더 긍정적인 틀에서 들여다보자. 이는 평균적으로 보면, 우리의 실수에 대한 타인의 평가가 우리 짐작의 **절반만큼만** 엄격하다는 뜻이다. 다행히도 이와 같은 틀린 예측은 또다른 많은 상황들에서도 나타난다. 우리가 상점이나 도서관에서 상식에 대한 무지를 드러내든 당황스러운 옷차림을 하든, 사람들은 우리가 예상하는 것만큼 우리에게 비판의 잣대를 들이대지 않는다.[9]

우리는 난처한 일 그 자체보다는 대개 그 일에 대한 우리의 반응 때문에 사회적 불안감을 느끼기도 한다. 예를 들면, 나는 쉽게 얼굴이 빨개진다. 그래서 예전에는 볼에서 열기가 올라오는 것에 대한 강박관념이 있었다. 얼굴이 빨개지는 바람에 사소한 실수도 주목받아서 내가 더더욱 바보처럼 보일 것이라고 짐작했다. 연구에 따르면 이런 종류의 두려움은 흔하다. 다만, 이번에도 근거가 없다. 얼굴이 빨개지면 자신감이 부족해 보일 수 있지만, 그렇다고 호감도를 떨어뜨리지는 않는다. 심지어 어떤 상황에서는 호감도가 올라가기도 한다. 연구자들은 실험 참가자들에게—상점에서 포도주 잔이 잔뜩 놓인 선반을 엎어버리는 등—낯 뜨거울 수 있는 다양한 유형의 사소한 실수 장면을 담은 글을 보여주었다. 그런데 참가자들에게 실수한 사람이 얼굴이 새빨개졌다고 말하거나 얼굴이 홍당무가 된 사람의 사진을 보여주자 그 사람을 더 친근하고 더 신뢰할 만하다고 평가하는 경향이 있었다. 얼굴이 빨개지는 모습을 보면 그 사람이 하는 사과의 진정성 역시 더 크게 인식되고, 관찰자는 잘못 그 자체를 덜 심각하게 여기게 된다.[10]

얼굴이 빨개지는 것 외에 사회적 긴장감을 노골적으로 보여주는 다른 징후들도 마찬가지로 심금을 울릴 수 있다. 자신에게 관심이 집중되고 타인들로부터 부정적 평가를 받을 수 있다고 느끼면, 얼굴을 만지거나 손가락으로 머리카락을 넘기거나 혀로 입술을 적시거나 결혼반지를 만지작거리는 습관이 있을 수도 있다. 불안감을 없애고 겉으로 더 자신감 있는 모습을 보이고 싶기 때문인데, 사람들은 이런 행동을 보면 일반적으로 경멸보다는 연민으로 반응한다. 한 연구에서는 참가자들을 시련 상황에 놓이게 하는 "사회적 스트레스 실험"을 진행했다. 사람들 앞에서 발표하거나 모의 취업 면접을 보거나 즉석에서 암산하게 했다. 이들과 별개로 독립된 평가자들에게 물었더니, 겉으로 침착했던 사람들보다 긴장한 조짐이 가장 역력했던 참가자들에게 훨씬 더 호감을 느꼈다고 말했다.[11]

부적절한 "메타 인지"

인지 편향에 관한 심리학 연구에 친숙한 사람이라면, 이러한 발견들이 수많은 문헌에 나오는 과잉 확신에 관한 내용과 대조된다는 사실에 놀랄 것이다. 사람들은 타인과 자신의 능력을 비교 평가하라고 하면, 비현실적으로 낙관적인 경향이 있다. "평균 이상 효과"는 지능부터 운전 솜씨, 심지어 도덕성에 이르기까지 모든 방면에서 나타난다. 이것으로 보아 우리는 일반적으로는 낮은 자존감 때문에 고통스럽지는 않은 것이 확실하다.[12] 이런 사실은 우리가 사회적 상황에서 자신감이 부족한 것과 양립하기 어려운 듯이 보일 수도 있다. 그러나 주의 깊게 분석해보면 이것이 관점의 문제임을 알 수 있다. 즉, 내가 나를 어떻게 보느냐 대對 다른 사람이 나를 어떻게 본다고 생각하느냐에 따라서 달라지는 것이다. 간단히 말하자면, 우리는 자신을 볼 때에는 장밋빛 색안경을 쓰지만, 다른 사람들은 우리의 모든 장점을 걸러내는 짙은 선글라스로 우리를 본다고 추정한다. 그 결과 우리는 사적으로는 자신감을 느낄 수 있지만, 동시에 비판적 시각으로 평가받을지도 모를 상황에 대해서 두려움도 느낀다.

성격이라는 신화

다수의 과학 논문에 따르면, 호감도 차이 효과는 나를 보는 타인의 시각을 추정할 때 나타나는 훨씬 더 일반적인 문제의 일례에 불과하다. 과학자들은 이를 "메타 인지"라고 설명한다. 다른 누군가의 인식에 대한 인식이기 때문이다. 캐나다의 한 연구에서는 2,000명 이상의 실험 참가자들을 둘씩 묶거나 여럿을 한 집단으로 묶은 다음, 서로가 서로의 인상을 얼마나 정확히 판단할 수 있는지 측정했다. 가령 사람들에게 각자 자신의 지성이나 유머 감각을 다른 참가자들이 어떻게 평가했을지 점수를 매기게 했다. 고려된 거의 모든 특징에 대해서 참가자들은 "부정 편향"을 보였다. 그들은 다른 사람들이 실제 생각하는 것보다 자신이 덜 똑똑하고, 덜 재미있고, 덜 양심적이고, 덜 개방적이고, 덜 호감 가는 인상을 주었다고 믿었다.[13] 다른 사람의 눈에 자신이 어떻게 비치는지를 상상하자 열등한 사람의 모습이 보인 것이다.

사회적 기술과 관련해서 부정적 메타 인지가 발동하는 이유는 우리가 두 가지 다른 특성을 고려하기 때문이다. 즉, **능력**─예를 들어 우리가 얼마나 재미있고 말을 잘하는지─과 **따뜻한 마음**─우리가 친절하고 관대해 보이는지─을 모두 고려하기 때문이다. 『시라노』의 크리스티앙처럼 우리는 능력의 중요성을 과잉 강조하는지도 모른다. 우리는 내면의 비평가─어떤 상황에서든 우리가 사회적으로 완벽히 우아하게 행동하기를 기대하는 내면의 목소리─가 하는 말에 귀를 기울이고, 우리가 어떤 실수를 저지르든 엄중히 심판을 받는다고 믿는다. 그런데 우리가 망각하는 것이 있다. 사람들은 우리가 얼마나 따뜻해 보이는지도 고려한다. 우리가 자신의 생각과 감정을 인정하는지, 자신의 요구에 관심을 보이는지를 말이다.14 "사람들은 당신이 한 말은 잊어도, 당신에 대한 느낌은 절대 잊지 않는다"라는 속담처럼 말이다.15 또한 대화가 끝나면, 우리는 어색했던 순간은 다 자기 탓이라고 여기면서도 상대방도 마찬가지일 수 있다는 것은 그만 잊고 만다.

이 같은 편향된 메타 인지가 사회적 연결에 심각한 장애가 될 수 있음은 쉽게 알 수 있다. 가령 한 대학교 신입생이 강의실 옆자리에 앉은 사람과 대화를 시작했다고 하자. 그런데 새로 알게 된 상대방이 자신에게 관심이 있는 시늉만 하는 것은 아닌지 걱정하게 되면, 두 사람은 수업이 끝난 후에는 대화를 이어가지 못한다. 직장에서도 무식하거나 무능력해 보이지 않을까 우려하게 되면, 다른 동료들에게 다가가지 못하게 된다. 혹은 파티에서 두서없이 말한 후에 이 작은 실수에 너무 큰 의미를 부여해서, 대화 상대방은 완전히 잊어버렸는데도 일부러 그 사람을 피하는 일도 있다. 이렇게 되면, 어떤 경우든 우리는 사회적 범주를 확장할 중대한 기회와 그로 인해서 얻을 모든 이점을 놓치는 셈이다.

물론 우리가 원하는 만큼 다른 사람들이 우리에게 호의를 보이지 않는 때도 있다. 만나는 모든 사람과 연결되리라고 생각하는 것은 바보 같은 일이다. 말할 나위 없이 다른 사람의 영역을 존중해야 하고 내가 다른 사람의 비위를 거스를 수 있음을 유념해야 한다. 호감도 차이 효과가 존재하며 사람들은 대개 사소한 사회적 실수를 잊는다는 것이 무감각하게 행동해도 아무런 파장이 없다는 뜻은 물론 아니다. 다만 과학적으로 입증된 바에 따르면, 우리는 현재 생각하는 만큼 비관적일 필요가 없다. 우리는 생각보다 많이 사랑받고 존중받는다. 감히 아주 조금만 예상을 높게 조정해보자. 그러면 호감도 차이가 금세 좁혀져서 새로운 유대관계가 구축되는 놀라운 즐거움을 경험하게 될 것이다.

성격이라는 신화

부디 이 같은 호감도 차이 효과에 대해서 알게 된 것만으로도 여러분의 자신감이 상승했기를 바란다. 나는 확실히 자신감이 높아졌다. 그래도 여전히 새로운 사람들을 만날 생각에 두려움이 앞선다면, 시간이 지나면 쉽고 편해진다는 사실에서 용기를 얻기를 바란다.

질리언 샌드스트롬의 1주일간의 실험에 도전한 참가자들도 그랬다. 그들은 내려받은 앱을 통해서 다양한 "보물찾기" 임무를 부여받았다. 예를 들면, 날마다 신기한 신발이나 눈길을 끄는 머리 모양을 한 사람을 찾은 다음, 몇 분간 대화를 나누는 것이 과제였다. 샌드스트롬은 날이 갈수록 참가자들이 이 경험을 즐겼으며 그에 따라서 그들의 생각이 달라졌다는 것을 발견했다. 낯선 사람들과 많이 이야기할수록, 거절 가능성에 대한 불안감이 줄었다. 또한 모르는 사람들과 연결을 구축하는 능력도 더 많이 터득하게 되었다.[16]

물론 일반적으로 옳다고 해도 개인적으로는 그렇지 않을 수 있다. 현실 세계에 있는 다아시 같은 사람이라면, 예외 없는 규칙은 없는 법이며 자기 자신이 규칙을 입증하는 예외라고 의심할 수도 있다. 만

만약 여러분이 항상 수줍고 내성적이라면, 여러분에게 새로운 연결을 형성할 능력이 있는지 의혹을 품는 것도 당연하다. 최근까지만 해도 사교성은 선택의 대상이 아니라는 생각에 어느 정도 힘을 실어주는 것이 과학계의 중론처럼 보였다. 심리학자들은 오래 전부터 사교성을 외향성의 특징으로 꼽았다. 사교성은 우리의 행동을 지배한다고 여겨지는 이른바 5대 성격 특징 가운데 하나이다. 외향성이 낮은 사람―흔히 부르는 말로 내향인―은 비교적 내성적이고 자신을 억제하는 경향이 있다. 반면에 외향성이 높은 사람은 상대적으로 수다스럽고, 자기주장이 강하며, 쉽게 친구를 사귀는 경향이 있다. 외향인은 사회적 범주가 넓은 덕에 전반적으로 안녕감이 증진되는 결과를 누린다.[17] 과거에는 성격이 유년기에 결정되며 나중에는 바꾸기가 힘들다고 여겨졌다. 이는 내향인이 외향인과 같은 이섬을 누리고 싶다면 자신의 기질에 맞지 않게 고군분투하면서 더욱 사교적으로 행동해야 한다는 의미였다. 호박에 줄을 긋는다고 수박이 되지 않듯이 뼛속까지 내향적인 사람은 사회적 행동을 확장하려고 하기보다는 본성을 받아들이는 편이 더 낫다고 여겨졌다.

그러나 최신 연구 결과에 따르면, 내향인이든 외향인이든 모두 꾸준히 사회성 근육을 단련하면 이점을 누릴 수 있다.[18] 이런 결론은 캘리포니아 대학교 리버사이드의 세스 마골리스와 소냐 류보머스키의 연구로 확인되었다. 이 연구는 131명의 대학생을 대상으로 2주일간의 도전 과제 형식으로 진행되었다. 첫 1주일 동안 참가자들은 두 집단으로 나뉘어, 지침에 따라 한쪽은 "가능한 한 수다스럽고, 자신감 있고, 즉흥적으로" 행동했고(전형적인 외향인의 행동), 다른 한쪽은 "신중하고, 조용하고, 내성적으로" 행동했다(전형적인 내향인의 행동). 1주일이 지난 다음, 양쪽의 성향을 바꾸었다. 즉, 외향적으로 행동하려고 애썼던 사람들은 내향적으로 행동하기 시작했고, 그 반대도 마찬가지였다. 조정의 효과는 상당했다. 참가자들의 내향성 또는 외향성 수준이 원래 어느 정도였든, 모두 사교적으로 행동했을 때 긍정적인 기분과 유대감이 커졌다.[19]

더 많은 연구에 따르면 내향인과 외향인이 크게 다른 지점은 사회적 활동의 효과 그 자체가 아니라, 자신이 느낄 감정에 대한 예상에 있었다. 칵테일파티 같은 사교 행사에 참석하기 전, 내향인들은 자신이 그 행사에서 이루어질 상호 작용을 즐기지 못할 것이라고 박하게 예측하는 경향이 있다. 외향인들과는 달리 이들은 행사 전보다 후에 기분이 상당히 나빠지리라고 믿는다. 그러나 막상 행사에 참석한 다음에는 절대다수가 그 경험이 예상보다 재미있고 활력을 주었다고 생각한다. 그뿐 아니라 내향인들은 사교 행사가 그들의 인지적 자원을 고갈시켜서 집중력을 떨어뜨릴 것으로 예상한다. 그러나 심리 검사 결과, 그런 증거 역시 발견되지 않았다.[20]

수전 케인이 저서 『콰이어트*Quiet*』에서 무척이나 아름답게 기록했듯이 내향성에는 많은 장점이 있다. 분명히 이야기하지만 내가 주장하는 바도 그렇다. 자신의 현재 삶이 행복하다면, 억지로 더 활발하고 분위기를 주도하는 사람이 되어야 한다고 느낄 필요가 없다. 단순히 타인의 기대에 부합해야만 할 것 같아서 자신의 핵심 자아에 거스르는 방식으로 행동한다면 역효과를 낳는다. 이 연구 결과가 이야기하는 바는 단순하다. 우리가 원한다면 변화는 가능하다. 그리고 사람들과 유대관계를 맺는 능력에 좌절감을 느끼는 사람이라면, 변화는 가치 있는 일이 될 수 있다.

사회적 자신감을 시험할 상황은 여러분의 성격과 상관없이 원하는 대로 선택하면 된다. 공원에서 만나는 낯선 사람들 모두와 한담을 나누겠다고 마음먹지는 않더라도, 늘 가는 카페의 바리스타나 매달 방문하는 미용실의 미용사에게 말을 거는 정도의 약간의 노력은 해볼 수 있을 것이다. 예전이라면 어떻게든 피했을 파티나 직장 모임에 참석하겠다고 할 수도 있다. 여러분의 "정서 예측"이 틀리는 경우가 많다는 사실을 깨달으면, 이런 경험들이 예상보다 즐겁게 느껴지고 생각보다 사람들이 여러분을 더 좋아할 것이라는 확신이 생긴다.

성격을 바꾸고 싶은 마음이 진심이라면, 구체적인 "실행 의도"—개인의 변화를 가져온다고 널리 인정받은 심리 전략—에 따라서 단계를 정해두는 것이 좋다. "이럴 때는 이렇게 한다"라는 식으로 특정한 계기에 따라서 구체적인 행동 계획을 세워두는 방법이다. 예를 들면 이런 결심이 가능하다. "공원에서 개와 산책하는 사람을 보면, 그 사람과 그의 반려견 이야기를 나누도록 노력한다" 또는 "역 밖에서 길을 잃고 헤매는 것처럼 보이는 사람이 눈에 띄면, 다가가서 길을 안내해준다"와 같은 식으로 가능한 한 계획을 많이 만들어서 매주 일정한 횟수만큼 실천한다는 목표를 세우는 것이다. 연구에 따르면, 많이 실천할수록 이득이 크다.[21]

이렇듯 추가로 유대관계를 맺을 기회를 포착하기 시작하면, 여러분은 새로운 사람과 상호 작용할 때 긴장했던 과거의 모습을 잊을 정도로 새로 발견한 사회성에 매우 익숙해질 것이다. 에플리와 슈뢰더는 시카고의 기차와 버스 이용자들을 대상으로 한 연구 외에 택시 승객들에게도 이동 중에 나눈 대화에 관해서 물었다. 그 결과, 택시 기사와 소통하려고 꾸준히 노력했던 사람들이 아직 이런 습관을 들이지 않은 사람들보다 이 만남이 어떻게 전개될지에 대해서 훨씬 더 낙관적으로 생각하는 것으로 드러났다.

사회적 예절과 기술 함양하기

지금까지 살펴본 모든 연구 결과들을 바탕으로, 세 번째 연결의 법칙을 요약하면 다음과 같다. 평균적으로 내가 좋아하는 만큼 다른 사람도 나를 좋아한다고 믿어라. 사회적 기술을 발휘해서 사회성 면에서 자신감을 가질 준비를 하라.

이 원칙을 어떻게 적용할지 여러분 마음대로 계획해도 좋다. 다만, 최근 심리학 연구를 통해서 이 과정을 관리하기 쉽게 하는 몇 가지 전략이 제시되었다. 가장 먼저 할 일은 눈앞에 놓인 잠재적 기회를 보지 못하도록 우리 눈을 가리고 있는 자기비판을 억제하는 것이다. 이를 위해서는 자신의 추정과 생각의 틀에 의문을 제기하는 "인지 재구성" 전략을 활용할 수 있다.[22] 가령 잘 모르는 사람들이 참석하는 파티를 앞둔 경우, 다른 손님들이 나를 어떻게 평가할지 온갖 생각이 들 수 있다. "아무도 날 좋아하지 않아" 또는 "내가 바보짓 하겠지"라고 생각할 수도 있다. 이런 사고 회로를 끊기 위해서, 여러분의 예상이 유쾌하게 빗나갔던 비슷한 상황을 떠올려보기 바란다. 누군가가 여러분을 보고 있는 것 같으면, 타인의 시선을 의식하기 시작하면서 여러분의 모습이 잘못된 것은 아닌지 의심이 들 수 있다. 그러나 다른 이유도 얼마든지 많이 있다는 사실을 기억하자. 어쩌면 그저 여러분이 친숙하게 느껴져서 누구인지 기억해내려고 쳐다보는 것일 수도 있다.

앞에서 살펴보았듯이 우리 가운데에는 지극히 사소한 실수나 무안함에 너무 집착하는 사람이 많다. 그런데 큰 그림을 보려고 조금 노력하는 것만으로도 이런 경향이 줄어든다. 첫인상에 영향을 주는 온갖 다양한 요인들을 재빨리 열거해보는 간단한 방법도 좋다. 이런 요인들 가운데에는 우리의 통제 밖에 있는 것들도 포함된다. 예컨대 상대방의 기분이 어떤지, 상대방이 간밤에 잠을 잘 잤는지, 여러분을 보면 아는 사람이 생각나는지 등이다. 많은 요인을 생각해낼수록, 단 한 번의 어설픈 발언으로 첫인상에 대한 견해가 결정되지는 않는다는 것이 더 명백해진다. 그러면 여러분의 불안감도 줄어든다.[23]

특히 과도하게 일반화해서 최악의 상황을 상정하지 않도록 유의해야 한다. 이를 극복하기 위한 한 가지 방법이 스스로 "현실 검증"을 하는 것이다. 여러분이 두려워하는 최악의 상황을 생각한 다음, 다음과 같이 자문해본다.

- 그 상황이 된다면 실제로 얼마나 나쁠까?
- 그 상황이 일어날 확률은 얼마나 될까?
- 최악의 상황이 발생하면 나는 어떻게 대처할까?

이렇게 하면 어떤 일이 벌어질지 좀더 객관적으로 살펴볼 수 있고, 그 덕분에 무슨 일이 닥치든 스스로 그런 상황에 대처할 능력이 있다는 것을 인식하게 될 것이다.[24]

그러면서 생활 속에서 약간의 자기연민을 기르도록 한다. 당장은 자기연민이라는 개념에 멈칫하게 된다면, 괜찮다. 여러분만 그런 것이 아니다. 미국계 영국인 코미디언 루비 왁스도 저서 『너덜너덜 기진맥진 지친 당신을 위한 마음챙김 안내서 A Mindfulness Guide for the Frazzled』에서 이렇게 말한다. "자기 자신에게 잘하는 사람들 이야기를 들으면, 나의 머릿속에는 욕실에 향초를 밝힌 채 히말라야 야크유를 채운 욕조 안에 몸을 담그는 사람들이 그려진다."[25] 자기연민을 실천한다는 것의 실제 의미는 단순하다. 실패와 무능감에 직면했을 때 자책하거나 이 일로 한 인간으로서 자신의 가치를 속단하는 것이 아니라, 이해심을 가지고 자기 자신을 따뜻하게 대한다는 뜻이다. 자기연민에는 "인지상정人之常情"에 대한 깨달음도 필요하다. 많은 사람이 나처럼 느낀다는 사실을 깨달아야 한다는 말이다.

그런데 사람들은 자기연민을 자기가 하고 싶은 대로 제멋대로 하는 방종으로 오인하는 경우가 많다. 실수에서 교훈을 얻으려면 자기비판이 필수라고 믿기도 한다. 그러나 사실은 정반대이다. 자기연민 지수가 높고 자기비판 지수가 낮은 사람이 자기 행동을 바꿀 가능성이 더 크다. 예를 들면, 자기연민 지수가 높은 학생들은 시험을 망친 다음 더 열심히 공부하는 경향이 있다. 자기연민 지수가 높은 사람들은 타인에게 잘못한 후에 자신의 실수를 바로잡을 가능성이 더 크다. 아마도 자기연민 덕분에 분노나 수치심에 휩쓸리지 않고—뒤로

미루거나 회피하고 싶은 마음이 들지 않고—스트레스 상황에 더욱 적극적으로 숙고할 수 있기 때문인 듯하다.[26]

이것이 사회적 상호 작용에 어떤 의미가 있을지는 쉽게 알 수 있다. 우리는 새로운 인맥을 만들면서 상처를 조금 받기도 한다. 자기비판 지수가 높은 사람이라면 실패에 대한 두려움이 훨씬 더 커서 원하는 반응을 얻지 못하면 스스로를 더 가혹하게 평가한다. 그 결과, 거절당할 위험이 있다고 인지하면 이를 피하는 것이 상책이라고 믿기도 한다. 그래서 밖으로 머리를 내밀기보다 껍데기 속으로 몸을 숨기게 된다.[27] 이와 대조적으로 자기연민 지수가 높은 사람들은 타인의 평가를 받는다고 의식할 때 불안감이 감소하는 모습을 보이는 경향이 있다. 이는 스트레스 호르몬인 코르티솔 수치를 보면 명백히 알 수 있다.[28]

자신의 자기연민 지수가 높은지 낮은지 알아보고 싶다면, 26가지 문항으로 된 검사에서 일부 발췌한 다음의 문항을 보고 답해보자.[29] 과학적 연구를 위해 문항마다 1점(거의 절대 그렇지 않다)부터 5점(거의 항상 그렇다)까지 점수를 매기도록 설계한 검사이다.

- 나는 정서적 고통을 느낄 때 나 자신을 사랑하려고 노력한다.
- 나는 나의 결점을 인간 조건의 일부로 여기려고 노력한다.
- 고통스러운 일이 일어나면, 나는 균형 잡힌 시각으로 상황을 보려고 노력한다.

그리고 다음에도 답해보자.

- 나는 나의 결함과 부족함을 비판적이고 못마땅하게 생각한다.
- 나의 부족함을 생각하면 내가 나머지 세상으로부터 따로 떨어져서 차단된 것 같은 느낌이 더 든다.
- 기분이 우울해지면 잘못 어긋나버린 모든 일에 집착하고 강박에 사로잡히는 경향이 있다.

전자의 문항들에 강하게 동의할수록 자기연민 지수가 높고, 후자의 문항들에 강하게 동의할수록 자기비판 지수가 높다. 그런데 자기연민 지수가 낮게 나온 사람들에게 희소식이 있다. 자기연민은 훈련하면 키울 수 있다는 것이다. 먼저, 내면의 목소리가 쓸데없이 부정적으로 말하는 때가 언제인지를 파악한다. 그런 다음, 내면의 목소리 대신 친구나 가족이라면 나에게 어떤 말을 해줄지 생각해본다. 예를 들어 난처한 순간이 오면, 자신의 사회적 기술을 속단하지 말고 그 대신 거의 모든 사람이 가끔은 어색한 법이라고 스스로 되뇌도록 한다. 난처한 상황은 누구나 느끼는 보편적인 경험이므로 그로 인해서 한 사람으로서 여러분의 가치가 떨어지는 일은 없다.

이런 새로운 사고방식을 강화하는 좋은 방법으로, 자기 자신에게 짧은 편지를 쓰는 것이 있다. 편지를 쓸 때에는 마음에 동요를 일으키는 상황에 대해서 비판적이지 않고 친절한 태도로 이야기한다. 여러 연구 결과들에 따르면, 이런 글쓰기 훈련을 하면 태도 변화가 생겨서 사회적 연결에 대한 사람들의 불안감이 효과적으로 감소할 수 있다.[30]

마지막으로, 빠뜨려서는 안 될 중요한 사항이 하나 있다. 자신의 마음가짐―즉, 자기계발에 대한 신념―을 성찰해보아야 한다는 것이다. 어떤 마음가짐을 가지느냐에 따라서 새로운 도전에 직면했을 때 뇌의 반응 방식이 결정된다. 이 연구는 스탠퍼드 대학교의 캐럴 드웩에서 시작되었다. 처음에는 지능과 성적에 대한 사람들의 믿음에 초점을 두고 연구가 진행되었다. 연구 결과, 사람들 가운데에는 자신의 재능이 타고난 것이라서 바뀌지 않는다고 믿는 이들이 있었다. 이들은 이른바 "고정형 마음가짐"을 지닌 사람들이었다. 그런가 하면 자기의 능력을 시간이 지나면서 연습을 통해 꽃피우게 된 것으로 여기는 사람들도 있었다. 이런 사람들을 일컬어 "성장형 마음가짐"을 지녔다고 한다. 드웩 연구진은 성장형 마음가짐을 지닌 사람들이 공부하다가 난제에 부딪힐 때 더 끈기를 발휘하며 모험을 감수하더라도 새로운 기회를 놓치지 않으려는 마음이 더 크다는 것을 발견했다. 반면, 고정형 마음가짐을 가진 사람들은 역경에 대처하기 힘들어하고 의욕이 쉽사리 꺾이는 경향이 있다.

마음가짐의 영향력은 점차 명백해지고 있다. 어떤 마음가짐을 지녔는지가 학교 성적 외에도 수많은 중요한 결과에 영향을 미칠 수 있음이 드러나고 있다.[31] 성장형 마음가짐이 있다면, 불안이나 우울 같은 문제에 대처하는 자신의 능력에 대해서 자신감을 가질 수 있다. 이렇게 되면 긍정적 개입에 더욱 잘 반응하게 된다. 자신의 사회적 능력에 대한 두려움도 마찬가지이다. 노던 일리노이 대학교의 심리학자들이 개발한, 수줍음에 대한 사람들의 마음가짐 검사를 살펴보자. 맛보기 차원에서 다음의 문항에 1점(전혀 동의하지 않는다)부터 5점(매우 동의한다)까지 점수를 매겨보자.

- 당신은 일정 정도 사회적 예절과 기술이 있다. 그러나 여기에 변화를 줄 방법은 딱히 없다.
- 사람들과 더욱 잘 어울리는 법은 배울 수 있다. 그러나 당신에 대한 사람들의 호감도는 바꿀 수 없다.

짐작하듯이 점수가 높다면 수줍음에 대한 고정형 마음가짐이 있다는 뜻이고, 점수가 낮다면 성장형 마음가짐을 지녔다는 뜻이다.[32] 고정형 마음가짐을 가진 사람들은 사회성을 키우는 개입 행위에 잘 반응하지 못한다는 경향이 있다. 반면, 성장형 마음가짐을 지닌 사람들은 개입을 통해서 큰 이득을 얻는다.[33]

다행히도 아는 것이 힘인 법이다. 뇌의 변화 능력과 연습을 통한 사회적 기술 향상 방법을 알게 되면, 성장형 마음가짐을 발달시켜서 온갖 이점을 누릴 가능성이 커진다.[34] 앞에서 최신 연구 결과를 살펴본 덕분에, 이미 여러분 안에는 사회적 태도와 행동을 변화시키는 잠재력에 대한 긍정적인 마음가짐이 장착되었을 것이다. 그래서 여러분이 심리적 안전지대를 벗어나는 모험을 할 때 이 지식을 마음속에 품고 자신의 성장 능력을 꾸준히 되뇌인다면, 놀랄 만한 성취를 이루게 될 것이다. 2세기 전 『오만과 편견』에서 엘리자베스 베넷이 다아시에게 주장했듯이 갈고닦으면 향상되는 음악 실력만큼이나 우리의 사회적 연결 능력도 달라질 수 있다.

핵심 정리

- 모르는 사람에게 말을 걸 때 느끼는 두려움에는 대부분 근거가 없다. 모르는 사람과 상호 작용하면, 우리가 예상하는 것보다 평균적으로 얻는 것이 훨씬 더 많다.
- 사회적 상호 작용 후에 우리는 사람들이 우리를 얼마나 좋아하는지에 대해서 과소평가한다. 이런 의구심 때문에 공유 현실이 약해지고 잠재적 친구관계나 업무상 협력관계를 구축하는 데에 지장이 생길 수 있다.
- 우리는 자신의 지성과 유머 감각에 대한 타인의 평가에 대해서 지나치게 비관적이기도 하다. 평균적으로 사람들은 여러분이 생각하는 것보다 여러분을 더 많이 존중한다.
- 내향인은 외향인보다 사회적 상호 작용에 대한 기대가 낮은 경향이 있다. 그러나 만남이 이루어진 다음에는 내향인도 똑같이 즐거웠다고 이야기한다.
- 성격 유형과 무관하게 모든 사람들이 사회적 자신감을 크게 키울 수 있다.

행동 전략

- 더 외향적으로 행동하고 싶은 상황을 선택해서 구체적인 새로운 행동 목표를 세워라. 가령 직장 구내식당에서 처음 보는 사람과 대화를 시도하거나 공원에서 강아지를 산책시키는 사람을 만날 때마다 말을 걸어보기로 마음먹는다.
- 부정적인 예상이 사회적 연결에 장애가 된다고 여겨질 때마다 100쪽에 소개된 인지 재구성 훈련을 실천하라. 첫인상을 결정지

을 수 있는 모든 요인들을 떠올려보라. 이렇게 하면 자기 자신에게 집중되었던 초점이 다른 곳으로 분산되어 자의식이 약해진다.
- 사회적 불안감을 느낀다면 생활 속에서 자기연민을 더 키우도록 노력하라. 가령 나 자신에게 보내는 연민 가득한 편지를 써보자. 친구에게 조언하듯이 쓰면 된다. 이 책의 부록에 실린 다른 참고 자료도 참고하기를 바란다.

4

자기중심적 사고 극복하기

존 에드거 후버의 부하직원들이 상사인 그에 대해서 확실히 아는 점이 하나 있다면, 바로 참을성이 부족하다는 것이었다. 그에게는 논쟁이나 논의를 할 여유가 없었다. 변방의 일개 관료조직에 불과했던 미국 연방 수사국FBI은 후버의 감독 아래 세계에서 가장 존경받는—그리고 두려움의 대상인—정보수사기관으로 변모했다. 그는 철권을 휘둘렀고, 모든 사안에서 그의 판단이 최종 결정으로 여겨졌다.

그래서 그가 국내 안보 관련 메모에 손 글씨로 "주변부 주의 요망"이라고 적어서 돌려주자, 부하 요원들은 이 메시지를 심각하게 받아들였다. 그런데 어떻게 해야 할지를 몰랐다. 그래도 그의 평판을 생각하면 그에게 확인하지 않는 편이 더 낫다는 정도는 알았다. 이내 FBI 건물 전체에서 전화벨이 울리기 시작했다. 모든 사람이 멕시코나 캐나다 등 국경 근처에서 무슨 일이 벌어지고 있는지 서로 묻고 있었다. 그러나 이례적인 움직임을 포착한 사람은 아무도 없었다. 관세청과 이민국에도 연락했지만, 더 아는 것이 있는 사람은 없었다.

카르타 델로치 부국장에 따르면, 직원들은 며칠이 지나서야 이 수수께끼를 풀 수 있었다. 후버가 메시지를 적은 메모지의 여백이 매우 좁다는 사실에 한 수사관이 주목한 것이다. 후버 국장은 원래 종이 가장자리의 여백에 의견을 적어 남기는 버릇이 있었다. 후버의 입장에서는 메시지의 의미가 더없이 명확했다. "주변부 주의 요망"이라는 명령은 조잡한 문서 서식에 주의하라는 뜻이었다. 그러나 그를 제외한 모두가 주변부를 종이 여백이 아닌 국경에 관한 내용이라고 생각하고 지정학적 위기가 임박했다고 추정했다.[1]

물론 우리는 이 일화를 통해서 후버의 관리 방식이 얼마나 위험했는지를 잘 알 수 있다. 그런데 그뿐만이 아니다. 이것은 누구나 직면하는 소통 장벽을 대표적으로 보여주는 일화이기도 하다.[2] 우리는 자기만의 사고방식에 사로잡혀서 다른 사람들이 우리의 말과 행동을 어떻게 해석하는지 잘못 판단하는 경우가 너무도 많다. 이런 경향을 가리켜서 자기중심적 사고라고 한다. 자기중심적 사고는 같은 사건인데도 완전히 다른 결론에 이르게 만들 수 있다. 때때로 자기중심적 사고가 낳은 결과는 우스꽝스럽기도 하다. 실수를 연발하는 내용의 희극에는 동문서답하는 인물이 많이 등장하고, 사건을 한쪽 시각으로만 보면서 벌어지는 웃긴 장면들이 많다. 그러나 이것이 대인관계에 미치는 영향은 대개 심각하다. 손쓰지 않고 그냥 내버려두면, 자기중심적 사고 때문에 공유 현실이 약해지고 쓸데없는 불화가 유발된다.

조금 전 우리는 우리가 예상하는 것보다 대부분 얼마나 능수능란하게 친구를 사귀고 대인관계를 강화할 수 있는지 알게 되었다. 그런데 이런 사회적 잠재력을 최대한 활용하려면, 다양한 모습으로 나타나는 자기중심적 사고의 처리 과정을 식별하고 이에 맞서도록 스스로 단단히 무장해야 한다. 이것이 바로 네 번째 연결의 법칙의 기본 토대이다. 조금만 연습하면 오해가 생길 위험을 크게 떨어뜨릴 수 있다. 그 결과 상호 작용이 더 매끄럽고 의미 있게 이루어져서, 우리가 갈망하는 긴밀한 사회적 연결이 공고해진다.

이심전심?

자기중심적 실수의 원인을 파악하려면, 타인의 관점을 이해하는 데에 전형적으로 필요한 사고 과정이 무엇인지, 그리고 이 과정이 어떤 식으로 잘못될 수 있는지를 먼저 알아야 한다.

 1970년대 이래로 심리학자들은 타인의 신념과 시각을 인식하는 능력을 "마음 이론"으로 설명한다. 일반적인 사람에게 대부분 이 능력은 유아기 초기에 등장한다고 알려져 있다. 심리학자들은 흔히 112쪽의 그림과 같이 네 컷 만화로 표현된 유명한 샐리-앤 검사로 이 능력을 측정한다.

 만 4세 미만 아이들은 대체로 샐리가 상자를 뒤져볼 것이라고 이야기한다. 아이들은 구슬이 새로운 장소로 옮겨졌다는 것을 **자신이** 알고 있으므로, 샐리도 자기들처럼 알 것이라고 추정한다. 앤이 구슬을 옮겼을 때 샐리가 방에 없었다는 사실은 고려하지 않는 것이다. 이 문제를 정확히 풀려면, 머릿속으로 샐리의 입장이 되어 생각해야

1

샐리가 구슬을 바구니 안에 넣는다.

2

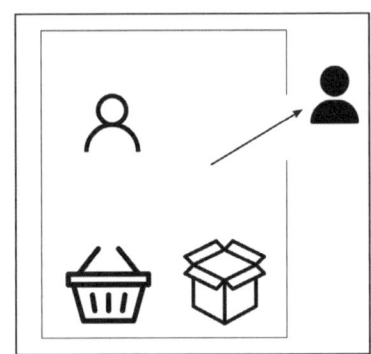

샐리가 방 밖으로 나간다.

3

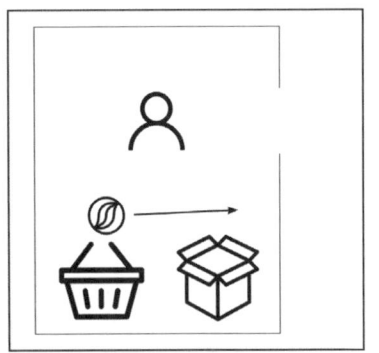

앤이 샐리의 구슬을 상자로 옮긴다.

4

샐리가 방에 돌아온다.
샐리는 구슬을 찾기 위해서 어디를 볼까?

한다. 그래서 앤이 구슬을 옮기는 것을 보지 못한 샐리는 자기가 원래 넣어둔 곳에 구슬이 있다고 예상하리라고 인식해야 한다. 이것은 대단한 능력이다. 과학자들은 다른 많은 동물을 대상으로 "마음 이론" 검사를 개발해서 실시했지만, 어떻게든 이 검사를 통과한 동물 종은 거의 없다.

마음 이론은—그리고 그 결과로 유발되는 공감은—타인과의 공유 현실을 형성하는 데에 어마어마하게 중요하다. 그 덕분에 우리는 우리의 신념이 타인의 신념과 언제 일치하는지, 다른 사람에게 우리의 사고방식을 설득하기 위해서 언제 더 열심히 노력해야 하는지를 알 수 있다. 이 능력이 제대로 작동하면, 우리는 다른 사람이 고군분투 중인 상황을 알 수 있으며 그에게 필요한 응원을 보내고 인정도 해줄 수 있다. 반대로 우리에게 도움이 필요한 경우에 다른 사람들이 쉽게 이해할 방식으로 욕구를 표현할 수도 있다. 우리의 마음 이론이 항상 최적으로 정확하게 기능한다면 이상적이겠지만, 수많은 여타 복잡한 능력들과 마찬가지로 이것 역시 우리가 원하는 만큼 신뢰할 수 있는 경우는 거의 없다. 많은 상황에서, 특히나 모호하고 집중을 분산시키는 것들로 가득한 상황에서는 그만 깜빡 잊고 다른 사람들의 관점을 고려하지 않게 된다.[3]

혹시 여러분은 이런 실수를 하지 않는다고 생각하는가? 그렇다면 다음의 마음 이론 실험을 해보자. 이 실험—"감독관 과제"—에서는 어린아이뿐 아니라 성인도 대체로 실수를 저지른다. 다양한 물건이 놓인 책장을 가운데에 두고, 두 명의 참가자를 양편에 마주 보게 앉힌다. 두 사람 중에 한 명을 "감독관"으로 정한다. 감독관이 지시를 내리면, "지시받는 사람"은 직접 손으로 물건을 옮긴다. 114쪽 그림에서 볼 수 있듯이 책장의 몇몇 선반은 가림막으로 가려져 있어서 감독관이 볼 수 없다. 지시받는 사람은 물건을 옮길 때 이 점을 고려해야 한다.

지금 당장 해보자. 여러분이 지시받는 사람이라고 하고, 맞은편의

사람이 마우스mouse를 옮기라고 했다고 상상해보자. 여러분이라면 무엇을 집어 들겠는가?

다른 사람의 관점에 주의를 기울이는 사람이라면, 밑에서 두 번째 줄 선반에 있는 장난감 쥐mouse를 말하는 것이 아님을 잘 알 것이다(지시를 내리는 사람의 눈에는 보이지 않을 테니 말이다). 그 대신 감독관은 밑에서 세 번째 줄 첫 번째 칸에 있는 컴퓨터용 마우스mouse를 가리키는 것이 틀림없다. 논리적으로 하나하나 따지면 이것은 뻔한 답처럼 들린다. 그러나 정상적인 성인 가운데에도 상대방의 관점을 꼬박꼬박 고려하기 힘들어하는 사람이 많다. 사람들은 평균 25퍼센트의 확률로 상대의 눈에 보이지 않는 물건을 집어 든다.[4]

이런 결정의 이면에 있는 사고 과정을 더 깊이 파헤치고자 연구자들은 비디오카메라를 설치해서 참가자들의 시선이 결정을 내릴 때 어떻게 움직이는지를 추적했다. 그 결과 참가자들이 감독관의 입장에서 성공적으로 생각하더라도 제대로 물건을 선택하기 전에 다른 물건을 한 번 흘낏 쳐다보는 것으로 나타났다. 연구자들의 결론에 따르면 "자기중심적 사고는 다른 사람의 관점에서 보려고 할 때마다 극복되는 것으로 보아, 과도하게 크지는 않은 것 같다."[5] 성인의 경우, 전체 시도 횟수 가운데 4분의 1 정도는 자기중심적 사고를 극복하는 데에 실패했다.

심리학자들은 이것을 마음 읽기의 "이중 과정"으로 설명한다. 자동으로 작동하는 충동(자기중심적 사고)을 의식적인 숙고(관점 전환)로 극복해야 하는 것이다. 이 두 번째 단계에서 노력과 인지적 자원이 요구된다. 그래서 스트레스를 받거나 집중이 분산될 때, 혹은 자기 행동의 결과에 신경을 쓰지 않을 때면 이 단계에서 실패할 공산이 커진다. 가령 사람들은 압박을 받을 때 상대적으로 더욱 자기중심적으로 생각하는 경향이 있다. 반면에 유인 요인이 크면 정반대 효과가 나타난다. 타인의 관점을 정확히 인지할 때 금전적 보상이 따른다면, 자기중심적으로 생각하는 경향이 줄어든다.[6]

일상생활 속에서는 이처럼 자동적인 자기중심적 사고방식에 빠져 있음을 알아채지 못할 수 있다. 우리에게 편향이 있다는 것을 인식하지 않으면, 우리는 자기의 경험을 바탕으로 타인을 인식한다. 그래서 완전히 다른 관점을 낳을 수 있는, 다른 사람과의 지식이나 상황의 차이를 온전히 조율시키지 못한다.

허위 합의 효과라는 현상을 살펴보자. 한 연구에서 참가자들에게 다음과 같은 중립적인 발언에 얼마나 동의하는지를 물었다.

- 나는 시를 좋아한다.
- 나는 음담패설이 당황스럽다.
- 나는 거미가 무섭지 않다.
- 나는 병에 걸릴 걱정을 하지 않는다.

'매우 동의한다', '매우 동의하지 않는다', '보통이다' 가운데에서 고르게 했는데, 이 답변은 응답자가 자신의 관점을 얼마나 보편적이라고 믿는지에 큰 영향을 미쳤다. 가령 시를 좋아하는 사람들은 자신의 취향을 많은 사람이 공유한다고 믿는다. 반면에 시를 싫어하는 사람들은 다른 사람들도 대부분 운문을 따분하게 여긴다고 생각한다.[7] 자신과 일반 대중의 유사점을 과대평가하면 존재론적 고독에 대한 두려움이 진정될지 모르지만, 이것은 착각이다. 그래서 자신의 견해에 공감대가 예상만큼 널리 형성되어 있지 않다는 사실을 알게 될 때 경악하게 된다.

여러분도 사람들과 새로 친분을 맺으면서 허위 합의 효과를 의식했던 경험이 있을 것이다. 대화가 편안하게 흘러가는 것 같더니 갑자기 누군가가 유쾌한 대화에 수류탄을 던지듯 예상 밖의 폭탄 발언을 하는 경우이다. 도덕적 가치를 논할 때에도 허위 합의 효과가 명백히 나타난다. 예를 들면, 경기력 향상 약물을 복용한 운동선수들은 경쟁자들 사이에 이런 행위가 만연하다고 과대평가하는 경향이 있다.[8]

그들은 "다들 그렇게 하고 있다"고 추정한다. 그래서 그 행동의 결과를 대체 왜 걱정해야 하느냐고 생각한다. 인종이나 성, 동성애 차별적 농담을 하는 사람들도 마찬가지이다. 그들은 마치 자신의 견해가 지극히 평범한 생각인 것처럼 말한다. 자신의 말에 다른 사람들이 심한 불쾌감을 느낄 수 있다는 생각은 추호도 하지 않는다.

　마치 보편적으로 인정받은 진리라도 되는 것처럼 과도하게 확신에 찬 견해를 거침없이 밝히는 경우도 있다. 이런 행위는 의견이 다른 사람들에게 심한 불쾌감을 주고 공유 현실을 뒤흔들 수 있다. 상대방이 좋아하는 밴드를 의도하지 않게 경멸하는 셈이 되거나, 정치적 신념을 조롱하거나, 서로 아는 사람에 대해서 지나친 말을 하게 될 수 있다. 다른 사람들이 강하게 동의하지 않을 수 있음을 고려조차 하지 않은 채 논란의 여지가 있는 의견을 표명하면, 적어도 짧은 순간 어색한 공기가 흐를 공산이 있다. 그러면 다 지난 다음에 되돌아보면서 땅을 치며 후회하게 된다. 말하기 전에 가능한 의견들을 잠시만이라도 더 세심하게 생각해보았다면 좋았을걸 하고 말이다.

투명하다는 착각

자기중심적 사고 과정은 **다른 사람들의** 마음을 읽는 우리 능력에 대해서 그릇된 자신감을 심는다. 그뿐이 아니다. **우리의 내면의 삶을** 이해하는 다른 사람들의 능력 역시 과대평가하게 만든다. 이것이 바로 투명성의 착각이라고 알려진 인지 편향이다. 이를 선구적으로 연구한 코넬 대학교의 토머스 길로비치 연구진은 이 현상을 에드거 앨런 포의 『고자질하는 심장 *The Tell-Tale Heart*』 속 한 장면에 비유한다. 이 소설에서 익명의 화자는 살인을 저지른 후 시신을 토막 내어 방바닥 아래에 숨긴다. 그런데 경찰이 찾아와 심문하자, 희생자의 심장박동 소리가 크게 들리기 시작한다. 물론 실제로는 그 자신의 맥박 소리가 귀에서 울리는 것이다. 그러나 이런 사실을 깨닫지 못한 화자는 이제 경찰이 자신의 죄를 알게 된 것이 틀림없다고 확신하고는 범행을 자백한다.

전형적인 마음 이론 실험에서 참가자들이 범하는 실수들과 마찬가지로, 투명성의 착각도 우리의 즉각적인 시각을 무시하지 못해서 일어난다. 우리는 다른 사람들이 우리의 머릿속을 볼 수 없다는 사실을—머리로는—알지만, 우리의 생각이나 감정이 뻔히 보이게 "새어나갈" 것이라는 직관을 온전히 극복하지는 못한다. 그 결과, 우리의 감정 상태가 실제보다 훨씬 들여다보인다고 믿는다.

길로비치 연구진의 첫 번째 실험은 거짓말 알아맞히기 대회 형식으로 진행되었다. 참가자들이 차례로 자신의 삶에 대해서 사실 또는 허구로 이야기를 하면, 다른 참가자들은 그 이야기가 진실인지 아닌지를 판단했다. 다수의 다른 거짓말 탐지 연구에서와 마찬가지로, 거짓 주장을 알아채는 참가자들의 실력은 운으로 알아맞히는 수준에 그쳤다. 그런데 자신이 직접 거짓말을 할 때에는 죄책감이 얼굴에 다 쓰여 있으리라고 믿었다. 그래서 다른 사람들이 거짓말을 대단히 정확히 알아챌 것이라고 크게 과대평가했다.

두 번째 실험은 만찬 자리에서 생기는 가장 어색한 상황에 영감을 받아 설계되었다. 주최자가 마련한 음식이 입에 맞지 않지만 어떻게든 먹으려고 고군분투하는 상황 말이다. 우리는 아무리 감정을 숨기려고 노력해도 우리가 음식을 싫어한다는 사실이 주변 사람들 모두에게 드러날 것이라고 확신한다. 그런데 우리가 느끼는 불편한 감정이 과연 그렇게 노골적으로 드러날까? 연구자들은 이 가정을 실험실에서 살펴보기로 했다. 실험 참가자들에게 15개의 작은 컵에 들어 있는 음료를 한 입씩 시식하게 했는데, 5개의 컵에는 포도잎 절임을 만들 때 쓰는 불쾌한 맛이 나는 소금물 용액이 들어 있었고, 10개의 컵에는 체리맛 탄산음료가 들어 있었다. 참가자들에게는 무엇을 마시든 감정을 드러내지 말라고 요청했다. 그들의 반응은 카메라로 기록되었다. 그런 다음, 10명의 관찰자에게 이렇게 촬영한 영상을 보여주면서 영상 속 사람들이 음료를 맛있게 마셨는지 아니면 역겨워했는지 판단하게 했다. 음료를 시식했던 사람들은 투명성의 착각 때문에 불쾌감을 감추는 자신의 능력을 거의 신뢰하지 못했다. 평균적으로 그들은 관찰자의 절반가량이 자신의 표정 이면의 감정을 알아챘을 것으로 예측했다. 그러나 실제로는 그런 사람이 약 3분의 1에 불과했다.

　마지막 실험에서는 도덕적 불편함을 살펴보았다. 연구진은 실험 참가자들에게 표면적으로는 환경이 문제 해결에 미치는 영향을 조사하는 실험이라고 설명했다. 연구자는 이 실험이 자신의 박사 논문에 들어갈 마지막 연구인 척하면서, 모두에게 최대한 진지하게 과제에 임해달라고 요청했다. 그는 실험실을 나서기 전에 참가자들 중에 한 사람을 뽑아서는 연구를 진행하게 했다. 진행자에게는 문제를 칠

판에 적고 다른 참가자들의 응답을 기록해야 하는 책임이 맡겨졌다. 그런데 이 진행자는 무작위로 뽑힌 사람이 아니었다. 모든 실험 규칙을 어기라는 지시를 사전에 받은 첩자였다. 그래서 첩자는 조용히 있는 대신에 사람들에게 정답에 대한 힌트를 주기 시작했고, 답을 평가할 때에도 완전히 풀지 못한 문제도 풀었다고 빈번하게 인정해주었다. 심지어 시계를 뒤로 돌려서 문제 풀 시간을 더 주기까지 했다.

실험을 마친 후, 거의 모든 참가자가 진행자의 행동이 매우 우려스럽다고 보고했다. 그런데 이들은 소리 내어 말하지 않았는데도 불구하고, 자신이 못마땅해한다는 것을 주변 사람들이 뚜렷이 알았으리라고 생각했다. 그러나 참가자들에게 물었더니, 다른 사람들의 불편함을 알아채지 못했던 것으로 드러났다. 모두 자기만 못마땅해했다고 믿었다. 겉으로는, 자신이 속으로 느낀 것보다 모두들 경각심이 덜했던 것처럼 보였다.[9]

이처럼 이것이 착각이라는 것을 알면, 일단 어느 정도 안도하게 된다. 형편없는 요리를 먹고 혐오스러운 표정을 지으면 누군가는 기분이 상할 텐데, 이럴 때 감정을 숨길 수 있다는 것은 어쨌든 유용한 일이다. 취업 면접을 앞두고 긴장할 때에도 마찬가지이다. 걱정하는 만큼 불안함이 겉으로 드러나지 않는다는 것을 알면 마음이 놓인다. 이렇듯 투명성의 착각에 대해서 알고 나면, 사람들이 자신을 인식하는 방식에 조금 더 자신감을 가질 수 있게 된다. 이런 맥락에서 길로 비치는 사람들에게 투명성의 착각을 교육하면 자신감을 키우고 대중 연설 능력도 신장할 수 있다는 것을 보여주었다.[10]

그러나 투명성의 착각에는 부정적인 측면도 많다. 예를 들어 업무 부담에 짓눌려 휘청거리는 경우, 우리는 스트레스를 받고 도움이 필요할 때 상사가 알아채주기를 바란다. 그러나 투명성의 착각 때문에 우리가 느끼는 압박감은 다른 사람의 눈에 생각보다 훨씬 불분명해 보인다. 상사가 행동을 취하지 않는다고 해도 그가 유별나게 무감각하거나 배려심이 없어서 그런 것이 아니다. 우리 마음은 우리가 느끼는 거대한 압박감과 그 압박감이 우리 기분에 미치는 영향으로 잠식되었을지 모르지만, 바깥에 있는 사람들은 우리의 마음을 뚜렷이 알 수 없을 뿐이다.

그런데 부정적인 감정만 감추어지는 것이 아니다. 투명성의 착각으로 인해서 우리가 느끼는 상대적으로 유쾌한 감정 역시 드러나지 않을 수 있다. 우리는 사랑하는 사람을 보면 마음속에 기쁨이 살짝 솟구치는 것을 느낀다. 우리는 우리가 느끼는 고마움과 애정이 온몸에서 배어나온다고 믿는다. 그러나 겉으로는 우리가 무표정하고 무정해 보일 수 있다. 아무래도 우리가 느끼는 감정이 제대로 전달되었다고는 추정할 수 없다.

이해한다는 착각

마지막으로 자기중심적 사고를 확인하기 위해서 언어의 한계와 함께, 자신의 말이 어떤 식으로 잘못 해석될 수 있는지를 우리가 모른다는 사실도 살펴보자.

여러분의 친구 마크가 직장 동료 준의 추천을 받아서 한 이탈리아

식당에 처음 간다고 상상해보자. 준은 그곳에서 먹은 저녁이 "놀라웠다"며 그에게 추천했다. 그런데 마크가 먹어보니, 음식이나 서비스는 딱 평범한 수준이다. 다음 날 아침, 마크는 준의 책상에 이런 메모를 남긴다. "너 그 식당이 얼마나 놀라운지 궁금했구나?" 준은 과연 이 메모를 비꼬는 말로 해석할까? 여러분은 어떻게 생각하는가?

우리라면 마크가 나쁜 경험을 했다는 것을 알고 있기 때문에 그에게 빈정대려는 의도가 있다고 짐작할 수 있다. 그러나 준은 그런 사실을 알 턱이 없다. 그래서 매우 즐거운 식사를 했던 자신의 경험에 비추어 아마도 마크의 말이 진심이라고 생각할 것이다. 그렇다면 우리는 최소한 준이 어떻게 받아들일지 확실하지 않다고 볼 것이다. 다만 이런 결론에 도달하려면, 마크의 경험에 관해서 우리만 특별히 아는 내용은 무시하고 생각해야 한다. 그런데 시카고 대학교의 보아즈 키사르의 연구에 따르면, 상당수의 사람들—약 60퍼센트—이 그렇게 하지 못한다. 사람들은 준이 마크의 비아냥을 알아챌 수 있다고 믿는다. 자신이 마크의 의도를 파악하고 있기 때문에 준에게는 이런 결론에 이르는 데에 필요한 정보가 없는데도 준 역시 그러리라고 추정한다.[11]

여기에서는 이 허구의 시나리오에 대한 사람들의 생각을 바탕으로 결론을 내릴 수밖에 없었지만, 뒤이어 유사한 연구가 이루어졌고 그 결과 사람들은 자신이 쓴 글이 어떻게 해석될지 예측하는 데에 보통 어려움을 겪는 것으로 드러났다. 이 실험에서는 먼저 참가자들에게 10가지 다양한 주제에 대해서 메시지를 작성하게 했다. 단, 메시지 안에는 진심으로 쓴 문장 5개와 빈정대는 문장 5개가 들어가야 했다. 이렇게 쓴 메시지를 다른 참가자들과 교환했다. 참가자는 자기가 쓴 글을 상대방이 어떻게 이해할지 매번 예측했다. 참가자들은 자신의 메시지가 모두 제대로 해석되리라고 거의 확신했다. 그러나 약 16퍼센트의 확률로 상대방은 글쓴이의 의도를 오해했다.

문장 안에 분노나 슬픔 같은 감정을 표현하게 했을 때에도 마찬가지 결과가 나왔다. 글쓴이의 정서가 그의 생각만큼 그렇게 뚜렷하게 드러나지 않았다.

이들 실험 가운데에 내가 가장 좋아하는 것은 유머에 관한 실험이다. 참가자들을 둘로 나누어 절반에게는 먼저 「새터데이 나이트 라이브Saturday Night Live」(미국의 TV 코미디 및 버라이어티 쇼 프로그램/역주)의 토막극 몇몇 장면을 보여준 다음, 그중 농담 하나를 이메일로 섞어 보내게 했다. 나머지 절반은 토막극을 보지 않고 그냥 농담의 내용을 읽은 다음에 이메일을 보내게 했다. 그러자 코미디언의 토막극을 미리 시청한 사람들이 자신의 이메일 내용이 재미있을 것이라고 과대평가할 가능성이 상당히 큰 것으로 나타났다. 자기중심적 사고방식 때문에 자신이 직접 경험한 것에만 초점을 두게 된 결과였다. 이들은 농담의 내용 그 자체에 못지않게 전달의 방식—코미디언의 표정이나 목소리 등 이메일에서는 완전히 누락되는 것—에서도 유머가 발생한다는 사실을 잊어버린 것이다.[12]

심지어 단도직입적인 사실적 문장에도 애매모호함이 숨어 있어서 잘 알아채지 못하는 경우가 흔하다. "총을 소지한 탓에 앤절라가 그 남자를 쏘았다"라는 단순한 문장을 살펴보자. 이 문장은 앤절라가 총이 있어서 남자를 쏜 것으로 읽히기도 하고, 아니면 남자가 총을 들고 있어서 앤절라가 그를 쏜 것으로도 이해된다. 둘 모두 가능한 해석이다. 그런데 사람들은 대부분 이런 가능성은 무시한 채 다른 사람들도 자신과 같은 결론을 내릴 것이라고 믿는 경향이 있다.

말을 하는 경우, 억양—이것은 문자에는 없다—을 통해서 의미가 뚜렷이 전달되기를 바랄 수 있다. 사람들은 "총을 소지한 탓에 앤절라가 그 남자를 쏘았다"처럼 모호한 문장을 녹음해놓고, 의도한 대로 의미가 분명하게 드러난다고 믿는 경향이 있다. 그러나 녹음을 들은 실험 참가자들은 화자가 어떤 해석을 전달하려고 하는지 대체로 짐작하지 못했다.[13]

"무슨 일 있었어?"처럼 일상적인 말도 모호하게 들릴 수 있다. 이 말이 순전히 안부를 묻는 말로 들릴 수도 있지만, 누군가가 무슨 일을 저질렀다는 암시가 깔려 있는 말로 들릴 수도 있다. 우리는 전달하는 방식을 통해서 청자가 올바로 해석하도록 만들 수 있다고 믿지만, 이런 일은 기대만큼 자주 일어나지 않는다. 무엇을 전달하고 싶은지 **우리가** 안다는 것은 상대방도 그럴 것이라고 우리가 믿는다는 뜻이다.[14]

이것을 가리켜서 이해의 착각이라고 한다. 이런 착각은 나와 다른 배경을 지닌 사람과 대화를 나눌 때 특히 문제가 될 수 있다. 개인적으로 나는 미국 출신 동료들과의 사이에서 이런 문제를 자주 느꼈다. 나는 다양한 문화적, 언어적 규범에 익숙한 편인데도, 영국에 산 적 없는 사람들이 영국식 완곡한 표현에 숨은 의미를 얼마나 쉽게 오해하는지를 깜빡하는 경우가 많다(가령 영국인이 "대담한 생각이군요"라고 하면, 아마 격려의 의미는 아닐 것이다).[15]

한 이탈리아 친구도 런던에 체류한 첫해 동안 비슷한 소통 문제를 겪었다고 한다. 그는 영국인들이 대단하지 않은 신세를 지는 것에도 주저하는 모습에 종종 놀랐다고 했다. 바쁘거나 아플 때 먹을거리를 가져다주는 것처럼 별것 아닌 호의 말이다. 그래서 나는 그에게 영국인들은 대개 다른 사람에게 "짐이 될까 봐" 너무 걱정되어서, 신세를 져도 불편을 끼치지 않는다고 상대방이 확실히 말해야만 신세를 진다고 설명해주었다. 자기중심적 사고방식 때문에 우리는—이미 다 알고 있는데도—이런 차이를 잊어버리기 쉽다.

이해의 착각이 가장 극단적인 형태로 나타나면, 다른 나라 사람들과 대화할 때 언어 장벽을 무시하게 될 수도 있다. 시카고 대학교의 베키 카 잉 라우 연구진은 표준 중국어 구사자들에게 중국어로 메시지를 녹음하게 한 다음, 이 녹음을 중국어를 모르는 미국인들에게 들려주었다. 녹음을 들은 사람들은 사지선다형 문제로, 방금 들은 내용을 가장 잘 나타낸다고 생각하는 답을 고르게 했다. 그런데 해석에 어려움이 있음이 명백한데도, 사람들은 대부분 자신의 판단을 과도하게 확신했다. 화자들은 청자가 단순한 운 이상으로 말의 요지를 이해할 수 있으리라고 믿었고, 청자들은 자신이 문제의 보기들 중에서 정답을 고를 수 있다고 믿었다. 양쪽 모두 틀렸다.[16]

존 에드거 후버의 "주변부 주의 요망" 명령이 보여주듯이 이해의 착각은 때로 극적인 결과를 낳을 수 있다. 시카고 대학교 연구진의 논문에는 대학병원 홍보실과 대학교 홍보실 사이에 있었던 소통 오류의 사례가 소개되어 있다. 대학병원 홍보실에서 "대학교 교정에서 총격shooting"이 벌어졌다는 긴급 메시지를 보내자, 대학교 홍보실에서는 공황에 휩싸였다. 잠시 후, 이것이 교정에서 **영화** 촬영shooting을 한다는 뜻이었음이 밝혀졌다. 이해의 착각 때문에 대학병원 홍보실 직원은 자신의 메시지가 아주 명확했다고 믿었다. 그러나 실제로는 대학교가 거의 공황에 빠질 뻔한 결과를 낳았다.

이해의 착각은 급기야 생명을 위협할 수도 있다. 의사들은 당직 교대를 할 때 다음 담당 동료에게 환자의 세부 상태를 전달해야만 한다. 그런데 관련자들을 자세히 면담한 결과, 인수인계가 혼동의 온상이 되는 경우가 자주 있는 것으로 밝혀졌다. 소아과 인턴들을 대상으로 한 연구에서 키사르 연구진은 의사들에게 각자 전달하고 싶은 정보가 무엇인지를 물어본 다음, 이를 인계받은 다음 의사가 이해한 내용과 비교해보았다. 그 결과 가장 중요한 세부 사항을 후임 의사가 잘못 이해한 경우가 약 60퍼센트에 달했다. 반면, 전임자는 사실을(그리고 그 사실이 환자에게 얼마나 중요한지를) 후임자에게 효과적으로 전달했다고 믿고 있었다.[17]

물론 우리 손에 다른 사람의 생명이 달려 있지는 않을 것이다. 그러나 우리의 일상적인 대인관계에서도 의도하는 의미를 명확히 하지 못하면, 이해의 착각으로 인해서 상당한 좌절을 겪을 수 있다. 다른 사람들이 우리가 말한 것과 완전히 다르게 행동하면 어안이 벙벙해진다. 멀리 생각할 필요도 없다. 논의 중인 사항을 각자가 어떻게 해석하는지 확인하는 노력을 조금만 더 한다면 얼마나 많은 논쟁들이 해결되겠는가?

친밀 소통 편향

1999년 9월, 화성 기후 궤도선이라는 이름의 우주선이 붉은 행성인 화성을 향해서 6억6,900만 킬로미터를 여행한 지 어언 9개월이 되었다. 안무가가 발걸음 하나하나를 꼼꼼히 놀리듯이, 이 여정 동안 지상 관제센터에서는 단계마다 우주선을 세심히 조정했다. 9월 23일, 발레에서 마지막 회전을 하듯 화성 궤도로 진입하기 위한 준비가 모두 완료되었다. 그런데 그날 아침 9시 4분, 미국 항공 우주국NASA의 과학자들과 우주선 사이의 교신이 돌연 끊겼고, 그후 우주선의 소식은 다시는 들을 수 없었다. 재앙과 같은 사고 발생 며칠 후 전 세계의 언론은 이런 유망한 임무가 어쩌다가 이렇게 비참한 결말에 이르렀는지에 주목했다. 원인은 기본적인 소통 오류에 있었다. 지상 관제센터의 소프트웨어에서는 야드와 파운드를 기본 단위로 하는 영미 단위계를 사용해서 지시를 내렸던 반면, 우주선의 소프트웨어는 국제 단위계로 가동되고 있었다. 그 결과, 계산 오류로 인해서 궤도선은 정확히 계산되었던 경로를 벗어나 화성 대기권으로 진입했고 공기 마찰로 소실되었다.[18]

이 실수는 지구로부터 수백 킬로미터 떨어진 곳에 영향을 미쳤지만, 이것은 어디까지나 너무도 인간적인 실수였다. 한쪽 소프트웨어 담당팀이 또다른 소프트웨어 생산팀과 이 중차대한 세부 사항을 확인하지 않았기 때문이다. 양쪽이 서로 같은 기준틀 아래에서 작업 중이라고 단순히 믿었던 탓이다.

우리의 자기중심적 사고방식, 투명성과 이해의 착각에 대해서 알고 나니 머릿속에서 한 가지 생각이 떠나지 않는다. 저 우주선의 운명이야말로 우리가 궤도 안에서 사람들과 사회적 상호 작용을 하며 저지르는 실수를 보여주는 완벽한 비유가 아닐까? 우리는 우정의 다리를 놓기 위해서 할 수 있는 모든 일을 하려고 하지만, 잘못된 기준틀로 우리의 생각과 감정을 표현하고 타인의 생각과 감정을 해석할 뿐이다. 이런 실수가 반드시 참사로 끝나지는 않아도, 우리가 바라는 방식의 연결을 방해하기는 한다.

아는 사이라고 해서 소통의 오류 가능성이 줄어들지는 않는다. 예를 들면, 감독관 과제를 하는 동안 참가자들은 모르는 사람보다 친구의 지시를 받을 때 자신의 자기중심적 사고를 수정하는 데에 시간이 더 오래 걸렸고 잘못된 물건을 집는 실수를 할 가능성도 더 컸다. 또한 모호한 말과 표현을 오해하는 것은 친구끼리든 배우자끼리든 모르는 사람끼리든 차이가 없었다. 다만 자기 만족감 측면에서는 큰 차이가 있었다. 실수할 가능성에 관해 묻자, 모르는 사람끼리보다 친구 사이와 배우자 사이에서 자신의 성공적인 소통 능력을 훨씬 더 과대평가할 공산이 컸다.[19]

이런 현상을 가리켜 "친밀 소통 편향"이라고 부른다. 이런 편향은 유대관계 유지를 위협하는 중대한 난제가 된다. 우리는 특정 종류의 경험을 거치면서 공유 현실을 형성한 후에는 항상 모든 점에서 생각이 같으리라는 믿음을 금세 가지게 된다. 그래서 어떤 상황에서는 상호 이해관계를 구축하기 위해서 의식적으로 계속 노력해야 한다는 것을 잊고 만다. 우리는 음악이나 문학의 취향이 서로 같을 수도 있고, 같은 도덕적 가치를 공유할 수도 있다. 이런 것들은 친밀감을 높인다. 그렇더라도 친구나 연인에게 우리가 왜 특정한 견해를 지니는지 혹은 왜 특정하게 행동하는지를 여전히 설명해야 한다. 두 사람의 마음이 항상 완벽한 일치를 이룰 가능성은 적기 때문이다. 아무리 작은 오해라고 해도 풀리지 않고 남아 있다면, 이것이 단초가 되어 두 사람 사이를 갈라놓을 수 있다.

  최신 연구에 따르면, 많은 영역에서 주변 사람에 대한 자신의 인식을 과잉 확신하는 일이 굉장히 팽배해 있다. 사람들은 상대방의 선호 취미, 개인적인 꿈, 치안 문제 등에 대한 견해를 짐작하는 자신의 능력이 뛰어나다고 한결같이 스스로 과대평가한다.[20] 그러나 누군가를 제아무리 잘 안다고 하더라도 깊이 들어갈수록 언제나 새로운 면을 발견하는 법이다. 잘못된 믿음을 고수하기보다는 이런 사실을 인정하는 편이 훨씬 좋다.

자기중심적 사고방식 극복하기

데일 카네기의 『인간관계론 *How to Win Friends and Influence People*』과 같은 자기계발서를 좋아하는 사람이라면, 자기중심적 사고를 상상력으로 극복할 수 있다고 믿을 것이다. 다른 사람의 입장을 더 사려 깊게 살피고 그들의 관점에서 세상을 보도록 노력하기만 하면 된다고 말이다. 전통적인 심리학에서 주장하는 바가 대부분 그렇듯이 "타인의 입장이 되어본다"라는 발상은 진리처럼 들린다. 그런데 과연 우리가 믿는 만큼 효과가 있을까?

의도적인 관점 전환은 우리가 범하는 자기중심적 오류 일부를 분명 고칠 수 있다. 허위 합의 효과에서부터 언어적 이해의 착각에 이르기까지, 다른 사람이 무엇을 알거나 모르는지 조금 더 세심하게 생각하는 작업은 유용하다. 이러한 노력은 더 큰 연결로 보상받는 경우가 많다. 누군가가 우리의 관점에서 보려고 노력했다는 말을 듣는 것만으로도 우리의 친밀감은 상승한다. 이는 자기 안의 타인 척도로 사람들의 반응을 측정한 결과이다(63쪽 참조).[21] 누군가가 우리 사이의 거리를 좁히고 우리의 관점을 이해하려고 노력하는 징후가 보이면, 우리는 이를 높이 평가하는 것 같다.

관점 전환을 다른 사람보다 의욕적으로 실천하는 사람들이 있다. 여러분이라면 다음과 같은 발언에 1점(나를 잘 설명하지 않는다)부터 5점(나를 잘 설명한다)까지에서 몇 점을 주겠는가?

- 나는 모든 문제에 양면이 있다고 믿는다. 그래서 양면을 모두 보려고 노력한다.
- 나는 때때로 친구들의 시각으로 보면 어떨지 상상하면서, 그들을 더욱 잘 이해하려고 노력한다.
- 나는 누군가를 비판하기 전에 내가 그 사람의 입장이라면 기분이 어떨지 상상하려고 노력한다.

이 내용들은 "특성적 관점 전환"을 측정하는 어느 심리 검사에 포함된 질문들이다. 높은 점수가 나오는 사람들은 갈등과 오해가 거의 없는 순조로운 사회적 상호 작용을 즐기는 경향이 있다.[22] 특성적 관

점 전환 정도가 높으면 혼인한 부부 사이의 관계 만족도 역시 크다고 예측된다.[23]

그러나 관점 전환이 기적을 만들 수는 없다. 2018년 이스라엘 벤구리온 대학교의 탈 에얄 연구진은 이를 확고히 입증했다. 연구진은 실험 참가자들에게 다른 사람이 특정한 영화나 농담, 예술품, 취미 활동을 좋아할지 예측해보라고 했다. 참가자 일부의 예측 대상은 자신의 남자친구나 여자친구였고, 또다른 일부는 소개하는 글과 짧은 대화를 통해서 알게 된, 모르던 사람이었다. 다만 매번 모두에게 상대방의 입장이 되어 그의 성격, 배경, 취향 등을 주의 깊게 생각해보라고 했다. "매번 [활동 등에 대해서] 그들이 어떤 점을 좋아하고 싫어할지 상상해보고, 그들이 각각 [활동 등에] 점수를 매길 때 그 점이 어떻게 영향을 미칠지 깊이 생각하세요."

에얄이 조사한 바에 따르면, 사람들은 대부분 이 관점 전환 기법에 대한 믿음이 큰 것으로 드러났다. 상호 이해에 도달하기 위한 최고의 전략이 무엇인지 묻자, 약 70퍼센트가 단지 상상만으로도 누군가의 머릿속을 훤히 들여다볼 수 있다고 믿는다고 응답했다. 아마도 셜록 홈스 같은 유명한 탐정들을 떠올린 모양이다. 이런 탐정들은 성격에 대한 감각이 워낙 예리해서 얼마 되지 않는 실마리만으로도 행동 전체를 예측할 수 있다.

그러나 안타깝게도 이런 재주는 허구의 세계에서만 가능하다. 참가자들 대부분의 관점 전환 정확도는 눈에 띄게 실망스러운 수준이었다. 실제로 어떤 경우에는 관점 전환을 시도하다가, 직관에만 의존한 사람들보다도 상당히 더 크게 오판하기도 했다.[24] 아마도 부족한 정보를 토대로 상상하려고 노력한 듯하다. 상대방을 모르는 경우, 우리는 정제되지 않은 고정관념에 의존해서 그의 생각과 감정을 짐작한다. 아는 사람이라면, 더는 유의미하지 않은 과거의 경험에 의존하기도 한다.

그러므로 자기중심적 사고를 완전히 극복하려면 융통성 있고 유연하게 생각해야 한다. 판단 근거로 삼을 더 나은 정보가 없다면, 그 사람의 행동에 대한 과거의 지식을 활용하는 편이 타당하다. 이를 바탕으로 관점 전환을 통해서 그의 생각과 감정을 짐작하는 것이다. 다만 완전히 확신하면서 말하거나 행동하기보다는 이런 추정이 얼마나 정확할지는 모르겠다는 겸손한 태도를 지녀야 한다. 그리고 적절한 기회가 생기면, 기꺼이 그 사람을 상대로 우리가 아는 바를 확인해서 그에 따라 우리의 신념을 수정해야 한다. 우리에게 아무리 공감력이 있다고 해도, 당사자에게 직접 물어보는 것보다 그 사람의 생각과 감정을 알 수 있는 더 좋은 방법은 없는 법이다.

에얄 연구진은 이것을 가리켜 "관점 전환"에 대비하여 "관점 파악"이라고 설명한다. 이 두 개념의 차이가 단순하다고 얕보지 말자. 차이가 당연해 보이겠지만, 간과되는 경우가 많다. 우리는 확인을 통해서 얻는 이익을 과소평가함으로써, 장차 관계에 금이 가게 할 수도 있는 혼동을 말끔히 씻어낼 수많은 기회를 놓치고는 한다.

사람들의 대답을 의견으로 삼아 반영하면, 자연스럽게 우리의 마음 이론이 단련되어 더 정확하고 정교해질 수 있다. 그러면 다른 사람과의 관계가 틀어지기 전에 오해의 소지가 있는 상황을 민감하게 포착하게 된다. 다만 이런 학습은 오로지 겸손에서 출발한다.[25] 다른 사람과의 거리를 좁히려면, 끊임없이 궁금해해야 하고 새로 발견하게 되는 일에 기꺼이 놀랄 각오를 해야 한다.

이처럼 자기중심적 사고방식에 대해서 새로 알게 되면, 자기 자신의 실수를 교정할 수 있을 뿐 아니라 다른 사람이 저지르는 실수에 대해서도 조금 더 너그러워진다. 이 책의 앞부분에서 살펴보았듯이 살다 보면 다른 사람들이 나의 생각과 느낌을 정확히 감지하고 나에게 필요한 것을 정확히 아는, 마법과 같은 순간들이 있다. 기분이 우울한데 나를 안아준다거나 마침 필요한 것을 생일 선물로 주거나 완벽한 데이트 계획을 세워 올 때가 그렇다. 이런 상황이 순전히 우연히 일어나면 우리는 이를 소중히 생각하며 우리의 유대관계가 돈독하다는 징표로 여긴다.

반면 이렇게 저절로 이해하는 상황이 조성되지 않으면, 우리는 좌절을 느끼고 상처받을 수 있다. 특히나 과거에 그 사람에게 기대어 힘을 얻었던 경험이 있으면 더욱 그렇다. 그런 상황을 두고 우리의 관계를 시험하는 시험대라고 여기기까지 한다. 우리는 그 사람이 우리 마음을 알 것이라고 믿는다. 그래서 만약 그가 상황을 파악하지 못하면, 그가 생각만큼 우리를 배려하지 못한다고 믿는다.

물론 나 역시도 이런 모습에서 자유롭지 못하다. 사람들이 나를 오해하거나 나의 감정 상태를 간과하면, 나는 그들이 나의 시선으로 보려는 노력을 충분히 하지 않았을 뿐이라고 믿었다. 물론 간단히 나의 감정이 어떤지 그들에게 말했어도 좋았을 것이다. 그러나 나에게는 말로 표현하면 그들의 응원이 지닌 가치가 왠지 폄하될 것 같다는 이상한 생각이 있었다. 내가 개입하지 않고 저절로 그렇게 되기를 바란 것이다.

이제야 나는 이런 태도가 다른 사람의 마음을 읽는 능력에 비현실적인 기대를 거는 일이라는 것을 깨달았다. 투명성의 착각 때문에 나는 다른 사람들에게 나의 내면세계로 들어오는 데에 필요한 정보를 충분히 제공하지 않았을 수 있다. 그러면서도 나의 감정을 사람들이 뻔히 알 수 있다고 믿었을 것이다. 순전히 나의 잘못이었음에도 나는 그들의 공감 능력이 부족하다고 판단하고 있었다.

따라서 네 번째 연결의 법칙을 가장 간결하게 표현하면 다음과 같다. 자신의 믿음을 다시 한번 확인하라. "관점 전환"보다는 "관점 파악"을 통해서 자기중심적 사고와 오해를 방지하라.

방금 처음 만난 사람이든 오래 전부터 친구로 지낸 사람이든, 친분을 더 발전시키고 서로를 더욱 잘 알게 될 새로운 기회는 늘 있는 법이다. 사람은 누구나 다른 사람을 놀라게 할 무한한 능력을 지닌 다차원적인 존재이다. 그래서 이런 단순한 사실을 존중하고 더 많은 시간과 노력을 들여서 서로의 유사점을 발견하며 차이점을 이해한다면, 우리는 누구나 훨씬 더 탄탄한 인간관계를 구축할 수 있다.

핵심 정리

- 마음 이론은 다른 사람의 정신 상태—신념, 의도, 감정 등—를 예측하는 능력을 말한다. 정상적인 성인이라면 대부분 기본적인 마음 이론이 있지만, 신뢰할 만하지는 않다.

- 압박감을 받거나 집중력이 분산되면, 대부분 자기중심적 사고에 사로잡힌다. 그러면 다른 사람의 정신 상태와 시각이 나와 같다고 믿어서 다른 사람의 특수한 상황과 경험을 고려하지 못하게 된다.
- 자기중심적 사고를 하면 고마움을 모르게 될 수 있다. 나 대신 다른 사람이 하는 숨은 노력을 알아보지 못하기 때문이다. 자기중심적 사고는 허위 합의 효과의 원인이기도 하다. 그러면 자신의 신념과 가치가 실제보다 일반적이라고 믿게 된다.
- 투명성의 착각은 자신의 감정과 의도를—자신의 마음속에서는 워낙 두드러진 것이라서—다른 사람들도 쉽게 볼 수 있다고 생각하는 잘못된 믿음이다. 이것에 상반되는 것이 바로 이해의 착각인데, 이해의 착각이란 다른 사람들이 우리의 글과 말에 담긴 뉘앙스를 잘 이해할 수 있다고 믿고 이런 그들의 능력을 과대평가하는 반면, 우리가 사용하는 언어의 모호함은 간과해버리는 것을 의미한다.

행동 전략

- 중요한 메시지를 전달하고 싶다면, 그 메시지가 어떤 식으로 해석될지 생각하는 습관을 기르도록 노력하라. 여러분의 생각을 수신자가 이해하는 데에 필요한 모든 정보가 메시지에 전부 담겨 있는지 재차 확인하라. 당면 사안에 대한 상대방의 경험과 그가 어떤 맥락에서 메시지를 읽거나 들을지 고려하라.
- 다른 사람들이 여러분의 감정을 이해하기를 바라면, 조금 더 노력을 기울여서 감정과 그런 감정을 느끼는 이유를 분명히 표현

하라. 표정이나 몸짓으로 감정이 뚜렷이 드러난다고 믿으면 안 된다.
- 얼마든지 마음껏 관점 전환을 실천하되, 다른 사람의 신념과 가치, 경험에 대한 예측이 틀릴 수 있다는 것을 명심하라. 또한 믿음을 확인하거나 수정할 방법도 마련하라. 더 자세히 알려달라고 간단히 요청하는 것이 다른 사람의 내면을 정확히 이해하는 최선의 길이다. 단, 자연스럽게 그렇게 하는 사람은 거의 없다.

5

대화의 기술

누군가와 대화를 나눈 다음, 차라리 벽을 보고 이야기할걸 하고 생각한 적 있는가? 그렇다면 리베카 웨스트의 견해에 틀림없이 고개를 끄덕일 것이다. 소설가이자 문학 비평가인 웨스트는 그녀의 단편집 『가혹한 목소리 The Harsh Voice』에서 이렇게 이야기한다. "세상에 대화 같은 것은 없다. 그것은 착각이다. 교차하는 독백은 있지만, 그뿐이다."[1] 그러면서 사람들이 하는 말을 원에 비유한다. 원은 화자의 입에서 나와서 다른 원을 건드리지 않은 채 그저 지나친다. 그 만남으로 어느 쪽도 마음의 변화가 없다. 이런 그녀의 감상을 접하니 실비아 플라스가 느꼈던 두려움이 생각난다. 다른 사람과 결코 관계를 맺지 못할 것이라는 두려움 말이다. 자신과의 대화가 주변 사람들에게 아무런 인상도 남기지 않았다고 느끼는 것, 이것이 바로 존재론적 고독이다. 이 용어는 몰랐더라도 아마 직접 경험했던 적은 있을 것이다. 데이트를 망쳤을 때 이런 고독감을 느꼈을 수도 있고, 끔찍한 만찬 자리나 끝없이 이어지는 가족 모임에서 그렇게 느꼈을 수도 있다.

바로 앞 장에서 우리는 투명성과 이해의 착각을 살펴보았다. 대화가 "교차하는 독백"으로 몰락하는 이유가 바로 이런 착각 때문이다. 그러나 이것은 의사소통 문제의 시작에 불과하다. 심리학 연구 결과, 이외에도 자신과 타인 사이에 장벽을 쌓는 수많은 습관과 편향들이 밝혀졌다. 주변 사람들과 유대관계를 넓히고 싶다면, 이런 장애물을 극복하는 법을 배워야 한다. 희소식이라면, 습관과 편향을 교정하는 방법이 실천하기에 매우 쉽다는 것이다. 첫마디 선택법부터 다른 사람의 삶에 관한 관심 표현법과 자신의 경험을 들려주는 태도에 이르기까지, 대화의 방식을 미세하게 조정하는 것만으로도 어마어마한 이득을 얻을 수 있다.

해즐릿의 법칙

먼저 무심함이라는 죄부터 짚고 넘어가자. "대화의 기술은 말하는 기술뿐 아니라 듣는 기술이다." 이것은 19세기 초에 활동한 수필가 윌리엄 해즐릿이 1820년에 발표한 산문 "작가들의 대화에 관하여"에서 선언한 내용이다. "이런 이유로 최고의 이야기꾼들 가운데 몇몇은 최악의 대화 상대이다."

해즐릿은 그가 아는 문인들—새뮤얼 테일러 콜리지, 스탕달, 윌리엄 워즈워스를 포함해서—가운데에 자신의 위트와 지성을 너무도 과시하고 싶어서 다른 사람의 말을 경청하는 기본적인 예의가 부족한 사람이 많다고 지적했다. 그는 이런 사람들 대신 화가 제임스 노스코트를 본받으라고 권고했다. 그의 주장에 따르면 노스코트는 그가 아는 최고의 경청자이자—결과적으로—최고의 대화자였다. "그는 누가 의견을 말하면 마치 뉴스를 듣듯 귀를 쫑긋 세운다. 그러고는 개인적으로 흥미를 느끼기라도 한듯 눈에 불을 켜고 열심히 빠져든다." 해즐릿은 이렇게 적었다. "나는 노스코트와 식사를 한 적도, 술을 마신 적도 없다. 그러나 그와의 대화는 기억 속에 가장 맛깔나는 음식으로 남아 있다. 대화를 마치고 거리로 나왔을 때 나는 그 어느 때보다도 가볍고 천상을 나는 듯한 기분을 느꼈다."[2] 지인에게 이런 기분을 느끼게 하고 싶지 않은 사람이 어디 있겠는가?

이런 효과를 내는 가장 간단한 방법은 질문을 더 많이 하는 것이다. 아마 이 조언을 전에도 들어본 적 있을 것이다. 이것이야말로 기초적인 사회적 기술이기 때문이다. 그렇더라도 이 조언을 다시 한번 반복해도 과하지 않다. 최근의 연구 결과, 효과적으로 이 습관을 들인 사람이 의외로 거의 없다고 밝혀졌기 때문이다. 캐런 황이 하버드 대학교에서 조직행동학 박사 과정 중에 진행한 연구를 살펴보자. 그녀는 130명 이상의 참가자를 모집해서 두 사람씩 짝을 지어 15분간 온라인 메신저로 대화를 나누게 했다. 그 결과, 15분이라는 이 짧은 시간에도 사람들이 질문하는 빈도가 굉장히 다양한 것으로 확인되었다. 적은 경우는 4회 이하, 많은 경우는 9회 이상이었다. 그뿐 아니라 질문을 더 많이 하면 호감도에도 큰 차이가 생길 수 있다. 또다른 실험에서 캐런 황 연구진은 스피드 데이트(여러 사람들이 자리를 옮겨가며 주어진 시간에 대화하면서 마음에 드는 사람을 찾는 데이트 방법/역주)에서 사람들이 나눈 대화를 녹음하여 분석했다. 그중에는 다른 사람들보다 일관되게 질문을 더 많이 던지는 사람들이 있었는데, 그런 사람들은 두 번째 데이트가 성사될 확률이 유의미하게 컸다.

공유 현실 이론을 고려하면, 질문이 왜 그토록 매력적인지 쉽게 납득된다. 질문은 상호 이해를 구축하고 싶은 바람을 보여주며 상대방의 경험을 인정할 기회를 주기 때문이다. 그러나 사회적 편향에 관한 다른 연구들과 마찬가지로, 캐런 황 연구진 역시 실험 참가자들 대부분이 이런 이점을 간과한다는 것을 발견했다. 한 연구에서는 참가자들에게 앞으로 나누게 될 대화에서 활용할 수 있는 다양한 전략을 제안했다. 그중에는 많은 질문들을 하는 것도 있었고 질문을 거의 하지 않는 전략도 있었다. 전자의 전략이 유대관계를 맺는 가장 효과적인 방법임에도 불구하고, 이 전략의 장점을 깨달은 듯한 참가자는 거의 없었다.

그런데 질문을 많이 하더라도, 제대로 된 질문이 아닐 수도 있다. 캐런 황은 연구 결과를 분석하면서 질문을 6가지 범주로 나누었다. 그 예는 다음과 같다.

대화 시작 질문
안녕하세요?
안녕하세요? 어떻게 지내세요?

후속 질문
캐나다로 여행을 가려고 해요.
와, 멋진데요. 전에도 가본 적 있나요?

완전한 화제 전환 질문

저는 세탁소에서 일해요.

취미가 무엇인가요?

부분적 화제 전환 질문

저는 야외활동 마니아는 아니지만, 가끔 하이킹 가는 건 좋아해요.

보스턴에서는 해변에 많이 갔나요?

거울 질문

아침에 뭐 드셨나요?

저는 달걀과 과일이요. 뭐 드셨어요?

수사적 질문

저는 어제 악단이 행진하는 데에 따라갔어요.

어디로 가던 거죠? 도무지 알 수가 없네요.

연구 결과, 앞선 사안에 대해서 더 많은 정보를 물어보는 후속 질문이 화제를 바꾸는 "화제 전환 질문"이나 상대가 이미 했던 질문을 그대로 따라 하는 "거울 질문"보다 훨씬 더 매력적인 것으로 밝혀졌다. 가장 피상적인 질문은 대화 시작 질문이었다. 어색한 분위기를 깨는 이런 질문은 필수적인 사회적 예절에 속할 수는 있지만, 대화 상대방에 대한 진정한 관심을 보여주는 역할은 거의 하지 못한다. 또한 양쪽이 공유 현실을 구축하는 데에 도움이 될 법한 세부적인 내용을 끌어낼 가능성도 적다. 만약 이런 질문이 상대방의 말을 끌어내기 위해서 우리가 시도할 수 있는 전부라면—많은 사람들이 그렇다—우리의 대화 방식을 점검할 필요가 있겠다.[3]

부메랑 질문—자기 이야기를 하기 위한 핑계로 상대방에게 질문하는 습관—역시 하지 않는 것이 좋다. 가령 누군가에게 직장에 관한 질문을 하는 이유가 그 사람의 일이 어떻게 되어가는지 궁금해서가 아니라 자기가 승진했다고 자랑하고 싶어서일 수 있다. 캐런 황의 분석에는 이런 질문이 별도의 범주로 분류되지 않았다. 그러나 최근 발표되는 연구에 따르면, 부메랑 질문을 하는 사람들은 자기가 개방적이고 호기심이 많다고 생각하겠으나 이런 습관은 대단히 비호감이라고 한다.[4]

정교화 질문은 저절로 꼬리에 꼬리를 물고 이어질 수 있다. 상대방에게 한 번 질문해서 일단 대화의 물꼬를 트면, 또다른 질문을 하기가 훨씬 더 쉽다. 다양한 방향으로 뻗어 있는 새로운 대화의 갈림길에 서 있는 셈이 되는 것이다. 이런 각각의 갈림길은 새로운 참여와 사회적 연결의 기회로 이어질 수 있다.

주목의 기술

사회적 호기심을 드러내는 방법으로 올바른 질문을 하는 것만 있지는 않다. 사람들은 상대방이 자신의 말을 주의 깊게 경청하는지를 예리하게 눈치챈다. 적극적으로 주목받고 있다고 인식하면, 그 사람에게 신뢰감을 느끼며, 강한 사회적 연결에 일반적으로 비롯되는 안녕감도 증진된다. 방법은 간단하다. 우리가 누군가에게 주의를 기울일수록 그 사람의 행복이 커진다.[5] 직장에서라면, 사람들이 나의 말에 귀를 기울이고 나를 이해할 때 신뢰와 안전감이 강화되어 심지어 창의성을 더 발휘하게 된다.[6] 그러나 안타깝게도 우리는 다른 사람에 관한 관심을 드러낼 때 잘못된 신호를 보내는 경우가 많다.

주목하고 있다는 표시는 말 대신 몸짓으로 나타낼 수도 있다. 가령 앉은 자세에서 몸을 앞으로 기울이거나 고개를 끄덕이거나 공감의 표정을 짓는 것이다. 동의나 인정을 표현하는 중얼거림처럼 "준언어적" 신호를 사용할 수도 있다. 혹은 상대방이 말한 것을 알아들었다고 말로 표현하는 방법도 있다. 비언어적이고 준언어적인 신호는 주목하고 있다는 진짜 신호인 경우가 많지만, 마음이 다른 데에 있을 때 주목하는 척하며 보여줄 수도 있다. 그래서 이런 신호에만 의존하면 상대방은 흔히 최악의 경우를 생각한다. 앞의 호감도 차이 효과 연구들에서 살펴보았듯이, 우리는 대화를 마친 후에 이런 의구심에 빠지는 경향이 있다. 그러면 우리의 연결감이 약해질 수 있다.

이런 이유로 사회심리학자들은 주목하고 있다는 것을 **명시적으로** 말로 보여주는 편이 훨씬 더 안전하다고 주장한다.[7] 예를 들어 다른 사람이 한 말을 다른 표현으로 다시 말하면, 그 사람의 발언을 흡수해서 처리했다는 직접적인 증거가 된다. 가짜로 이렇게 반응할 방도는 없다. 이것은 후속 질문에 위력이 있는 또 하나의 이유이기도 하다. 후속 질문에 세부적인 내용이 포함되면서, 자신이 말하기보다 상대방의 말을 더 듣고 싶어한다는 것이 확인될 수밖에 없기 때문이다.

주의할 점이 있다. 부차적인 세부 사항보다는 상대방이 전달하고자 하는 핵심에 집중해야 한다. 가령 어떤 사람이 데이트를 망쳤던 이야기를 들려주는데, 그 이야기를 들으면서 데이트 때 갔던 술집에 관해서 묻거나 그때 봤던 영화에 대해서 여러분의 의견을 말한다면 바람직하지 않다. 그보다는 그 사람이 연인에게 느꼈을 실망이나 좌절감을 함께 논해야 한다.[8] 어쨌든 공동의 관심이야말로 공유 현실이 형성되었음을 보여주는 가장 중요한 특징이다. 두 사람이 같은 방식으로 세상의 정보와 경험을 처리하고 있다면, 이는 두 사람이 같은 요소에 집중하고 있다는 뜻이다. 여러분은 상대방의 생각과 감정을 인정할 수도 있고, 어쩌면 상대방의 말을 인정한 다음에 대안적인 해석을 내놓아서 그가 마음을 열고 새로운 방식으로 상황을 볼 수 있도록 도울 수도 있다. 물론 항상 상대방과 의견이 일치할 필요는 없다. 그래도 최소한 상대방의 방식대로 보려고 노력하는 모습을 보여야 한다. 대안은 그다음에 제시하면 된다.

대화 중에는 주의가 분산되지 않도록 해야 한다. 마침 이 장후을 집필하기 시작한 날, 나는 커피를 마시자는 옛 동료의 연락을 받고 그를 만났다. 그런데 이런저런 이야기를 나누는 동안 그의 시선이 끊임없이 주변을 살피면서 지나가는 거의 모든 여성에게 멈추는 것이 눈에 띄었다. 아마 우연의 일치가 아니었던 것 같다. 그는 오래 사귀었던 여자친구와 헤어지기 직전의 상태라고 했다. 그가 다른 데에 정신을 파는 모습이 나의 눈에는 매우 정신 사나워 보였다. 우리는 대화 중에 흥미 있는 주제도 많이 다루고 많은 점에서 의견의 일치도 보았다. 그러나 나는 카페를 나서면서 이럴 바에는 그가 차라리 챗봇과 이야기를 나누는 편이 나았겠다고 느꼈다. 여러분도 파티에서 이와 비슷한 행동을 목격했을 수 있다. 대화 상대방이 끊임없이 여러분의 어깨 너머를 보면서 자신이 아는 사람의 이목을 끌려고 하는 경우 말이다. 이런 식의 방해가 어느 정도는 불가피하겠지만, 마음이 콩밭에 있는 모습을 볼 때마다 유대관계는 약해진다. 반면 더 관심 있게 귀를 기울인다면, 없었던 유대관계도 생겨날 수 있다.

"퍼빙phubbing" — 휴대전화phone를 보느라 상대를 무시하는snubbing 행위—습관도 방해가 되기는 마찬가지이다. 스마트폰 알림을 확인하느라 끊임없이 대화를 중단하는 행위 말이다. 이렇게 행동하면 신뢰관계가 손상된다. 이것을 연구하기 위해서 연구자들은 지역 카페에서 100쌍의 실험 참가자들이 대화를 나누는 모습을 관찰했다. 참가자들은 두 집단으로 나뉘었다. 한 집단은 대화하는 동안 자연스럽게 휴대전화를 꺼내서 들고 있거나 탁자 위에 두게 했고, 다른 집단은 휴대전화를 아예 보이지 않는 곳에 둔 채 대화하게 했다. 대화가 끝날 무렵, 참가자들에게 각자 느낀 바를 설문으로 조사했다. 그 결과, 탁자 위에 휴대전화가 있는 것만으로도 상대에 대한 공감이 줄어서 대화의 만족도가 떨어지는 것으로 나타났다.[9] 연구진은 이를 "아이폰 효과"라고 불렀다. 이후 참가자들에게 대화할 때 휴대전화를 눈에 띄지 않게 하거나 탁자 위에 두거나 원하는 대로 하게 한 무작위 실험에서도 같은 결과가 나왔다. 예측대로 휴대전화를 보이는 곳에 두어 주의가 산만해지면, 사람들이 감지하는 상호 작용의 질이 떨어졌다. 반면 휴대전화를 시선이 미치지 않는 곳에 두었던 사람들은 더 알차고 유익한 대화를 나누는 경향을 보였다.[10]

주의 깊게 경청하는 기술을 익힐 때 유념하면 좋은 사실이 하나 있다. 바로 어떤 규칙은 깨지기 위해서 만들어진다는 것이다. 십중팔구 여러분은 연장자나 선배의 말을 자르면 안 된다고 배웠을 것이다. 이는 수많은 예절 지침서에 나오는 일반적인 조언이기도 하다. 다른 사람이 말하는 도중에 끼어들어 생각의 흐름을 끊어버리는 행동은 매우 고약한 태도로 여겨진다. 자신이 다시 주목받으려고 다른 사람의 말을 끊는 경우에는 대부분 의심의 여지 없이 이런 조언이 맞다. 그러나 중요한 예외가 있다. 이미 상대방과 진심으로 연결되었다고 느끼면, 두 사람이 생각하는 방향이 같아서 당면한 문제에 서로 전적으로 동의한다는 것을 알게 된다. 이때 한 사람이 말하는 도중에 다른 사람이 점잖게 끼어들어서 두 사람의 논의가 완벽해지면, 서로에 대한 이해심과 마음이 일치한다는 일체감이 강화될 수 있다.

우리는 이미 이런 사례를 살펴보았다. 다들 기억하겠지만, 앞의 마이아 로시냑-밀론의 실험에서 이심전심으로 상대방이 무슨 말을 할지 알고 상대방과 동시에 말했던 사람들은 일반적 공유 현실 점수가 높게 나오는 경향을 보였다.[11] 스탠퍼드 대학교의 대니얼 맥팔랜드 역시 스피드 데이트 참가자들의 대화 녹음에서 이와 정확히 똑같은 결과를 발견했다. 사람들은 그들이 말하는 중간에 끼어든 사람과 **더욱 잘 맞았다**고 보고했다. 데이터를 좀더 자세히 살펴보았더니, 상대방의 말을 끊고 끼어드는 방법이 "협력으로 이야기를 함께 완성하는" 역할을 했음이 발견되었다. 상대방이 하고 싶은 말을 또렷이 표현하지 못해서 헤맬 때 그 빈틈을 채워준 것이었다. 가령 다음과 같은 식으로 대화가 이어졌다.

여성 : 그러니까 거의⋯⋯.
남성 : 나가는 길이었죠, 맞아요.⋯⋯

혹은 다음과 같이 양쪽이 공유하는 의견이나 관점을 강조하는 방법으로 상대방을 인정했다.

여성 : [웃음] 맞아요, 맞아. 작년에 라디오헤드 공연을 보러 거기에 갔어요. 라디오헤드는 제 평생⋯⋯.
남성 : 그럼요, 라디오헤드는 정말 대단하죠.

혹은 다음과 같았다.

여성 : 맞아요, 그런데 온전히 집중하지는 말고요. 말하자면⋯⋯.
남성 : [웃음] 맞아요. 저도 그런 생각이었죠.[12]

이런 종류의 추임새를 타고난 기질에 따라 잘 넣는 사람도 있고 아닌 사람도 있다. 엄격하게 예의를 지키려고 하는 사람은 이런 식으로 열정을 보이는 것이 유대관계를 맺는 데에 유리하더라도 그렇게 하지 않으려고 노력할 수도 있다. 사회적 불안감을 잘 느끼는 사람들에게는 이런 추임새가 특히 힘들 수 있다. 이런 사람들은 다른 사람의 판단을 워낙 의식하는 바람에 제때 대화에 끼어들지 못해서 너무 수동적으로 대화에 참여하는 수준에 머물게 된다.[13]

한편 사회적 자신감이 충만한 외향인들은 이와는 상반되는 문제에 직면하기도 한다. 스탠퍼드 대학교에서 진행한 일련의 연구 결과, 높은 수준의 외향성을 지닌 사람들은 대화 상대로서 배려심이 부족한 편이라고 일관되게 인식되었다. 이런 결과가 나온 것은 외향인들의 표현 방식에서 진정성이 덜 느껴지기 때문인 것 같다. 그들의 열성적이고 활기찬 행동이 일종의 연기라고 해석되는 것이다. 그들이 실제로는 우리가 원하는 바처럼 관심을 가지거나 존중하지 않는데, 이런 사실을 그런 행동으로 숨긴다고 생각하는 탓이다. 가령 여러분이 최근 다녀온 여행 이야기를 들려줄 때 외향인이라면 신난 듯이 "우와, 재미있어!"라며 감탄할 것이다. 물론 이렇게 하는 것이 요점을 무시하고 자기 이야기로 화제를 돌리는 것보다는 낫다. 그러나 손쉽게 가짜로 그런 척하는 것일 수도 있다. 뒤이은 질문을 더 하거나, 여러분이 방금 한 말에 대해서 더 심도 있는 의견을 제시하면서 여러분의 경험을 인정하는 표현을 하지 않는다면 말이다.[14]

내향인이든 외향인이든, 우리는 가능한 한 가장 구체적인 방식으로 우리의 관심과 흥미를 표현하도록 늘 노력해야 한다. 이를 위해서는 상대방이 말하는 특정한 세부 사항에 초점을 맞추고, 논의 중인 주제를 심층적으로 이해하도록 의식적인 노력을 기울여야 한다.

빨리 친구가 되는 법(일명 사랑에 빠지게 하는 36가지 질문)

해즐릿의 법칙에 따라 생각한다면, 우리는 늘 지인에게 무대의 중앙을 양보해야 한다는 결론에 이른다. 그들이 대화의 스포트라이트를 받는 동안 우리는 무대 가장자리에 앉아 있는 식이다. 우리의 역할은 그들에게 생각과 감정을 발전시킬 새로운 기회를 만들어주는 것이 된다. 그런 다음, 우리 자신에 대해서는 그다지 드러내지 않은 채 그들이 말한 것을 인정하는 것이다.

이것은 영향력 있는 많은 예절 지침서에 실려 있는 내용이다. 그런데 심리학 연구 결과, 이런 조언이 잘못된 것으로 밝혀졌다. 즉, 우리는 우리 몫의 공정한 대화 지분을 마음껏 누려야 한다.[15] 두 사람 사이에 공유 현실을 형성하려면, 관건은 두 사람이 **서로를** 이해하는 것이다. 그런데 우리가 자기 자신의 이야기는 하나도 하지 않은 채 듣는 역할만 한다면, 서로를 이해하기가 불가능하다.

이런 이유로 양쪽이 마음을 터놓고 심도 있는 생각과 감정을 나누는 대화가 되도록 노력해야 한다. 그러면 표면적인 차이 이면에 감추어진 공통점을 확인할 수 있게 된다. 아서 아론—제2장에서 살펴본 자기 확장 이론의 선구자—은 "빨리 친구가 되는 법"이라는 제목으로도 알려진 실험법을 사용해서 자기 노출의 이점을 효과적으로 증명했다. 그는 먼저 실험 참가자들을 둘씩 짝지은 뒤 다음과 같이 안내했다. "여러분에게 주어진 과제는 간단합니다. 꽤 즐거운 일일 것 같습니다만, 파트너와 친해지기만 하면 됩니다. 저희는 파트너와 친해지는 최고의 방법은 서로 마음을 나누는 것이라고 생각합니다."

그런 다음, 참가자들에게 일련의 질문을 제공하고 45분간 논하도록 했다.

자기 노출 정도가 높고 낮은 데에 따른 효과를 비교하기 위해서 아론은 논점을 두 가지 방향으로 준비했다. 참가자 절반에게는 가벼운 대화를 촉진하는 질문을 제시했다. 예컨대 다음과 같았다.

- 지난 핼러윈 때 뭐 하셨나요?
- 마지막으로 키웠던 반려동물 이야기를 해주세요.
- 고등학교는 어디 다니셨나요?
- 왼손잡이가 오른손잡이보다 창의적이라고 생각하나요?
- 마지막으로 관람한 콘서트는 무엇인가요? 그 밴드의 앨범이 몇 장 있나요? 전에도 그 밴드를 본 적 있나요? 어디에서죠?

이런 질문들을 주고받으면 자기 노출 정도가 낮은 상황이 조성된다. 물론 완벽하리만치 합리적인 질문들—첫 번째 데이트에서 기꺼이 던질 법한 질문들—임은 틀림없다. 답변에 따라서는 어느 정도 유쾌한 논의가 이루어질 수도 있다. 그러나 누군가의 내적 삶을 들여다볼 만한 깊은 통찰을 반드시 제공하는 질문들은 아니다.

나머지 절반의 참가자들에게는 이보다 더욱 탐색적인 질문들이 제공되었다. 가령 다음과 같았다.

- 당신이 생각하는 완벽한 하루가 되려면 무엇이 필요한가요?
- 주어진 수명이 90년인데 몸이나 마음 중의 하나만 30세의 상태를 유지한 채 나머지 60년을 살 수 있다면, 당신은 둘 중 어느 것을 선택하고 싶나요?
- 당신이 어떻게 죽을지 비밀스러운 예감이 느껴지나요?
- 수정 구슬이 당신 자신이나 당신의 삶, 미래 등 무엇이든 진실을

말해줄 수 있다면, 무엇이 알고 싶은가요?
- 농담으로 삼기에는 너무 진지하다고 생각하는 대상이 있다면 무엇인가요?
- 당신의 모든 것이 다 있는 집에 불이 났어요. 사랑하는 사람과 반려동물을 구한 다음, 마지막으로 집에 들어가서 딱 한 가지만 가지고 나올 시간이 있다고 해요. 무엇을 가지고 나올 건가요? 그 이유는요?

이런 질문들은 자기 노출 정도가 높은 상황을 조성한다. 각자의 독특한 개성을 직접적으로 드러내는 답변을 통해서 두 사람이 서로 마음을 터놓고 구체적인 생각과 감정을 나누게 하는 것이 목표이다. 두 집단 모두, 참가자들은 질문에 똑같이 참여하도록 요청받았다. "두 사람 중에 한 명이 메모에 적힌 질문을 큰 소리로 읽은 다음, **두 사람 모두 질문에 답하세요.**"

45분이 지난 후, 참가자들은 자기 안의 타인 점수 평가와 같은 질문에 답하는 식으로 파트너에게 느끼는 친밀감을 표현했다. 기억하겠지만, 자기 안의 타인 점수는 1점에서 7점으로 높아질수록 원의 교집합이 커진다. 참가자들은 파트너에 대한 감정을 가장 잘 보여주는 그림을 고르면 된다(63쪽 참조).

이 실험에서 자기 노출도가 높은 상황에 놓였던 사람들은 두 사람의 관계를 4점으로 평가했다. 반면, 그저 가벼운 대화를 나누었던 사람들은 3점으로 평가했다. 4점은 단 한 가지 심리적 개입이 가져온 것으로서는 상대적으로 효과 크기가 큰 편이다. 지속적인 친구관계에서 대부분 이보다 친밀도가 훨씬 높게 나오지는 않는다는 점을 고려한다면,[16] 특히 주목할 만한 결과이다(미디어에서는 아론의 이 실험에 흔히 "사랑에 빠지게 하는 36가지 질문"이라는 딱지를 붙이지만, 사실 이 연구에서 연애 욕구를 명시적으로 다루지는 않았다).

대규모 연구에서도 빨리 친구가 되는 방법을 통한 자기 노출의 유익성이 확인되었다. 또한 대면 상태의 상호 작용만큼이나 원거리 소통 중에도 이 방법이 효과적인 것으로 입증되었다.[17] 하겐 대학교—독일의 원격 교육기관—의 연구자들은 이 실험을 심리학 학부 과정에 등록한 855명의 원격 수강생용 온라인 버전으로 만들었다. 그 결과 기대한 대로, 빨리 친구가 되는 법 덕분에 (가상) 학우들 사이의 사회적 연결감이 증진되었고, 중도에 포기하지 않고 기말고사까지 과정을 이어간 학생 수도 더 많아졌다.[18]

자기 노출은 "우리와 그들"이라는 내집단-외집단의 이분법적 사고방식과 연결된 전형적인 편견과 의혹을 감소시켜서, 서로 다른 사회집단 출신의 사람들 사이의 연결까지도 강화할 수 있다. 예를 들어 하겐 대학교 연구진의 연구 결과, 참가자들은 우정에 장애가 되기도 하는 나이나 이민 같은 인구학적 요인상의 차이에도 불구하고 이 방법으로 친밀감이 높아진 것으로 확인되었다. 같은 맥락에서 미국의 스토니 브룩 대학교의 연구진도 이 방법이 다양한 성적 지향을 지닌 사람들 사이의 사회적 연결을 강화하는 데에 일조한다는 것을 밝혀냈다. 실험 참가자 가운데에 이성애자들은 동성애자들과 36가지 자기 노출형 질문을 주고받은 후 진행된 설문조사에서 편견이 줄어든 태도를 보였으며 상대방에 대한 친밀감도 더 커진 것으로 나타났다.[19] 빨리 친구가 되는 법은 중학생들 사이에 여러 인종간 교우관계를 장려하는 데에도 활용되어 작은 성과를 거두었다.[20]

혹시 여러분은 자기 노출에 불편한 감정을 느끼는가? 여러분만 그런 것이 아니다. 많은 사람들이 자기 자신을 드러내는 것에 두려움을 느낀다. 빨리 친구가 되는 법을 활용하면 상대방과 교류하는 동안 어떤 기분이 들지 묻는 질문에, 사람들은 대부분 가시방석에 앉은 것처럼 어색할 것 같다고 예상한다. 이 방법으로 도대체 어떻게 친밀감이 생기는지 이해하기 힘들어한다. 차라리 가벼운 대화가 훨씬 덜 고역스러울 것이라고 본다. 그러나 막상 해보면, 예상보다 대화가 훨씬 더 매끄럽게 흐른다. 대화를 마친 후에는 생각했던 것보다 대화 상대방과의 연결감을 더 강하게 느낀다고 말한다. 그 결과 스스로 예상했던 것보다 심당히 더 행복해한다.[21]

타인의 흥미 정도에 대한 예상은 커다란 심리적 장벽으로 작용한다. 사람들은 상대방이 자신에게 무관심할 것이며 자기 자신을 노출하면 지루해할 것이라고 예상한다. 그러나 빨리 친구가 되는 법을 연구한 결과, 이런 예상은 사실과 다르다는 것을 알 수 있었다. 사람들은 상상 이상으로 우리의 내면 가장 깊은 곳에 있는 생각과 감정에 관심이 많다. 자기 노출을 하려면 믿음을 가지고 한 단계 도약해야 한다. 그리고 일단 해내면 대개 안전하게 착지한다.

빨리 친구가 되는 법을 실천해서 자기 노출 강도를 높인 사람들에게서는 사회적 연결을 보여주는 몇몇 생리적 지표가 확인되기 시작한다. 기억하겠지만 누군가와 공유 현실을 형성하면, 두 사람이 같은 방식으로 세상을 읽고 세상에 반응할 때 뇌와 몸이 똑같이 작동하기 시작한다. 가령 스트레스에 대한 호르몬 반응이 일치한다. 그래서 여러 사건들에 대해서 똑같은 감정 반응을 경험할 때 코르티솔 수치가 똑같이 올라가고 내려간다. 이런 현상은 친구, 연인, 가족 사이에서 모두 나타난다. 컬럼비아 대학교의 최근 연구에 따르면, 빨리 친구가 되는 법을 조금 전 함께 해보았던 사람들 사이에서도 이런 현상이 발생한다고 한다. 이에 반해서 진부하고 가벼운 대화를 나눈 사람들은 같은 방식으로 몸이 작동하지 않는다.[22]

자기 노출을 하면 애정과 신뢰라는 따뜻한 감정이 생긴다. 이런 감정은 뇌에서 천연 아편 유사제가 분비되면서 생기는 듯하다. 이런 물질은 유대관계를 강화하는 역할을 한다.[23] 아편 유사제라는 표현에서 알 수 있듯이 이런 종류의 화학 물질에는 모르핀처럼 아편과 같은 구조를 지닌 약물도 포함된다. 2019년에 캐나다의 한 연구진은 빨리 친구가 되는 법으로 사회적 연결이 강화되면 같은 원리가 작용한다는 것을 보여주었다. 이를 입증하기 위해서 연구진은 뇌의 아편 유사제 신호를 차단하는 날트렉손이라는 약물에 주목했다. 날트렉손 복용 후에 모르핀이 주입된 사람은 모르핀으로 기대되는 진통 효과나 일반적으로 마약에 동반되는 행복을 느끼지 못한다. 따라서 우리가 사회적으로 연결되면 아편 유사제가 분비되어 들뜬 기분을 느끼게 되는 것이라면, 날트렉손을 복용한 참가자들은 빨리 친구가 되는 법을 통해서 그다지 큰 효과를 얻지는 못할 것이다.

이것이 사실인지 알아내기 위해서 연구진은 약 160명의 실험 참가자를 모집하여 둘씩 짝을 지었다. 절반에게는 날트렉손을 주고 나머지 절반에게는 위약을 준 다음, 아론이 설계한 36가지 자기 노출 질문을 주제로 논하게 했다. 대화를 나눈 후에는 참가자 각자에게 대화가 어떻게 전개되었는지를 묻는 설문조사를 실시했다. 예상대로, 날트렉손을 복용한―그래서 내인성 아편 유사제의 이점을 보지 못한―참가자들은 대화 중에 마음의 문이 덜 열려 있었다. 두 사람 사이의 관계도 발전하지 않는 것으로 보였다. 그래서 사람들이 교류 후에 보통 느끼는 것과 달리 기분이 좋아지는 느낌도 무뎌졌다.

자기 노출은 쌍방 사이의 대화에 도움이 될 뿐 아니라, 규모가 더 큰 집단의 친밀감도 높인다. 웨인 주립대학교 재직 당시 로버트 슬래처는 연인 사이인 커플들을 대상으로, 더블 데이트를 하는 중에 빨리 친구가 되는 법을 시험했다. 예상대로 각 커플은 36가지 질문을 주고받은 후에 상대 커플과 더 친밀해졌다고 느꼈다. 그런데 이보다 더 중대한 결과가 나왔다. 각 커플 안에서도 서로에 대한 사랑이 더 커졌다고 느낀 것이다. 여기에는 여러 이유가 있겠지만, 새로 알게 된 사람들 덕분에 두 사람의 관계를 확인할 수 있었고 두 사람의 사랑이 올바른 궤도에 있다는 확신이 강해졌기 때문인 듯하다. 또한 다른 사람들과 친구가 된 것이 각 커플에게 자기 확장감도 안겨주었을 것이다. 즉 이들은 함께 성장하고 있다는 느낌을 받았을 것이다. 알다시피 이런 느낌은 관계의 결과에 중요한 역할을 한다. 달리 표현하면, 모든 당사자가 새로운 사람들을 알게 되는 설레는 경험을 즐길 수 있었다. 이들은 각자 독특한 관점을 지닌 채, 기꺼이 마음을 열고 함께 공유 현실을 형성하기 위해서 노력할 수 있었다.[24]

아론의 빨리 친구가 되는 법에 포함된 36가지 질문 전체에 대한 링크가 이 책의 마지막 부분에 있는 "더 참고할 만한 자료"(363쪽)에 있다. 기회가 생긴다면 진심으로 이들 질문을 활용해보라고 추천한다. 말할 필요도 없겠지만 이 방법은 요령껏 신중하게 사용해야 한다. 물론 대화하다가 적당한 순간에 질문 한두 개를 슬쩍 끼워 넣을 수도 있다. 그러나 새로 사람을 만날 때마다 전체 질문을 기억해내서 읊으려고 한다면 조금 이상한 사람처럼 보일 것이다. 단, 지금 무엇을 하려고 하는지 설명하는 경우라면 예외이다. 특히, 인간의 마음에 관심이 있는 사람과 대화하는 중이라면 먼저 설명하고 해보는 것도 그리 나쁜 생각은 아니다. 나는 빨리 친구가 되는 법을 주제로 대화하는 것 자체가 대화의 물꼬를 트는 훌륭한 출발점이 될 수 있다고 생각한다. 그런데 이보다 더 중요한 것이 있다. 이 연구의 참뜻을 바탕으로, 자신의 마음속 깊은 곳에 있는 생각과 감정에 조금 더 솔직해져야 한다. 그리고 다른 사람들에게 그렇게 할 기회를 주어야 한다. 비밀스러운 꿈을 이야기하든 뉴스 보도를 접하고서 예상하지 못한 감정적 반응을 겪었던 일화를 말하든 특별히 소중한 기억에 관해서 이야기하든, 넉넉하게 정보를 제공하기를 바란다.

가벼운 대화를 지양하면서 깊은 대화를 지향하면, 장기적인 삶의 만족도가 높아진다. 최근 한 연구에서는 486명의 실험 참가자들에게 소형 "전자 작동형 녹음기"를 달고 하루 동안 참가자들의 상호 작용을 엿들었다. 대화의 양과 질을 표준적인 삶의 만족도와 비교한 결과, 일상사에 관한 가벼운 대화는 그것에 할애한 시간이 얼마가 되든 간에 삶의 만족도에 거의 차이를 만들지 않았다. 반면에 자신의 상황이나 관심사에 관한 의미 있는 정보를 교환하면서 깊은 대화를 나누었을 때에는 의미심장한 효과가 있었다.[25] 여러분이 자신의 영혼을 보여주면, 다른 사람들도 대체로 똑같이 반응한다. 그러면 모두가 더 좋은 감정을 느끼게 된다.

위협적인 기회

자기 노출과 열린 마음으로 임하는 대화의 위력을 생각하면, 여기에서 잠시 우리의 다채로운 친구관계를 살펴볼 필요가 있겠다. 빨리 친구가 되는 법에 관한 연구에 따르면, 자기 노출은 서로 다른 배경을 지닌 사람들 사이의 신뢰감을 즉각 높일 수 있다. 그런데 서로의 차이점을 정면으로 대놓고 논하는 일은 여전히 우려스럽기도 하다.

심리학자 키아라 샌체즈는 이러힌 상호 작용을 "위협적인 기회"라고 설명한다. 그녀와 연구진은 스탠퍼드 대학교에서 흑인 참가자들을 면담하면서 백인과의 교우관계에 관해 물었다. 많은 이들이 인종 문제에 대해 툭 터놓고 대화해서 친밀감이 커지기를 희망하면서도, 혹시라도 오해받을까 두려워했다. 한 참가자는 연구진에게 이렇게 말했다. "인종은 예민한 주제예요. 다른 사람의 기분을 상하게 하고 싶거나 자기 기분이 상하기를 바라는 사람은 없으니까요. 그 선을 넘게 되면 한 사람으로서 당신이 어떤 인간인지 규정되고 극단적인 평가 대상이 되는 것 같아요." 이런 우려에도 불구하고 참가자들 대부분은 백인 친구들에게 자신의 경험을 드러내고 싶어했다. 그들은 이득이 위험을 능가할 것이라고 예상했다. 한편 백인 참가자들을 면담한 결과, 그들은 흑인 친구들로부터 인종과 관련된 경험 이야기를 진정으로 듣고 알고 싶어한다는 사실을 알 수 있었다. 그들은 정말로 더 많이 이해하고 싶어했지만, 그 주제를 어떻게 꺼내야 할지를 몰랐다.[26]

성 소수자들의 사정도 비슷하다. 여러분은 이들의 1차적 관심사가 명시적이거나 암묵적인 편견일 것이라고 생각할 수도 있다. 그러나 사회학자 린 레첵과 에마 보슬리-스미스의 연구 결과, 많은 성 소수자가 느끼는 소외감의 원인은 공공연한 관심의 부족 때문으로 밝혀졌다. 그들을 사랑하는 사람들은 행여 기분을 상하게 하지나 않을까 하는 두려운 마음에 그들의 성적 정체성을 논하는 자리를 피하기도 한다.[27] 이는 종교나 장애, 신경 다양성과 같은 문제에도 똑같이 적용된다. 그러나 우리가 공개적으로 차이를 논하면 오히려 유대관계가 돈독해질 수 있다.

모든 종류의 자기 노출에는 요령과 재치가 필요한 법이다. 또한 아무리 궁금하더라도 과하게 거슬리는 질문을 해서 부담을 주지 않아야 한다. 어떤 경우에는 기회가 될 때 이런 논의가 이루어지도록 여지를 남겨두고, 상대방이 원하면 언제든지 대화를 시작할 의향이 있음을 알리는 편이 최선이다. 그리고 상대방의 말에 응당 관심과 주의를 기울여 경청하면서 존중해야 한다.

위협적인 기회에 관한 샌체즈의 논문은 학술 논문이지만,[28] 그녀는 여기에서 철학자이자 작가인 오드리 로드의 문장을 인용한다. 서로 다른 배경을 지닌 사람들이 마음을 열고 서로를 이해하려는 자세로 대화를 나누면서 생기는 가능성을 완벽하게 포착한 글이기 때문이다. "우리가 우리 자신을 규정할 때, 내가 나 자신을 규정할 때, 어느 지점에서 나와 당신이 같고 어느 지점에서 나와 당신이 다른지를 규정할 때, 나는 당신을 배제해서 함께하지 못하게 하려는 것이 아닙니다. 오히려 우리가 함께하는 범위를 넓히려는 것입니다."

새로움의 대가

대화의 기술에 대한 논의를 마무리하기 전에, 마지막으로 살펴보아야 할 심리 현상이 하나 있다. 이름하여 "새로움의 대가代價"이다. 이 현상 때문에, 친숙하지 않은 경험에 관해서 이야기를 나눌 때 어려움을 겪을 수 있다.

이 용어는 호감도 차이 효과를 발견한 연구진의 한 명인 서스 쿠니의 실험에서 도출되었다. 쿠니 연구진은 먼저 실험 참가자들을 셋씩 한 집단으로 나누었다. 이들은 각자 혼자서 짧은 영상 한 편을 시청했다. 까마귀의 지능에 관한 테드TED 강연 또는 매점 소유주와의 인터뷰 영상 가운데 하나였다. 그런 다음 세 사람씩 한 집단으로 모였다. 그중 한 명—연사—에게 시청한 영상을 설명하게 하고, 나머지 두 명은 이 설명을 2분간 듣게 했다. 말하는 사람과 듣는 사람 모두 같은 영상을 시청한 집단이 있었는가 하면, 연사가 청중이 보지 않은 영상 이야기를 한 집단도 있었다.

아마 여러분은 이미 아는 내용보다는 새로운 이야기를 듣는 편이 훨씬 더 즐겁고 흥미진진하리라고 예상할 것이다. 그런데 쿠니의 실험 참가자들은 정반대의 반응을 보였다. 그들은 방금 시청했던 영상

이야기를 듣는 것을 더 선호하는 경향이 있었다. 따끈따끈한 새로운 정보가 포함된 이야기에는 별 감흥을 보이지 않았다. 이런 현상이 바로 새로움의 대가이다. 즉, 익숙하지 않은 경험보다는 친숙한 경험을 더 듣고 싶어하는 일반적인 선호 현상을 말한다.[29]

용어 자체는 낯설지 모르지만, 십중팔구 여러분은 새로움의 대가를 의식한 적이 있을 것이다. 이국적인 곳에서 휴가를 보낸 후에 집으로 돌아왔을 때가 바로 그렇다. 여러분의 마음속에는 여전히 그곳의 광경, 소리, 냄새, 맛, 도중에 만났던 멋진 사람들로 가득하다. 그러나 여러분이 그곳에서의 경험을 들려주는 동안, 듣는 사람들의 눈이 풀리는 모습이 보일 것이다. 이것은 여러분의 말을 듣는 청중이 배려심이 없어서가 아니다. 단지 아는 것이 부족해서 여러분의 설명에 몰입하지 못하고, 그 여행이 왜 여러분에게 그토록 특별했는지 이해하지 못할 뿐이다. 정보의 격차가 거리감을 낳아서 공유 현실을 약하게 만들 수 있는 것이다. 물론 더 익숙한 주제를 놓고 대화할 때와 비교했을 때 그렇다는 말이다.

해즐릿의 시절 이후로 작가들이 자기 이야기를 너무 오래 하는 사람을 비난하는 이유도 새로움의 대가 때문이라고 설명할 수 있다. 대화 주제가 신선하고 흥미롭더라도, 이 대가가 걸림돌이 되어 자기 노출을 통한 유대 강화를 저해할 수 있다. 여러분이 하는 말에 상대방이 항상 공감대를 형성할 수만 있다면, 여러분의 대화 점유율이 50퍼센트를 넘겨도 아무런 문제가 없다.[30] 그러나 상대방이 여러분의 말과 자신의 경험을 서로 연결하지 못한다면, 여러분이 그저 몇 마디만 하는 편이 나을 수 있다.

새로움의 대가를 피할 수 있는 전략이 한 가지 있다. 상호 작용을 할 때 양쪽 모두에게 친숙한 화제에 초점을 맞추고, 대화의 안전지대를 벗어나는 것은 무엇이든 피하는 방법이다. 소수만 아는 난해한 주제를 꺼내려는 1차적 동기가 그저 상대방에게 깊은 인상을 주기 위해서라면, 이 전략을 고려해보아야만 한다. 다른 사람은 듣지 않는 음악이나 다른 사람은 보지 않는 영화 이야기를 하는 것이 멋지다고 생각할 수도 있겠으나, 새로움의 대가 때문에 오히려 상대방에게 정반대 효과를 줄 수도 있다는 점을 기억하라. 대화 상대자가 새로 알게 된 사람이든 오랜 친구든 간에, 이야기를 나눌 공동의 관심사나 공통된 경험을 찾는 것이 훨씬 더 건강한 방법이다.

그러나 익숙하지 않은 모든 주제를 다 피하는 것은 이상적인 사회적 연결 구축법과는 거리가 멀다. 만약 어떤 주제가 여러분 삶의 중심을 차지하고 여러분의 성격을 이루는 중요한 요소라면, 그 주제를 표현할 방도를 찾아야 한다. 그렇지 않으면, 상대방과 공유하는 현실에 늘 중요한 한 부분이 빠지게 된다. 이런 경우, 실감 나게 이야기하는 방법으로 새로움의 대가를 피할 수 있다. 이 방법이면 상대방은 여러분에게 역지사지할 수 있게 된다. 그러면 이 사건이나 지식이 여러분에게 그토록 중요한 이유와 상대방도 이를 중요히 여겨야 하는 이유를 더욱 잘 이해하게 된다. 가령 상대방이 미식가라는 것을 알면, 여러분이 여행 중에 먹었던 음식 이야기로 대화를 시작하는 것이 좋다. 음식 이야기가 분명 상대방의 관심과 경험으로 이어주는 다리 역할을 할 것이다.

비교적 익숙하지 않은 영역으로 화제를 옮길 때에는 세세한 정보를 충분히 제공해서 불필요한 정보 격차가 생기지 않게 유의해야 한다. 상대방의 기본 지식을 주의 깊게 살펴서 여러분이 가르치려고 드는 일이 생기지 않도록 하라. 필요하다면, 상대방에게 그 주제가 얼마나 친숙한지 물어보라. 상대방의 지식에 따라 포함할 요소를 판단해서 쉽게 이해할 수 있게 해야 한다. 여러분의 추정이 완벽하지는 않을 것이다. 그러나 새로움의 대가에 관한 연구들을 살펴보면, 친숙한 사실 몇 가지를 되풀이해 말하면서 지나치다 싶을 정도로 조심하는 편이 나은 듯하다.

쿠니의 실험에서는 연사가 영상의 서사를 더 완벽하게 전달했더니 새로움의 대가가 감소했다. 가령 까마귀의 지능에 관한 최근의 과학적 발견을 이야기하면서, 이 연구에 영감을 준 것, 주요 결론에 대한 전반적인 개요(까마귀는 영리하다!), 개별 연구 결과에 대한 더욱 심층적인 이야기를 들려준 것이 도움이 되었다. 마지막에는 경기장에서 쓰레기를 줍도록 까마귀를 훈련하는 법을 설명했다. 또한 우리가 까마귀의 지능을 이해하면 인간의 마음에 대한 우리의 사고방식이 어떻게 달라질 수 있는지도 설명했다. 이 정도로 세세하게 설명하자, 청중은 이미 익숙한 주제를 논할 때만큼이나 그 논의를 즐겼다.

글로 소통하며 사는 사람에게는 정교하게 서사를 만드는 것이 중요하다는 말이 뻔하게 들릴 것이다. 그러나 우리 대부분은 똑같은 규칙이 대화에도 적용된다는 사실을 망각한다. 나는 마음 한편에 늘 남아 있는 수줍음 때문에 새롭거나 신나는 경험을 이야기할 때 급히 서두르는 경우가 많았다. 이야기를 신속하고 간결하게 전달할수록 상대방이 나의 이야기에 지루해할 확률이 적다고 생각했기 때문이다. 이런 식으로 대화에 접근하면, 아무 색도 칠하지 않고 연필 스케치만 보여주는 셈이었다. 간단명료한 설명으로는 사람들에게 충분한 정보를 전달하지 못했다. 그래서 사람들은 그런 사건들이 나에게 의미가 있는 이유를 이해하지 못했고, 그 결과 연결을 가로막는 불필요한 장벽이 생겼다. 나는 특히나 사건에 대한 나의 감정적 반응을 드러내기를 주저했다. 그런데 이런 반응이야말로 연결을 구축하는 데에 도움이 되는 바로 그 자기 노출이다. 나는 쿠니의 연구 결과를 접하고 용기를 얻은 덕분에, 더욱 자신감을 가지고는 내가 보고 생각하고 느끼는 바를 전달할 수 있게 되었다. 다른 사람이 그 경험을 나와 함께 이해할 때 세세한 내용들이 도움이 된다는 사실을 알고 나니 마음이 놓였다.

　이처럼 이야기를 할 때만이 아니라 역할이 바뀌어 다른 사람의 이야기를 들을 때에도, 그리고 그의 경험에 몰입하기가 쉽지 않을 때에도 새로움의 대가를 명심해야 한다. 예전에 여러분은 질문하는 것을 망설인 탓에 추가적인 정보를 얻지 못해서 부족한 틈을 채우지 못하고 이해하지 못한 경험을 한 적이 있을 것이다(심지어는 말하는 사람을 따분한 사람이라고 치부했을 수도 있다). 그러나 이제는 이런 느낌이 드는 원인이 새로움의 대가 때문이라는 것을 알게 되었다. 이제 이런 상황이 되면, 여러분이 흔쾌히 공유 현실을 형성하고 상대방의 세계에 들어가고자 한다는 것을 보여주면 된다. 여러분의 격려를 받아 말하는 사람이 마음을 열고 자신의 경험과 자신에게 가장 중요한 것들을 몰입감 있게 들려주게 된다면 여러분은 처음 예상보다 그의 이야기에 훨씬 더 빠져들 것이다. 그런 다음 적절한 순간에 그 사람의 이야기에 대한 여러분의 해석을 들려주고, 추가적인 연결점이 될 수 있는 여러분의 경험을 이야기해도 좋다.

대화의 상대가 누구든 대화의 주제가 무엇이든, 항상 균형을 추구해야 한다. 주고받는 이야기의 분량, 논의의 깊이, 주제의 친숙함 측면에서 균형을 잡아야 한다. 바로 이것이 다섯 번째 연결의 법칙의 핵심이다. 대화 중에는 적극적인 관심을 보이고, 자기 노출을 망설이지 말고, 새로움의 대가를 피해야 한다. 그래야 상호 이해가 구축되고 마음과 마음이 합쳐진다. 첫 데이트 자리이든, 평생 친구와 만나는 자리이든, 우리가 하는 말 한마디 한마디가 유대관계를 더욱 돈독하게 만들 새로운 기회가 된다.

핵심 정리

- 관련된 질문을 하고 경청하고 있다는 표시를 하는 것이야말로 연결을 구축하는 가장 손쉬운 두 가지 방법이다.
- 일반적인 조언과는 달리, 상대방이 말하는 중간에 끼어들 때 대화의 흐름이 좋아질 수 있다. 다만, 시기가 적절해야 하고 공감을 표현하는 경우여야 한다.
- 빠른 신뢰관계를 쌓는 데에는 가벼운 대화보다는 자기 노출이 더욱 효과적이다. 본능적으로 생각하는 것보다 사람들은 여러분의 속 깊은 생각에 관심이 더 많다.
- "새로움의 대가"란 사람은 대체로 새롭고 흥미진진한 경험보다 친숙한 주제로 이야기 나누는 것을 더 편안하게 여긴다는 것이다. 이런 현상은 정보 격차 때문에 생긴다. 정보 격차 때문에 듣는

사람은 말하는 사람이 하는 이야기에 공감하기 힘들어지기 때문이다. 그러나 이야기를 정교하게 잘 전달한다면, 이런 장애를 극복할 수 있다.

행동 전략

- 여러분의 대화 방식과 타인에게 하는 질문 유형을 점검하라. 다른 사람들이 방금 언급한 요지에 맞는 적절한 후속 질문인가? 혹시 대화의 중심을 여러분에게 돌리는 부메랑 질문은 아닌가?
- 상대방에게 주목하고 있다는 것을 여러분은 어떻게 표현하는가? 비언어적 신호—고개 끄덕이기나 추임새 등—만으로는 상대방에게 확신을 주기에 충분하지 않은 경우가 많다. 예를 들면, 상대방이 방금 한 말을 다른 표현으로 반복한다든지 해서 여러분의 관심을 말로 표현하는 편이 훨씬 더 좋다.
- 친구나 지인 사이로 지내고 싶은 사람에게 빨리 친구가 되는 법을 시도해보라. 일상 대화에서도 자기 노출을 더 많이 하도록 노력하라.
- 대화가 지루하다고 느껴지면 배려심을 발휘하라. 말하는 상대방이 요점을 말하고 그 주제가 그에게 중요한 이유를 잘 설명하도록 도와주려면, 여러분이 할 수 있는 일이 무엇일지 생각해본다.

6

감사 표현하기

대화의 기술을 탐구했으니, 다음 연결의 법칙에서는 다른 사람에게 감사의 마음을 보여주는 방법을 살펴보자. 우리가 나누는 모든 사회적 상호 작용들 중에 칭찬과 감사야말로 표현하기 가장 쉬운 말이자 듣기에 가장 즐거운 말이다. 그런데 서양 문화에서는 오래 전부터 감언이설을 경계하라고 경고해왔다.

『이솝 우화 *Aesopica*』에서 가장 유명한 이야기 한 편을 살펴보자. 배고픈 여우가 먹을 것을 찾아 숲속을 헤매다가 부리에 고기 한 덩이를 물고 나뭇가지에 앉아 있는 까마귀 한 마리를 발견한다. 까마귀는 처음에는 여우를 경계하며 등을 돌린다. 그러자 여우는 까마귀의 윤기 나는 깃털과 멋진 날개 모양에 감탄하며 입에 침이 마르도록 칭찬과 애정 공세를 퍼붓는다. 그런 다음, 마지막으로 이렇게 덧붙인다. "이렇게 멋진 새는 목소리도 아주 사랑스럽겠지. 다른 모든 것이 전부 완벽하니 말이야. 노래 한 곡만 불러준다면 내가 새들의 여왕이라고 부를 텐데." 이 말에 현혹된 까마귀는 까악까악 울기 시작하고,

그 바람에 부리에서 떨어진 고기는 나무 밑에서 입을 벌린 채 기다리고 있던 여우의 입속으로 그대로 들어간다. 이 우화가 전하는 교훈은 명확하다. 자만심 많고 잘 속아 넘어가는 사람을 사냥할 때 쓰기 좋은 도구가 바로 칭찬이라는 것이다.[1] 장 드 라 퐁텐의 비슷한 우화에서는 여우가 이렇게 지적한다. "아첨꾼들은 어리석은 자들이 사람 말을 쉽게 믿는다는 점을 이용해먹지요. 이 정도면 고기를 수업료로 주고 배울 만한 교훈 아닌가요?"[2]

단테가 보내는 경고는 더 섬뜩하다. 『신곡 La Divina Commedia』을 보면, 아첨꾼들은 지옥 제8층의 두 번째 구렁에 있다. 이곳에서 그들은 설사의 강에 빠져 있다. 죄인이 생전에 입 밖으로 내뱉은, 마음에 없는 모든 말에 딱 걸맞은 벌이다. 아첨꾼들은 거의 알아볼 수 없을 정도로 배설물 안에 깊이 파묻혀 있다. 그중에는 단테의 정치적 경쟁자 한 명도 포함되어 있다.[3] 물론 단테는 "아첨하는 입은 파멸을 만들어낸다"라는 『성서』 속 잠언의 내용을 따른 것이다.

이외에도 문학 작품에 등장하는 대표적인 아첨꾼을 꼽자면, 『오만과 편견』의 콜린스, 『데이비드 코퍼필드 David Copperfield』의 유라이어 힙, 『반지의 제왕 The Lord of the Rings』의 뱀 혓바닥 그리마가 있다. 아마도 이 이야기들의 영향력이 오래 유지되는 탓에, 우리 대부분은 행여 어색하게 아부하는 것처럼 보일까 봐 다른 사람들에게 경탄을 표하지 않도록 극단적으로 몸을 사리는 것 같다. 참으로 안타까운 일이다. 최신 심리학 연구에 따르면, 진심 어린 칭찬이나 감사의 표현은 이를 표현하는 사람이나 듣는 사람 모두에게 대단한 이득이 될 수 있기 때문이다. 다정한 말을 주고받으면, 더 바르게 행동하도록 동기 부여가 되는 것에 그치지 않는다. 스트레스 반응도 진정되고, 변화에 대한 회복력도 증진되고, 정신 질환 발병 위험도 감소한다. 그러나 그러려면, 오해받을 수 있다는 두려움을 극복해야만 한다.

다정한 말의 대가

먼저 협동과 협력 측면에서 칭찬으로 얻는 이득 몇 가지부터 살펴보자. 순전히 과학적인 관점에서 보면, 칭찬과 감사가 동기 부여의 소중한 도구라는 데에는 의심의 여지가 없다. 이 주제로 많은 연구들이 직장에서 진행되었는데 결과는 놀라웠다. 경제적 보상보다 말로 칭찬하는 것이 더 가치 있을 수 있다는 결과였다. 조직 심리학자 리아드 바레켓-보즈멜은 이스라엘에 있는 한 공장의 기술자들을 대상으로 다양한 보너스 제도를 시험해보았다. 여러 주일에 걸쳐 기술자들에게 현금 100셰켈(당시 화폐 가치로 25달러)의 상금, 같은 액수만큼의 피자 쿠폰, 상급자의 감사 쪽지 중의 하나를 보너스로 지급했다. 연구진은 직원들의 생산성을 실험 시작 전에 기록한 뒤, 뒤이어 매주 기록했다. 직원들은 연구 시작 시점의 평균 실적을 초과하면 보상을 받았다.

공장에서 생산된 반도체 개수를 기준으로 평가한 결과, 여러분의 바람대로 모든 보상이 직원들의 헌신도를 높인 것으로 나타났다. 단순한 인정의 말 한마디도 현금만큼이나 직원들의 노력을 견인했다. 심지어 쪽지에 적힌 말이 딱히 감동적으로 표현된 것도 아니었다. 냉정하다고 할 정도로 간단하게 적혀 있었다. "어제 교대 근무 시간에 수고해주시고 큰 성과를 내주셔서 감사합니다. 귀하의 노력에 심심한 감사를 표합니다." 그런데도 이 작은 감사의 표시가 받는 사람들에게는 의미가 있었던 것이 틀림없다. 그 결과 직원들은 쪽지를 받은 뒤에도 계속해서 열심히 일했다. 반면에 현금 보상을 받은 사람들은 보너스가 없어지자 생산성이 눈에 띄게 떨어졌다. 아마도 더 노력해도 더 이상 보상을 받지 못한다는 사실에 분한 마음이 들기 시작했기 때문인 것 같다.[4]

칭찬이 특히 위력을 발휘하는 분야가 있다. 데이터 입력 작업처럼 원래 재미가 거의 없는 행정 업무들이다. 이런 경우, 간단한 감사의 쪽지는 고마움을 인정받은 당사자에게만 격려를 주는 것에 그치지 않고 그 주변 사람들에게도 더 열심히 일해야겠다는 동기를 부여한다.[5] 네덜란드에서 에너지 절약 정책을 채택하도록 직원을 독려할 때 역시 현금 보너스보다 공개적인 칭찬이 상당히 더 효과적이었다.[6]

안타깝게도 많은 고용주들이 이 같은 이득을 등한시한다. 미국 시민 2,000명을 대상으로 한 여론조사 결과, 63퍼센트는 평소 정당한 인정을 받지 못하는 느낌이라고 했고 59퍼센트는 진정으로 자신의 업무를 인정하는 고용주를 한 번도 만난 적이 없다고 답했다.[7] 20만 명 이상을 대상으로 한 또다른 연구에 따르면, 전반적인 인정 부족이 피고용인들의 주된 사직 이유였다.[8]

다정한 말과 금전적 보상이 등가를 이룬다는 사실은 두 보상에 대한 뇌의 반응으로 확인된다. 일본의 연구진은 실험실로 참가자들을 초대해서 소액의 현금을 상금으로 걸고 간단한 복불복 게임을 하게 했다. 그러는 동안 그들의 뇌를 fMRI로 촬영하면서 뇌의 어느 부위가 금전적 유인책에 반응하는지를 확인했다. 그후 참가자들은 성격 검사 질문지에 답변을 작성하고, 각자 선택한 정치 또는 사회 이슈에 관해서 짧은 글을 쓰고, 1분짜리 자기소개 영상을 촬영하고, 사진을 찍으며 포즈를 취했다. 그들에게는 모르는 사람 8명이 이 모든 과정을 평가할 것이라고 일러두었다. 그러나 실제로는 연구진이 평가 결과서를 직접 지어냈다. 몇몇 결과서는 다른 것들보다 듣기 좋은 내용으로 작성했다. 며칠 후 연구진은 참가자들을 다시 실험실로 불러서 가짜 의견을 전달했다. 그러면서 fMRI 스캐너로 그들이 평가를 읽을 때 뇌의 반응을 기록했다. 여러 행동 실험들의 결과가 보여주듯이 상금과 사회적 칭찬에 반응하는 뇌의 활성은 놀랄 정도로 유사했다. 즉, 뇌의 기저에 있는 기본적인 쾌락 감정과 연관된 부위인 선조체 등의 영역에서 활성도가 높아졌다.[9]

  사람들에게 보상받는 느낌을 심어주면, 다양한 상황에서 설득력을 높일 수 있다. 실제로 캐나다의 마운드 로열 대학교의 나오미 그랜트가 진행한 연구에 따르면, 아주 무심하게 던진 칭찬의 말 한마디로도 모르는 사람의 협조를 끌어낼 수 있다고 한다. 그랜트는 먼저 "인상 형성" 연구에 참여할 실험 참가자들을 모집했다. 참가자들이 따분한 내용의 질문지에 답변을 적고 있을 때—실험을 진행하는 심리학과 학생으로 분한—연기자가 참가자들과 대화를 시작했다. 그러면서 참가자들의 옷차림에 대해서 무심한 듯 가벼운 칭찬을 했다. 대화를 나눈 다음, 연기자는 취업 행사에 관한 전단지를 배포할 예정이라고 하면서, 참가자들에게 조금 가져가서 나누어줄 수 있겠느냐고 물었다. 아부의 효과는 그야말로 극적이었다. 칭찬을 들었던 참가자의 79퍼센트가 행사 홍보를 도왔다. 이에 비해서 대화 중에 칭찬을 받지 않은 통제집단에서는 46퍼센트만이 돕겠다고 나섰다.10 그랜트의 후속 연구 결과, 이것은 호혜 의식에서 기인하는 것으로 보인다. 가는 정이 있으면 오는 정이 있다는 상부상조의 마음 때문이라는 말이다.11 이런 면에서 칭찬은 우리의 초기 영장류 조상들의 "사회적 그루밍social grooming" 행동과 닮았다. 원숭이와 유인원은 서로 털 속의 진드기를 잡아주면서 관계를 돈독하게 만들고, 이 노력에 대한 보답으로 갈등이 있을 때 지원을 받는다. 우리가 선한 말이나 행동을 주고받는 것과 마찬가지이다.12

칭찬하는 사람의 속마음이 완전히 드러나더라도, 칭찬을 통한 설득의 힘은 여선히 상력하다. 홍콩 과학기술대학교 심리학자들의 실험을 예로 살펴보자. 연구진은 참가자들에게 개별적으로 초대장을 보내서, 개업한 백화점의 서비스를 평가해달라고 요청했다. "유행과 멋을 아는 귀하께 이렇게 직접 연락드립니다. 귀하의 패션 감각은 고급스러울 뿐 아니라 세련됩니다. 남다른 패션 취향을 지닌 분이시니 다가오는 시즌의 '필수품'이 포함된 저희 최신 컬렉션의 디자인이 마음에 드실 것이라고 믿습니다." 나중에 물었더니, 초대장을 받은 사람들은 이런 칭찬이 참여를 독려하기 위한 것임을 아주 잘 알았다고 했다. 그런데도 인정받았다는 암묵적인 느낌이 계속 남아서 며칠 후 매장에서 쇼핑하고 싶은 욕구가 커진 사람이 많았다고 한다.13

칭찬의 힘

여러분은 혹시 마키아벨리처럼 권모술수에 능한 사람인가? 그렇다면 다른 사람들에게 영향력을 행사하기 위해서 아부를 활용하는 것에 귀가 솔깃할 것이다. 아마도 『이솝 우화』 속 까마귀와 여우의 이야기에서 힌트를 찾을 수도 있을 것이다. 그러나 이 책의 목적에 맞게, 나는 칭찬이 지닌 설득력보다는 사회적 연결이 가져오는 이득에 더욱 관심이 있다. 낯선 사람에게 건네는 칭찬 한마디는 의미 있는 대화를 여는 첫 단추가 될 수도 있고 더 나아가 우정의 출발점이 될 수도 있다. 사회적 유대관계가 이미 형성된 사람들 사이에서도 진심으로 인정하는 말을 들으면, 잘 이해받고 있다는 느낌이 들고 스스럼없는 소통에 필요한 안전감을 느끼게 된다. 칭찬이나 감사의 말 한마디는 적어도 기분을 즉시 좋아지게 만들며, 잔뜩 찌푸린 날이 될 수도 있었던 하루를 맑은 날로 만들어준다.[14]

그런데 안타깝게도 우리 거의 모두는 칭찬에 인색하다. 여러분의 삶을 한번 돌아보기를 바란다. 누군가의 스타일 감각에 감탄하면서도 그런 생각을 표현하지 못한 경험이 있지 않은가? 혹은 강연에 참석했으나 강연이 좋았다는 말을 연사에게 한 적은 한 번도 없지 않은가? 저널리스트로서 나는 내가 쓴 기사에 대해서 고맙다는 짤막한 쪽지를 받으면 얼마나 의미 있는지를 잘 안다. 그러면서도 내가 우러러보는 사람들에게 그런 선물을 하는 일은 드물다. 우리는 그저 직접적인 사회적 범주에 속한 사람들에게 조금 더 관대할 뿐이다. 예를 들면, 일반적인 사람들에게 가장 친한 친구나 가족 한 명에게 자기가 어떻게 행동하는지 돌아보게 했다. 그랬더니 마음속에 떠오르는 칭찬의 약 36퍼센트는 표현하지 않고 마음속에 꾹꾹 눌러 담는다고 응답했다. 이런 결과는 상대방에게 느끼는 친밀감과는 무관한 듯했다. 우리는 어떤 사람을 매우 소중하게 생각하더라도, 꾸준히 참으면서 그런 말을 표현하지 않는다.[15]

코넬 대학교의 에리카 부스비와 버네사 본스는 선의를 나누지 못하게 가로막는 심리적 편향을 밝혀낸 최초의 과학자들로 꼽힌다. 첫 번째 연구에서는 실험 참가자들에게 교정의 지정된 구역—가령 식당이나 로비—을 걸어 다니면서 네 번째 만난 사람의 옷차림을 칭찬하게 했다. 그런데 그 직전에 자신의 말에 상대방이 어떻게 반응할 것으로 예상하는지를 참가자들에게 물었다. 가령 상대방이 얼마나 만족스럽고 뿌듯하게 느낄 것 같은지 1점(전혀 아니다)부터 7점(매우 그렇다)까지 점수를 매기게 했다. 참가자들은 지시대로 칭찬을 건넨 다음, 상대방에게 실제로 어떻게 느꼈는지를 묻는 설문지가 들어있는 밀봉된 봉투를 건넸다. 그런 다음, 참가자들은 답변이 완료된 설문지가 담긴 봉투를 들고 실험실로 돌아왔다. 예측대로 칭찬을 한 참가자들은 칭찬받은 사람의 기분이 얼마나 좋을지 일관되게 과소평가했다. 그들은 자신의 다정한 말 한마디가 상대방의 기분을 얼마나 밝혀주는지 깨닫지 못하고 있었다.

더 많은 연구들에서도 호감도 차이 효과가 반복적으로 확인되었다. 그러면서 이와 함께 사람들이 대화의 비용을 과대평가하는 것으로 밝혀졌다. 사람들은 칭찬받는 사람이 이 상호 작용을 실제보다 훨씬 더 어색하게 생각할 것이며, 자신을 성가신 사람으로 여길 것이라고 예측했다. 그러나 현실에서는 사람들 대부분이 칭찬을 듣고 기뻐했고, 칭찬을 주고받으면서도 거의 불편해하지 않았다.

본스와 부스비의 최종 연구에 따르면, 참가자들은 자신의 전체적인 사회적 능력에 대해서 전반적으로 자신감이 부족하고 불안감을 느꼈기 때문에 이렇게 걱정한 것이었다. 참가자들은 자신이 칭찬을 유달리 못한다고 생각했다. 그 결과 자신의 말이 어떻게 받아들여질지 과도하게 비관적으로 보았다. 그러나 다른 사람들이 유사한 과제를 수행할 때에는 그에 대해서 훨씬 더 정확하게 예측하는 경향이 있었다.[16] 반복해서 확인하고 있지만, 우리에게는 우리가 깨닫는 것보다 더욱 커다란 사회적 연결 잠재력이 있다. 그러니 이 잠재력을 활용할 기회를 자기 자신에게 더 많이 주면 된다.

호감도 차이 효과와 마찬가지로, 이런 상황 역시 믿기 힘들 정도로 확고한 현상처럼 보인다. 이 현상은 시카고 대학교의 니컬러스 에플리와 스탠퍼드 대학교의 쉬안 자오가 진행한 대규모 연구에서도 다시 한번 확인되었다. 앞에서 소개한 본스와 부스비의 연구에서는 주로 학생을 표본으로 삼았던 반면, 이번에는 지역 공동체 사람들을 실험 대상으로 모집했다. 실험 결과가 다양한 나이와 배경의 사람들에게서 일반적으로 나타난다는 것을 입증하려는 목적이었다. 또한 무작위로 모르는 사람들끼리 교류하는 것에 초점을 맞추기보다는 참가자들이 사회적 범주에 이미 포함된 사람에게 칭찬하도록 했다.

이를 위해 에플리와 자오는 현지의 한 공원에 탁자를 설치하고 대인관계 연구를 홍보하는 포스터를 내걸었다. 그 덕분에 함께 산책하던 사람들 몇 쌍을 섭외할 수 있었다. 가벼운 첫마디를 건넨 후, 연구진은 커플마다 한 사람에게 상대방에 대한 칭찬 세 가지를 적게 했다. "당신의 안테나에 포착되었지만 어떤 이유에서든 아직 칭찬할 기회가 없었던 상대방의 긍정적인 점" 세 가지를 쓰도록 말이다. 그런 다음, 이 칭찬을 들으면 상대방이 얼마나 좋아할 것 같은지를 묻는 질문지에 답변하게 했다. 이렇게 한 후에 실제로 상대방에게 칭찬하게 한 다음, 칭찬을 들은 사람에게 칭찬을 들은 느낌이 어떤지 점수를 매기게 했다. 이번에도 역시 참가자들은 반응을 너무 비관적으로 예측했다. 그러나 칭찬을 받은 사람들은 예상한 것보다 칭찬을 훨씬 더 따뜻하게 받아들였다. 칭찬한 사람들은 자신의 마음을 제대로 표현할 적당한 말을 찾지 못했다고 믿었다. 그러나 칭찬받은 사람은 그들의 따뜻한 감정이 또렷하게 전달되었다고 느꼈다.[17]

과연 도가 지나친 칭찬이 있을까? 어쨌든 설탕이 과하면 아무리 맛있는 케이크라도 망치게 된다. 당연히 달콤한 말도 너무 자주 들으면 물리기 시작하는 법이다. 그런데 자오와 에플리의 심층 연구 결과, 이런 반응은 생각보다 일어날 가능성이 훨씬 작은 것으로 드러났다. 이 실험에서도 연구진은 서로 아는 사이인 사람들을 쌍으로 모집했다. 그런 다음, 쌍마다 한 명에게 상대방에게 할 칭찬 5가지를 각각 다른 쪽지에 메모하게 했다. 연구진은 다른 한 명에게 몇 주일에 걸쳐 칭찬 쪽지를 하나씩 전달한 뒤, 새로운 칭찬 쪽지를 받을 때마다의 느낌을 설문조사로 물었다. 그 결과, 시간이 지나도 칭찬받는 사람이 느끼는 즐거움은 유의미하게 줄어들지 않았다. 첫날과 비교했을 때 마지막 날에도 칭찬의 진정성이 덜 느껴지지 않았다. 실제로 매번 칭찬받을 때마다 그들의 삶에는 새로운 기쁨이 생겼다.[18]

이처럼 일관되게 기분이 좋아지는 일은 심리학에서는 일상적이지 않다. 특정한 쾌락이 너무 자주 반복되면, 우리는 그것에 길들면서 또다른 즐거움의 원천을 찾아야 하는 경우가 많다. 이런 과정을 가리켜서 "적응"이라고 한다. 그런데 적응이 칭찬에도 적용된다는 증거가 없다. 사회적 연결을 금세 빛을 잃는 사치품이 아니라 음식이나 물처럼 떨어지면 끊임없이 채워줘야 하는 근본적인 인간의 욕구라고 생각하면, 이는 그리 놀랄 만한 일은 아니다. 다른 사람들에게 다정한 말을 꾸준히 해주면, 그들의 사회적 허기를 채우는 데에 적극적으로 도와주는 셈이다.

이런 결론은 예절과 관련된 대부분의 전통적인 조언들과는 정반대된다. 18세기의 작가인 새뮤얼 존슨의 말을 살펴보자. 윌리엄 해즐릿과 마찬가지로 존슨도 대화의 기술에 예리하리만치 관심이 있었다. 그는 듣기 좋은 말은 드물게 하는 것이 최선이라고 주장했다. 잡지 「산책자 *The Rambler*」에 실은 수필에서 그는 이렇게 썼다. "금이나 다이아몬드처럼 칭찬의 가치도 그 희소성에서 나온다. 칭찬이 진부해지면 싸구려가 된다. 그러면 칭찬을 들어도 더는 기대감이 들거나 진취적인 마음이 꿈틀대지 않는다. 그러므로 사악함에 갈채를 보내지 못하도록 금할 뿐 아니라, 선량함도 그 정도에 맞는 수준으로만 칭찬해야 한다. 또한 자랑할 것이라고는 나쁜 행실과 쩨쩨함밖에 없는 사람의 이마 위에서 화환이 시들어버리는 고통을 당하게 해서는 안 된다."[19]

존슨의 말이 옳다. 칭찬은 소중한 선물과 같은 역할을 할 수 있다. 그러나 그가 제안했던 방식으로 우리의 칭찬을 나눌 이유는 없다.

우리는 누구나 칭찬에 후한 사람이 될 수 있다. 칭찬의 인심을 후하게 쓰더라도 칭찬은 바닥나지 않으며 칭찬받는 사람에게 미치는 영향도 줄지 않는다.

감사 격차

벌써 주변 사람들에게 감사를 더 많이 표현하고 싶다는 생각이 드는가? 그렇다면 감사의 감정을 나누는 것으로 시작해보기를 바란다. 방법은 간단하다. 최근에 도움을 받았던 사람에게 지금 당장 이메일이나 문자 메시지를 보내면 된다. 그러면 두 사람 모두 기분이 좋아질 것이다. 그리고 곧 알게 되겠지만—이런 간단한 행동만으로도 스트레스에 대한 생리적 회복력이 증진된다.

우리는 너무나 흔하게도, 다른 사람들의 행동이 우리에게 얼마나 큰 의미가 있는지 그들이 잘 안다고 생각한다. 그러나 우리의 감성이 우리 생각만큼 명백하게 드러나는 경우는 드물다. 그래서 명시적으로 감정을 표현하는 것이 좋다. 가령 시카고 대학교의 MBA 과정 학생들에게 인생에 의미 있는 영향을 준 사람에게 감사의 편지를 쓰게 했다. 편지 내용에는 그 사람이 자신에게 무슨 일을 해주었는지, 그 행동이 자신에게 어떤 영향을 주었는지, 그 사람의 행동에 고마움을 느끼는 이유가 무엇인지가 담겨 있어야 했다. 그런 다음 학생들은 다양한 설문지에 응답하면서, 감사를 효과적으로 표현하는 자신의 능력이 어떻다고 인식하는지, 편지를 받는 사람이 어떤 느낌을 받을지, 그 사람이 이미 자신의 감정을 알고 있을지를 측정했다. "저희는 여러분이 느끼기에 편지를 받은 사람이 편지에 적힌 내용을 이미 어느 정도나 알고 있을 것 같은지도 궁금합니다. 다시 말해서 편지를 받은 사람은 여러분이 고마워하는 구체적인 이유를 알고서 얼마나 놀랄 것 같나요?" 이런 질문에 학생들은 0점(전혀 놀라지 않을 것이다)부터 10점(매우 놀랄 것이다)까지 답하면 되었다. 그런 다음 니컬러스 에플리와 그의 동료 아미트 쿠마르는 편지를 전달했고 수령자들에게도 편지를 받은 소감을 자세히 묻는 설문지에 응답하게 했다.

앞에서 언급한 칭찬하는 사람들에 관한 연구 결과가 그랬듯이 감사 편지를 보낸 학생들도 대부분 편지를 받은 사람이 그 다정한 마음에 얼마나 고마워할지 과소평가했다. 그런데 이에 못지않게 중요한 결과가 확인되었다. 학생들은 편지 수령인들이 편지를 받기 전에 이미 자신의 감정을 얼마나 알고 있을지도 잘못 판단하고 있었다. 편지를 보낸 학생들은 자기중심적으로 자신의 관점에 몰입된 탓에, 편지를 받은 사람도 그들의 고마운 행동이 얼마나 의미가 있었는지를 분명히 이미 알고 있으리라고 여겼다. 그러나 사실은 그렇지 않았다. 편지를 받은 사람들은 보낸 사람이 그렇게 느꼈다는 것을 알고 거의 대부분 의외라고 생각했다.[20]

더 놀라운 사실은 감사를 표현함으로써 얻게 되는 이득이 다정한 말을 전달받은 사람에게만 국한되지 않는다는 것이다. 언급되었던 거의 모든 연구에서, 다정한 말을 했던 사람들도 결국에는 그 말을 한 후에 행복감을 상당히 더 많이 느꼈다. 그래서 꾸준히 이렇게 말하는 습관을 들이면, 우리의 정신 건강과 회복 탄력성을 신장할 수 있다. 가령 3주일에 걸쳐서 진심을 담은 감사 편지를 세 차례 썼던 사람들은 삶에 대한 만족도가 높아지고 우울증 수준이 낮아졌다고 한다.21

감사 인사를 주고받으면, 교란된 마음이 가라앉으면서 몸의 생리적인 스트레스 반응 역시 진정된다. 캘리포니아 대학교 샌디에이고의 유명 구와 크리스토퍼 오베이스는 대학교 룸메이트끼리 짝을 지어 게임에 참여하게 했다. 기업가를 꿈꾸는 사람들이 전문 투자자 출연진에게 새로운 사업을 제안하는 미국의 TV 프로그램 「샤크 탱크Shark Tank」에서 착안한 게임이었다. 룸메이트로 이루어진 각 팀에게는 홍보 준비 시간으로 단 6분이 주어졌다. 게임에 걸린 상금 액수는 상대적으로 높았다. 1등 팀은 200달러—학생 신분으로는 상당한 금액이다—를 받을 수 있었다. 종합하면, 게임에 참가한 학생들은 최선을 다해야겠다는 상당한 압박을 느낄 만한 상황이었다.

학생들이 새로운 사업을 제안하기 위한 발표를 시작하기 전에, 연구자들은 팀마다 한 명에게 룸메이트 덕분에 생활이 개선되었던 때를 떠올리고 그 이야기를 룸메이트에게 짧게 해달라고 요청했다. 그런 다음 참가자들에게 심장 활성 측정용 전극봉과 혈압 측정 띠를 연결했다. 참가자들이 사업 제안을 기획하고 홍보하는 동안 신체가 이런 과제에 어떻게 반응하는지 확인하기 위해서였다. 비교를 위해서 감사를 표현하는 것을 제외하고는 똑같은 절차를 거치는 팀들도 설정했다. 과제를 하는 동안 학생들은 대부분 스트레스 반응을 보였는데, 감사의 말을 하거나 들은 학생들에게서는 상대적으로 더욱 건강한 반응이 나타났다. 이런 팀들은 두 사람 모두 전신으로 혈액 흐름이 원활해지면서 순환이 좋아져서 심장에 부담이 덜했다. 반면, 통제집단 참가자들은 이와 극명한 대조를 보였다. 이들에게서는 투쟁-도피 반응의 특징이 나타났다. 즉, 부상의 가능성 때문에 피해 규모를 제한하는 수단으로서 말초혈관으로 가는 혈류량을 줄이는 반응이 일어났다.[22]

투쟁-도피 반응이 나타나면 일반적으로 인지 수행 능력이 나빠진다. 그리고 이런 반응이 꾸준히 나타나면 전반적인 건강 상태도 나빠진다. 물론 살면서 스트레스를 항상 피할 수는 없다. 그러나 생리적 반응을 줄이는 전략이라면 무엇이든 이 반응이 초래하는 장기적 영향을 줄일 수 있다. 유명 구와 오베이스의 연구에 따르면, 단순히 잠깐 감사를 주고받는 것만으로도 생산적으로 효과를 완화할 수 있다. 감사 인사를 하는 쪽이든 받는 쪽이든 그것은 중요하지 않아 보인다. 그렇다면 감사가 왜 이런 이득을 가져올까? 가장 간단하게 설명하자면, 룸메이트들이 사회적 연결감을 더욱 느끼게 되면서, 마음대로 쓸 수 있는 자원에 대한 감각이 무의식적으로 높아졌기 때문이다. 감사를 주고받은 양쪽 모두가 상대방의 뒷받침을 받는다는 사실, 그리고 서로 지식을 합하고 지원함으로써 상황에 대응할 수 있다는 사실을 알게 된 것이다. 그 결과 그들은 위협을 덜 받는다고 느꼈다. 그래서 그들의 몸도 그에 따라 반응했다.

이유가 무엇이든 유명 구와 오베이스의 연구 결과는 여러분이나 지인들이 개인적으로나 직업적으로나 어려움에 직면할 때마다 명심할 만한 내용이다. 스트레스를 받는 상황에서는 칭찬이나 감사와 같은 세세한 사회적 예절을 차리는 일을 간과해버리기 쉽다. 그러나 바로 이런 행동이야말로 회복 탄력성을 높이고, 최대한 생산적인 방식으로 상황에 대처하게 도와준다. 이와 같은 맥락의 연구가 또 있다. 노스 캐롤라이나 대학교 연구진은 커플들에게 상대방의 지지에 서로 감사를 표하는 20-30분 정도의 대화를 꾸준히 하게 했다. "여러분은 과거 상대방의 긍정적인 행동에 여전히 고마움을 느낄 수도 있고, 아니면 그런 긍정적인 행동이 현재까지 진행 중일 수도 있습니다. 예를 들면, 뜻밖의 깜짝 선물을 하거나 시간을 들여 고민을 들어주거나 평소 하지 않는 일에 시간을 할애하는 것 같은 행동들 말입니다." 연구진은 커플에게 이런 대화를 한 달간 4-6회 하도록 했다. 통제집단에 속한 커플에게는 더 일반적으로 자기 노출을 많이 해달라고 했다. 이런 설정은 비교 수준을 매우 높인 것이다. 왜냐하면 자기 노출 또한 우리의 연결감을 강화하는 역할을 하기 때문이다.

예상대로 커플의 개입 정도에 따라서 얻게 되는 이득이 달랐다. 요구대로 꾸준히 실천하지 못한 커플들은 통제집단보다 안녕감을 더 많이 느끼지 않았다. 반면에 진지하게 과제에 임하면서 마음을 터놓고 서로 호응하면서 대화했던 사람들은 심리적 회복력이 높아지고, 삶의 변화에 대한 적응력이 좋아지고, 전반적인 대인관계 만족도가 높아졌다.[23]

신문의 건강 지면이나 낮에 하는 토크쇼의 건강 코너를 보면, 감정적인 건강을 향상하는 법으로 "감사 일기 쓰기"를 추천하는 것을 본 적이 분명 있을 것이다(그 대표주자가 바로 오프라 윈프리이다). 그러나 아쉽게도 감사 쪽지 보내기를 전략으로 활용하는 사람이 아직도 거의 없는 것 같다. 감사 쪽지가 우리의 즉각적인 안녕감뿐 아니라 대인관계의 질에 훨씬 더 유익하다는 증거가 이렇게 있는데도 말이다. 이렇듯 선호가 갈리는 것은 놀라운 일이 아니다. 우리에게는 잘못된 직관이 있기 때문이다. 우리는 사회적으로 평가받을지도 모른다는 두려움을 촉발하는 일종의 자기 노출보다는 일기 쓰기와 같이 혼자 하는 활동을 추구할 가능성이 훨씬 크다.[24] 그러나 과학적으로 연구한 결과, 이 같은 우려에는 근거가 없다고 밝혀졌다. 이미 우리가 머릿속으로 누군가를 다정하게 생각하고 있다면, 이런 생각을 마음속으로만 간직해야 할 논리적 이유가 거의 없다.

목격 효과

다른 사람에게 감사를 표하는데 개인적으로 할지 공개적으로 할지 결정해야 할 때가 있다. 감사의 대상이 수줍음이 많아서 주목받는 것을 싫어하는 사람이라면 첫 번째 선택지가 좋다. 또한 칭찬받지 않은 사람들이 질투나 분한 마음을 가지게 될까 우려될 때에도 첫 번째 방법이 좋다.

그런데 진심 어린 감사의 마음을 더 널리 알릴 때 얻게 되는 이득이 상당하다. 그러니 조금 더 공개적으로 칭찬하는 것이 좋겠다는 생각도 든다. 감사에 관한 일련의 연구를 통해서 노스 캐롤라이나 대학교의 세라 앨고 연구진은 감사를 표하는 모습을 목격한 사람들이 감사 인사를 했던 그 사람에게 더 협조적으로 대한다는 것을 발견했다. 사람들은 자신의 마음속 깊은 생각과 감정을 터놓고 이야기하는 것에 더욱 거리낌 없어했다. 앨고 연구진은 이런 현상을 가리켜 "목격 효과"라고 부른다.

첫 번째 실험에서 연구진은 참가자들에게 영화 비평을 읽고 가장 중요한 문장에 표시를 하라고 했다. 참가자들은 이 의견이 영화 비평을 쓴 저자에게 전달된다고 믿었다. 과제를 완료하기 전에 참가자들은—다른 참가자가 작성한 것처럼 꾸며놓은—선행 사례를 살펴보았는데, 여기에는 오타를 찾아줘서 고맙다는 저자의 메모가 달려 있었다. 그 결과, 따로 지침이 없었음에도 참가자들은 자신이 맡은 과제에서 오타를 찾아내려고 할 공산이 상당히 커졌다. 반면에 변경 내용 안에 오타 수정이 포함된 선행 사례를 보았거나 감사의 말 대신에 "편집을 끝낸 것을 축하해요"라는 메모가 달린 문서를 본 경우에는 그렇지 않았다. 참가자들은 명시적인 감사 표현을 먼저 목격한 뒤에야 좋은 일을 해야겠다는 생각이 든 것이다.

추가 실험 결과, 작은 감사의 표현을 하는 낯선 사람의 모습을 목격하면 그 사람과 친구가 되고 싶어하는 욕구가 커지는 것으로 나타났다. 실험 참가자들에게 최근에 달리기 경주에 참여한 이야기를 들려주는 사람의 영상을 보여주었다. 또다른 영상에서는 연인이 경주 내내 응원해준 이야기를 하면서 그런 행동이 얼마나 고마운지 힘주어 말하는 모습이 소개되었다. 그리고 또다른 영상에서는 자부심과 성취감에 관해서 이야기했다. 영상을 시청한 참가자들에게는 최근의 긍정적 경험을 들려준 영상 속 인물에게 짧은 편지를 쓸 기회를 주었다. 그러자 연인에 대한 고마움을 표현한 영상을 시청한 참가자들이 더욱 개인적인 정보, 즉 내면의 생각과 감정을 공유하는 경향이 있었다. 사회적 연결에는 자기 노출이 매우 중요하기 때문에 이런 경향은 감사의 표현이 긴밀한 유대를 구축하는 촉매 역할을 했다는 신호로 해석되었다. 아니나 다를까 이런 참가자들은 "영상 속 사람과 만나면 좋겠어", "영상 속 그 사람과 친구 할 거야"와 같은 말에 동의할 가능성 역시 더 컸다.[25]

우리는 누구나 목격 효과의 이점을 누릴 수 있다. 다른 사람들에게 감사를 표하는 행동은 우리가 어떤 사람인지를 보여주는 중요한 신호를 보내는 것과 같다. 이런 행동은 우리가 인맥에 속하는 사람들에게 적극적으로 호응과 응원을 보내는 사람임을 보여준다. 이는 모든 대인관계에 필요한 귀한 자질이다.

아첨 아닌 칭찬

먼 옛날 우리 조상들이 사회 혁명을 추진할 때, 다른 사람에게 감사를 느끼고 표현하는 능력이 발달한 것은 도움이 되었을 것이다. 규모가 커진 집단을 이루며 살기 시작하면서 우리에게는 대인관계를 강화하고 협동을 보장할 새로운 심리적 메커니즘이 필요해졌다. 앞에서 우리가 살펴보았던 방법들 몇 가지―사회적인 접착제 역할을 하는 음악이나 춤, 동시에 같이하는 단체활동 등―가 그런 예시에 속한다. 그런데 감사의 표현 역시 이런 메커니즘들 중의 하나가 될 수 있다.

목격 효과 연구를 진행했던 세라 앨고에 따르면, 감사의 표현이 이런 작용을 하는 과정은 세 가지 주요 단계를 거친다고 한다. 그녀는 이것을 "발견-상기-결속" 이론으로 설명한다.

발견 : 감사 덕분에 낯선 사람들 중에 친구로 삼을 만한 사람을 알아볼 수 있다.
상기 : 감사 덕분에 우리를 지지하고 도와주는 인맥에 이미 속한 사람들에게 주목하게 되어 그들을 당연시하지 않게 된다.
결속 : 감사 덕분에 이런 관계에 더 많은 투자를 해야겠다는 동기를 부여받는다.

우리는 칭찬이 어떤 식으로 이런 기능을 하는지 이미 여러 사례들을 탐구한 바 있다. 이제는 이런 행동이 가져오는 이득을 극대화하기 위한 몇 가지 과학적 지침을 추가로 살펴보겠다.[26]

이런 지침은 여섯 번째 연결의 법칙에 해당하기도 한다. **후하게 칭찬하라. 다만 표현은 매우 구체적이어야 한다.** 이 대목에서 우리는 다시 공유 현실 개념으로 돌아오게 된다. 사람들은 상대방이 자신에게 관심이 많은지 궁금해한다. 관심이 많으면, 그들의 생각과 감정을 이해하는 데에 도움이 되기 때문이다. 가끔 진부한 표현으로 칭찬하는 것 정도는 이른바 사회적 그루밍의 한 수단으로 너그러이 받아들여진다. 그렇지만 두리뭉실한 말만으로는 상대방만의 독특한 자질에 관심이 많다는 것을 충분히 표현하지 못한다. 이런 말씀은 얼마든지 쉽게 가짜로 할 수 있다. 다른 사람은 발견하지 못한 그 사람만의 독특한 면을 포착해서 높이 평가한다는 표시를 하는 것만큼

감사 표현하기

기쁨을 주는 일은 없다. 상투적인 칭찬으로는 어림도 없는 일이다.

감사도 마찬가지이다. 고마움을 표현하는 방식에는 두 가지가 있다. 상대방의 행동으로 자신이 얻게 된 이득을 이야기하는 방법, 그리고 관대한 행위에 기여한 상대방의 개인적인 자질을 칭찬하는 방법이다. 여러분은 후자를 노려야 한다. 가령 여러분이 좋아하는 작가가 쓴 귀한 책을 여러분의 연인이 막 선물했다고 하자. 그러면 "고마워, 너무 멋지다, 얼른 읽고 싶어"라는 말로 반응할 수 있다. 이만해도 그의 행동이 얼마나 도움이 되는지를 보여주는 충분히 예의 바른 말이다. 그런데 상대방이 어떤 생각으로 그 책을 선택했는지를 헤아리고, 여러분이 그 책을 사려고 점찍어두었다는 사실을 그가 잘 파악했음을 인정하는 말을 하면 훨씬 더 효과적이다. 마찬가지로, 친구가 병원으로 데리러 온 경우에 여러분은 "고마워, 버스를 탔으면 한참 걸렸을 텐데, 덕분에 살았어"라고 말할 수도 있다. 그러나 "항상 일부러 날 도와주러 와주어서 정말 고마워"라는 식으로, 그 사람이 어떤 사람인지를 말하면 고마움이 훨씬 더 강조된다. 세라 앨고의 연구 결과는 이런 작은 변화만으로도 듣는 사람이 완전히 다르게 받아들이게 된다는 것을 시사한다.[27]

이런 결과는 한 달간 서로 고마움을 더 많이 표현하도록 요청한 커플들을 대상으로 진행했던 연구에서 확인된다. 개입 결과, 평균적인 참가자들의 안녕감과 관계 만족도가 성공적으로 향상되었다. 그런데 그 효과는 칭찬하는 사람의 "반응성"에 좌우되었다. 대화를 통해 상대방이 이해받고 인정받는다는 느낌을 얼마나 받느냐에 따라서 결정되었다는 뜻이다.[28] 단순히 "멋져 보여"라고 하거나 "잘했어!"라고 감탄하는 것만으로는 높이 평가하는 개인의 자질에 세심한 관심을 기울이는 것만큼의 효과를 내지 못한다. 마찬가지 이유로 과장하는 것도 자제해야 한다. 솔직히 닮은 구석 없는 유명인과 비교되고 싶은 사람은 없는 법이다.

특히 우리가 지닌 암묵적 선입견이 칭찬에 영향을 주지 않도록 경계해야 한다. "긍정적 고정관념"에 바탕을 둔 성의 없는 상투적인 말들은 표면적으로는 좋게 들려도 암묵적 편향이 투영되어 있다. 그래서 이런 말들은 즐거움을 주기보다 감정을 상하게 할 가능성이 더 크다. 만약 여러분이 어느 남성 동성애자의 패션 취향만 칭찬한다면, 이는 그 사람이 속한 범주만 중요하게 여기며 그 사람 개인을 살펴보지는 않는다는 뜻이다. 그 결과, 사회적 연결감이 강화될 가능성이 없다(물론 여러분의 편견보다 그 개인의 성취와 가치를 정확히 반영하는, 진심으로 사려 깊은 칭찬을 하는 경우는 제외된다).[29]

또한 상대방에게 얼마나 자신감이 있는지도 파악해서 그 사람의 관점에 맞게 칭찬의 수위를 조절해야 한다. 자존감이 낮은 사람들은 칭찬을 일축해버리는 경향이 있다. 게다가 자신의 신념과 모순되는 말을 들으면 불안해하거나 수치심을 느낀다.[30] 심지어 한 연구에 따르면, 자존감이 낮은 사람들은 연인이 자신을 멋지게 포장해서 말하는 경우보다 자기 생각처럼 자신을 **형편없게** 이야기할 때 오히려 두 사람의 관계에 대한 사명감을 더 크게 느끼는 것으로 나타났다.[31] 명심하라. 누군가와 공유 현실을 형성할 때, 우리는 사람들이 우리의 세계관을 확인하기를 바란다. 그러므로 어떤 사람이 스스로의 가치에 대해서 심각한 의구심을 가진다면, 그런 사람은 다른 사람들의 칭찬이 정직하지 않다고 의심하거나 그 칭찬이 잘못된 믿음에 바탕을 둔 것이라서 머지않아 진실이 밝혀지리라고 우려할 수도 있다. 또는 다른 사람이 하는 말이 진심이 아니라 "단순한 친절"이라고 믿을 수도 있다. 어느 쪽이든 이런 사고방식을 가지면 두 사람을 하나로 묶어주는 연결감이 약해진다.

이런 경우, 왜 그런 자질을 칭찬하는지 매우 자세히 설명하고 전반적인 관계에 그 자질이 중요하다는 사실을 설명하는 것이 특히 중요하다. 자존감이 낮은 사람들은 우리가 느끼는 감정이 일시적이라고 믿는 경향이 있다. 그렇기 때문에 우리는 우리가 느끼는 감사함이 지속적인 것임을 강조하는 데에 노력을 더 많이 기울여야 한다. 예를 들면, 문제가 있을 때마다 상대방이 보여주는 창의성에 **언제나** 감탄한다고 이야기하고, 상대방 덕분에 타성에서 벗어날 수 있었던 몇몇 사례들을 들려주도록 하라. 단순히 그 순간에 받은 도움에 감사하기보다는 이렇게 하는 편이 상대방의 보상 중추를 활성화할 가능성을 더 높인다.

자존감 낮은 사람들이 다른 사람들의 칭찬을 이런 식으로 생각하도록 격려하라. 그러면 그들이 관계에서 느끼는 안전감이 커진다. 캐나다의 워털루 대학교의 연구 결과가 그 좋은 예이다. 연구진은 참가자들에게 연인으로부터 칭찬을 받은 뒤 칭찬의 이유를 전보다 더 곰곰이 생각해보게 했다. 그랬더니 이들이 "나의 연인은 나를 무조건 사랑하고 받아준다" 혹은 "나는 연인이 언제나 우리의 관계를 지속하고 싶어할 것이라고 확신한다"와 같은 발언을 지지할 가능성이 상당히 커졌다.[32] 우리는 말만으로는 상대방의 마음속 깊은 곳에 자리한 불안감을 없애지 못한다. 그러나 상대방이 우리의 시선으로 자기 자신을 볼 수 있도록 도와줄 수는 있다. 그러면 그의 마음속에 우리의 고마움이 진심이고 지속적이라는 믿음이 자리 잡는 데에 도움이 된다.

직장에서 칭찬할 때에는 조직의 위계와 작동 중인 권력의 역학 구조를 고려해야 한다. 사회적 지위가 높은 경우, 가령 상사가 하급 직원을 상대하는 경우라면, 칭찬을 위계 유지의 방법으로 삼고 싶어 할 수 있다(가령 부장이 수습직원에게 "아이디어는 좋았어요……인턴치고는"이라고 말하는 식이다). 이런 식으로 에둘러 칭찬하면 칭찬받는 사람의 의욕이 대체로 꺾인다. 설상가상으로 평판 관리 차원에서 칭찬하는 것처럼 보여서 호감도가 떨어지고 신뢰성도 타격을 입게 된다.[33] 누군가에게 듣기 좋은 말을 한다면, 괜한 독설로 사족을 달지 말고 심정만 표현하면 된다.

마지막으로, 유대관계가 약한 사람들에게 하는 감사의 표현을 간과하지 말아야 한다. 지금은 잘 모르겠지만, 언젠가는 더 가까운 인맥에 포함될 수도 있는 사람들 말이다. 이와 관련된 충격적인 실험 결과가 하나 있다. 연구자들이 대학생들에게 고등학생들이 쓴 글에 대해서 짧은 의견을 달라고 했다. 1주일 후, 멘토 역할을 했던 대학생들에게 지난번에 도왔던 고등학생을 만나겠느냐고 가볍게 물었고, 만나고 싶다면 연락할 가장 좋은 방법을 말하라고 했다. 멘토들 가운데 일부는 이런 요청을 받기 전에 고등학생으로부터 감사 쪽지를 받았지만, 다른 일부는 개인적인 감사 인사를 받은 바가 없는 상태였다. 효과는 어마어마했다. 고등학생이 간단한 감사의 표현을 덧붙인 경우, 멘토가 나중에 만나기 위한 정보를 건네줄 가능성이 약 63퍼센트나 더 많았다. 발견-상기-결속 이론이 예측한 정확히 그대로, 감사의 표현이 사회적 연결의 밑거름 역할을 한 것이다.[34]

우리 대부분은 진정으로 괄목할 만한 사람들과 이미 꾸준히 접촉하고 있다. 단지 너무 수줍어서 감탄을 드러내지 못할 뿐이다. 이런 장벽을 극복하고 여섯 번째 연결의 법칙을 실천하면, 우리의 인맥은 규모도 커지고 탄탄해지고 그로 인한 행복도 커질 것이다.

> **핵심 정리**
>
> - 사람들은 흔히 감사와 칭찬의 말을 물질적 선물만큼 소중히 여긴다. 직장에서는 이런 말이 의욕의 중대한 원천이자 생산성의 원동력이 될 수 있다.
> - 우리는 올바르게 칭찬할 수 있을지 우려하느라 해야 하는 것만큼 칭찬하지 못하는 경우가 태반이다. 또한 우리가 어떻게 느끼는지 다른 사람들이 이미 알고 있다고 잘못 믿기도 한다.
> - 다른 사람에게 감사를 표할 때, 우리의 사회적 지지감이 높아진다. 그 결과 양쪽 모두 안녕감이 상당히 증진된다. 다른 사람에게 감사를 표하면, 어려운 상황에서 우리의 스트레스 반응이 완화되기까지 한다.
> - 공개적인 칭찬은 직접 칭찬받는 사람에게 유익할 뿐 아니라, 강한 사회적 연결을 형성하고 싶어하는 마음도 보여준다. 그 결과 여러분의 집단에 속한 다른 사람들과의 유대관계도 더욱 강해진다. 이런 현상을 일컬어 목격 효과라고 한다.

행동 전략

- 한동안 만나지 못했던 사람에게 메시지를 보내라. 여러분이 그를 왜 중요하게 여기는지 알리고, 그가 함께해줘서 고마웠던 때를 상기시켜라. 이렇게 하면 놀랄 만큼 효과적으로 여러분의 연결이 회복된다.
- 진부한 이야기나 성의 없는 상투적 표현은 피한다. 연결감을 구축하려면, 감사의 표현이 타인과의 공유 현실에 바탕을 두어야 한다. 감사의 표현에는 상대방의 독특한 자질과 행동에 대한 세심한 관심이 드러나야 한다. 그 사람에게 고마워하는 이유도 구체적으로 자세히 담겨 있어야 한다.
- 어떤 사람이 여러분의 칭찬을 듣는 즉시 일축해버린다면, 칭찬에 사용한 표현이 그 사람의 자기 자신에 대한 부정적인 시각에 도전한 셈이었기 때문일 수 있다. 이렇게 되면 즐거움보다 불안감이 생긴다. 이런 상황을 극복하려면, 여러분의 긍정적인 감정이 지속된다고 강조해야 한다. 또한 여러분이 칭찬하는 자질이 관계에 그토록 중요한 이유를 더욱 세심하게 설명해야 한다.

제2부

연결을 유지하는 법칙

7

진실, 거짓, 비밀

어쩌면 여러분은 19세기 독일의 철학자 아르투어 쇼펜하우어의 작품에서 사회적 연결의 비밀을 찾기 힘들 것이라고 생각할지도 모르겠다. 유년기에 깊은 우울증을 앓았던 쇼펜하우어는 암울한 인생관과 불쾌한 성격으로 유명하다. 널리 알려진 바에 따르면, 그는 관용을 모르고 참을성이 없었다. 자신의 재능을 극도로 높이 평가했지만, 실제 성취와 항상 일치하지는 않았다. 그는 때때로 어이없을 정도로 질투가 심했다. 베를린에서 학생들을 가르칠 때에는 일부러 그의 경쟁자였던 철학자 게오르크 빌헬름 프리드리히 헤겔과 같은 시간에 강의 일정을 잡았다. 그는 헤겔을 "어설픈 돌팔이"라고 표현했다.[1] 쇼펜하우어는 헤겔을 박하게 평가했을지 모르지만, 다른 지식인들은 대부분 헤겔을 유럽에서 가장 위대한 지성으로 여겼다. 학생들은 헤겔의 강의를 듣기 위해서 모여들었고, 쇼펜하우어의 강의실은 텅 비다시피 했다.[2] 한번은 중요한 상을 받지 못하자, 쇼펜하우어는 심사위원들의 무능력함을 비난하는 글을 써서 응수했다.[3]

그러나 앞의 아이작 뉴턴의 사례에서 보았듯이 공격적인 성격이라고 해서 깊고 영향력 있는 관계를 맺지 못하지는 않는다. 쇼펜하우어의 사회적 범주에 속하는 인물을 꼽자면, 어렸을 때 처음 만나서 평생 친구로 지낸 상인 장 앙팀 그레구아르 드 블레지메르, 박학다식한 요한 볼프강 폰 괴테, 학자 카를 비테, 미국의 재계 거물 윌리엄 백하우스 애스토 등이 있다.[4] 또한—"고슴도치의 딜레마"에서 알 수 있듯이—그의 글에서는 연결의 중요성, 그리고 긴밀한 유대 형성을 가로막는 심리적 장벽에 대한 예리한 통찰이 드러난다.

쇼펜하우어는 철학 수필집 『행복론과 인생론*Parerga und Paralipomena*』에 이런 글을 남겼다. "어느 추운 겨울날, 고슴도치 한 무리가 온기를 찾아 모여들었다. 이들은 가까이 다가가다 보니 바늘로 서로를 찌르기 시작해서 어쩔 수 없이 흩어졌다. 그러나 추위 때문에 다시 모여들었고, 또다시 흩어지는 똑같은 일이 반복되었다. 모였다가 흩어지기를 수차례 반복한 끝에, 마침내 이들은 서로 약간의 거리를 두는 것이 최선임을 알게 되었다."

인간도 마찬가지라고 쇼펜하우어는 주장한다. 다른 사람에게 가까이 다가가려고 노력할수록 그의 행동 때문에 상처받을 가능성이 커진다. 그래서 우리는 "적당한 거리"를 두고 정중한 예절을 방패막이 삼아 어느 쪽도 상처받지 않도록 예방한다. "이런 타협적인 방식에 의하면 온기에 대한 서로의 욕구는 아주 적절한 수준으로만 충족될 뿐이다. 그 대신 사람들이 서로 바늘에 찔릴 일은 없다. 혼자만으로도 어느 정도 열기가 있는 사람은 외부에 남아 있는 것을 선호한다. 그곳에서는 다른 사람을 찌르거나 반대로 자신이 찔릴 일이 없기

때문이다."⁵

　지금까지 우리는 대인관계를 더 돈독하게 구축할 많은 방법들을 배웠다. 호감도 차이 효과를 극복하고, 이해의 착각을 피하고, 대화의 기술을 터득하고, 성공적으로 감사를 표현하면 된다. 이런 방법들은 연결을 이루는 근간이다. 그런데 사람들과 가까운 관계를 맺게 되면, 불가피하게 불편과 갈등이 생긴다. 그래서 제2부에서는 이런 난관을 헤쳐 나갈 방법을 알아보려고 한다. 이런 문제에 대해서 직관적인 해법을 시도하면 오히려 사람들과의 거리가 멀어지는 경우가 많은데, 꼭 그런 방법만 있는 것은 아니다. 최신 사회심리학에 따르면, 고슴도치의 딜레마를 극복할 방법이 많다.

　우리는 먼저 진실과 거짓, 그리고 비밀을 논하는 것으로 시작하고자 한다. 사회적 연결은 우리 모두가 정직하게 행동한다는 전제를 바탕으로 한다. 그렇지 않다면 공유 현실을 형성할 방법이 없다. 그러나 서로 더욱 깊이 아는 사이가 되기 시작하면, 드러내기에 두려운 것들이 생기기 마련이다. 다른 사람이 가지고 있는 우리에 대한 이미지가 나빠지거나, 더 나아가서는 우리가 다른 사람에게 감정적인 고통을 주게 되지는 않을까 두렵기 때문이다. "잠자는 사자는 건드리지 않는 것"이 더 좋을까, 아니면 우리가 잊고 싶은 과거를 깨끗이 털고 나가는 것이 더 좋을까? 사소한 좋은 거짓말은 과연 정당화될 수 있을까?

　이런 질문에 대한 답을 지금 여기에서 먼저 이야기한다고 해서 흥이 깨지지는 않을 듯하니, 일단 밝히면서 시작하겠다. 즉, 거의 모든 가능한 상황에서 우리는 우리가 느끼는 것보다 조금 더 대범하게 행동해야 한다. 이것이 바로 일곱 번째 연결의 법칙이다. 자신의 **취약성**에 대해서 열린 마음으로 솔직해져라. 친절보다 정직을 중요하게 여겨라(단, 가능하다면 친절과 정직, 두 가지 모두를 실천하라).

비밀이라는 마음의 짐

대부분의 성 소수자 공동체 구성원들이 그렇듯이, 나도 나 자신의 중요한 부분을 다른 사람들에게 숨기고 있다는 것이 어떤 의미인지 어렸을 때부터 매우 잘 알았다.

내가 게이라는 사실을 언제 깨달았는지는 기억나지 않는다. 그러나 나의 성 정체성을 다른 사람들과 공유하기가 얼마나 힘들지 처음 체감한 일은 똑똑히 기억한다. 열 살 정도 되었을 때였는데, 나이 많은 친척 분들이 며칠간 우리 가족과 함께 지내고 있었다. 저녁에 나와 형이 TV에서 시트콤을 보고 있는데 어른들의 대화 주제로 예전 하숙인 이야기가 도마 위에 올랐다. 큰할아버지는 그 하숙인이 방에 남자를 들여서 쫓아냈다며 선언하듯 말씀하셨다. 큰할아버지의 말투와 우리 부모님의 침묵만으로도 나는 알고도 남았다. 내가 남자 연예인들에 빠져 있다는 사실은 입에 올려서는 안 되는 주제였다.

처음에는 이 비밀이 그다지 짐스럽지는 않았다. 다만 나에게는 다른 사람과 공유할 수 없는 무엇인가가 있다는 사실이 외롭게 느껴졌다. 성 정체성이 드러나지 않을까 끊임없이 전전긍긍하느라 대화에는 끼지 못하고 뒤로 숨을 수밖에 없었다. 발각될 수 있다는 생각에 사로잡혀서 어떤 식으로든 자기 노출의 여지를 거의 남기지 않았다. 10대 청소년이 되어서 친구들에게 커밍아웃을 할 때쯤, 내가 원하는 삶은 이런 모습이 아님을 깨달았다. 나는 처음으로 앙드레 지드의 주장―커트 코베인이 인용한 것으로 유명하다―에 담긴 진실을 진정으로 이해했다. "내가 아닌 모습으로 사랑받기보다는 나의 진짜 모습으로 미움을 받는 편이 낫다."[6]

심리학 연구에 따르면, 비밀을 간직하는 일은 스트레스의 큰 원인이 되어 건강과 대인관계에 심각한 영향을 줄 수 있다. 게다가 이것은 거의 모든 사람이 경험하는 일이다. 컬럼비아 대학교의 마이클 슬레피언 연구진이 상세히 조사한 결과, 평균적으로 사람은 13개의 비밀을 간직하는데, 그중 5개는 누구에게도 말한 적 없는 것으로 밝혀졌다. 3퍼센트―겨우 3퍼센트!―미만의 사람들만이 설문조사에 응하는 시기에 아무런 비밀이 없다고 답했다.[7] 여러분이 예상하듯이 가장 흔한 비밀로는 성욕과 불륜이 있었다. 그리고 설문 참여자들은 말하지 못하는 야망, 자해, 직장 내 부정행위, 개인적 트라우마, 평판이 나쁜 정치 신념 역시 비밀로 꼽았다.[8]

비밀을 숨기려는 노력 그 자체가 스트레스의 가장 명백한 원인이다. 성 정체성을 감추고 있는 사람은 데이트 이야기를 할 때 당연히 마음이 불편해진다. 소리 소문 없이 섭식 장애를 앓는 사람은 식단과 음식으로 화제가 전환되면 힘들다. 출신 대학을 속인 사람은 학벌이 언급될 때마다 식은땀을 흘릴 것이다. 그런데 슬레피언의 연구에 따르면, 비밀을 숨기려고 딱히 애쓰지 않는 동안에도 이런 스트레스가 여전히 남아 있다.[9] 아픈 치아를 혀로 건드리지 않을 수 없듯

심각한 비밀이 있으면 들킬 것 같은 두려움이 끊임없이 떠오른다.[10]

정보를 억누르는 데에서 오는 정신적 압박감 때문에 지적 수행 능력이 약해지기도 한다. 캘리포니아 대학교 버클리와 코넬 대학교의 연구자들은 연구에 참여한 이성애자들에게 자신의 성 정체성을 드러내는 어떠한 힌트도 주지 말고 10분간 대화하게 했다. 가령 선호하는 데이트 방법을 이야기할 때 성 중립적 용어로 연인을 묘사하게 했다. 이는 사회적 오명이 두려워서 자신의 정체성을 이루는 중요한 한 부분을 숨기기로 마음먹은 사람의 경험을 그저 미약하게 흉내 낸 것에 불과했다. 어쨌든 실수를 하더라도 적대적 취급을 받을 실질적인 위험은 없었다. 게다가 10분간 이루어지는 단 한 번의 상호 작용은 한평생 이어지는 억압과는 비교 대상이 못 된다. 그럼에도 연구에 참여한 이성애자들은 정신적으로 경계하고 인지적으로 곡예를 펼치는 것이 상당히 피곤한 일이라고 느꼈다. 그 결과, 이어서 진행된 IQ 검사 형식의 비언어적 추론 검사에서 점수가 떨어졌다.

흔히 이런 압박감은 물리적인 부담감으로 다가온다. 우리의 자의식에 중요하고 의미 있는 비밀은 말 그대로 우리를 무겁게 짓누른다. 슬레피언 연구진이 진행한 일련의 연구가 시선을 끈다. 먼저 참가자들에게 구체적인 이야기는 하지 말고 마음속에 품은 비밀 하나를 생각하게 했다. 일부에게는 사소한 비밀을, 또다른 일부에게는 비교적 심각한 비밀을 떠올리라고 했다. 그후 참가자들에게 눈앞에 보이는 언덕의 경사도를 추정하게 했다. 선행 연구에서는—무거운 배낭처럼—짐을 더 짊어진 사람들의 눈에 언덕이 실제보다 더 가파르게 보인다는 결과가 나왔다. 슬레피언은 커다란 비밀과 씨름하고 있는 사람들도 같은 반응을 보인다는 것에 주목했다. 그들은 사소한 비밀을 생각한 사람들보다 경사도를 40퍼센트나 과대평가했다.

두 번째 실험에서는 거리 지각력을 살펴보았다. 이번에도 선행 연구 결과, 사람들은 무거운 배낭을 메고 있으면 거리를 과대평가하는 경향을 보였다. 슬레피언은 큰 비밀을 곱씹으면 같은 효과가 생긴다고 짐작했다. 이를 조사하기 위해서 연구진은 참가자들에게 2.6미터 떨어진 과녁을 향해 콩 주머니를 던지게 했다. 예상대로, 심각한 비밀을 떠올렸던 사람들의 과녁 적중도가 훨씬 떨어졌다. 이들은 상대적으로 중요하지 않은 일을 생각했던 사람들에 비해서 약 16센티미터 정도 더 멀리 던졌다. 그다음으로 과학자들은 연인을 두고 바람을 피운 사람들을 모집한 다음, 자신의 부정에 대해서 생각하게 했다. 그런 다음에 장을 봐 온 식료품을 위층으로 옮기거나 강아지를 산책시키거나 이사하는 사람을 도와주는 일에 얼마나 많은 수고가 들겠느냐고 물었다. 그 결과, 자신의 행동을 많이 반추할수록 이런 과제에 필요한 물리적 노력이 많이 든다고 추산했다.

마지막으로 연구진은 인상 형성 연구에 참여할 게이 참가자들을 실험실로 모집했다. 이곳에서 그들이 실험에 응하는 모습이 영상으로 촬영되었다. 참가자 일부에게는 성 정체성을 밝히지 말라고 했고, 다른 일부에게는 원하는 만큼 터놓고 이야기해도 된다고 했다. 실험이 끝나기 전에 연구진 한 명이 참가자에게 옆에 있던 책 묶음 몇 개를 옮기는 일을 도와달라고 가볍게 부탁했다. 그러자 자신의 성 정체성의 핵심 부분을 감추라는 요구를 받았던―그래서 비밀을 유지해야 한다는 정신적 부담감을 느꼈던―참가자들은 겨우 절반 정도

의 묶음만을 옮겨주었다.[11]

비밀은 그것을 숨겨야 한다는 스트레스를 가중할 뿐 아니라 우리가 받을 수 있는 사회적 지지에 대한 인식 능력도 감소시킨다. 사람들은 자신이 숨기고 있는 개인적인 정보를 생각할 때 고립과 단절, 외로움을 측정하는 설문조사에서 매우 높은 점수를 기록한다.[12] 우리는 연결에 대한 욕구와 노출에 대한 두려움 사이에서 끊임없는 갈등에 직면한다. 이런 내면의 분투는 믿을 수 없을 정도로 피곤한 일이라서 정신적, 육체적으로 소진된 느낌이 든다. 여러분이 예측하듯이 스트레스와 고립이 결합하면 장기적 안녕감에 타격을 준다. 자신의 비밀이 심각하다고 믿을수록, 그리고 반추하고 의심하면서 이 비밀이 마음속에서 차지하는 비중이 커질수록, 삶의 만족도와 육체적 건강에 악영향을 미친다.[13]

적절한 상황이라면 마음을 터놓고 진실을 이야기함으로써 이런 중압감을 털어버릴 수 있다. 슬레피언은 내재된 부담감으로 범위를 확대하여 연구를 진행했다. 연구진은 참가자들에게 비밀을 기억해낼 뿐 아니라 구체적인 세부 사항을 연구자들에게 알려달라고 했다. 그 결과, 숨기던 비밀을 어떻게든 정확히 알려준 사람들은 더는 언덕의 경사도나 과녁까지의 거리를 과장하지 않는 것으로 확인되었다. 실제로 이들은 비밀을 생각해보라는 지시를 받지 않은 사람들과 거의 똑같은 수행 능력을 보였다.[14] 달리 말하면, 자기 노출 덕분에 물리적 부담감이 사라진 것처럼 보였다.

언제 어떻게 비밀을 털어놓을지는 어디까지나 개인의 선택이다. 미처 마음의 준비가 되기도 전에 정보를 공유해야 한다는 의무감을 느껴서는 절대 안 된다. 다만 최근의 심리학 연구 결과, 적당한 때가 왔을 때 조금 더 용감해져야 할 좋은 이유들이 확인되었다. 또한 사람들은 우리에게 수치심이나 당혹감을 안기는 일들에 대해서 상상하는 것보다 더 큰 지지를 보내는 경우가 많다는 것도 증명되었다. 앞으로 알게 되겠지만, 자신의 취약성을 공유하는 행위는 흔히 진정성과 용기의 표시로 여겨져서 장차 유대관계를 강화한다.

아름다운 허점 효과

1997년 다이애나 왕세자비가 사망한 이후, 그녀의 삶과 성격은 끝없는 논쟁거리가 되었다. 그러나 그녀를 가장 혹독하게 비판했던 사람들조차도 그녀의 놀라운 교감 능력은 인정하지 않을 수 없었다. 이런 인기는 세월이 지나도 거의 변함이 없다. 2022년의 한 여론조사 결과, 그녀는 얼마 전 즉위한 국왕이자 그녀의 옛 남편인 찰스 3세보다 여전히 더 많은 사랑을 받는 것으로 나타났다.[15]

대중의 동경은 다이애나의 결함에도 불구하고 커진 것이 아니라, 그녀의 결함 때문에 커진 것 같다. 가령 논란을 낳았던 1995년 BBC 방송국의 프로그램 「파노라마Panorama」와의 인터뷰에서 그녀는 남편의 부정뿐 아니라 자신이 겪는 정신 건강의 어려움과 애정 문제를 털어놓았다. 이런 문제들이 "공공연한 비밀"로 언론에서 다루어지기는 했지만, 그녀의 입을 통해서 공개적이고 공식적으로 거론된 적은 없었다. 1990년대 중반에 이 같은 유명인으로서는 이례적으로 숨김없이 솔직한 대화였다. 다이애나를 비판했던 사람들의 대부분은 그녀가 스스로 인신공격을 한 것과 같다고 판단했다. 한 사람(현재는 왕비가 된 커밀라 파커 볼스와 당시 별거 중이던 남편)은 그녀가 "제정신이 아니고 머리가 많이 모자라서 가능하면 감옥에 가둬야 하는 인물"이라는 것을 스스로 증명한 셈이라고 주장했다. 그러면서 대중도 이런 생각에 동의할 것이라고 예상했다.

그러나 이런 예측은 보기 좋게 빗나갔다. 며칠이 지나자 다이애나의 인기는 하늘 높은 줄 모르게 치솟았다. 「데일리 미러 Daily Mirror」에 따르면, 92퍼센트라는 경이로운 수치의 대중이 그녀가 프로그램에 출연한 일을 지지했다. 몇 주일 후 「선데이 타임스 The Sunday Times」의 여론조사 결과, 영국 국민의 70퍼센트가 다이애나에게 국제 친선대사라는 공식 직함을 주어야 한다고 생각하는 것으로 나타났다.[16]

그후로 수십 년이 지난 지금, 우리는 이제 유명인들의 고백에 가까운 인터뷰에는 익숙해졌을지 모른다. 그러나 이것을 우리의 개인적인 삶에 적용하지는 못하는 것 같다. 우리는 약점이나 실패담이 드러나면 너무 가혹하게 평가받으리라고 과대평가한다. 반면에 사람들이 우리의 정직이나 용기는 별로 높이 평가하지 않으리라고 과소평가한다. 일반적으로 취약점에 대한 사람들의 인식은 우리가 상상하는 것보다 훨씬 더 긍정적이다. 때로는 이 현상을 가리켜서 "아름다운 허점 효과"라고 부른다.

이런 현상을 뒷받침하는 첫 번째 증거가 되는 연구가 하나 있다. 먼저 연구 참가자들에게 사는 동안 겪었던 다양한 경험에 관해서 묻는 질문지에 응답하게 했다. 참가자들은 외발자전거를 타본 적이 있는지, 외국의 도시를 방문한 적 있는지, 또는 자면서 오줌을 싼 적 없는지 등의 질문에 답해야 했다. 참가자들이 정보 입력을 마치자 연구진은 이를 바탕으로 컴퓨터가 그들의 전기傳記를 자동으로 작성한다고 알렸다. 그 전기는 인쇄되어 그들에게 전달되었다.

그런데 실제로는 참가자들이 심한 당혹감을 느끼도록 전기의 문장들이 미리 준비되어 있었다. 예를 들면 다음과 같이 말이다. "이 학생은 가끔 야간 요실금 때문에 곤란을 겪는 등 결점이 없지는 않지만, 그럼에도 코넬 대학교 학생으로서 여전히 우수성을 발휘하고 있다. 또한 자신이 친화력 있고 외향적이며 배려심이 많다고 생각한다." 그러면서 몇 가지 취미와 관심사도 언급했다. 연구진은 참가자들에게 전기를 전달하면서, 사본 1부가 다른 학생에게도 전달되어 평가받게 될 것이라고 말했다. 그런 다음 참가자들에게 그 학생이 자신을 어떻게 볼 것으로 예상하는지 1점(평균보다 훨씬 더 부정적인 인상을 받을 것이다)부터 100점(평균보다 훨씬 더 긍정적인 인상을 받을 것이다)까지의 점수로 평가하게 했다. 그후 연구진은 실제로 다른 학생에게 이들의 정보를 제공하고 똑같은 척도로 그 대상에 대한 호감도를 평가하게 했다.

이른바 오줌싸개 학생들이 출력물을 받아들었을 때 얼굴이 빨개졌으리라는 것 정도는 충분히 상상할 수 있다. 그런데 이런 당황스러운 정보가 그들의 예측보다 훨씬 더 긍정적으로 해석되는 결과가 나왔다. 특히 야간 요실금을 암시하는 것에 더해서 취미와 관심사에 대한 추가적인 정보가 제공되었을 때 이런 차이가 극명하게 나타났다. 처리할 상세한 정보가 많아지면서, 정이 가기 힘든 다소 부정적인 소재에 거의 무게를 두지 않게 되는 놀라운 일이 벌어진 듯했다. 이들은 100점 만점에서 69점을 받았는데, 평균이라면 50점을 받는다는 점을 감안하면 압도적으로 긍정적인 평가를 받은 편이다. 그리고 이런 점수는 평가자들이 전기의 주인공과 친분을 맺고 싶어하는 마음이 여전히 매우 크다는 것을 시사한다.[17]

이와 같은 잘못된 예상은 우리의 자기중심적 사고방식 때문에 일어나는지도 모른다. 우리는 자신이 보기에 가장 두드러지는 세부 사항—우리에게 수치심과 당혹감을 안기는 원천—에 초점을 맞춘다. 반면에 다른 사람들은 큰 그림을 본다. 사람들은 여러분이 꾸준히 친구를 돕거나 시험 성적이 뛰어나거나 탁월한 음악 취향이 있는 사람이라는 것을 알면 여러분의 야간 요실금 생각을 하지 않을 가능성이 훨씬 크다. 그러나 우리는 이런 사실을 쉽게 잊어버린 채, 사람을 곤란하게 하는 한 가지 세부 사항이 다른 모든 정보들보다 중요시될 것이라고 예상한다.

취약점을 고백하면, 많은 경우에 사람들은 이것을 진정성의 표시로 받아들인다. 그래서 우리가 제공하는 정보가 그 자체로는 긍정적이지 않더라도, 적어도 긴밀한 유대관계에 필수적인 공동의 이해를 형성하기 위한 노력으로 인식된다. 이는 연결을 원하는 사람들의 불타는 욕망에 기름을 붓는다.

프린스턴 대학교의 디나 그로밋과 에밀리 프로닌은 학생들에게 가상의 낯선 사람에게 그들의 내적 삶을 보여줄 만한 문장을 몇 개 고르게 했다. 몇몇 학생에게는 두려움과 불안감을 드러내는 목록에서 고르게 했다.

- 나는 쉽게 좌절하며, 해야 할 일을 하기 전에 먼저 포기하는 경향이 있다.
- 나는 과도하게 자기비판적이며, 다른 사람들과 함께 지내기에 부족하다고 자주 느낀다.
- 나는 나와는 다른 생각이나 견해에 마음의 문을 잠그기도 한다.
- 나는 극도로 충동적인 행동을 하기도 하고, 내가 내린 결정을 후회하는 경우도 많다.

또다른 일부 학생들에게는 자신의 강점을 드러내는 적절한 문장을 고르게 했다.

- 나는 지금의 나의 모습에 대한 믿음이 매우 확고하다.
- 나는 나와 다른 새로운 생각과 견해를 열린 마음으로 받아들인다.
- 나는 힘든 결정을 내릴 때 침착하고 냉철함을 잘 유지한다.
- 나는 포기를 모르며, 항상 끝까지 해내려고 노력한다.

두 경우 모두 학생들에게 그들이 고른 문장을 다른 학생에게 보여줄 예정이라고 말한 다음, 다음 질문에 답하게 했다. "문장을 보게 될 학생이 가지게 될 귀하에 대한 호감도는 1점(그리 크지 않다)부터 7점(매우 크다)까지의 점수 중에 어디에 해당할까요?"

여러분도 직접 시험해보기를 바란다. 두 가지 종류의 문장들 중에 어느 편이 사회적 연결을 강화할 것으로 보이는가? 여러분도 나와 같다면, 사람들이 약점보다는 강점의 가치를 더 높게 평가하리라고 예상할 것이다. 프린스턴 대학교 학생들의 생각도 같았다. 그들은 나쁜 기질과 편협한 사고방식, 충동성을 인정하면 사람들이 좋아하지 않으리라고 믿었다.

　이런 믿음이 맞는지 알아보기 위해 그로밋과 프로닌은 이 두 종류의 문장들을 또다른 실험 참가자들에게 보여주었다. 그리고 그 글을 작성한 사람에 대한 호감도를 같은 척도로 평가하게 했다. 그랬더니 첫 번째 실험 참가자들의 예측과는 정반대되는 결과가 나왔다. 두 번째 실험 참가자들은 강점을 묘사한 문장을 읽을 때에는 호감도 점수로 평균에 해당하는 3.8점을 주었다. 반면, 취약점을 기술한 문장을 읽을 때는 4.3점을 주었다. 앞에서의 가정처럼 이런 차이가 생긴 것은 참가자들이 느낀 진정성과 직접적인 상관관계가 있었다. 약점을 드러내는 문장을 읽었을 때 그 문장을 쓴 사람이 더 진정성 있고 정직하다고 믿게 되어서 그 사람에 대한 호감도가 높아진 것이다.[18]

　이런 연구 결과는 여러 심리학 실험들로 확인되었다. 짝사랑을 공개하든 신체적 약점을 드러내든 직장에서의 심각한 실수를 인정하든, 우리는 이렇게 털어놓으면 엄중한 심판을 받는다고 생각한다. 그러나 많은 사람들은 우리의 처지에 공감하며 용기 있게 터놓고 이야기한 것을 높이 평가할 것이다.[19] 추종자들에게 강인하고 결점 없는 이미지를 전달하려고 애쓰는 권력자들이라면, 취약점을 끌어안는 것이 심지어 이득이 될 수 있다. 또한 난처할 수 있는 약점―가령 수줍음이나 연설 불안증, 비행 공포증―을 지도자가 노출하면, 진정성 점수를 높게 받아서 부하직원들의 충성도가 올라간다.[20]

　이러한 연구 결과는 수년간 많은 사람들을 만나 수치심에 관해서 면담했던 작가 브레네 브라운의 질적 연구 결과와도 궤를 같이한다. 그녀는 저서 『마음 가면*Daring Greatly*』에서 이렇게 밝혔다. "우리는 다른 사람 안에 있는 날것 그대로의 진실과 솔직함을 보는 일은 좋아하지만, 우리 안에 있는 것을 드러내는 일은 두려워한다. 나는 상대방의 취약점에는 끌리지만 나 자신의 약점에는 진저리친다."[21] 우리 모두는 자신의 불완전함에 수치심을 덜 느껴야 한다. 또한 최신 과학 연구 결과를 근거로 삼아서, 우리 삶의 아름다운 허점 위로 유대를 형성할 수 있다는 자신감을 가져야 한다.

회피, 기피, 얼버무리기

우리는 숨기고 싶은 사실이 있다면, 대놓고 거짓말하지 않으면서도 자기 노출은 피하고 싶어한다. 어색한 질문에는 답변을 그냥 거부할 수도 있고, 초점을 완전히 다른 곳으로 돌려서 주의를 분산시키려고 할 수도 있다. 혹은 엄밀히 따지면 맞는 말이어도 의미 있는 핵심은 빠진 발언을 할 수도 있다. 안타깝게도 이런 전략에는 많은 위험이 따르지만, 이득은 거의 없다.

먼저 회피 전략부터 살펴보자. 하버드 대학교 경영대학원의 연구진은 데이팅 앱 회원들의 (가상의) 프로필에서 어두운 과거—가령 다른 사람에게 성병을 숨기거나, 현금을 훔치거나, 거짓으로 보험을 청구하거나, 사람을 고문하는 환상을 품는 등—를 발견한 사람들의 반응을 연구했다. 데이팅 앱의 프로필에 깊이 있는 자세한 정보는 없었지만, (표면적으로는) 회원마다 문제의 행동을 얼마나 자주 했느냐는 질문에 "한 번도 하지 않았다", "딱 한 번", "때때로", "빈번하게", "답변 거부" 중의 하나로 답한 형식이었다.

이런 행위들은 어디까지나 비윤리적이기 때문에 우리는 대부분 기록이 완벽하게 깨끗한 사람과 만나는 편을 선호한다고 생각해도 무리가 아닐 것이다. 그런데 만약 이런 행동을 한두 번 했다고 시인한 사람과 답변을 거부한 사람 가운데 한 명을 골라야 한다면? 여러분이라면 누구를 더 만나고 싶은가?

하버드 대학교의 연구에서는 회피보다 정직이 거의 항상 우세했다. 사람들은 질문을 피한 사람보다는 솔직하게 죄를 인정한 사람을 선호할 가능성이 상당히 더 컸다. 예를 들면, 연인에게 성병을 숨긴 적 있느냐는 질문에 **답변을 거부한** 사람들은 "빈번하게" 했다고 인정한 사람만큼이나 가혹한 평가를 받았고, "때때로" 또는 "딱 한 번"만 했다고 인정한 사람들보다도 상당히 나쁜 평가를 받았다.

만약 인간이 엄격하게 논리적인 결정을 내리는 기계라면, 이런 결과는 성립될 수 없다. 어쨌든 답변을 거부한 사람이 딱 한 번만 비행을 저질렀을 수도 있으니, 이런 사람을 선택하는 편이 비윤리적인 행동을 "빈번하게" 했다고 인정한 사람을 선택하는 것보다는 안전한 결정이다. 그러나 우리 인간은 확률을 따지는 계산기가 아니다. 우리의 관심은 사람들과 의미 있는 연결관계를 형성하는 데에 있다. 그래서 질문에 답하기를 거부하는 모습을 보면, 그 사람의 전반적인 진정성에 대해서 심각한 의혹이 고개를 드는 것 같다. 흥미롭게도 연구진은 직장에서도 똑같은 결과를 확인했다. 잠재적 고용주들은 정보

노출을 거부한 사람보다는 마약 경험을 인정한 사람을 고용하는 편을 선호했다.[22]

진실을 회피하는 다른 전략들 역시 성과는 별반 차이가 없다. 가령 불쾌감을 덜 유발하는 주제로 화제를 전환함으로써 갈등을 피할 수도 있다. 이렇게 하면 핵심은 피하면서도 대답은 했다는 착각이 들게 할 수 있다. 바로 정치인들이 흔히 구사하는 전술이다. 연구에 따르면, 주의력 없는 사람이라면 눈치채지 못할 정도로 원래의 주제에 가까운 대답을 하는 경우에는 이 방법이 때때로 효과가 있을 수도 있다. 그러나 주의력 있는 사람이 들으면 수를 다 눈치챌 가능성이 있어서 오히려 혹독한 평가를 받게 된다.[23]

이와 비슷한 얼버무리기 전략―엄밀하게 따지면 맞는 발언을 하면서 잘못된 인상을 주는 전략―도 위험하기는 마찬가지이다. 아마 이 기법을 가장 잘 보여주는 사례가 바로 모니카 르윈스키 스캔들 때 빌 클린턴 대통령이 했던 말일 것이다. 1998년 PBS 방송국 인터뷰에서 기자 짐 레러가 '네, 아니오'로 답하는 매우 직설적인 질문을 클린턴에게 던졌다. "이 젊은 여성과 성관계가 없었습니까?" 이를 본 대부분의 사람들은 레러가 클린턴에게 르윈스키와 가까운 관계였던 적이 있는지 묻는 것으로 이해했다. 그러나 클린턴은 교묘하게 현재 시제로 답했다. "성관계는 없습니다. 정확합니다." 어떤 시청자들은 이 대답에 만족했을지 모르겠다. 그러나 엄밀하게 따졌을 때 클린턴의 발언이 사실이었더라도―그 시점에는 두 사람의 불륜관계가 끝나 있었다―그는 그런 관계가 있었던 적이 없다고 생각하도록 사람들을 호도한 것이 분명했다.[24]

클린턴의 경우는 특히나 고약한 얼버무리기 사례에 해당한다. 그러나 아마 여러분도 이보다는 심각하지 않은 상황에서 이 기법을 사용한 적이 있을 것이다. 가령 사업상 협상을 할 때, 판매량이 정체기에 접어든 것을 알고 있는 상황에서 미래의 성장률 예측에 관한 질문을 받는 경우가 있다. 정직한 사람이라면 이런 사실을 솔직하게 밝힐 것이다. 반면 얼버무리기를 잘하는 사람은 **과거의 성공적인 성과에 초점을 맞추는 방법**으로 현재의 판매량 노출을 회피하면서 이제 성장이 멈추었다는 사실은 거론하지 않는다. "음, 잘 아시겠지만 지난 10년간 저희 판매량이 일관되게 증가했습니다."

최선의 대화 전략에 관한 질문을 받으면, 사람들은 대부분 노골적인 거짓말보다는 얼버무리기를 선호한다. 그리고 얼버무리는 것이 더욱 윤리적이라고 여긴다. 그러나 상대방이 기만당했음을 깨닫게 되면 심각한 후폭풍이 생긴다. 실험에 따르면, 사람들은 그 어떤 기만행위와 마찬가지로 얼버무리기에 대해서도 똑같이 부정적으로 인식한다. 그래서 얼버무렸던 사람을 또다시 신뢰할 가능성이 적다.[25] 진실이 밝혀졌을 때 평판이 떨어질 위험 없이 사실을 숨길 수 있는 좋은 방법은 존재하지 않는다.

하얀 거짓말이라는 신화

제아무리 "친사회적 부정직"—다른 사람의 감정을 상하지 않게 하려고 설계한 허위—이라고 해도 불이익이 따를 수 있다.

하얀 거짓말―화자의 순수한 의도를 강조하는 표현이다―이라는 개념이 등장한 것은 16세기까지로 거슬러올라가는데, 헨리 8세의 재상이었던 토머스 모어의 편지에 짧게 언급되어 있다. 네덜란드 신학자 데시데리위스 에라스뮈스에게 보내는 편지에서 모어는 자기 자신이 "모든 하얀 거짓말을 살인처럼 시커멓게 나쁜 것으로 여길 만큼 광적으로 거짓말을 하지 않는 사람"은 아니라고 인정한다.[26] 모어처럼 오늘날 사람들은 대부분 하얀 거짓말을 대화가 매끄럽게 흐르도록 도와주는 필수적인 사회의 윤활유라고 생각한다. 그리고 하얀 거짓말이 없다면 우리의 상호 작용이 그냥 서서히 멈추어버리거나 과도한 마찰로 타버리고 만다고 믿기도 한다. 그런데 이런 추정이 과연 타당할까?

이 물음의 답을 찾고자 시카고 대학교의 에마 러바인과 카네기 멜런 대학교의 타야 코언이 일련의 연구를 설계했다. 첫 번째 실험에서 이들은 약 150명의 실험 참가자를 모집하여 세 집단으로 나누었다. 첫 번째 집단은 향후 3일간 가정과 직장에서 "절대적으로 정직하게" 모든 대화에 임하라는 요청을 받았다. "생각과 감정, 견해를 다른 사람들과 공유할 때 완전히 꾸밈없고 솔직하도록 진심으로 노력하세요.……그렇게 하는 것이 어렵더라도 정직하기 위해서 절대적으로 최선을 다해야 합니다." 두 번째 집단은 같은 기간에 다정하고 배려심 있고 사려 깊게 행동하라는 요청을 받았다. 반면 세 번째 집단은 평소처럼 행동하라는 지침을 받았다. 그런 다음 참가자들은 실험을 진행하는 사흘 동안 매일 밤 자신의 경험에 대해서 묻는 설문지를 채웠다. 2주일이 지난 후에는 그 경험으로부터 무엇을 배웠는지

되돌아보라는 요청을 받았다.

어느 집단이 다른 집단들보다 좋은 경험을 했을지 예측해보라고 하면, 사람들은 대부분 다정함을 우선시한 집단이 가장 좋은 경험을 했고, 정직한 집단이 우정을 유지하기 위해서 고군분투했을 것이라고 본다. 그러나 이런 예상과는 반대로, 정직한 참가자들은 즐거움과 사회적 연결 측면에서 사흘 내내 다정한 참가자들만큼 높은 점수를 기록했다. 또한 교류하면서 종종 많은 의미들을 발견하기도 했다. 예를 들면 부정적인 정보가―관계 전반을 훼손하지 않은 채― 더 깊이 있는 대화로 이어진 것 같았다.

연구를 끝내면서 참가자들이 경험에 관해서 작성한 글을 모아 살펴보았더니 이런 사실이 자명하게 드러났다. 한 참가자는 이렇게 보고했다. "원하는 질문은 무엇이든 할 수 있고 진실되게 대답할 수 있었던 덕분에 나와 상대방은 마음을 더욱 터놓고 편하게 말할 수 있었다." 그들은 지인과 어색하게 상호 작용했던 경험도 있었지만, 불편을 감수할 만큼 교류의 진정성이 가치 있다고 느꼈다. 그 참가자는 이렇게 덧붙였다. "누군가가 기분이 어떤지 묻는데 가식적으로 구는 것이 무슨 소용인가? 내가 전반적으로 느끼기에 정직하면 관계가 좋아지고 신뢰도 커지는 것 같다. 이런 경험 때문에 나는 일상생활에서 더 정직하려고 애쓰고 있다." 이외에도 해방감을 느꼈다고 보고한 참가자들도 있었다. "사람들은 나의 생각과 다르게 반응했다. 그들은 정직을 좋아하고 높이 평가했다. 나는 이런 일이 일어날 줄은 몰랐다. 신선한 경험이었다. 마음속에 있는 것을 그대로 이야기하면서도, 그 말에 대해서 걱정하지 않아도 되어 행복했다."

후속실험에서 러바인과 코언은 친구나 동료, 동거인, 연인 사이인 사람들을 둘씩 짝지어 개인적인 문제—가령 마지막으로 울었던 때나 가장 당혹스러웠던 순간—를 최대한 정직하게 마음을 터놓고 이야기하게 했다. 각각의 경우, 정직한 소통이 도화선이 되어 의미 있는 대화를 나누게 되었다. 이런 대화는 사람들이 두려워했던 것만큼 결코 어렵지 않았다. 자신의 전반적인 안녕감에 대해서 솔직하게 털어놓음으로써 얻게 된 이득은 개입이 끝난 후 최소 1주일 동안 지속되었다. 마지막으로 연구진은 사람들에게 가까운 사람과 함께 부정적인 의견—"귀하가 생각하기에 상대방이 달리 행동하거나, 바꾸거나, 개선해야 할 것"—을 서로 나누어보라고 했다. 이번에도 반응은 예상보다 훨씬 좋았다.[27]

이는 우리가 과도하게 편협한 시각으로 상황을 파악한다는 또 하나의 사례인 것 같다.[28] 우리는 의견의 부정적 내용과 이 때문에 친구가 상처받을 가능성에 집중한다. 그러면서 친구가 전반적인 관계의 맥락 안에서 우리의 지적을 고려한다는 사실은 잊어버린다. 우리가 친구에게 이미 다정한 모습을 보여준 적이 있다면, 그 친구는 우리의 지난 행동을 많이 기억할 것이다. 그래서 그 친구에게 최선의 이익이 무엇일지를 우리가 염두에 두고 있다는 확신이 있을 것이다. 이 사실을 아는 것만으로도 우리가 전달하는 정보로부터 받는 타격감은 충분히 완화된다. 그러면 최소한 "메신저를 쏘는 일"은 일어나지 않는다.

러바인은 사람들에게 "친사회적 기만"에 대한 인식에 관해서 더 일반적으로 물었다. 그 결과 하얀 거짓말이 매우 제한된 상황에서만 용인된다는 사실을 발견했다. 즉, 상황이 통제 범위 밖에 있어서 진실을 밝혀도 아무런 득이 없을 때였다. 뻔한 사례를 들자면, 결혼식 날 신랑이나 신부가 예식장에 들어가기 전에 몸단장을 바꿀 방법이 없다면 굳이 그들에게 모습이 엉망이라는 말을 할 필요가 없다. 그러나 진실을 밝혀서 미래의 곤란한 상황을 모면할 수 있다면, 정직이 최선이다. 이에 반해서 하얀 거짓말은 권위적이고 사람을 가르치려고 드는 것처럼 여겨진다.[29]

실용적인 차원에서 보면 달콤한 거짓말은 학습과 성장을 저해할 수 있다. 예를 들면, 하버드 대학교 경영대학원의 연구진이 실험 참가자들을 모집하여 둘씩 짝을 짓고 상금이 걸린 연설 대회에 참가시켰다. 둘 중에 한 사람은 연사, 다른 한 사람은 코치 역할을 맡아서 리허설 때 의견을 주게 했다. 코치들은 대부분 자신의 파트너가 얼마나 정직한 의견을 원하는지 과소평가했다. 그래서 실력 향상을 위한 제안을 하기보다는 긍정적인 격려를 더 많이 하는 경향을 보였다. 그 대가는 수행 능력으로 나타났다. 연습하는 동안 건설적인 비판을 적게 받은 사람일수록 최종 연설에서 심사위원들로부터 나쁜 평가를 받았다. 이 실험에서 제시한 장려책은 상대적으로 규모가 작았다. 우승한 연사에게는 겨우 50달러, 코치에게는 25달러의 상금만 주어졌다. 그러나 현실에서는 정직을 혐오할 경우 영업 발표를 망치거나 면접을 망쳐서 꿈의 직장을 잃는 결과를 맞을 수도 있다. 그런데 추가적 연구 결과, 곤란한 사실이 확인되었다. 잠재적인 파급 효과가 심각할수록 사람들이 정직한 비판을 제공하려고 하지 않는다고 나타난 것이다.[30]

어려운 대화를 다루는 데에는 요령이 필요하다. 먼저 긍정적인 의도를 분명히 한 다음에 고통스러울 수 있는 진실을 전달하면, 나쁜 소식이나 비판이 주는 타격감을 완화하는 데에 도움이 된다. 그런 다음 최선을 다해서 최대한 건설적으로 표현하여, 상대방이 여러분의 지적으로부터 확실히 무엇인가를 배울 수 있도록 해야 한다. 가령 상대방에게 발표가 "지루하다"라고 말하는 것은 발표가 "훌륭하다"라고—가짜로—말하는 것보다 유익하지 않다. 다만 더 큰 상처를 줄 뿐이다. 집중이 흐려진 지점이 어디인지 구체적인 예를 들고 공감하지 못한 구체적인 이유를 명확히 밝히면, 훨씬 더 유익한 충고가 되어 더 나은 결과를 가져올 수 있다. 우리는 일상적으로 말할 때 정직과 "직설"을 자주 혼동한다. 그러나 정직한 의견을 줄 때에는 그 어느 때보다도 정확하고 섬세하게 이야기하는 것이 중요하다. 마지막으로, 상대방이 나쁜 결과에 대처하도록—감정적으로 또는 실용적으로—돕겠다는 제안을 할 수 있다(예컨대 커피 한잔 마시러 가자고 하면서 글쓰기에 대해서 전반적인 조언을 해줄 수 있다).

의도만큼은 좋은—그러나 전체적으로 무익한—전략이 있다. 바로 "의견 샌드위치"이다. 샌드위치처럼, 가짜 칭찬 사이에 비판이라는 쓴 알약을 숨기는 것을 말한다(이런 이유로 이를 "엉터리 샌드위치"라고 부르는 것도 들어본 적 있을 것이다). 이런 방법은 칭찬은 칭찬대로 갉아먹으면서 그렇다고 부정적인 의견을 더 듣기 좋게 만들지도 않는다. 모두 불리한 상황만 된다.[31] 위안을 주는 빈말로 실망스러운 소식을 포장하기보다는 솔직하게 진실을 말하는 편이 더 낫다.

신뢰하고 신뢰받기

지금까지 우리는 일곱 번째 연결의 법칙을 뒷받침하는 풍부한 증거를 확인했다. 우리는 삶에 대해서 조금 더 정직하고 솔직해지려고 노력해야 한다. 그러면서 다른 사람들도 그렇게 할 수 있는 안전한 공간을 마련해주고 있는지도 생각해보아야 한다. 예를 들어 여러분이 가십을 좋아한다면, 대화를 재미있게 만들 수 있는 경우가 많다. 그러나 가십거리를 너무 자주 입에 담으면, 다른 사람들이 자신의 비밀을 공유하기 전에 다시 한번 생각하게 된다. 여러분에게 말하기 전에 자신의 삶을 한번 걸러내기 때문에 유대관계를 형성할 기회를 놓치는 결과가 생긴다.

다른 사람들이 마음의 문을 열면, 적극적인 배려와 관심을 보이면서 그들의 감정을 인정하면 된다. 단, 앞으로는 아무 대화에서나 그 주제를 거론할 수 있다고 생각하면 오산이다. 사람에 따라 비밀을 털어놓으면서 안도감을 느낄 수는 있지만, 그렇다고 기회가 될 때마다 그 이야기를 하고 싶다는 의미는 아니다. 실제로, 취약점이 다시 생각날 가능성이 있는지가 개인 정보를 밝힐지 말지를 결정할 때 흔히 핵심 고려사항이 된다.[32] 그러므로 그 주제를 다시 꺼내기 전에는 신중해야 한다. 많은 경우, 상대방이 편안하게 느낀다면 언제든지 그의 상황에 대해서 기꺼이 논할 수 있다는 여러분의 의향을 그에게 알려서, 상대방이 주도권을 쥐게 하는 것이 최선이다.

마지막으로, 다른 사람들의 신뢰성에 대해서 여러분이 어떻게 인식하고 있는지 살펴보는 것이 좋다. 이런 인식의 영향을 크게 받아서 다른 사람의 자기 노출에 어떻게 반응할지, 그의 말에 선의로 반응할 의향이 있는지가 결정되기 때문이다. 다음의 문장들을 1점(완전히 반대한다)부터 5점(완전히 동의한다)까지의 점수로 평가해보기를 바란다.

- 사람은 대부분 기본적으로 정직하다.
- 사람은 대부분 자신을 신뢰해주는 사람을 신뢰한다.
- 사람은 대부분 기본적으로 온화하고 다정하다.

이것을 가리켜서 "일반 신뢰 점수"라고 한다. 만약 여러분이 냉소적인 성향이라면 점수가 높게 나온 사람들에 대해서, 사람을 잘 믿으므로 쉽게 조작할 수 있는 사람들이라고 예상할 것이다. 그러나 이런 생각은 틀렸다. 사람을 잘 신뢰하는 사람들은 인물에 대한 판단력이 훨씬 더 뛰어난 듯 보인다.

이와 관련해서 충격적인 결과가 나온 연구가 있다. 캐나다의 한 연구진이 MBA 학생들에게 취업을 위한 모의 면접을 보게 했다. 그리고 그중 절반에게는 진실만 이야기하게 했고, 나머지 절반에게는 경력에 대해서 원하는 만큼 거짓말을 할 수 있게 했다. 면접 장면을 영상으로 촬영한 후에는 또다른 참가자들에게 보여주었다. 이들은 영상 속 학생들의 정직성을 어떻게 바라보는지와 함께, 고용할지에 대한 견해를 밝혔다. 그 결과, 사람을 믿는 경향이 강한 참가자들이 냉소적인 참가자들보다 보는 눈이 더 정확한 것으로 드러났다. 냉소적인 사람들은 어떤 사람이 기만적일 때 이를 알리는 "단서"를 그냥 잘 알아채지 못했다. 그래서 기만적인 후보를 채용하는 것을 지지할 가능성이 더 컸다.

사람을 잘 믿는 참가자들은 경계심이 적은 탓에, 참인지 거짓인지 알려줄 수 있는 목소리 변화 같은 실마리에 더 민감해진 것 같다. 이런 사람들은 사는 동안 적극적으로 다른 사람의 정직에 의존해야만 하는 위치에 있었을 것이다. 그러면서 인물에 대한 판단력을 단련해왔을 것이다. 이와 대조적으로, 냉소적인 사람들은 속을까 봐 워낙 우려한 탓에 과거에 다른 사람들과의 상호 작용을 제한했을 것이다. 그 결과 인간의 행동에 충분한 관심을 두지 못해서 선의로 행동하는 사람과 악의로 행동하는 사람을 구별하지 못하게 된 것이다. 신뢰도가 높으면 사회적 지능도 높아져서, 주변 사람들의 복잡한 행동을 다루는 능력도 좋아진다.[33]

다른 사람들과 마음을 터놓고 정직하게 지내는 일―그리고 그들도 똑같이 행동하리라고 믿는 일―이 항상 쉽지만은 않다. 추운 날씨에 옹기종기 모이려고 애쓰는 쇼펜하우어의 고슴도치들처럼, 우리는 타인에게 가까이 다가갈 때마다 상처받을 위험에 직면한다. 그러나 그로 인해서 얻는 이득이 이런 위험을 훨씬 능가한다. 선의로 행동할 줄 알게 되면, 솔직함과 신뢰는 대개 감사와 연결로 보상받으며 세상은 보기보다 조금 덜 적대적이라는 사실을 알게 된다. 우리를 흩어지게 만드는 가시는 환상에 불과한 경우가 많다.

핵심 정리

- 비밀에는 육체적, 정신적 부담과 함께 사회적 고립이 따른다. 이 모든 것이 우리의 안녕감에 영향을 준다.
- 그렇게 해도 된다는 확신이 들 때, 다른 사람에게 자연스럽게 비밀을 털어놓으면 양쪽 모두의 연결감이 강화될 수 있다.
- 사람들은 우리의 불안감과 당혹감을 우리가 생각하는 것보다 훨씬 더 긍정적으로 보는 경향이 있다. 이 현상을 가리켜서 아름다운 허점 효과라고 부른다.
- 질문을 피하거나 얼버무리면서 진실을 회피하려는 시도는 노골적인 거짓말만큼 나쁘게 인식되는 경향이 있다.
- 감정을 상하지 않게 하려고 말하는 하얀 거짓말은 권위적이고 다른 사람을 가르치려고 드는 행위로 비칠 수 있다. 하얀 거짓말은 당사자가 문제의 상황을 통제할 수 없는 경우에만 용인된다.
- 우리는 정직한 의견을 원하는 사람들의 욕구를 일관되게 과소평가한다. 이런 편향은 정직한 통찰력의 파급 효과가 큰 상황에서 특히 더 많이 나타난다.

행동 전략

- 1주일 동안 모든 사회적 상호 작용에 전적으로 정직하게 임하라. 일지를 쓰면서, 대화나 이메일 교류가 원래 예상했던 것보다 더 자유롭고 풍요로워지는 경향이 있는지 기록하라.
- 의견을 제공할 때에는 긍정적인 격려에 부정적인 정보를 추가하는 식의 "엉터리 샌드위치" 방식은 피하라. 이렇게 하면 칭찬의 가치도 떨어지고, 속 안에 든 내용물도 달콤해지지 않는다.

- 직설 화법은 피하라. 그 대신 문제점을 정확하고 세세하게 짚는 데에 초점을 맞추라. 가능하다면, 문제를 해결할 수도 있는 긍정적 조치를 제안하라.
- 악의적인 가십을 멀리하면서 여러분에게는 비밀을 말해도 안전하다는 것을 다른 사람들에게 보여라. 어떤 사람이 자기 노출을 한 다음에는 그 고통스러운 화제를 너무 자주 꺼내지 않도록 주의하라. 다만 상대방이 편할 때 언제든 다시 이야기할 의향이 있음을 분명히 밝힌다.

8

질투하지 말고 함께 기뻐하기

소셜 미디어를 어느 정도 사용해본 사람이라면, "겸손한 척 자랑하기"에 꽤 익숙할 것이다. 이런 행태는 겉으로 보기에는 자기 비하적인 비평이나 불평 같지만, 미모나 부, 학벌, 출세에 관심을 집중시킬 뿐이다. 가령 '나더러 연예인 닮았다고 하는 사람이 몇 명이나 되는지 셀 수조차 없다니까, 정말' 또는 '대학을 두 군데 나왔다는 의미는 돈이나 기부를 요청하는 전화를 두 배로 받는다는 거지. 졸라대서 어찌나 짜증스러운지 몰라!'와 같은 것 말이다.

특히 연예인들 사이에는 겸손한 듯 자랑하는 것이 유행이다. 영화배우 재러드 레토의 예를 살펴보자. 그는 1류 패션 잡지로부터 예리한 패션 감각을 인정받은 후에 이런 트윗을 올렸다.

방금 독일에서 GQ 스타일 상을 받았어요. 주최 측의 실수가 분명해요. 언제쯤 상을 회수해갈지 궁금하네요. ;) #대망의수상자는어머니![1]

메릴 스트리프의 세 번째 오스카 상 수상 소감도 마찬가지이다.

제 이름이 호명되자 미국민 절반이 이랬겠죠. "아니, 말도 안 돼, 도대체 왜? 왜 또 저 여자지?"……그래도 어쩌겠어요.[2]

겸손한 척하면서 자랑하는 습관은 영어권 국가에만 한정된 것이 아니다. 중국의 소셜 미디어에서는 사용자들이 특정한 게시물을 "베르사유 문학"이라고 깎아내린다.[3] 이 표현은 만화 『베르사유의 장미』에서 따온 것인데, 이 만화에는 마리 앙투아네트의 호화로운 생활방식이 나온다. 오늘날 이 표현은 태연한 척하거나 실망한 척하면서 자신의 부와 사회적 지위를 뽐내는 게시물을 설명할 때 사용된다. 가령 다음과 같다.

동네에 전기차 충전소가 부족한데, 신규 충전소 설치 허가를 못 받았어요. 선택의 여지가 없어서, 남편의 전기차 테슬라를 충전하려면 개인 차고가 있는 더 큰 집으로 이사할 수밖에 없었죠.[4]

이 게시물을 올린 사람은 이렇게 말하고 만족의 미소를 짓겠지만, 그 동기는 웃고 넘길 일이 전혀 아니다. 원래는 사회적 상호 작용의 주요 딜레마 하나를 극복하려는 동기에서 출발했겠으나 그 시도가 잘못되었기 때문이다.

다른 사람들의 존경을 받고 싶은 마음이 드는 것은 자연스러운 일이다. 인간이 진화하는 동안 또래집단에서의 평판은 생존에 필수적인 것이 되었다. 똑똑하고 열심히 일하고 너그럽고 협동적이라고 알려진 사람들은 소중한 구성원으로 평가되었다. 그래서 또래들과 유용한 동맹을 형성하기 쉬웠을 것이다. 그뿐 아니라 짝짓기 상대로서도 더 매력적이었을 것이다. 그런데 한 사람이 흥하면 다른 사람이 망하는 결과가 이어질 수 있다. 그러면 같은 종류의 지위를 획득하려고 고군분투한 사람들은 분한 마음이 든다. 진화의 역사에서 우리 조상들은 노력과 희생을 쏟지 않으면서 지나치게 자신만만한 것 같은 사람들을 특히 미심쩍어했을 것이다. 이런 수상한 사람들은 너무 우쭐거리다가 자기 역할을 다하지 못하거나 공공의 이익에 일조하지 못했다. 그 결과 우리는 질투와 같은 감정을 진화시켰다. 그 덕분에 우리는 장점이 없는데도 과도한 관심을 받는 자들은 벌하고, 우리 자신도 똑같은 성취를 이루기 위해서 분투해야겠다는 자극을 얻는다.

　새로운 사람을 만나 관계를 맺게 된 기쁨을 표현하거나 직장에서 승진한 이야기를 할 때마다, 깊은 인상을 남기고 싶은 사람들의 마음속에 정작 불쾌한 감정을 촉발할 위험이 있다. 이는 사회적 연결을 가로막는 주요 장벽이며, 성공한 사람들 중에 믿을 수 없을 정도로 외로움을 느끼는 사람이 그토록 많은 이유이기도 하다. 우리는 다른 사람들의 분한 마음을 유머나 연민으로 상쇄시키고자, 겸손한 척하면서 자랑하는 행동을 하게 된다. 그런데 최근의 연구에 따르면 이런 행동은 되레 피하고자 하는 감정들을 증폭시킬 뿐이다. 다행히도 솔직하게 성공담을 들려줄 다른 방법들이 많다. 이런 방법들은 분함이나 악의적인 질투 대신 "다른 사람의 행복에 대한 기쁨"을 유발한다. 서로의 성취에 대해서 기쁨을 공유함으로써 연결을 강화하는 것이다. 우리는 여덟 번째 연결의 법칙으로 질투를 두려워하지 말고 공개적으로 자신의 성취를 축하해야 하는 이유를 배울 예정이다.

자랑할 권리

가짜 겸손의 심리와 이것이 심한 역효과를 낳는 이유를 다루기 전에, 더 일반적인 자화자찬의 위험성부터 살펴보자. 굳이 말할 필요도 없지만, 근거 없는 오만함을 보란 듯이 과시하는 모습을 보면 당혹감이 들 수 있다. 윌리엄 셰익스피어는 『끝이 좋으면 다 좋다 *All's Well that Ends Well*』에서 이렇게 말했다. "결국에 / 떠벌리는 모두 멍청이로 밝혀지는 법."

   심리학 연구에 따르면, 자랑을 판단하는 주요 관점은 두 가지이다. 첫 번째는 정확성이다. 자화자찬을 늘어놓는 학생이라도 성적 면에서 어느 정도 잠재력을 증명할 수 있다면—이를테면 자신의 주장을 뒷받침할 사실을 제시하지 못하는 경우보다—훨씬 더 긍정적으로 평가받는다. 더 나아가 오히려 그 주장에 반하는 증거가 있다면, 예컨대 성적이 뛰어나기는 고사하고 형편없다면 특히나 가혹한 평가를 받는다.[5] 이것은 진화적 관점에서 보면 이해가 된다. 사회적 신분 상승의 사다리를 올라서 새로 획득한 지위를 자랑하려는 행동보다 더 나쁜 것이 있다면 정직하지 않은 방법으로 그렇게 하는 것이다. 이 경우 그 사람의 행동 전반에 대한 의구심이 즉각 제기된다. 인정받기 위해서 수단과 방법을 가리지 않는 사람일지도 모른다고 판단받는 것이다.

우리는 대부분 이런 사실을 직관적으로 안다. 그런데도 어떤 사람들은 진실이 밝혀지지 않으리라고 여전히 생각하면서, 존재하지도 않는 성공을 자랑하고 싶어한다. 이는 플로리다 대학교의 베리 슐렝커가 1970년대의 대표적인 연구로 밝혀낸 사실이다. 먼저 연구진은 실험 참가자들에게 개인별 적성시험을 보게 한 후에 집단별 시험에 참여하게 했다. 집단별 시험은 구성원마다 정답에 투표하는 퀴즈 형식으로 진행되었다. 이때 어떤 집단은 비밀투표 방식으로 표를 익명으로 합산했고, 다른 집단은 오답까지 포함해 전체 표를 공개했다.

슐렝커는 익명성이라는 가능성이 생기면, 참가자들이 다른 사람들에게 자신을 소개하는 방식이 달라지는지에 관심이 있었다. 실험 결과는 실망스럽지 않았다. 비밀투표가 보장되자 참가자들은 표가 공개되는 사람들에 비해서 자신의 지적 기량을 과장할 가능성이 훨씬 더 커졌다. 자신이 주장하는 성적이 실제 성적과 다르다고 확인될 일이 없다는 사실을 알고 있는 그들은 훨씬 더 행복하게 자랑했다. 사전에 보았던 개인별 적성시험 성적이 매우 나쁘다는 말을 들은 사람들마저도 그랬다. 틀렸다고 증명할 방법이 없으니 참가자들은 실제 존재하지도 않는 재능을 뽐내면서 행복해했다.[6]

현실에서는 진짜 능력과 성취가 언제 드러날지 알기가 매우 어려울 수 있다. 가족들에게 자신이 동료들 사이에서 인기가 많다고 자랑할 때, 우리는 이 두 가지 사회집단이 절대 서로 접촉할 리 없다고 생각한다. 그런데 알고 보니 사촌과 직장 동료가 우연히 같은 체육관에 다니는 일이 벌어질 수 있다. 혹은 동료들에게 자신이 어떤 외국어를 유창하게 한다고 자랑했는데, 원어민의 말을 통역해달라는 요청이 들어와 얼굴만 새빨개지는 일이 생길 수도 있다.

그런데 최악은 따로 있다. 자기 능력에 관한 판단에 깊은 결함이 있는 경우가 많다는 것이다. 즉, 우리는 자기가 하는 자랑이 얼마나 사실을 호도하는지 깨닫지조차 못한다는 뜻이다.[7] 게다가 재능이 가장 모자란 사람들의 자신감이 가장 지나친 경우가 많다. 이런 경향을 가리켜, 이 현상을 발견한 두 연구자인 데이비드 더닝과 저스틴 크루거의 이름을 따서 더닝-크루거 효과라고 부른다.[8]

많은 정치인들의 터무니없는 허풍을 두고 언론인이나 희극인들이 재빨리 이 용어를 사용한 바 있다. 그러나 자신의 기량을 과대평가하는 이런 경향은 사실 우리 대부분에게 있다. 우리는 자랑할 권리가 충분히 있다고 확신해야 한다. 그렇지 않으면 우리는 모두 "멍청이로 밝혀질" 위험에 직면한다.

휴브리스 가설

정확성 외에도 자랑을 평가하는 또다른 잣대가 있다. 우리가 다른 사람들과 직접적인 비교를 하고 있는지, 그렇지 않은지 하는 것이다. "휴브리스(과잉 자신감) 가설" 이론에 따르면, 사람들은 다른 사람에 대한 부정적인 평가가 포함된 자화자찬에 거부감을 느낄 가능성이 훨씬 크다. 따라서 이런 식으로 다른 사람과 비교하지 않으면서 자랑하면 훨씬 더 호의적으로 받아들여진다.

　이런 내용의 연구에 대한 맛보기로서, 다음과 같은 발언들을 살펴보자.

1. 알다시피 나는 다른 사람들보다 친구로 지내기에 좋은 사람이지.……남들보다 언제든 신나게 놀 줄도 알고……내 사람한테는 내가 남들보다 훨씬 더 잘하지.……다른 사람들과 비교하자면, 나는 더 헌신적이고 충직하고 마음이 열려 있는 사람이라서 같이 지내면 더 재미있을 거야.
2. 알다시피 나는 친구로 지내면 좋은 사람이지.……언제든 신나게 놀 줄도 알고……내 사람한테 아주 잘하지. 스스로 평가하자면, 나는 헌신적이고 충직하고 마음이 열려 있는 사람이라서 같이 지내면 아주 재미있을 거야.

　이렇게 발언하는 두 사람이 있다면, 여러분은 어느 쪽을 만나는 것을 더 선호하겠는가?

　제아무리 호의적으로 해석하더라도, 두 발언의 어느 쪽도 겸손하다고 볼 수는 없다. 양쪽 모두 누가 봐도 바람직한 특징과 행동을 자화자찬하고 있으니 말이다. 다만 두 발언 사이에는 단 한 가지 차이가 있다. 발화자가—첫 번째 발언처럼—이런 장점들을 다른 사람들의 특징과 비교해서 상대적으로 이야기하는지, 아니면 두 번째 예시에서 보이듯이 명시적 비교를 피하는지가 다르다. 뢰번 가톨릭 대학교의 베라 호런스는 다수의 연구를 통해서, 직접적인 비교를 하는 사람들("명시적" 허풍쟁이)이 다른 사람들에 대한 언급 없이 단순히 자기 이야기만 하면서 자화자찬하는 사람들("암묵적" 허풍쟁이)보다 호감도가 훨씬 떨어진다는 사실을 입증했다.[9]

그렇다면 도대체 왜 그런 것일까? 논리적으로 생각하면 도통 이해가 되지 않는다. 호런스의 추가 연구 결과 우리가 느끼는, 평가에 대한 두려움이 그 원인으로 지목되었다. **일반적으로** 다른 사람들에 대해서 명시적으로 사회적 비교를 하는 사람이 있다면, 우리는 그 사람이 **개인적으로** 우리에 대해서도 부정적인 시각을 가진다고 생각한다. 그러면 우리는 자신의 지위가 위협받는다고 느끼게 되고, 본능적으로 그 사람에게서 물러서게 된다.[10] 직접적인 사회적 비교에 대한 혐오가 강해지면 적개심과 공격성으로까지 이어질 수 있다. 예를 들면, 대학교 기숙사 룸메이트들의 경우 명시적 허풍쟁이에게는 가장 하기 싫은 집안일을 배당하고 싶어했고, 명시적 허풍쟁이가 상금이 걸린 대회에서 우승하지 못하게 방해할 수 있게 되자 좋아했다.[11]

여러분은 동등하다고 주장하는 편이 대놓고 자랑하는 것보다는 선호될 것이라고 예상할 수도 있다. 모름지기 겸손이 항상 미덕으로 여겨진다면, "나는 **남들처럼** 친구로 지내기 좋은 사람이야……나는 **남들만큼** 신나게 놀 줄 알지"라고 하는 사람이 "나는 친구로 지내면 좋은 사람이야"라고 주장하는 암묵적 허풍쟁이보다 더 따뜻한 대접을 받아야 맞다. 그러나 사실은 그렇지 않은 듯하다. 물론 자신이 남들보다 우월하다는 사람보다는 동등하다고 주장하는 사람의 호감도가 일관되게 높다. 그러나 그렇다고 해도 암묵적으로 자랑하는 사람보다 호감도가 더 높지는 않다. 따라서 자기 자랑만 하면 피해 볼 것이 없어 보인다. 단, 명시적으로 자신의 우월성을 주장하여 다른 사람들이 부정적 평가에 대한 두려움을 느끼지 않게 해야 한다.[12]

이러한 연구 결과는 모든 대화에 적용된다. 새로 이사한 집을 자랑하든 부모로서의 기량을 자랑하든 어떤 운동을 했다고 자랑하든, 다른 사람을 끌어들일 필요가 없다. 이 원칙을 잘 이해하면, 직장에서 특히 유용하다. 자기 표현 방식에 따라서 여러분의 승진 전망이 크게 달라질 수 있다. 성과를 증명하려고 할 때 다른 동료와 비교해서 설명하고 싶다는 마음이 들 수 있지만, 그런 노골적인 비교에는 후폭풍이 따른다. 개인의 성취를 세세히 설명하는 것에 만족하라. 나머지 판단은 여러분의 상사가 하도록 맡겨두라.

사람의 성격에 따라서는 이러한 덫에 꾸준히 걸리는 사람들이 있다.[13] 다음과 같이 나르시시즘의 특징을 측정하는 방법이 있다. 짝을 이룬 두 문장 중에 자신에게 더욱 해당하는 것을 고르면 된다.

- 나는 관심의 초점이 되는 것이 좋다.
  혹은 나는 군중에 섞여 있는 편을 선호한다.
- 나는 합당한 존중을 받아야겠다고 고집한다.
  혹은 나는 대체로 응당한 존중을 받는다.
- 나는 다른 사람들보다 유능하다.
  혹은 나는 다른 사람들에게 배울 것이 많다.

이 예시들은 자아도취적 성격 목록에서 발췌한 것들이다. 두 문장들 중에 전자에 더욱 동의한다면, 평균 이상의 자아도취 성향이 있다는 뜻이다.14 그렇다고 너무 낙심하지는 말라. 나르시시스트도 얼마든지 밀접한 대인관계를 발달시킬 수 있다. 다만, 자신에게 인정과 존중에 대한 욕구가 있다는 사실을 좀더 인지하는 편이 좋다. 나르시시스트는 존중받고 싶다는 욕구 때문에 다른 사람들을 깎아내리면서 자신을 치켜세우기가 매우 쉽다. 자신이 하는 말 때문에 다른 사람들이 어떻게 느낄지도 잘 의식하지 않는다. 그 결과, 사회적 비교를 할 가능성이 특히 커지면서 사람들로부터 소외될 수 있다.

여러분이 나르시시스트라면, 이런 치명적인 습관이 들지 않도록 더 많이 노력해야 한다. 들판에서 가장 키가 큰 양귀비가 되고 싶은 마음이 굴뚝 같겠지만, 과도한 사회적 비교를 하면 여러분이 원하는 인상을 주지 못하게 된다.

가짜 겸손의 위험

이런 연구 결과는 분명 안도감을 준다. 이 같은 간단한 규칙들을 따르면, 보통 근거 없는 자랑에 가해지는 사회적 비난을 대부분 피하면서도 자신의 성공을 자랑할 수 있다. 그런데 단순히 자신의 성취를 깎아내리는 편이 혹시 더 나은 방법이 아닐까 하는 생각이 여전히 들 수도 있다. 사람들은 과연 자화자찬하는 사람보다 겸손한 사람을 확실히 더 존경할까? 그러나 이것은 위험한 생각이다. 가짜 겸손은 그저 또다른 형태의 "친사회적 거짓말"에 불과하기 때문이다. 그래서 이미 살펴보았듯이 이런 거짓말은 사람들이 여러분의 진정성을 평가할 때 해가 될 수 있다. 17세기 프랑스 철학자 장 드 라 브뤼예르가 남긴 유명한 말처럼, 겸손해 보이고 싶다는 욕망은 그 자체가 극단적 허영심의 징후이다. 이렇게 기만하려고 하는 모습을 사람들이 좋아할 가능성은 거의 없다.[15]

겸손한 척하면서 자랑하는 행위에 정이 떨어지는 이유가 바로 이 때문일 것이다. 페이스북 게시글을 분석한 결과 겸손한 척하면서 자랑하면, 에두르지 않고 자랑하는 것보다 진정성에 대한 사람들의 인정을 떨어뜨린다.[16] 겸손한 척 자랑하는 사람들은 자기 비하성 언급을 한 다음 자랑을 하면 공감 능력이 있거나 세상 물정에 밝은 사람처럼 보인다고 믿을지도 모른다. 그러나 오히려 조작의 징후처럼 인식되는 경우가 훨씬 더 많다.

자신의 성공을 다른 사람들에게 숨기려고 해도, 마찬가지 이유로 후폭풍이 올 수 있다. 행동과학자 애나벨 로버츠가 일련의 최신 연구로 이를 증명했다. 예비조사 결과, 80퍼센트 이상의 사람들이 주변 사람들에게 자신의 좋은 소식—인상적인 시험 결과나 직장에서의 승진, 반짝 세일 구매 등—을 숨긴다고 인정했다. 자세히 설명해 달라고 하자 거의 모두가 좋은 의도로 숨긴다고 대답했다. 질투를 유발하거나 대화가 어색해지는 일을 피하고 싶다는 것이 그 이유였다. 그런데 로버츠가 뒤이어 실시한 실험 결과, 이런 일들을 비밀로 했을 때 의도했던 효과를 거두는 경우는 드문 것으로 밝혀졌다. 성과나 행운을 숨기는 행동은 겸손함을 전달하는 것이 아니라, 상대방의 자존감이 낮을 것이라고 예상한다는 표시가 된다. 그리고 이는 두 사람 사이의 지위 차이를 매우 잘 알고 있다는 암시가 된다.

한 연구에서 로버츠 연구진은 서로 이미 아는 사이―친구나 연인, 가족, 동료 사이―인 실험 참가자 약 150쌍을 모집했다. 그들의 관계에 관한 기본 정보를 파악한 연구진은 두 사람 중 한 명에게 최근에 자부심을 느꼈으나 어떤 이유에서든 아직 상대방에게 이야기하지 않은 성공담을 써달라고 했다. 이 가운데에는 야심만만하게 대단한 요리를 했다거나 역도에서 개인 최고 기록을 달성했다는 이야기부터 대학교 시험 성적에서 만점을 받았다거나 소셜 미디어 팔로워 수가 엄청나게 많다는 이야기까지 다양했다. 누구든 며칠간 기분 좋게 지낼 만한 성과들이었다.

이런 사례들을 수집한 다음, 연구진은 그들의 친구나 동료, 연인에게 눈을 돌렸다(실험 보고서에는 이들을 "목표 대상"이라고 이름했다). 연구진은 목표 대상들에게, 그들의 파트너에게 최근의 성공담을 말해달라고 요청했음을 알려준 다음, 파트너가 비밀을 유지하기로 했는지에 대해서는 가짜로 정보를 알려주었다. 즉 일부 목표 대상에게는 파트너가 답변을 숨기기로 했다고 말하고는 그 내용을 그에게 알려주지 않았다. 반대로, 또다른 일부 목표 대상에게는 파트너가 성공담을 공유하기로 결정했다고 말하고는 목표 대상이 그 내용을 읽을 수 있게 했다. 이렇게 한 다음, 목표 대상에게 파트너에 대한 현재 감정을 묻는 질문지에 응답하게 했다. 또한 파트너에게 격려의 표시로 최대 1달러어치 온라인 상품권을 보내거나 아니면 자기가 그 금액을 그냥 가지거나 선택할 수 있게 했다.

실험 결과 자화자찬하는 글을 보고 질투의 감정이 생겨서 두 사람의 관계에 그림자가 드리우고 그들의 연결감이 약해질 것이라고 예상할 수도 있겠다. 그런데 성공을 숨기는 행위야말로 거의 모든 면에서 최악의 반응을 불러왔다. 목표 대상들은 이런 결정이 확실히 모욕감을 주었으며 파트너와 거리감이 생겼다고 했다. 이는 행동으로도 이어졌다. 파트너에게 격려의 상품권을 보낼 기회가 주어지자, 이들은 그 기회를 외면하고 그냥 자신이 돈을 가지는 쪽을 선택하는 경향을 보였다. 사소하지만 옹졸한 이런 행동을 보면, 그들이 두 사람의 관계를 축하하고 싶은 마음이 줄었다는 것을 알 수 있다.

물론 인정한다. 이런 실험은 어디까지나 인위적으로 설정한 것이 맞다. 그래서 뒤이은 연구에서는 참가자들에게 일상에서 가능한 다양한 상황들을 생각해보고 그때 어떻게 반응할지 알려달라고 했다. 그리고 어떤 경우든지, 자신의 성공담을 숨긴 사람은 가혹한 심판을 받았다. 가령 동생이 최근에 승진해서 임금이 2만 파운드 올랐다는 소식을 어머니에게서 들었다고 상상해보자. 그후 우연히 동생을 만났는데 동생이 마치 그동안 아무 일도 없었다는 듯이 근황을 언급하지 않는다면, 여러분의 기분이 어떨까? 여러분도 로버츠의 연구에 참여한 사람들 대부분과 다르지 않다면, 동생이 화제를 회피하는 모습에 모욕감과 소외감을 느낄 것이다.

쓰라린 감정은 우리가 짐작하는, 그 사람이 성취 사실을 숨기는 이유 때문에 비롯되는 것 같다. 즉, 그가 권위적으로 행동하고 있다고 우리가 믿기 때문이다. 예를 들면, 로버츠는 연구 참가자들에게 새로운 일자리를 찾는 직장 동료 두 명의 이야기를 들려주고 판단하게 했다. 두 사람 가운데 알렉스라는 사람이 그를 고용할 것 같은 고용인 앞에서 발표할 기회를 얻는다. 그런데 그후에 친구와 만나 서로 구직활동 이야기를 나누는데도 친구에게 이 사실을 알리지 않는다. 이렇게 행동한 이유는—순수하게 잊은 경우를 포함해—여러 가지로 설명해볼 수 있다. 그런데 참가자들은 알렉스의 행동을 거들먹거리면서 방어적인 태도라고 보았다. 그들은 알렉스가 사실을 숨긴 이유는 상대방이 "사실을 감당하지 못하고" 자신의 성공에 위기감을 느낄 것이라고 생각했기 때문이라고 믿었다. 그들은 알렉스가 상대방의 감정을 마음대로 하려고 한다는 것을 감지했다. 이런 행동은 사람을 조종하려고 드는 느낌을 준다.

연구진은 이런 해석이 알렉스에 대한 전반적인 신뢰를 떨어뜨리는지 궁금해졌다. 이를 알아보기 위해서 연구진은 참가자들에게 여러 문장에 점수를 매겨 평가하게 했다. 가령 "이번 상호 작용 이후, 나의 엉뚱한 생각과 바람을 알렉스와 편하게 공유할 수 있을 것 같다." "이번 상호 작용 이후, 알렉스에게 내가 저지른 최악의 실수를 편하게 인정하면서 말할 수 있을 것 같다" 등이었다. 연구진의 가설은 정확했다. 알렉스가 잠재적 취업 사실을 숨기자 참가자들은 그에게 속내를 털어놓고 자신을 노출할 가능성이 크게 줄었으며 장차 그와 협력할 의향도 적어졌다고 답했다.

여러분도 예상하듯이 사람들의 반응은 대화가 구체적으로 어떤 방향으로 흘러가느냐에 따라서 좌우된다. 앞의 사례에서는 알렉스에게 진로 전망을 직접적으로 물어볼 수도 있고("구직은 어떻게 되어가?") 간접적으로 물어볼 수도 있다("어떻게 지내?"). 두 경우 모두, 알렉스가 좋은 소식을 언급하지 않으면 상처가 된다. 그런데 그에게 행운의 소식을 이야기할 기회를 명백히 주었다면, 알렉스가 말하지 않았을 때 소외감을 특히나 심하게 느끼게 된다. 그런 상황에는 상대방의 삶에 들어가지 못하게 배제되었다는 느낌이 들 수밖에 없다.

자아에 미세한 위협만 받아도 와르르 무너져버리는 연약한 아이 취급을 받고 싶은 사람은 거의 없다. 그런데 자신의 성공담을 다른 사람들에게 숨기기로 결심할 때 우리는 이런 위험을 망각하는 듯하다. 로버츠 연구진은 성공 소식을 숨기는 행위가 사회 연결망과 관계의 친밀도에 미치는 영향도 연구했다. 모든 실험 결과, 결론은 하나였다. 성취를 공개하는 것이 숨기는 것보다 낫다는 것이다.[17] 요령 있게 말을 골라서 하고 다른 사람과 직접 비교하지 않는다면 말이다. 사람들의 감정은 결코 우리가 우려하는 것만큼 여리지 않다.

미트프로이데, 혹은 함께 기뻐하는 마음

이들 연구 결과를 제대로 살펴보려면, 먼저 우리의 공감에 대한 이해부터 수정해야 한다. 그동안 과학자들이 감정의 공유를 연구할 때 전통적으로 실험의 초점은 부정적 감정에 맞추어져 있었다. 즉, 다른 사람의 고통이나 괴로움을 느끼는 능력이 주된 연구 대상이었다. 어쨌든 영어로 연민compassion이라는 단어는 "공유된com 고통passion"을 뜻하는 라틴어에서 파생된 것이다. 세상이 잔혹 행위로 가득한 만큼, 다른 사람을 걱정하는 마음을 키울 방법을 탐구하는 것이 분별력 있는 일이었으리라. 이에 비해 함께 기뻐하는 마음―다른 사람의 성공이나 안녕에 함께 기뻐하는 마음―에 대한 관심은 훨씬 적었다.

그러나 사회적 지지를 주고받는 중요한 수단으로서, 이런 마음은 대인관계에서 그 어느 것 못지않게 중요하다.

프리드리히 니체도 같은 생각이었다. 이런 감성이 독일의 철학자 니체에게서 유래했다는 사실이 의외라고 생각할 수도 있겠다. 대중의 머릿속에 니체는 주로 괴로운 천재, 혹은 확고한 개인주의자로 그려지기 때문이다. 그러나 그는 미트프로이데Mitfreude라는 용어도 만들어냈다. 이 용어는 독일어로 '함께 기뻐하는 마음'이라는 뜻이다. 이와 정반대로, 다른 사람의 불행에 대한 기쁨을 뜻하는 용어인 샤덴프로이데Schadenfreude가 있다.

니체는 『인간적인, 너무나 인간적인Menschliches, Allzumenschliches』에서 이렇게 말한다. "뱀은 우리를 아프게 하려고 물고, 우리가 아파하면 기뻐한다. 이렇듯이 세상에서 가장 하등한 동물도 타인의 고통을 상상할 수 있다. 반면에 타인의 기쁨을 상상하고 함께 기뻐하는 것은 가장 고등한 동물이 누리는 최고의 특권이다. 게다가 그중에서도 가장 훌륭하고 모범적인 존재들—즉, 드물게 몇몇 인간들—만이 접근 가능한 특권이다. 그래서 미트프로이데의 존재를 부정하는 철학자들도 있을 정도였다." 니체는 우정의 토대라는 측면에서 미트프로이데가 연민보다 훨씬 더 중요하다고 여겼다. 다른 저서에서는 그는 이렇게 적었다. "미트프로이데는 세상의 힘을 키운다. 같이 고통스러워하는 것이 아니라 같이 기뻐하는 것이 동료를 만든다."[18]

이 현상을 뭐라고 부르든 상관없다. 최근의 심리학 연구 결과, 함께 기뻐하기는 우리의 짐작보다 더 흔하게 일어나는 일이며, 적대적 반응이 일어날 공산은 짐작보다 훨씬 더 적은 것으로 확인되었다.

게다가 이미 상호 신뢰와 존중이 구축되어 있다면, 이를 바탕으로 함께 기뻐하는 감정이 전염될 기회는 얼마든지 있다.

여러 실험 결과, 잘된 일에 다른 사람이 흥분하면서 열광적으로 반응해주면 이미 좋았던 나의 기분이 더 좋아지는 것으로 나타났다. 또한 공유 현실이 형성되면서 그 사람이 인정함으로써 그 일이 더 의미 있고 기억할 만한 것이 된다. 반대로, 나의 소식을 들은 그 사람은 내가 그와 경험을 나누고 싶어한다는 사실에 자신의 가치가 존중받는다는 느낌을 받는다. 우리는 자부심이나 기쁨, 신명을 안겨준 일들을 공개적으로 즐김으로써, 상대방이 우리의 이익을 진심으로 바란다고 우리가 믿고 있음을 보여준다. 다른 식의 자기 노출과 마찬가지로 이 방법은 더 강한 유대를 구축하고자 하는 우리의 진정성과 의향을 드러낸다. 이는 우리의 내면의 삶에 참여해달라는 초대와도 같다. 그리고 몹시도 보람된 경험이기도 하다.[19]

함께 기뻐하기는 양쪽의 친밀도 상승이라는 결과를 낳는다. 63쪽의 자기 안의 타인 점수로 측정된 결과이다. 예를 들어 연인끼리 상대방이 즐거운 순간에 함께 많이 기뻐할수록, 개인의 정체성을 나타내는 원들의 교집합이 커진다. 이는 관계의 질을 평가하는 점수가 높아진 것으로 해석된다.[20] 연결감과 수용감이 강화될 때 기대되는 바와 마찬가지로, 함께 기뻐하는 마음을 꾸준히 가지면 감정적으로 안녕감이 증진된다. 함께 좋아해줄 것이라는 확신이 없거나 자랑하는 것처럼 보일지도 모른다는 우려 때문에 사랑하는 사람과 좋은 소식을 공유하지 않게 되면, 이 모든 이득을 누리지 못하게 된다.[21]

현재 우리 가운데에는 함께 기뻐할 기회를 놓치는 사람들이 많다.

미시간 대학교 연구진이 실험 참가자들에게 다음과 같은 상황을 제시하며 물었다. "당신이 최근에 직장에서 승진했다고 상상해보세요. 비슷한 시기에 친한 친구와 저녁 식사를 함께하게 되었는데, 식사 중에 친구가 이렇게 물어보네요. '회사 생활은 어때?'" 참가자들은 질문에 대한 대답을 하고, 다양한 심리 척도로 친구의 반응을 예측했다. 여러분은 승진 소식이 당연히 화제가 되리라고 생각하겠지만, 의외로 참가자의 40퍼센트가 친구에게 승진 이야기를 하지 않을 것이라고 답했다. 허풍쟁이처럼 보이지나 않을까 걱정되었기 때문이다. 그러나 이 연구에 따르면, 신나고 행복한 감정을 공유하면 친구와 더 가까워지는 결과만 생긴다.[22]

공개적으로 이야기해서 어느 정도 질투를 불러온다고 하더라도 항상 호된 결과만 생기는 것은 아니다. 상황을 변화시켜서 성공하기 위해 자신도 노력해야겠다는 계기가 될 수도 있다. 이것을 가리켜 심리학자들은 "양성 질투"라고 부른다. 이와 정반대되는 개념은 원한과 분한 마음을 품게 되는 "악성 질투"이다. 인류가 진화하는 동안, 우리는 양성 질투의 도움으로 내분이나 비난을 초래하지 않고 집단의 위계 안에서 자신의 위치를 보호할 수 있었을 것이다. 나도 개인적인 경험을 통해서 알게 되었다. 내가 실패한 일을 친구가 성공해내는 모습을 보면, 내가 해내지 못한 것에 어느 정도 격한 회한이 밀려오기도 한다. 그러나 그렇다고 친구의 행복을 보면서 느끼는 나의 진정한 기쁨을 등한시할 필요는 없다. 인간은 여러 감정을 동시에 느낄 수 있는 복합적인 존재이다. 그리고 많은 경우, 간접적인 기쁨이 승리한다.

여정의 고백

이 모든 연구 결과를 바탕으로 도출해낸 여덟 번째 연결의 법칙은 다음과 같다. 질투를 두려워하지 말라. 성공을 공개하되, 발언은 정확하게 하고 다른 사람들과의 비교는 피하라. "다른 사람의 행복에 함께 기뻐하는 즐거움"을 누려라. 여기에는 배려심과 세심함이 동반되어야 한다. 친구의 배우자를 떠나보내는 장례식장에서 여러분의 약혼을 발표하거나 여동생이 해고된 날에 여러분의 새로운 차를 자랑할 필요는 없다. 최적의 상황이라고 하더라도 자화자찬은 적당히 할 때가 가장 좋다. 여러분의 청중이 훨씬 더 관심을 가질 만한 다른 대화 주제는 대개 얼마든지 더 있다.

자화자찬하고 싶은 유혹이 생길 때마다 과연 이 사실이 여러분 개인에게 중요한지, 상대방이 여러분을 더욱 잘 이해하는 데에 도움이 될지 자문해보아야 한다. 가령 여러분이 모델로 오해받은 일을 주변 사람들이 알아야만 여러분과 현실을 공유할 수 있을까? 혹은 그 자화자찬 안에 사람들과 공유할 만한, 여러분에 관한 의미 있는 사실들이 더 있을까? 여러분이 자화자찬하려는 유일한 동기가 여러분의 생각이나 감정, 꿈에 대한 그 어떤 통찰도 제공하지 않은 채 그저 높은 사회적 지위를 강조하려는 것이라면, 그냥 입 다물고 있는 편이 더 낫다.

그러나 개인의 행복한 순간이 자기 노출과 상호 이해를 위한 진정한 기회가 된다면, 최근의 심리학 연구 결과를 유용한 지침으로 삼아 그 경험을 최대한 활용하면 된다. 즉, 감정의 진정성과 사회적 연결을 구축하고 싶다는 진심 어린 욕망을 보여주는 것이 우선시되어야 한다. 그들의 감정을 마음대로 다루기 위해서 정보를 전달하지 않고 있었다는 의심을 받지 않도록, 최대한 빨리 사람들에게 알려야 한다. 성공담을 들려주는 동안에는 감정을 솔직하게 전달해야 한다. 단, 기쁨을 과장하거나 근거 없는 그 어떤 종류의 주장도 해서는 안 된다. 그리고 자신과 다른 사람을 노골적으로 비교하는 일은 피해야 한다. 앞에서 살펴보았듯이 천재성을 공개적으로 밝히는 행위는 용서될 수 있다. 단, 상대적으로 다른 사람과 비교하는 방식이 아니라 절대적인 방식으로 표현해야 한다.

그래도 여전히 여러분의 성취가 악성 질투를 유발할까 두렵다면, 성공까지의 여정과 그 과정에서 겪은 실패담을 함께 들려주면 도움이 된다. 가령 여러분이 출간한 소설이 최근 베스트셀러가 되었다면, J. K. 롤링을 본받아 작품이 빛을 보기까지 숱하게 출판이 거부되었던 이야기를 들려주면 좋다. 롤링은 『해리 포터와 마법사의 돌 *Harry Potter and the Philosopher's Stone*』이 열두 군데가 넘는 출판사에서 문전박대당한 끝에야 오늘날 세계에서 널리 읽힌 책이 되었다는 이야기를 자주 들려준다. 심지어 자신이 받은 몇몇 거절 편지도 공개했다.[23]

전성기를 구가하면서 과거 어려웠던 시절을 다시 언급하면, 자칫 겸손한 척하면서 자랑하는 행동처럼 보일 수도 있다. 그 선을 넘지 않으려면, 구체적인 실망과 좌절 경험을 설명해야 한다. 거절당하면서 마음이 멍들었던 경험—고군분투하는 많은 작가들이 직면해야 했던 경험—을 들려주는 것과 차고 안에 호화스러운 테슬라 차량이 너무 많다거나 세계에서 가장 섹시한 남자로 뽑혀서 "당황스럽다"고

투덜거리는 것은 엄연히 다르다. 이 방법이 통하는 데에는 다 이유가 있다. 우선 여러분이 직면했던 진짜 도전 이야기를 들려주면, 왜 그토록 자신의 성취를 뿌듯해하는지 그 이유를 다른 사람들도 이해하기 더 쉬워진다. 그러면 여러분과 사람들 사이에 상호 이해가 형성되는 데에 도움이 된다. 그뿐 아니라 여러분의 발자취를 따르고 싶어 하는 사람들에게는 진정으로 유용한 정보를 제공하는 셈이 되어서 실용적인 측면에서도 유익하다. 이렇게 되면 여러분의 성취는 질투의 샘에서 영감의 샘으로 탈바꿈한다.

"사업 설명회"에서 투자 유치 경쟁을 하는 기업인들을 대상으로 연구를 진행한 결과, 이 같은 이득이 명백히 확인되었다. 누군가가 자신의 실수나 실패담을 털어놓으면서 그것에서 배운 교훈을 이야기하면, 다른 경쟁자들이 그에게 느끼는 악성 질투심은 약해지고 양성 질투심은 강해졌다. 이들은 "더 열심히 노력해서 다음 기회에는 우리 스타트업도 펀딩을 받아야겠다", "이 기업인의 성공담이 힘을 준다" 등의 문장에 더 긍정적으로 반응했다. 이는 그들이 동료의 성공을 위협보다는 영감으로 받아들였다는 뜻이다.

결정적으로, 성공담과 함께 실패담을 들려주었더니 상대방이 이를 오만함으로 인식하지 않고 **진정한** 자부심으로 인식하는 데에 도움이 되었다. 가령 참가자들은 실패담을 들려준 사람들이 "진취적이고", "기량이 뛰어나고", "자존감이 있으며" "자신감이 있다"고 평가하는 경향을 보였다. 이런 인상이야말로 성공의 순간에 사람들에게 심고 싶은 바로 그런 인상이다. 그러면서 참가자들이 이들을 "우쭐대거나", "우월감에 젖어 있거나", "자기중심적이거나", "잘난 체한다"고 여길 가능성은 상당히 줄었다. 물론 실패를 인정하면 전반적인 존경심에 타격을 받고 능력이나 기량에 대한 사람들의 인식이 나빠지지는 않을까 염려될 수도 있다. 그러나 사실은 그렇지 않았다. 개인의 성취에 대한 참가자들의 존경심은 그 사람의 성공담만 들었을 때나 목표에 도달하는 과정에서 만난 어려움에 대한 이야기를 알게 되었을 때나 똑같이 높았다.[24]

이런 발견은 수 세기 동안 이어온 철학 원칙에 반한다. "사람들이 당신을 좋게 생각하기를 바란다면, 스스로 자신을 좋게 이야기하지 말라." 블레즈 파스칼의 『팡세*Pensées*』에 나오는 말이다.[25] 우리 가운데에는 이런 신념을 가슴에 품고 성장한 사람들이 무수히 많다. 그러나 이것은 틀린 말이다. 우리가 직면했던 난관을 솔직하게 공유한다면, 우리의 성취를 표현하는 데에 두려워할 필요가 없다. 다른 사람의 행복에 함께 기뻐하는 것이야말로 연결을 이루는 필수 구성요소이다. 우리의 행복은 전염될 수 있다.

핵심 정리

- 사실에 바탕을 둔 증거로 주장을 뒷받침할 수 있다면, 자화자찬은 더 따뜻하게 받아들여진다. 가령 여러분이 운동 능력을 자랑할 때 최근 하프 마라톤에서 이룬 성과도 들려준다면 사람들은 더욱 잘 용인해준다.
- 다른 사람들과 직접 비교하는 행위는 위계에 과도하게 집착한다는 뜻이 된다. 이렇게 되면 사람들은 마음속에서 부정적 평가에

대한 두려움이 촉발되어, 여러분에 대한 호감도가 떨어지고 여러분에게 적대적으로 행동하게 된다.
- 가짜 겸손은 진정성이 없음을 강변한다. 이런 사람은 노골적으로 자랑하는 사람보다 호감도가 떨어진다. 성취에 대해서 투덜거리면서 겸손한 척 자랑하는 사람들이 특히 그렇다.
- 여러분이 자신의 성공담을 공유하면, 사람들은 자신의 가치와 신뢰가 인정받는다고 느낀다. 자부심을 느끼면서 이를 다른 사람들에게 표현하면 "함께 기뻐하는 마음"을 공유할 수 있다. 이런 마음은 안녕감을 낳는 강력한 원천이다.

행동 전략

- 자화자찬 이면의 동기가 무엇인지 자문해보라. 단순히 자신의 지위를 강조하고 싶은 것이라면 그냥 조용히 있는 편이 낫다. 다른 사람들이 여러분의 경험과 정신적 삶을 이해하는 데에 그 정보가 정말로 도움이 된다면, 얼마든지 여러분의 이야기를 공유하라.
- 사실을 평가절하하지 않으면서도 여러분의 재능이나 행운을 과장하지 않는 것처럼 보이려면, 세심하게 말을 골라서 해야 한다. 적절한 경우에는 다른 사람들의 기여도 인정하라.
- 최근에 거둔 성공을 나누고 싶다면, 목표를 달성하는 과정에서 직면했던 어려움의 일부를 언급하고, 도중에 저지른 실수담도 들려주라. 이렇게 하면 악성 질투가 줄어든다.
- 대화의 균형을 계속 의식하면서 유지하라. 여러분이 사람들의 욕망에 더 이상 주목하지 않으면, 그들의 마음속에서는 함께 기뻐하는 마음이 바닥을 드러낼 수 있다.

9

도와달라고 부탁하기

역사상 벤저민 프랭클린만큼 세련된 사회적 기술을 보여준 사람은 거의 없다. 서로 대립하는 정당들 사이에 다리를 놓는 그의 능력 덕분에 미국 정치의 지형이 달라졌을 정도이다. 그는 1778년에 동맹조약 협상을 이끌어, 프랑스가 독립전쟁에서 신생국인 미국을 지원하게 했다. 그는 그로부터 5년 후 대영제국으로부터 미국의 독립을 공표하는 독립선언문 작성에 참여했다. 원로 정치인으로서 프랭클린은 미국 헌법의 초안 작성에도 중추적인 역할을 했다. 이로써 그는 연방을 해체할 만큼 위협으로 작용했던 분쟁 파벌들 사이의 오랜 싸움을 종식했다.

그러나 걸출한 인물들 모두 처음에는 낮은 곳에서 시작하는 법이다. 1736년 프랭클린은 펜실베이니아 하원에서 하급 서기로서 이제 막 정치 여정을 시작하던 참이었다. 그는 다른 구성원들의 지지를 두루 받았고, 처음에는 만장일치로 그 직에 선출되었다. 그런데 서기직은 매년 새로 뽑는 자리라서 그다음 해가 되자 프랭클린에게 경쟁자가 생겼다. 경쟁자는 프랭클린에게 반대하는 긴 연설을 했지만, 프랭클린이 승리하며 재선출되었다. 그런데 프랭클린은 경쟁자의 반감이 계속된다면, 장차 자신의 야망이 꺾일 수도 있겠다고 생각했다. 그래서 그 경쟁자를 자기편으로 만들기로 결심했다. 그는 "비굴하게 굽실거리고" 싶다는 유혹을 물리치고, 그 대신 그에게 부탁을 해야겠다고 마음먹었다. 훗날 그는 오랜 격언에서 영감을 받은 방법이라고 밝혔다. "한 번 친절을 베푼 자는 도움을 받은 자보다 더 기꺼이 다시 친절을 베푸는 법이다."

프랭클린은 두 사람이 모두 문학을 사랑한다는 공통점을 절호의 기회로 삼아 자신의 전략을 시험해보기로 했다. 프랭클린은 자서전에서 이렇게 설명했다. "나는 그가 서재에 매우 귀하고 흥미진진한 책을 한 권 소장하고 있다는 소문을 들었다. 그래서 그에게 쪽지를 보내 그 책을 정독하고 싶다는 마음을 전하면서 며칠간 빌려달라고 청했다." 그 사람은 청을 들어주었고, 프랭클린은 1주일 뒤 책을 돌려주며 열렬한 감사의 인사를 담은 쪽지를 보냈다. "그런 일이 있은 다음, 하원에서 만나게 되자 그가 나에게 말을 걸었다(전에는 한 번도 없었던 일이었다). 그는 매우 정중하기까지 했다. 그후로 그는 언제든 기꺼이 나를 도와주었고, 우리는 친한 친구가 되었다. 우리의 우정은 그가 눈 감는 날까지 이어졌다."[1]

우리는 모두 이 이야기로부터 많은 교훈을 배울 수 있다. 다른 사람에게 부탁하는 일은 대개 어렵다. 그러나 심리학 연구에 따르면, 거의 모든 사람이 우리의 예상보다 상당히 더 관대하다. 많은 경우 프랭클린의 주장처럼, 부탁을 하면 부탁하는 사람에 대한 존중감이 심지어 더 커지기도 한다. 여기에서 우리의 아홉 번째 연결의 법칙이 도출된다. 지원을 부탁하면 장기적으로 더 강한 유대관계를 구축할 수 있다는 기대 아래, 필요하다면 도움을 청하라.

그러나 모든 힘에는 책임이 따르는 법이다. 오래 지속되는 진정한 관계를 형성하고 싶다면, 영향력을 남용하지 않도록 주의해야 한다. 상대방이 압박감이나 지나친 불편한 감정을 느끼지 않으면서 진심 어린 도움의 손길을 내밀 수 있도록 부탁하는 법을 아는 것이야말로 사회생활을 향상시키기 위해서 배울 만한 중요한 기술이다.

왜 부탁하지 않았니?

수줍음은 성공에 이르는 길을 가로막는 심각한 장벽이 될 수 있다. 교육 현장을 보면, 수줍음이 많아서 공부할 때 선생님에게 도움을 청하지 못해 혼란과 좌절 속에서 허우적거리거나 학습에 환멸을 느끼는 학생들이 있다. 어느 쪽이든 간에 이런 학생들은 필요할 때 자신감 있게 도움을 청하는 학생들보다 시험을 망칠 공산이 상당히 크다.[2] 이런 상황은 직장에서도 마찬가지이다. 물론 대다수 직업에는 어느 정도 자율성이 있어야만 하지만, 아무 도움도 청하지 않은 채 혼자서만 고군분투하는 사람들은 장기적으로 성과도 더 나빠지고, 지지를 받지 못해 안녕감도 더 나빠진다.[3]

극단적인 경우, 다른 사람들을 곤란하게 만들지도 모른다는 두려움이 마치 비밀 암살자처럼 드러나지 않게 목숨을 앗아갈 수도 있다. 미국의 의사 헨리 J. 하임리히가 느낀 좌절을 생각해보자. 하임리히는 기도를 막은 이물질을 제거하는 유명한 방법인 하임리히법을 발명해낸 바로 그 주인공이다. 그는 이렇게 지적했다. "때때로 어떤 질식 환자는 자신이 처한 곤경에 당황한 나머지 용케 식사하던 자리에서 일어나 다른 사람들의 눈에 띄지 않게 그곳을 빠져나간다. 그러고는 근처에 있는 방에서 의식을 잃어버린다. 지켜본 사람이 없으면 그는 사망하거나 영구적인 뇌 손상을 입는다."[4]

여러분은 막중한 책임을 진 사람들이라면 이처럼 다른 사람의 도움을 청하기를 죽도록 싫어하는 마음을 부디 극복했기를 바랄 것이다. 그러나 이를 결코 당연시할 수는 없다. 1990년 콜롬비아 보고타에서 출발한 아비앙카 항공 052편이 연료 부족으로 뉴욕 롱아일랜드 섬에 추락한 사고가 발생했다. 사고 기록에 따르면, 부기장이 즉각 착륙해야 한다고 전달할 때 조종사들과 존 F. 케네디 국제공항 관제탑 사이에 심각한 소통 오류가 있었던 것으로 드러났다. 비상 상황을 알아채지 못한 관제사들이 빈 활주로가 나올 때까지 항공기를 대기하게 했고, 결국 항공기는 롱아일랜드 섬의 코브 넥 언덕으로 떨어지고 말았다. 부기장이 기장에게 했던 마지막 말 중에는 "저 친구 화났나 봐요"라는 발언이 있었다. 자신이 너무 밀어붙여서 동료의 감정을 상하게 했을까 봐 우려하는 말투였다. 사후 분석 결과, 조종사들이 더 적극적으로 도움을 요청했다면 승객과 승무원 모두 목숨을 구할 수 있었다는 결론이 나왔다.[5]

물론 이 같은 극적인 사례는 드문 일이다. 다만 일상에서도 우리가 도움을 청하기를 꺼리면, 친구와 가족이 우리의 스트레스를 덜어주지 못하게 되고 그러면 우리의 건강도 그 영향을 받게 된다. 이런 어려움을 극복하고 싶다면, 먼저 우리의 두려움이 어디에서 생기는지, 어떤 상황에서 이런 불안감이 작용하는지부터 파악해야 한다.

코넬 대학교의 버네사 본스는 이와 관련한 연구를 많이 발표했다. 그녀는 개인적인 경험을 계기로 이 연구에 뛰어들었다. 뉴욕 시에서 대학원에 재학 중이던 어느 날 그녀는 학술 연구를 위해 기차역인 펜 역에서 설문조사를 진행하게 되었다. 그녀는 행인에게 다가갈 때마다 사람들이 짜증을 낼 것이라고 예상했다. 그러나 적대적으로 반응하는 사람은 거의 없었다. 그녀가 예상한 것보다 훨씬 더 많은 사람들이 설문조사에 기꺼이 응했다. 본스는 우리가 다른 사람들의 협조 의향을 일관되게 과소평가한다는 것 역시 또 하나의 인지적 편향이 아닐지 의구심을 품기 시작했다. 그래서 그후 10년간 다수의 연구를 통해서 이것이 실제로 사실임을 입증했다.

한 실험에서는 펜 역에서의 경험을 직접 확인하는 결과가 나왔다. 실험 참가자들에게 대학교 교정에서 낯선 사람에게 다가가 설문조사에 응하도록 부탁하게 했다. 대부분 5번의 답변을 얻으려면 적어도 20명에게 부탁해야 할 것이라고 추산했다. 그런데 실제로는 10명 정도면 충분했다.[6] 또다른 실험에서는 참가자들이 실험실을 나서면서 낯선 사람들에게 컬럼비아 대학교 체육관으로 가는 길을 물어보게 했다. 이 체육관은 입구가 지하에 있어서 찾기가 어려웠다. 행인이 길을 알려주면, 참가자들은 체육관까지 같이 가줄 수 있는지 물었다. "바로 그쪽에 있었는데 못 찾았어요. 저 좀 데려다주실 수 있나요?" 참가자들은 체육관에서 세 블록 떨어진 곳에서 이렇게 부탁했다. 청을 들어주려면 그 사람이 그리 멀지는 않지만 번거롭게 우회해야 하는 상황이 되는 것이다. 참가자들은 사람들이 대부분 자기 시간을 들여가면서까지 다른 사람을 도우려고 하지는 않으리라고 생각했다. 그래서 7명에게는 접근해야 우회를 감수하겠다는 사람이 나올 것이라고 믿었다. 그러나 실제로 과제를 수행하자 거의 두 사람에 한 명 꼴로 가던 길을 멈추고 도와주겠다고 나섰다.

그렇다면 모르는 사람의 휴대전화를 빌리는 일은 어떨까? 중요한 통화를 해야 하는데 휴대전화 배터리 부족 알림이 뜨는 공황 상태를 분명 누구나 경험해본 적 있을 것이다. 그런데 이런 경우 행인에게 다가가서 휴대전화를 빌려본 사람은 과연 얼마나 될까? 이것은 결코 사소한 부탁이 아니다. 모르는 사람에게 휴대전화를 넘기면 도난의 위험이 생기기 때문이다. 연구진은 실험 참가자들이 달콤한 말로 구슬려서 원하는 바를 얻지 못하도록 아주 엄격한 대본대로 행동하게 했다. 먼저 빌릴 수 있는지를 물어본 다음, 행인이 자세히 사정을 설명해달라고 요구하면 "심리학 실험과 관련해서 전화해야 한다"고 간단히 설명하게 했다. 그러면서 통화가 "매우 빠르게" 끝날 것이라고 안심시킨 다음, 그 이상의 설명은 하지 않도록 했다. 솔직히 말하자면, 나는 이런 수상하기 짝이 없는 설명만 듣고 휴대전화를 빌려주는 사람이 있다는 것이 놀랍다. 그러나 실험 참가자들은 평균적으로 단 6명에게 부탁하자 원하는 바를 이룰 수 있었다. 원래 이들은 적어도 10명에게 부탁해야 휴대전화를 빌릴 수 있을 것으로 추정했던 터였다.

"현장에서" 이 현상을 시험하기 위해서 본스는 백혈병 및 림프종

학회를 후원하기 위한 마라톤 대회와 철인 3종 대회에 참가하는 자원봉사자들을 대상으로 설문조사를 했다. 참가자들은 무료로 트레이닝을 받는 대신에 행사에 따라 최소 2,100달러에서 5,000달러를 모금해야 했다. 이들은 대부분 이 금액을 모금할 수 있다고 자신했을 것이다. 그렇지 않았다면 참가 신청도 하지 않았을 것이다. 그럼에도 이들은 성공하기 어려울 것이라고 과대평가했다. 이들은 목표치에 도달하려면 약 210명에게 모금 요청을 해야 할 것이라고 예상했다. 그러나 참가자들은 평균적으로 122명에게만 접촉하고도 목표를 달성할 수 있었다. 게다가 한 사람당 평균 기부액도 예상보다 컸다. 예상치는 48달러였던 데에 비해서 실제로는 약 64달러를 기록했다.

"순응 과소평가 효과"는 극도로 강력하다. 2016년까지 본스는 1만 4,000건 이상의 부탁 관련 데이터—엄청난 양의 표본이다—를 분석했고, 그 결과 과소평가 효과의 정도가 크다는 것을 확인했다. 사람들은 다른 사람들의 도와주려는 의향을 약 48퍼센트 정도 과소평가했다. 다른 설문조사 결과들도 유사했다. 식당에 왔는데 깜빡하고 지갑을 가져오지 않았다고 상상해보자. 사람들은 이런 처지에 처한 친구에게는 기꺼이 돈을 빌려주려고 했지만, 자신이 이런 처지가 되면 돈을 빌려달라는 부탁을 하지 않으려고 했다.[7]

그렇다면 우리는 왜 이토록 비관적일까? 한 가지 그럴듯한 설명이 있다. 우리는 자신 때문에 다른 사람에게 초래될 수도 있는 문제에 너무 많은 관심을 둔다. 반면, 우리의 행복을 걱정해주고 우리를 기쁘게 해주고 싶어하는 다른 사람들의 진심에는 충분한 관심을 두지 않는다. 우리는 좋은 인상을 주고 싶어하는 사람들의 바람도 과소평가한다. 단순하게 표현하면, 부탁을 받은 사람들은 친절하고 신뢰감 있는 사람처럼 보이고 싶어한다. 그런데 요청을 거절하면 이런 이미지가 타격을 받게 된다. 만약 설문 응답을 거절하면 인내심 없고 관대하지 않은 사람처럼 보일 수 있다. 만약 휴대전화를 빌려달라는 부탁을 거절하면 도난을 의심하고 걱정한다는 의미가 된다. 우리가 생각하는 것보다 훨씬 더 많은 사람들이 반사회적이고 사람을 신뢰하지 않는 것처럼 비치기보다는 불편하더라도 도와주는 것—혹은 개인적으로 피해 위험을 조금 감수하는 것—이 더 낫다고 생각한다.

이처럼 사회적 규범에 부합해야 한다는 의무감 때문에 사람들은 때때로 비윤리적인 행위를 저지르기도 한다. 한 실험에서 본스는 참가자들에게 도서관에서 대출한 것처럼 꾸민 책을 준 후에, 모르는 사람에게 가서 다음과 같은 요청을 하게 했다. "안녕하세요? 제가 어떤 사람한테 장난 좀 치려고 하는데요. 그 사람이 제 글씨체를 알아서요. 저 대신에 이 도서관 책에 '피클'이라고 써주실 수 있나요?" 사람들은 대부분 이런 이상한 요청을 들어줄 사람을 찾기가 매우 힘들 것이라고 예측했다. 그런데 그 예측은 틀렸다. 참가자들이 다가가서 부탁했던 사람들 가운데 64퍼센트가 처음에는 약간 이의를 제기했지만 결국에는 이 미미한 공공 기물 파손 행위를 저질렀다.

추가 실험에서 본스는 모르는 사람이 대학교 과제를 하느라 문서를 위조할 때 사람들이 이를 도와줄 공산이 예상보다 더 크다는 사실을 확인했다. 실험실에서는 사람들에게 부탁할 만한 비윤리적 행위가 명백히 제한적이다. 그래서 본스는 사람들에게 다양한 상황에 대해서 반응을 상상해서 말해달라고 요청하기도 했다. 이런 사고실험에서 상당한 비율의 참가자들이 다른 사람의 부추김을 받으면 동료의 사적인 메시지를 훔쳐보거나 미성년자에게 술을 사주는 데에 찬성할 것이라고 응답했다.[8]

다른 사람들의 안녕감을 배려한다면, 우리는 이것을 일종의 경고로 받아들여야 한다. 부탁을 하더라도 아무 부탁이나 해서는 안 되며 잘 선별해야 한다. 다른 사람들이 우려나 불편한 감정을 표현할 때에는 주의 깊게 경청해야 한다. 진정한 사회적 연결은 사람들에게 나중에 후회할 수상한 행위를 하라고 설득하면서 생겨날 수 없다. 다만 우리의 요청이 도덕적으로 건전하다면, 사람들은 놀랄 정도로 친절한 모습을 보일 것이다. 게다가 우리는 불편함을 주는 대신 그들의 건강과 안녕감을 증진할 기회도 제공하는 셈이다. 앞으로 살펴보겠지만, 너그러운 행동은 그 대상뿐 아니라 그 주체에게도 놀랄 만한 이득을 가져올 수 있다.

마음이 넉넉하면 왜 심장이 더 건강할까

고혈압 진단을 받았다면 취해야 할 행동 방침이 많다. 체중을 줄이고 운동을 더 많이 하고 음주를 줄이고 식단에서 염분을 배제하고 요가나 명상을 시작해볼 수 있다. 혈관을 이완하거나 심장 박동을 떨어뜨리는 약물을 복용하는 방법을 선택할 수도 있다. 아니면 시간이나 돈에 쫓기지 않고 조금만 더 마음을 넉넉하게 가지기로 결심할 수도 있다.

2010년대 중반 캐나다와 미국의 과학자들이 65세 이상에 고혈압 진단을 받은 사람 73명을 모집하여 연구를 진행했다. 이들은 6주일 동안 3차례에 걸쳐, 밀봉된 병 안에 든 40달러를 받았다. 이 돈의 사용처에 대한 엄격한 지침도 함께 전달되었다. 연구 참가자 절반에게는 자신을 위해서 쓰라고 했고, 나머지 절반에게는 다른 사람을 위해서 쓰라고 했다. "구체적으로 어떻게 40달러를 쓰는지는 중요하지 않습니다. 다만 다른 사람을 위해서 써야 합니다." 참가자들이 이 돈을 쓸 날짜를 선택하면, 연구 조교가 그날 늦은 오후에 전화해서 구매 내역을 세세히 물어보며 이들이 지침을 제대로 따랐는지를 확인했다. 6주일이 지나자, 타인에게 너그럽게 행동하도록 독려받은 사람들의 혈압이 기존 치료 효과 외에도 유의미하게 떨어졌다. 반면에 자기 자신을 위해서 돈을 썼던 사람들은 변화를 보이지 않았다.

구체적인 수치를 언급할 가치가 있을 정도로 확인된 이익이 대단했다. 마음이 넉넉했던 집단은 심장이 동맥으로 혈액을 보내는 수축기 혈압이 120.71mmHg에서 113.85mmHg로 떨어졌고, 박동과 박동 사이의 이완기 혈압은 72.97mmHg에서 67.03mmHg로 떨어졌다. 전체 맥락에서 살펴보면, 이런 심혈관계 건강의 개선 정도는 고혈압약 복용이나 새로운 식단과 운동 요법을 시작해서 얻는 효과와 같다.[9]

물론 이 실험은 상대적으로 적은 표본을 대상으로 한 연구라는 한계가 있다. 그뿐 아니라 항상 주치의의 조언을 따라야 한다. 그래도 하나로 수렴되는 무수히 많은 증거들이 모두 같은 결론을 가리킨다. 너그럽게 행동할수록 심장이 건강하다는 것이다. 예를 들어 사람들의 월별 지출 내역을 조사하면, 다른 사람들에게 소득을 지출하는 비율이 더 높은 사람들의 건강이 더 좋을 가능성이 크다. 이런 사람들은 혈압도 더 낮다.[10] 이밖의 수많은 친사회적 행동들의 경우에도 유사한 효과가 확인된다. 예를 들면, 매주 한두 시간씩 자선단체에서 자원봉사 활동을 하는 사람들은 덜 이타적인 일에 시간을 쏟는 사람들보다 그후 몇 년간 고혈압 발병 위험이 적다.[11] 결정적으로, 사람들의 건강에 영향을 준다고 알려진 다수의 다른 요인들을 통제하고 연구 시작 시점의 개인별 건강 상태 차이를 고려해도, 이러한 차이는 여전하다.

이것이야말로 베풂이 주는 선물이다.[12] 샌디에이고 주립대학교의 트리스틴 이나가키에 따르면, 이것은 우리 안에 내장된 양육 기술의 부산물이다. 이나가키는 어린 영장류의 취약성을 중심으로 주장을 전개한다. 부모가 어린 자녀의 요구를 이해하려면 어마어마한 공감 능력이 필요하다. 그런데 어린 생명을 보살피는 과업에 집중해야 할 때에는 그런 감정에 압도되어서는 안 된다. 압도되어버리면 부모는 그냥 뒤로 물러서거나 너무 마음이 불편해서 필요한 돌봄을 오히려 제공하지 못하게 된다. 이나가키의 주장에 따르면, 그래서 우리 조상들의 두뇌가 어린 자녀를 돌보는 동안에는 스트레스 반응을 억제하도록 진화했을 수 있다. 또한 도움을 주고 나면 보상받는 느낌을 느끼도록 뇌가 진화했을 것이다. 그래야 부모와 자녀 사이의 유대가 공고해지고 성인들이 계속해서 보살피는 행동을 하게 되기 때문이다. 이처럼 스트레스 억제 및 보상 반응이 진화한 원래의 목적이 무력한 아기들의 생존 가능성을 높이기 위해서였다면, 시간이 지나면서 다른 존재를 보살필 때마다 이 반응이 일어나게 되었다. 선사시대에는 이 덕분에 우리 조상들이 더 협동하게 되어, 그 결과 점차 규모가 큰 집단을 이루게 되었다.

이나가키는 살짝 가학적인 실험으로 자신의 가설을 뒷받침했다. 그녀는 연인들을 실험실로 불러서 두 사람 중 한 명에게 따끔한 전기 충격을 가했다. 그동안 나머지 한 명은 고통스러워하는 상대방을 위로하려고 애썼다. 이때 도움을 주던 사람의 뇌를 스캔했더니, 부모의 돌봄 행위의 기저를 이룬다고 알려진 부위의 일부가 높게 활성되는 것으로 나타났다. 이런 부위 가운데에는 보상과 관련된 배쪽 선조체와 스트레스 반응을 통제한다고 여겨지는 중격 영역이 포함된다. 중격 영역의 활성도가 증가하자, 뒤이어 편도체라고 불리는 부위의 활성도가 감소했다. 우리의 감정을 처리하는 편도체는 보통 두려움과 불안을 느낄 때 더욱 활성화된다. 이나가키는 금전적으로 너그러운 사람들의 반응도 연구하여 유사한 결과를 얻었다. 그런데 여기에는 놀랄 만한 점이 있었다. 특정한 사람에게 돈을 주면 스트레스가 억제되는 결과로 이어졌지만, 이타심을 발휘해서 자선 기관에 기부하는 경우에는 그렇지 않았다. 베풂에 대한 심리적, 생리적 반사반응은 추상적인 명분보다는 개인을 돌볼 때 일어나는 것 같다.[13]

관대한 행동은 스트레스 반응을 가라앉힘으로써 혈압만 떨어뜨리는 것이 아니다. 스트레스 호르몬인 코르티솔이 분비되는 속도도 떨어지고, 콜레스테롤 수치도 낮추고, 만성 통증 증상도 완화하고, 조직의 파괴를 가져올 수 있는 염증도 떨어지게 할 수 있다.[14] 심지어 관대함이 세포의 노화 속도를 느리게 만들 수 있다는 몇몇 징후도 있다. 시간이 지나면서 유전자의 활성은 특유의 방식으로 변화하는 경향이 있는데, 이런 변화는 질병 발병 위험이 커지는 것과 관련이 있다. 과학자들은 이것을 가리켜서 "노화 시계epigenetic clock"라고 부른다. 다른 사람들을 꾸준히 도와주는 사람들은 이 노화 시계가 더 느리게 가는 것처럼 보인다.[15]

베풂이 가져오는 장기적인 건강상의 이익은 미시간 주 디트로이트에서 5년간 846명을 대상으로 진행한 연구 결과에서 확인할 수 있다. 연구를 시작하면서 참가자들은 그전 해에 일어났던 스트레스를 받은 일들—가령 집에 도둑이 들었거나 직장을 잃었거나 가족과 사별했던 일 등—을 먼저 열거했다. 그런 다음, 차로 데려다주거나 주기적으로 심부름을 하거나 아이를 봐주거나 거동이 불편한 사람 대신에 장을 봐주는 등 다른 사람들을 얼마나 자주 도와주는지도 보고했다. 이렇게 정보를 수집한 다음, 연구진은 이후 5년간 이들 가운데에 누가 생존했고 누가 사망했는지를 추적했다. 잘 알려진 대로 스트레스가 우리 건강에 미치는 영향을 확인해주듯이, 힘든 사건을 경험했던 사람들은 연구 기간 안에 사망할 가능성이 30퍼센트가량 더 높았다. 그런데 최고 수준으로 다른 사람들을 많이 도왔던 사람들은 그렇지 않았다. 이들의 너그러운 행동이 생활 스트레스와 조기 사망 사이의 연결고리를 끊었기 때문이다.[16]

이밖에도 심리적 이득은 말할 것도 없다. 사회적 지지를 제공하면 전반적인 삶의 만족도가 향상되고 더 의미 있는 삶이 된다. 캐나다, 우간다, 인도 등 다양한 나라에서 이루어진 여러 연구만 봐도, 너그러움이 개인의 행복에 이르는 가장 좋은 길임을 알 수 있다.[17] 물론 이러한 연구 결과들은 전체적인 관점에서 봐야 한다. 자신보다 타인의 욕구를 항상 우선해야 한다는 주장이 결코 아니다. 자신이 한계에 가까워졌다고 느낀다면 자기 자신의 안녕을 우선시해야 한다. 다만, 외롭고 짜증스럽고 삶이 만족스럽지 않다고 느끼는 날에는 이타적인 행동을 하는 것이 그저 가장 좋은 자기 돌봄 방법이 될 수 있다.

벤저민 프랭클린 효과, 일명 아마에

베풂은 우리를 모두 조금 더 너그러운 사람이 되도록 할 뿐 아니라 다른 사람들에게 도움을 청할 때 느끼는 두려움도 덜어준다. 세심하고 공손하게 부탁하면 거의 모두가 진심으로 기쁘게 도와준 후 자신의 이타적 행동이 발하는 따뜻한 빛을 쬐며 만족해한다.[18] 이 같은 좋은 감정들을 생각해보면, 도움을 청하면 사회적 연결이 강화될 수 있다는 사실이 별로 놀라운 일도 아니다. 물론 벤저민 프랭클린도 자서전에서 그렇게 주장했다. 그러나 심리학자들이 실험을 통해서 이런 주장—바로 우리의 아홉 번째 연결의 법칙—을 뒷받침할 증거들을 제시하기 시작한 것은 1960년대가 되어서였다.

그 가운데 데이비드 랜디와 존 제커의 연구가 시선을 사로잡는다. 연구진은 실험 참가자들을 한 사람씩 불러서 게임을 하고 상금을 타게 했다. 상금으로는 60센트 혹은 3달러를 받았다(이 실험이 1960년대에 진행되었다는 사실을 잊지 말자. 오늘날로 환산하면 상금 액수는 훨씬 더 크다). 랜디와 제커는 실험 진행자—보이드 씨—에게 처음부터 끝까지 퉁명스럽고 차갑게 굴라고 요구했다. 참가자들은 실험실을 떠난 다음, 세 가지 상황 중의 하나를 경험하게 되었다. 첫 번째 상황에서는 상금을 가져도 된다는 말을 들었다. 두 번째 상황에서는 대학교 심리학과를 위해서 상금을 기부해달라는 요청을 받았다. 세 번째 상황에서는 보이드 씨가 **자신에게** 상금을 줄 수 있느냐고 물었다. 그는 "실험 기금이 떨어져서 개인 돈으로 실험을 마무리하는 중"이라고 설명했다. "호의를 베풀어서 상금을 저한테 주면 안 될까요?" 마지막으로 실험 참가자들은 보이드 씨에 대한 호감도 점수를 매기고, 그가 하는 다른 연구도 더 도울 의향이 있는지 답했다.

그 결과, 첫 번째 상황 참가자들은 보이드 씨를 조금도 좋아하지 않은 것으로 나타났다. 이들은 호감도 점수를 12점 만점에 5.8점만 주었다. 전반적으로 부정적인 평가이다. 반면 보이드 씨에게 상금을 준 참가자들은 그에게 훨씬 더 따뜻한 감정을 느끼는 경향을 보였다. 게다가 기부한 상금 액수가 클수록 더 긍정적으로 느꼈다. 가령, 3달러를 기부한 사람들은 보이드 씨에게 7.6점을 주었다. 이는 관대한 행동만으로도 나쁜 첫인상을 극복하는 데에 도움이 되었다는 뜻이다. 그런데 상금을 그냥 심리학과에 기증한 경우에는 그렇지 않았다. 즉, 보이드 씨에 대한 따뜻한 감정을 키운 것은 바로 그를 도와준 행동이었다.[19]

랜디와 제커의 연구 결과는 수십 년간 비교적 관심을 받지 못했다. 그런데 일본 호세이 대학교의 니야 유가 발표한 최근 연구에서 아홉 번째 연결의 법칙을 뒷받침할 추가 증거가 나왔다. 일본 문화에 있는 아마에甘え라는 개념이 연구 대상이었다. 아마에란 "다른 사람의 사랑에 의존하고 의지하거나 다른 사람의 관용을 누리며 응석을 부

리는 것"을 말한다. 영어로는 대개 "구슬리기", "꼬드기기", 또는 "버릇없게 응석 부리기"로 번역된다. 영어로는 모두 부정적인 의미가 뚜렷이 내포되어 있다. 그러나 니야 유의 연구에 따르면, 아마에는 행복한 관계를 위해서 적용할 만한 비결이 될 수 있다.

그녀의 견해에 따르면, "아마에 방식의 요청"이라고 특징지을 수 있는 부탁들이 있다. 도움 요청자가 어디까지나 스스로도 할 수 있는 일을 부탁하는데 그 과제를 완수했을 때 두 사람 사이의 유대가 강화되는 경우이다. 약간 유치하게 들릴 수도 있고, 실제로도 흔히 어린아이의 행동과도 비슷하다. 여섯 살배기가 엄마나 아빠에게 이야기책을 읽어달라고 조르는 이유는 스스로 읽을 줄 몰라서가 아니다. 바로 보살핌과 돌봄을 받는다는 느낌을 받고 싶어서이다. 그런데 성인들 역시 늘 그렇게 한다. 자기 돈으로 사도 되지만 굳이 연인에게 선물로 사달라고 하거나, 대중교통을 이용해도 되지만 굳이 친구에게 공항으로 데리러 와달라고 하거나, 연인이 다른 일로 바쁜데도 굳이 자기가 좋아하는 음식을 만들어달라고 하는 일 모두가 니야 유에 따르면 아마에 방식의 부탁에 해당한다.

니야 유는 아마에 방식의 부탁을 받는 사람들이 그런 부탁을 어떻게 인식하는지가 궁금했다. 번거로움 때문에 화가 나고 분한 마음이 들까? 아니면 자기 자신이 필요하고 소중하고 존중받는 존재라고 느낄까? 과연 이런 인식은 문화에 따라서 차이가 있을까? 이런 궁금증에 대한 답을 찾기 위해서 그녀는 먼저 아마에 방식의 부탁을 보여주는 상황을 설정했다. 예를 들면 다음과 같다.

당신의 룸메이트이자 가장 친한 친구인 S가 내일 아침까지 기말 보고서를 작성해야 해서 밤늦게까지 불을 밝히고 있다. 당신은 내일 아침 일찍 수업이 있어서 S보다 먼저 잠자리에 들기로 한다. 그런데 한밤중에 S의 컴퓨터가 그만 고장이 난다. S 혼자서 고치려면 밤을 새야 할 판이다. S에게는 컴퓨터를 잘 다루는 친구가 여럿 있는데, 당신도 그중 한 명이다. S는 당신이라면 아주 쉽게 컴퓨터를 고칠 수 있다는 것을 안다.

S가 당신에게 컴퓨터를 고쳐달라고 한다면, 얼마나 기쁘거나, 슬프거나, 짜증스럽거나, 실망스러울지 1점(전혀 아니다)에서 7점(매우 그렇다)까지의 점수로 표현한다면? 그리고 그에게서 이런 부탁을 받은 다음에는 그를 얼마나 가깝게 느낄까?

니야 유는 이 이야기에 대한 사람들의 반응, 그리고 이와 기본적인 설정은 같지만 S가 혼자 고군분투했다거나 S가—당신이 아닌—다른 친구에게 부탁했다는 것을 알게 된 사람들의 반응을 비교했다.

첫 번째 실험에서는 일본 학생들을 시험했다. 여러분이 예상하듯이 참가자들은 한밤중에 자다가 깨니까 조금 짜증이 날 것 같다고 생각했다. 그런데도 S가 기술자를 부르거나 다른 친구를 찾았다는 소식을 듣는 것보다는 도와달라는 부탁을 받으면 훨씬 더 기쁠 것 같다고 했다. 게다가 둘 사이에는 상당히 큰 차이가 있었다. 자기가 부탁을 받는다고 상상한 사람들은 7점 가운데 4.5점만큼 기쁘다고 답한 반면, 다른 두 조건에 처한 사람들은 2.9점과 3.4점만큼 기쁘다고 답했다. 게다가 이런 따뜻한 감정은 친밀도에도 반영되었다. 참가자들은 도움을 요청받으면 번거로워짐에도 불구하고 (혹은 어쩌면 그래서) 더 가깝게 느낄 것이라고 예상했다. 니야 유는 또다른 요청들—가령 시외 연수에 참석하는 동안 개를 봐달라는 부탁, 또는 사흘간 아파트에 어떤 사람을 재워달라는 부탁—을 가지고 실험한 후에도 같은 결과를 얻었다. 모든 경우에 사람들은 부탁을 받으면 관계의 친밀도가 높아진다고 인식했다.

니야 유의 다음 실험 목표는 과연 일본 외의 지역에 사는 사람들도 같은 식으로 반응할지 알아보는 것이었다. 그리고 실험 결과 그렇다는 결론을 얻었다. 미시간 대학교 학생들은 부탁받는 상황에 대해서 전반적으로 매우 긍정적인 반응을 보였다. 그들은 도움을 청한 사람에 대한 친밀감이 높아질 것으로 생각했고, 이것을 우정이 더 탄탄해진 표시로 여겼다.[20]

니야 유는 이런 가설적 상황에만 연구를 국한하지 않고, 그후 실험실 실험으로 아마에 효과를 시험했다. 먼저 실험 참가자들에게 한 명씩 파트너를 배정한 다음, 머리를 써야 하지만 재미있는 퍼즐 3개를 풀게 했다. 그런데 실험은 참가자들 모르게 점점 쉬운 퍼즐이 주어지도록 설계되었고, 그들에게 배정된 "파트너들"은 연기자들이었다. 파트너들은 진짜 참가자가 자신에게 주어진 퍼즐을 끝내자마자 도와달라고 부탁했다. "와, 벌써 다 했어요? 진짜 빠르네요! 제가 하는 것 좀 도와주시겠어요?" 연기자들은 이처럼 감탄한 다음, 자기 퍼즐 하나를 넘겼다. 실험 참가자들은 과제 전과 후에 각각 자신의 파트너가 얼마나 사교적인 것 같은지, 파트너를 얼마나 좋아하는지 점수를 매기는 설문지에 응답했다. 아니나 다를까 파트너가 도움을 청한 후, 두 점수가 모두 올랐다. 여기에서 결정적으로 중요한 사실이 있다. 파트너가 직접 요청하지 않고 **실험 진행자**가 참가자에게 파트너를 도우라고 요청한 경우에는 그렇지 않았다. 아마에를 통해서 정이 깊어지려면, 도움을 받는 당사자가 직접 부탁해야만 하는 듯하다. 스스로 몸을 낮추어야 한다는 말이다.[21]

그렇다면 사회적 지지를 주는—그리고 받는—행위가 이러한 방식으로 우리의 연결을 강화하는 이유는 무엇일까? 랜디와 제커는 1960년대의 보고서에서 이런 요청이 "인지 부조화"를 초래하기 때문이라는 전형적인 설명을 내놓았다. 우리는 누군가를 도와준 다음, 그리 친하지도 않은 사람에게 어떻게 친절을 베풀게 되었는지 스스로 그 이유를 찾고자 애쓴다. 이런 모순을 해소하기 위해서 우리는 친절을 베푼 대상에 대한 신념을 더욱 긍정적인 방향으로 수정한다. 즉, "내가 한밤중에 기꺼이 일어나 컴퓨터를 고쳐주다니, 나는 S를 정말로 좋아하나 보다"라는 식으로 소급적인 사고 과정을 거치는 것이다.

정이 깊어지는 또다른 원인은 겸손한 모습에서도 찾을 수 있다. 청을 하는 사람은 아무래도 덜 위협적으로 보이게 된다. 게다가—하고많은 사람 중에 하필—그 사람에게 부탁했다는 것은 도움을 줄 수 있는 그의 역량에 대한 신뢰의 표시인 셈이다. 또다른 자기 노출 방식들과 마찬가지로 욕구와 취약성을 인정하면 자신의 마음에 대한 통찰을 얻고, 그 결과 공유 현실이 강해진다. 혼자 힘으로 과제를 해결하려고 애쓰면 독립성이 크다는 인상을 주었을지는 모르지만, 이와 같은 연결의 기회는 모두 차단해버리고 말았을 것이다.

혹은 어쩌면 아마에가 부모로서의 본성에 호소하기 때문일 수도 있다. 앞에서 살펴보았던 사실을 떠올려보자. 너그러운 행동은 우리 영장류 조상들이 어린 자녀를 돌보기 위해서 진화시켰던, 스트레스 억제와 보상을 포함한 바로 그 감정적 반응을 촉발할 수 있다. 아마에 방식의 요청도 이와 똑같은 과정을 십분 활용하는 것인지도 모른다. 아마에는 도움을 받는 사람과 도움을 주는 사람에게 즐거움을 준다. 그러면 양쪽 모두가 느끼는 연결감이 더 커진다.[22]

아마에 이면에서 작용하는 원리가 무엇이든, 아마에의 힘을 알게 되면 우리 삶이 훨씬 더 편해질 수 있다. 가령 니야 유는 사람들이 직장에서 아마에를 응용할 수 있다는 것을 보여주었다. 그녀는 일본 기업인과 경영인을 대상으로 직장 동료와의 관계에 관한 설문조사를 했다. 그 결과 아마에의 위력을 인정할수록 주변 사람들에게 도움과 조언을 구할 가능성이 큰 것으로 나타났다. 또한 이런 부탁이 가져올 수 있는 결과에 대해서도 덜 걱정하는 것으로 확인되었다. 게다가 이들은 신뢰감과 참여의식도 커졌다고 밝혔다. 가령 "나는 누구와도 쉽게 친해질 수 있다"와 같은 문항에 높은 점수를 주었다. 이와 같은 맥락에서, 니야 유는 아마에를 활용하는 대학교 신입생이 대학교 생활에 더 빨리 적응하는 경향이 있음을 보여주었다. 그 덕분에 이런 학생들은 1학년을 마칠 무렵, 삶에 대한 만족감과 목적의식이 커졌다.[23] 아마에는 대인관계에 대한 만족감도 높인다. 한 설문조사에서는 일본의 이성 커플에게 2주일간 매일 서로에 대한 상호 작용에 대해서 질문했다. 그 결과 서로에게 아마에 방식의 부탁을 많이 할수록, 함께 느끼는 행복감이 더 큰 것으로 나타났다.[24]

이처럼 아마에 관련 연구 결과를 접하면서, 나는 『우리 아이의 머릿속 The Philosophical Baby』에 나오는 심리학자 앨리슨 고프닉의 아름다운 논평 한 대목을 떠올리지 않을 수 없었다. "우리는 자녀를 사랑하기 때문에 돌보는 것이 아니라, 자녀를 돌보기 때문에 사랑하는 것이다."²⁵ 물론 고프닉은 부모의 관점에 관해서 이야기한 것이다. 그러나 이 말은 다른 관계들에도 널리 적용되는 진리인 듯하다.

언제, 어떻게 부탁할까

도움을 청할 때에는 항상 사려 깊어야 한다. 누군가에게 손이 많이 가는 성가신 존재가 되거나 이미 자기 삶의 무게에 짓눌려 있는 사람에게 무리하게 도와달라고 억지를 부린다면, 관계가 향상될 가능성이 거의 없다. 이런 이유 때문에 상대방이 체면을 지키면서도 부탁을 거절할 수 있는 충분한 기회를 주는 것이 필수적이다.

한 가지 방법으로, 그 사람이 현재 지고 있는 다른 책임들을 말로 명확히 인정해주는 것이 있다. 운 좋게도 나에게는 서로 든든한 힘이 되어주는 작가 인맥이 있다. 이들은 아이디어가 떠오르도록 자유롭게 의견을 주고, 원고를 읽고, 원하는 표현이 떠오르지 않을 때 느끼는 좌절감을 가라앉히도록 도와준다. 나는 어떤 부탁을 하든 간에 그 친구들이 자신의 일상 업무 외에도 유사한 요청을 얼마나 많이 받는지 잘 안다고 항상 인정한다. 그러면서 행여나 불편한 시간에 연락한 것은 아닌지 양해를 구한다. 대개 이 지인들은 바쁜 일정에도 불구하고 놀랄 정도로 신속하게 도와주겠다고 나선다. 그래도 나는 그들이 부탁을 거절하더라도 전혀 기분 상하지 않으며 충분히 이해할 수 있다는 나의 마음이 부디 똑똑히 전달되었기를 매번 바란다.

직장에서는 권력의 역학관계가 작동한다는 사실을 특히 의식해야 한다. 버네사 본스가 그녀의 저서 『당신의 영향력은 생각보다 강하다 *You Have More Influence Than You Think*』에서 설명하듯이, 권력 있는 고위직 사람들은 다른 사람의 시각에 신경 쓰려는 노력을 적게 하는 경향이 있다. 그러는 데에는 타당한 이유가 있다. 서열이 높으면 굳이 시간을 많이 들여서 주변 사람들의 동기나 감정을 고려할 필요가 없기 때문이다. 그 결과 상급자의 자리에 있으면 부하직원이 새로운 책임을 맡는 것이 얼마나 어려운 일인지 과소평가하기 쉬워진다. 거절하기가 얼마나 힘든 일인지도 잊게 된다.[26] 그러니 확신이 서지 않을 때에는 세네카의 황금률을 따르면 된다. "윗사람에게서 대접받고 싶은 대로 아랫사람을 대접하라."[27]

상당한 투자가 필요한 일을 부탁해야 하는 경우라면, 상대방이 그 요청을 심사숙고할 시간을 충분히 주는 것이 좋다. 그래야 그가 나중에 후회할 일에 전념하지 않는다. 예를 들면, 직접 만나거나 영상 통화로 얼굴을 보면서 상대방을 곤란하게 만들기보다는 이메일로 부탁하는 것이 좋다. 그래야 상대방이 부탁을 수락하거나 거절하기 전에 잠시 숨을 고르고 생각을 정리하기 쉽다. 본스의 연구에 따르면, 사람들은 얼굴을 보며 대화하면서 하는 부탁이 이메일로 하는 부탁보다 거절하기가 얼마나 어려운지 잘 잊어버린다고 한다. 그러나 실제 그 차이는 대단히 크다.[28] 어떤 식으로 부탁하든 상대방의 즉답을 기대하지 않는다는 점을 분명히 밝혀야 한다. 또한 부탁이 초래할 수 있는 불편함에 대해서도 솔직하게 이야기해야 한다. 부탁과 관련된 어려움을 달콤한 말로 포장하거나 즉답을 요구하면 상대방에게서 원하는 답을 얻을 공산은 클 수 있다. 그러나 결국에는 상대방이 그런 속임수에 분개하게 되는 결과가 생긴다.

상대방이 부탁을 수락하면, 그의 도움에 감사를 표하는 것이 지극히 중요하다. 단순히 우리 마음을 훈훈하게 해준 것에 불과하든 혹은 그의 도움이 없었다면 불가능했을 일을 성취할 수 있게 도와준 것이든 간에 상관없다. 그가 우리에게 미친 영향이 무엇인지를 그에게 알려야 한다. 이것이 중요한 이유는 제6장에서 강조했던 모든 내용 때문이다. 아니, 그 외에도 이유는 더 있다. 이타심에 관한 실험연구에 따르면, 너그러운 행동이 상대방의 상황을 개선하는 데에 효과적이었다고 생각할 때 이타심의 심리적, 생리적 효과가 가장 확연히 드러나기 때문이다. 이것은 뇌를 스캔해보면 명백히 알 수 있다. 돌보는 사람이 스스로 유능하고 인정받는다고 느낄수록, 이타적인 행동에 흔히 수반되는 스트레스 억제와 보상을 함께 경험할 가능성이 더욱 커진다. 다른 사람들의 도움을 당연시하고 그들이 어떤 변화를 낳았는지 알려주지 않으면, 그들은 이 같은 이점들을 누리지 못하게 된다.[29]

마지막으로, 호혜적인 대인관계를 보장해야 한다. 순응 과소평가 효과를 생각해보면 친한 사람들이 도움이 필요할 때 우리에게 알릴 것이라고 단순히 믿을 수는 없다. 그래서 우리가 조금 더 먼저 도움의 손길을 내밀어야 한다. 주변 사람들과 대화하는 중에 그들이 필요하면 언제든 도와줄 수 있다는 사실을 상기시키면 된다. 상대방에게 그냥 기분이 어떤지 물었을 뿐인데 그가 마음속에 숨겨왔던 문제를 솔직하게 털어놓을 수도 있다. 혹은 명시적으로 물어봐도 된다. "오늘 내가 어떻게 도우면 될까?" 이런 간단한 질문만으로도 충분하다. 일상적으로 교류하면서 잊어버리기 쉬운 질문이지만, 이런 질문은 더 큰 힘이 되어주는 사회적 연결망 조성에 이바지할 수 있다.

벤저민 프랭클린이 정치 경력 초창기에 깨달았듯이, 주거니 받거니 해야 사회적 연결이 이루어진다. 조금만 노력하면 우리 모두 서로 관대하게 대하면서 얻는 즐거움을 만끽할 수 있다.

핵심 정리

- 우리는 기꺼이 돕고자 하는 다른 사람들의 마음을 너무 비관적으로 생각한다. 일반적으로 사람들이 우리를 도와줄 가능성은 우리가 예상하는 것보다 약 2배 더 크다. 또한 우리가 예측한 것보다 우리를 즐겁게 도왔을 가능성도 더 크다.
- 너그럽게 행동하면 보상받는 느낌이 들고 스트레스 반응이 완화된다. 그러면 장기적으로 혈압이 떨어지고 세포 노화 속도가 느려지는 등 건강상의 이익이 많이 생긴다. 이것이 바로 "베풂이 주는 선물"이다.
- 사람들은 자신에게 부탁한 사람을 더 좋아하게 된다. 그 부탁 때문에 번거로워지더라도 말이다. 이런 현상을 가리켜서 벤저민 프랭클린 효과라고 한다. 일본에서는 아마에라고 한다.

행동 전략

- 여러분을 좋아하기 힘들어하는 사람이 있으면, 그에게 작은 부탁을 해보라. 이렇게 하면 아마에 덕분에 그의 생각이 달라져서, 장차 상호 작용하기 편해질 수 있다.
- 부탁하기를 두려워하지 말되, 반드시 상대방에게 거절할 기회를 충분히 줘야 한다. 너그러운 마음이 아니라 의무감 때문에 부탁을 들어주면 관계가 개선될 가능성이 거의 없다.
- 경제적 여유가 되면, 매달 소액을 따로 챙겨서 주변 사람들에게 쓰라. 연구에 따르면, 자기 자신보다 다른 사람을 대접하면 더 행복해지고 건강해진다고 한다.
- 시간적 여유가 되면, 여러분이 중요하게 생각하는 명분을 위해서 자원봉사를 하는 것을 한번 고려해보라. 자원봉사자들이 대체로 건강이 좋은 이유들 중의 하나는 사회적 연결이 증가했기 때문이다.

10

나쁜 감정 치유하기

어려움에 처한 친구에게 연민을 표현할 적당한 말을 찾지 못해서 발만 동동 굴렸던 적이 있는가? 낙담할 필요 없다. 왜냐하면—영문학계에서 위대한 문장가로 꼽히는—헨리 제임스 역시 같은 심정이었기 때문이다.

1883년 7월 제임스는 친구인 그레이스 노턴으로부터 가슴이 무너져내릴 듯한 편지를 연이어 받았다. 우울증이 그녀의 삶 전체를 집어삼킨 상태였다. 그는 먼저 낮은 자세로 자신의 눌변을 인정하며 답장을 시작했다. "친애하는 그레이스, 다른 사람들의 고통 앞에서 나는 언제나 이렇게 철저히 무력하기만 하는군요. 그대의 편지에서 느껴지는 고통의 깊이가 어찌나 깊은지, 뭐라고 해야 할지 모르겠습니다." 그러면서도 그는 "스토아적 목소리로" 글을 이어갔다. 슬픔의 본질과 고통스러운 감정을 견디는 우리의 능력을 지혜롭게 사색한 글이었다.

깊은 슬픔은 마치 거대한 파도처럼 밀려와—물론 그대만큼 이를 잘 아는 사람은 없겠지요—우리를 집어삼킵니다. 슬픔의 파도가 우리를 거의 잠식할지라도 우리는 그 자리에 남습니다. 우리는 압니다. 파도가 강해도 우리는 더 강하다는 것을. 파도는 지나가고 우리는 그대로 남으니까요. 파도 때문에 우리는 마모되고 소진되지만, 파도 또한 우리 때문에 마모되고 소진됩니다. 파도는 앞을 보지 못하지만, 우리는 완벽하지는 않아도 그럭저럭 볼 수 있지요. 친애하는 나의 그레이스, 그대는 지금 어둠을 지나고 있습니다. 미처 몰랐지만, 어둠 속에서 내가 알 수 있는 것이라고는 그 어둠 때문에 그대가 지독히도 아프다는 사실뿐이지요. 하지만 그것은 어둠에 불과하지, 끝이 아닙니다. 마지막도 아닙니다.……다 지나가기 마련입니다. 그러면 고요함, 그대가 받아들인 신비와 환멸, 몇몇 좋은 사람들이 보여주는 다정함, 한마디로 말해서 너무도 많은 새로운 삶의 기회들이 남게 된답니다.[1]

그로부터 100년도 더 지난 오늘날, 제임스가 상상도 할 수 없었던 기술을 매개로 그의 편지는 21세기의 삶의 현장에서 고군분투하는 현대의 독자들에게 여전히 위로를 준다. 나 역시 그중 한 사람이다.

사람들이 지지를 주고받는 심리에 대해서는 앞에서 이미 탐구한 바 있다. 그러나 감정을 보살피는 일에는 각별한 주의와 세심함이 필요하다. 상대방이 단 하루 동안 좋지 않은 일을 겪든 대단히 슬픈 소식을 견디고 있든, 모두 마찬가지이다. 연민을 전하고 싶은 매우 좋은 의도는 있지만, 과연 우리 능력으로 도울 수 있을지 확신이 서지 않을 수도 있다. 아무런 판단도 하지 않고 가만히 들어주기만 해야 할 때는 언제일까? 그리고 문제를 바라보는 상대방의 시각을 바꾸도록 노력해야 할 때는 언제일까? 상대방을 위하는 마음으로 모질게 대하는 것이 정당화될 수 있을까?

이런 질문들에 결정을 내릴 때마다 상황을 악화시킬 위험이 도사리고 있는 것만 같다. 그러나 우리는 공유 현실과 사회적 연결에 대해서 새로이 알게 되었고 우리에게 필요한 지침도 어느 정도 얻었다. 이들 원칙을 마음에 새기면서, 제임스가 그레이스 노턴에게 보낸 답장에 담긴 지혜가 왜 그토록 많은 사람들에게 위안을 주는지—그리고 어떻게 하면 우리도 그렇게 할 수 있는지—이제부터 알아보자.

"내가 있잖아"라는 말의 힘

먼저 좋은 소식부터 짚고 넘어가자. 우리 대부분은 다른 사람을 위로하는 능력이 생각보다 훨씬 뛰어나다. 그래서 사람들은 우리의 도움을 예상보다 더욱 소중하게 생각한다.

시카고 대학교의 제임스 던건 연구진이 학생들에게 설문조사를 실시했다. 먼저 학교 구성원들 중에 힘든 시기를 보내고 있어서, 응원의 편지를 받으면 고마워할 것 같은 사람을 생각해보라고 했다. 그런 다음 그 사람이 응원 편지를 어떻게 받아들일지를 0점(전혀 그렇지 않다)에서 10점(매우 그렇다)까지의 척도로 추산해보게 했는데, 이때 '어색해할 것이다', '따뜻함을 느낄 것이다', '사회성이 있다고 생각할 것이다' 등의 표현에 각각 점수를 매기도록 했다. 다시 말해서, 학생들이 응원하고자 하는 자신의 감정을 제대로 표현하는 "적합한" 말을 선택했을지의 여부를 점수로 평가하게 했다. 마지막으로 학생들은 편지와 함께 설문 링크도 보냈다. 편지를 받은 사람들이 편지를 어떻게 해석하는지를 측정하는 이 설문조사에서도 똑같은 기준을 사용했다.

조사 결과는 잘못된 사회적 오해에 관한 다른 연구 결과들과 일맥상통했다. 많은 학생들이 타인을 돕는 자신의 능력에 몹시도 비관적이었지만, 실제로는 이러한 두려움에 아무런 근거가 없었다. 그들이 보낸 응원의 편지는 평균적으로 자신들이 예상했던 것보다 상당히 더 따뜻하고 더 뚜렷하게 표현되었다고 여겨졌다. 편지를 받은 사람들 대부분은 응원의 말에 담긴 감정에서 위로를 느꼈다. 참가자들의 원래 생각과는 달리, 관계의 본질이 편지를 해석하는 데에 영향을 주지는 않았다. 편지를 받은 사람이 아주 친한 친구든 조금 거리가 있는 지인이든, 사람들은 친절한 행동에 똑같이 고마워했다.

얼굴을 마주하며 대화를 하는 경우에도 같은 결과가 나올지 알아보기 위해서 후속실험이 진행되었다. 참가자들은 재정난, 실연, 가정불화, 질병 등 어려운 상황에 직면해 있다고 보고한 낯선 사람들과 무작위로 둘씩 짝을 지었다. 참가자들은 뒤이은 15분 동안 대화하면서, 그 어려움에 대해 최대한 많은 사회적 지지를 보내야 했다. "공감을 표하거나 조언하거나 삶에서 나온 지혜 등을 공유하거나 일종의 도움을 주거나 무엇이든 다 좋습니다. 그저 당신이 보기에 타당한 방식으로 지지를 표현하도록 노력해주십시오." 이번에도 역시 이 대화에 대한 참가자들의 예상은 완전히 편향되었다. 그들은 적당한 말을 찾지 못할지도 모른다고 걱정했고, 대화 자체가 불편하고 진 빠지게 할 것이라고 예상했다. 그러나 양쪽 모두 실제로는 대화가 긍정적인 경험이었다고 느꼈다.[2]

하소연의 위험

돕겠다고 제안하면 대체로 호응이 좋은데, 까다로운 상황에 더욱 잘 대처할 수 있는 방법도 있다. 우리는 다른 사람들에게 감정적 지지를 보낼 때 보통 수동적인 태도를 취한다. 상대방이 감정을 하소연하듯이 뱉어내면 그저 "귀를 기울여 들어준다." 이렇게 골칫거리를 표현하는 것만으로도 기분이 좋아지리라고 믿기 때문이다. 이런 생각의 근원에는 "유압식油壓式 감정 표현 모형"이라는 오래된 이론이 자리를 잡고 있다. 제조업 혁명을 가져온 파이프와 피스톤에서 영감을 받은 이론이다. 계몽주의 사상가들은 인간의 뇌를 일종의 압축공기 기계로 생각했다. 운 나쁘게 엔진이 막히면 폭발하는 것과 마찬가지로, 건강한 마음 상태를 유지하려면 뇌 주위로 "감정"이 자유롭게 흘러야만 한다고 보았다.

훗날 과학자들은 이것을 뇌의 작동 방식에 대한 물리적인 설명이라기보다는 하나의 비유로 생각했다. 그래도 전반적인 발상은 그대로 남았다. 19세기 말에서 20세기 초, 지크문트 프로이트는 감정적으로 꽉 막힌 상태와 "히스테리" 같은 정신 질환 사이에 명백한 연관성이 있다고 주장했다. 프로이트의 해법은 정신 분석이었고, 유압식 감정 표현 모형은 오늘날 우리도 대부분 일상에서 감정을 처리하는 방식으로 활용할 정도로 명백하게 남아 있다.³ 심지어 우리가 쓰는 언어에도 깊이 침투되어 있다. 그래서 사람들에게 "가슴에서 털어내라" 또는 "증기를 빼듯 감정을 배출하라"고 독려한다. 유럽과 아시아에서 조사한 바에 따르면, 우리가—또는 아끼는 사람들이—부정적인 감정을 다른 사람들과 공유하면 그런 감정이 풀리리라고 믿는 사람이 약 80퍼센트에 달했다.⁴

이렇게 하면 도움이 된다고 생각할 만도 하다. 비밀에 관한 연구에서 입증되었듯이(제7장 참조) 자신의 정체성을 이루는 중요한 요소를 숨기고 있으면 마치 물리적인 짐을 지고 있는 것 같다. 이 짐을 다른 사람에게 털어놓고 나면 편안해진다. 그래서 다른 사람이 우리에게 자신의 고통을 털어놓으면, 우리도 그에게 비슷한 안도감을 선사할 것이라고 생각하고 싶어한다. 그러나 안타깝게도 최근의 연구에 따르면, 이렇게 느끼는 해방감은 찰나에 불과한 반면 하소연이 가져다주는 장기적인 이득은 매우 제한적이다. 게다가 제한 없는 감정 노출이 너무 자주 반복되면, 심한 피해를 낳을 수도 있다.⁵

버지니아 공과대학교 총격 사건이나 9.11 테러와 같은 비극의 후유증을 조사한 연구를 살펴보자. 유압식 감정 표현 모형이 옳다면, 다른 사람들과 감정에 대해서 꾸준히 이야기한 사람의 심리 결과가 가장 좋아야 한다. 감정을 억누르고 두려움을 속으로 삭이는 사람과 비교했을 때 말이다. 그런데 연구 결과, 오히려 정반대 상황이 확인된 경우가 많았다. 슬픔과 불안을 표현하는 데에 거의 모든 시간을 썼던 사람들이 우울증과 불안장애를 앓을 가능성이 더 컸다. 어떤 경우에는 실제로 외상 후 증후군이 나타날 위험도 증가한 듯했다.[6] 이런 결과가 나온 이유들 중의 하나는 상처와 연관된 신경회로가 계속해서 재가동되었기 때문이다. 마음을 동요시키는 사건을 되풀이해서 곱씹으면, 나쁜 감정이 배출되기보다는 마음속에 점점 더 깊이 아로새겨져서 우리 머릿속을 오래오래 잠식하게 된다.

심리학자들은 이런 습성을 "함께 곱씹기"라고 설명한다. 이런 습성은 다양한 관계들에 해롭게 작용하기도 한다. 예를 들면 질풍노도의 시기에 있는 10대 청소년들이 서로 불안 가득한 대화를 나눌 때처럼 말이다. 청소년들은 서로 몇 시간이고 끝없이 괴로움을 토로한다. 물론 이런 대화가 연결감을 조성할 수는 있다. 같은 스트레스를 경험하고 표현하면 공유 현실이 형성되니 말이다. 그러나 너무 빈번하면 고통이 증폭될 수 있다.[7] 연인관계에 있는 성인의 경우도 마찬가지이다. 누구나 영혼의 단짝과 자신의 짐을 나누고 싶다는 유혹을 느낀다. 그러나 두 사람이 각자의 감정을 서로에게 하소연할수록, 장기적으로 보면 두 사람 모두 결국에는 더 불행해진다.[8] 생리적 차원에서 보면, 심각하고 어두운 대화는 스트레스 호르몬 코르티솔의 수치를 높인다. 코르티솔이 너무 빈번히 치솟으면 신체에 해가 될 수 있다.[9]

감정 노출을 중요하게 생각하는 사람이라면 이러한 연구 결과에 망연자실할 수 있다. 게다가 사람들에게 감정을 억제하라고 부추기는 심리학자는 거의 없을 것이다. 사실, 대화는 정말로 좋은 것이다. 그러나 정말 건강한 대화는 사람들이 더 위대한 지혜와 통찰의 눈으로 자신의 문제를 들여다보면서 당면한 고통을 극복하도록 도울 수 있다. 그러려면 "함께 성찰하기"에 돌입해야 한다.

"함께 곱씹기"와 "함께 성찰하기"의 미묘하지만 본질적인 차이를 잘 보여주는 사례로, 코로나 바이러스 범유행의 초창기에 사람들 사이에서 일어난 소통을 다룬 연구를 살펴보자. 주변을 보면 세상이 무너져내리는 것 같았던 시절이니만큼 당연히 대화 주제도 어두워졌다. 그런데 대화의 양상은 사람에 따라 달랐다. 어떤 사람들은 오로지 부정적 감정을 표현하는 데에 대화의 초점이 맞추어져 있었다. 이런 사람들은 "코로나 바이러스 때문에 일어날 수 있는 모든 나쁜 일들에 대해서 많이 이야기한다"라고 했다. 앞의 함께 곱씹기에 관한 연구에서 예측했듯이, 이런 사람들은 코로나 이야기를 적게 한 사람들보다 정신 건강이 나쁠 가능성이 상당히 더 컸다.

반면 어떤 사람들은 상대적으로 철학적인 태도를 보였다. 이런 사람들은 "코로나 바이러스 범유행 상황에서 우리가 이해하지 못하는 부분들을 파악하는 데에 많은 시간을 쏟는다"라고 했다. 이런 식의 대화 덕분에 불확실성이 감소한 결과, 상황을 개선하기 위해서는 작은 단계들을 밟아야겠다는 동기가 이들에게 생겼을 것이다. 가령 이런 사람들은 자녀의 재택수업에 대처할 실질적인 방법을 찾거나 취약 계층에 마스크를 기부할 수 있는 방법을 찾았다. 그 결과, 이런 대화법—함께 성찰하기—덕분에 더 나은 정신 건강과 관련이 있는 것으로 나타났다.[10]

유념할 점이 있다. 이들 두 가지 대화법 중에 그 어느 것도 긍정 소녀 폴리애나(엘레너 포터의 소설 『폴리애나 Pollyanna』의 주인공/역주)처럼 "유리잔이 반이나 차 있다"라고 생각하는 식의 긍정적 삶의 태도가 필요하지는 않다는 점이다. 함께 성찰할 때 역시 우리가 느끼는 압박감을 인정하면서도 좀더 균형감을 가지고 당면한 상황을 파악하려고 시도할 수 있다.

"표현 쓰기"에 관한 연구에서도 유사한 현상이 보인다. 표현 쓰기란, 그 명칭에서 알 수 있듯이 마음속 깊이 있는 생각과 감정을 종이에 적는 것을 말한다. 초창기 연구에서는 이 방법이 정신 건강에 대단히 좋다고 알려졌다. 그러나 사람에 따라 얻는 이득이 달라질 수 있다. 나중에 사람들의 글을 분석했더니, 감정을 더욱 잘 회복할 사람들의 특징을 확인할 수 있었다. 어떤 사람들은 단순히 현재 고통받고 있는 아픔과 상처를 또렷이 표현하기만 한 반면—엄밀히 말하면, 연구 지침에서 그렇게 하라고 지시했다—어떤 사람들은 이보다 더욱 성찰적이고 철학적인 태도를 보였다. 이런 사람들의 글에는 원인과 결과("왜냐하면", "그러므로"), 통찰("생각한다", "믿는다", "고려한다", "이해한다"), 억제("갇힌", "강제된", "강요된")와 관련된 단어들이 많이 눈에 띄었다. 이런 단어들을 선택한 것으로 보아 글쓴이들이 자신의 어려움을 더욱 사색적으로 깊이 생각하여 그것이 삶에 미치는 영향에 대해서 새로운 결론을 도출해내고 있음을 알 수 있다. 이런 글쓰기를 한 사람들은 몇 개월 후 정신 건강이 더 좋아진 것으로 확인되었다.[11]

자신을 집어삼킬 것만 같은 나쁜 감정의 파도에 빠져서 괴로워하는 사람이 있다고 하자. 이 사람은 앞의 예시와 같은 추상적인 언어로 자신의 문제를 생각하기가 너무나 어렵다. 그래서 그에게 시각을 전환해보라고 다정하게 격려해줄 사랑하는 사람이 필요한 때가 바로 그런 순간이다.

자서전적 추론과 감정 코칭

영유아기에는 대화에 담겨 있는 감정의 맥락이 특히 중요하다. 실제로 수십 년 전 가족끼리 나눈 대화가 지금도 여러분의 정신 건강에 영향을 주고 있을 수도 있다. 그 이유를 이해하려면 자서전적 기억이 어떻게 발달하는지를 먼저 빠르게 살펴볼 필요가 있다. 태어나서 첫 몇 해 동안 아이들은—해변에 있던 모래의 감촉, 병원에서 맞은 주사의 따끔함처럼—경험 가운데 아주 작은 조각들만 기억할 수 있을 뿐이다. 그러다가 아이들이 사용하는 어휘가 늘어나면서 점차 기억이 세밀해진다. 그래도 여전히 기억은 대부분 서로 단절되어 있다. 각각의 사건들이 독립된 스케치처럼 남는 것이다. 아이들은 수년의 발달 과정을 거친 뒤에야 일관된 구조를 지닌 하나의 서사로 자신의 기억을 꿸 수 있게 된다. 청소년기가 끝날 즈음이면 이 서사는 소설의 형태가 된다. 10대 아이들은 핵심 사건들을 전환점으로 인식하기 시작하고, 그러면서 기억의 소설에는 새로운 시대를 나타내는 새로운 "장章"이 생긴다. 일리노이 주의 노스 웨스턴 대학교의 심리학자 댄 매캐덤스는 이를 가리켜 "행위자"에서 "작가"로의 이행이라고 설명한다.[12]

  이런 관점에서 삶의 궤적을 생각하는 것을 "자서전적 추론"이라고 한다. 자서전적 추론은 현재의 실패와 두려움, 좌절에 대해서 새로운 시각을 얻을 수 있는 중요한 수단이 된다. 가령 이별은 마음 아프지만, 깨달음을 주기도 한다. 나를 제대로 대우하지 않던 사람과 헤어진 후에 자기 존중에 대해서 중요한 교훈을 얻는 경우가 그렇다.[13] 또는 직장에서 스트레스가 과중한 프로젝트를 진행하면서 과거, 예컨대 대학생 시절에 이미 큰 회복력과 투지를 발휘한 적이 있었다는 사실을 깨닫기도 한다. 그러면 현재의 과제에 대처할 힘이 생긴다. 이러한 이유로, 개인이 지니는 서사의 질이 정신 건강과 연결되는 경우가 많다. 예를 들면, 일관성 있고 상세한 이야기를 가진 사람들은 기억에서부터 의미를 뽑아내는 능력이 뛰어나 우울증에 걸릴 위험이 덜하다.[14] 이런 사람들은 삶에 대한 만족도가 높으며, 살면서 원대한 목적의식을 가질 가능성이 더 크다.[15]

우리는 우리를 돌봐주는 사람—부모나 조부모, 삼촌, 고모, 손위 형제자매, 가족 내의 친구—과 대화를 나누면서 이런 기량을 배운다. 뉴질랜드의 오타고 대학교의 일레인 리스의 연구에 따르면, 다른 사람들보다 이런 기량을 훌륭하게 가르칠 줄 알며, 그 영향력이 오래가는 사람들이 있다. 리스가 입증했듯이 아이를 돌보는 사람이 아이의 기억을 인정하고 아이에게 기억을 상세히 설명해달라고 하면, 그 아이는 자서전적 기억이 풍부한 사람으로 성장할 가능성이 크다. 그 결과 이런 아이들은 스트레스를 받는 사건으로부터 더 쉽게 의미를 찾아내거나 더 넓은 삶의 맥락에서 그 사건을 바라본다. 이는 안녕감 향상에도 도움이 된다. 그러나 아이를 돌보는 사람이 이런 신호를 무시하거나 제거해버리면, 아이의 자서전적 기억 발달이 저해

된다. 그러면 훗날 아이의 전반적인 감정 회복력이 떨어진다.[16]

성인과 아이의 대화는 대부분 어떤 사건에 대한 아이의 감정과 그 감정을 다루는 법에 초점이 맞추어진다. 이는 괴로운 사건에 대한 기억을 형성할 때에도 결정적으로 중요하다. 영국 연구자들은 최근에 정신적 충격을 받은 132개 가족을 모집했다. 가령 최근 집에 불이 나거나 자동차 사고를 당해서 병원에 갔던 경험이 있는 가족들이었다. 트라우마를 겪고 한 달쯤 후에 연구진은 이 가족들이 트라우마에 대해서 상세히 나눈 이야기를 녹음했다. 대화 중에 그들은 사건이 어떻게 전개되었는지 기억을 소환해내고 일어났던 일에 대해서 생각과 감정을 이야기했다.

대화 내용은 가족마다 완전히 달랐다. 어떤 부모들은 최악의 상황에 초점을 두고 "너 죽을 뻔했단다"와 같은 식으로 말하는 경향이 있었다. 혹은 최악의 결과를 상상하고—"우리는 절대 다시는 예전으로 돌아갈 수 없어"—공포심을 조장해서 회피하도록 부추겼다. 특정 도로에서 자동차 사고가 났다면, 그 도로로는 다시는 지나가지 않겠다고 맹세하는 식이었다. 반면에 좀더 섬세하고 복합적으로 접근하는 부모들도 있었다. 그런 부모들은 아이가 느끼는 두려움과 동요를 무시하지 않았을 뿐 아니라 아이에게 훌륭하게 대처했다고 칭찬하고 장차 회복할 것이라는 점을 강조—"다리 상태가 좋아지기만 하면, 다시 여느 때의 너로 돌아갈 거란다"—했다. 이러한 특징들을 보면, 외상 후 스트레스 장애를 포함해서 사건 발생 6개월 후에 아이가 느끼는 안녕감이 어느 정도일지 예측할 수 있었다. 연구진이 아이의 초기 트라우마 수준을 통제한 후에도 마찬가지였다.[17]

이런 종류의 건설적인 대화는 "감정 코칭"이라고도 불리는데, 수술을 받아야 하는 아이들에게도 비슷한 효과를 준다. 수술을 앞둔 아이와 함께 불안과 두려움, 불편한 감정에 관해서 이야기를 나누는 것은 당연하다. 그렇게 하면 아이가 수술에 준비하고 트라우마가 생길 만한 사건을 이해하는 데에 도움이 된다. 그런데 간혹 도가 지나친 부모도 있다. 자녀가 우려된 나머지 통증에 과도하게 집중하는 바람에 아이가 트라우마를 과장하게 되는 경우 말이다.[18] 그러면 장차 병원에 대한 아이의 공포만 커질 뿐이다.

효과적인 감정 코칭은 사건에 대한 불편한 기억과 비교적 긍정적인 측면—가령 아이의 회복력—사이의 균형을 잡을 수 있게 도와준다. 예를 들어 아이가 자신이 얼마나 많이 울었는지를 기억한다면, 부모는 아이가 얼마나 신속하게 평정심을 되찾았는지, 혹은 심호흡을 하면서 어떻게 통증을 다스렸는지 상기시키도록 하는 편이 좋다. 가족이 이런 종류의 대화를 나누면, 아이들은 수술에 대해서 좀더 정교하게 기억하는 경향이 있다. 그러면 나중에 의사와 병원에 두려움도 덜 느끼게 된다.

이러한 변화는 기억을 담당하는 신경 조직에서 일어난다. 우리가 무엇인가를 기억해낼 때마다 뇌에서는 그 사건을 저장하는 신경망을 재활성화시킨다. 그러면 뇌가 말랑해졌다가 다시 굳는다. 어떤 사건에 관해서 대화할 때 가장 부정적이고 무서운 측면에만 초점을 맞추면, 이런 요소가 기억의 흔적 안에서 강화된다. 반면에 대화 덕분에 긍정적인 의미를 발견하면, 앞으로도 계속해서 더 정교한 해석을 기억해내게 된다.

아이를 돌보는 사람들 가운데에는 감정 코칭 재능을 타고난 사람이 있는가 하면, 자녀에게 최고의 감정 코칭을 제공하기 위해서는 몇 가지 지침들이 필요한 사람도 있다. 특히 본인이 부모로부터 이런 긍정적인 재평가를 받지 못한 사람이 그렇다. 다행스럽게도 최근 연구 결과, 이런 기량을 훈련할 수 있는 것으로 밝혀졌다. 자녀를 돌보는 사람들은 자녀와 트라우마에 대해서 대화하는 최고의 방법과 관련하여 단 몇 가지 지침만 알게 되어도 자녀와 더 건설적인 대화를 나누는 데에 도움을 받을 수 있다.[19]

이런 기량을 배우기에 너무 늦은 때는 없다. 대화 상대가 친구든 동료든 가족이든 상관없다. 우리는 대화로 상대의 시각을 변화시킬 수 있다. 치유가 시작되려면, 이런 시각 변화가 필수이다.

다가가기, 그리고 거리 두기

이런 원칙들을 실천하려면, 감정적 지지를 보낼 때 뚜렷이 구별되는 두 가지 단계를 밟아야 한다.

첫 번째 단계는 인정이다. 사람들은 가장 좋은 상황에서도 상호 이해를 갈망한다. 그러니 감정적 괴로움에 시달리는 동안이라면 사회적 연결의 가장 근본적인 본질에 대한 욕망이 특히나 간절해지기 마련이다. 인정한다는 것을 보여주려면, 상대방의 말을 경청하고 있다는 표시로 그 말을 다시 반복하면 된다. 또한 상대방에게 어떻게 느끼는지 자세히 설명해달라고 요청하고, 우리가 그런 감정을 타당하게 생각한다는 것을 확실히 알려야 한다. 그렇다고 상대방이 하는 모든 말에 동의해야 한다는 의미는 아니다. 비슷한 상황에 대한 여러분의 반응은 완전히 다를 수도 있다. 다만 상대방의 관점을 인정한다는 것, 그리고 당면한 상황을 이해하기 위해서 최선을 다하고 있다는 것을 보여주어야 한다.

이 대화 단계에서는 반드시 겸손해야 하고, 상대방이 자신의 감정을 충분히 표현하기 전에 결론으로 건너뛰어서는 안 된다. 문제의 핵심을 완전히 잘못 이해하면, 이야기의 일부분만 듣고서 우리 생각을 말하기가 쉽다. 그러면 아무리 원래 의도가 좋았더라도 상대방은 소외감만 들 뿐이다. 또한 상대방의 행동이 적절했는지 의문이 들더라도 판단하는 듯한 언어를 사용하지 않도록 노력해야 한다. 그렇지 않으면 상대방의 동요만 가중되어서 그가 어려움에 대한 유용한 통찰이나 해법을 찾기가 상당히 더 힘들어진다.

일단 상대방과 현실을 공유한다는 점을 분명히 했다면, 대화가 곱씹기 단계로 빠져들기 전에 대화의 물꼬를 성찰과 재해석 단계로 전환해야 한다. 나는 이렇게 하는 것이 헨리 제임스가 그레이스 노턴에게 했던 것처럼 "스토아적 목소리"로 이야기하는 것이라고 본다. 상대방이 자신이 느끼는 괴로움에서 살짝 물러나 거리를 두게 만드는 것이다. 예를 들면, 최악의 상황으로 건너뛰지 말고 속상한 일이 일어난 이유를 다른 데에서 찾도록 부드럽게 독려하는 방법이 있다.

사소한 예를 들어보자. 여러분의 연인이 자신과 친한 사람이 자신의 생일을 잊어버렸다고 화가 났다고 하자. 이 경우에 연인에게 그냥 너무 예민하게 굴지 말라고 말해줄 수도 있다. 그러나 그러면 연인은 바보가 된 느낌이 들고 자신이 느낀 진짜 감정이 수치스러워질 수 있다. 다른 식으로 반응하는 방법도 있다. 연인의 편을 들면서 대신 격노하는 것이다. 그러면 연인은 인정받았다는 느낌을 받을 수는 있지만, 이와 동시에 그가 최악의 상황을 생각하도록—문제의 그 친구가 자신을 아끼지 않는다고 생각하도록—부채질하는 격이 될 수도 있다. 따라서 더 나은 해법을 찾아야 한다. 연인의 근심 걱정에 공감하면서 문제의 친구가 그렇게 행동한 이유를 다르게 설명해보는 방법이다. 어쩌면 그 친구는 직장에서 힘든 시기를 보내고 있었을 수도 있고 자녀 한 명이 아팠을 수도 있다. 혹은 그 친구 말고도 생일 축하 연락을 **실제로** 했던 또다른 사람들이 있다는 사실을 상기시키는 방법도 있다. 그러면 연인은 자신의 넓은 사회적 연결망을 보는 더 큰 시각으로 이 실망스러운 사건을 볼 수 있게 된다. 그 결과 친구 한 사람의 태만한 행동이 그다지 재앙처럼 느껴지지 않게 된다.

다른 상황이라면 "자서전적 추론"을 권장할 수도 있다. 이 방법은 현재의 곤경을 전체 인생 이야기의 한 전환점으로 볼 수 있게 도와준다. 또는 상대방에게 회복력과 자산이 있다는 것을 상기시키고 그가 예전에 거대한 장애물을 극복했던 시기를 떠올리게 도와주어서, 실질적인 해법을 스스로 생각하도록 격려하는 방법도 있다.[20]

어떤 경우든 우리는 확신을 버리고 조심스럽게 다가가야 한다. 상대방에게 처한 상황을 이런저런 식으로 생각하라고 오만하게 말할 수는 없다. 우리는 오로지 몇몇 제안만 할 수 있을 뿐이다. 때에 따라서는 적절한 질문을 해서 상대방이 스스로 새로운 시각을 가지도록 하는 것으로도 충분할 수 있다. 미시간 대학교의 이선 크로스와 앤 아버 연구진이 이를 입증했다. 크로스는 곱씹기와 적응적 자기 성찰의 차이를 다루는 분야의 선두적 전문가로, 속상한 사건을 새로운 시각으로 보게 하는 인지적 기법을 개발해냈다. 가령 그는 지금의 상황을 나중에, 예를 들어 10년 후에 떠올린다고 상상하면 도움이 된다는 것을 발견했다. 사건의 감정적 의미를 줄여서, 더는 그 일에 마음을 온통 빼앗기지 않도록 만드는 전략이다.[21]

크로스는 여러 심리학자들로 구성된 대규모 연구진과 작업하면서, 이런 유도 방식을 대화로 구체화하는 것이 유용할지를 조사했다. 이를 위해 한창 감정적 동요 상태에 있는 학생 참가자들을 200명 가까이 모집했다. 그런 다음, 훈련된 실험 진행자와 온라인 개인 메시지로 그들이 처한 상황에 대해서 논하게 했다. 이 단계에는 실험 진행자가 연구 목표나 가설을 모르는 상태였다. 어떤 실험에서는 실험자가 참가자에게 단순히 그의 경험을 **들려달라고** 했다.

1. 무슨 일이 있었는지―무슨 일이 있었고 어떻게 느꼈는지―처음부터 끝까지 말해줄래요?
2. 바로 그 순간에 마음속에 어떤 생각이 떠올랐죠?
3. 그 순간에 가장 눈에 띄었던 것은 무엇인가요?
4. (그, 그녀, 혹은 그들이) 뭐라고 말하고 무엇을 했나요?
5. 그 순간에 어떤 느낌이 들었죠?

이런 질문에는 호기심이 묻어 있지만, 구체적인 사항―당사자에게 **무슨 일**이 일어났고 그가 **어떻게 느끼는지**―에 집중하고 있다. 다른 실험에서는 실험자가 참가자에게 다음과 같은 질문을 던지면서 사건을 **재해석하도록** 독려했다.

1. 상황을 살펴보면서 왜 이 사건 때문에 스트레스를 받았는지 이야기해줄래요?
2. 당신이 왜 그런 식으로 반응했다고 생각하죠?
3. 상대방이 왜 그런 식으로 반응했다고 생각하죠?
4. 이 경험에서 배운 것이 있나요? 있다면 저에게 공유해줄래요?
5. 전체적인 상황을 봤을 때, "큰 그림"을 보면 이 경험을 이해하는 데에 도움이 되나요? 아니면 안 되나요? 왜 그렇죠?

이렇듯—무엇을 묻는 물음과 달리—왜라는 물음을 이어서 던지면, 즉각적으로 원인에 대한 통찰력이 커진다. 그런 다음 마지막 두 질문을 통해서 상대방이 훨씬 더 넓은 시각으로 사건을 보게 만들고, 일어난 일에서 더 큰 의미를 발견할 수 있게 할 수 있다.

이들 두 전략의 효과는 즉각적으로 나타났으며, 시각의 변화를 독려하는 것이 얼마나 중요한지를 잘 보여주었다. 유압식 감정 표현 모형의 주장과는 반대로, 단순히 사건 이야기를 들려준 참가자들은 처음보다 대화 후에 절망감이 상당히 더 커졌다. 대화 후에도 사건은 여전히 쓰라리게 느껴졌다. 이와 대조적으로, 사건을 재해석한 참가자들은 이미 대단원의 막이 내려갔다고 느끼기 시작했다. 대화 덕분에 자신의 감정을 가라앉힐 수 있었기 때문이다.[22]

우리는 이따금 이런 원칙들 몇몇을 이미 활용해보았을 수도 있다.

그러나 사회심리학 연구에 따르면, 우리가 할 수 있는 것에 비해서 이런 노력이 턱없이 부족한 실정이다.[23] 우리는 사람들의 감정을 인정하고 그들의 즉각적인 감정적 욕구를 충족시키는 데에만 집중한 나머지, 이렇게 시각을 전환하도록 독려하는 방법은 잊어버린다. 혹은 재해석을 부추기는 모습이 행여 다른 사람들의 고통이나 불편한 감정을 무시하는 것처럼 비치지나 않을까 우려하기도 한다. 모두 어디까지나 타당한 우려들이다. 그래서 나는 크로스의 연구가 더더욱 감탄스럽다. 그의 연구에는 매우 사려 깊고 요령 있게 재해석을 독려하는 방법이 제시되어 있기 때문이다. 새로운 관점을 향해서 사람들의 등을 떠미는 것이 아니라, 대화 중에 그런 생각이 스스로 떠오르도록 필요한 공간을 마련해주도록 애쓰는 것 말이다.

내려놓기

감정적 지지를 보낼 때 따라야 할 마지막 지침은 이해하기는 쉽지만 적용하기는 어렵다. 바로 언제 통제를 포기하고 이를 어떻게 받아들여야 할지를 알아야 한다는 것이다.

익숙한 상황을 살펴보자. 여러분의 연인이나 친구, 가족이 피곤해 보이거나, 사람들을 상대하고 싶어하지 않거나, 이상하게 짜증스러운 것처럼 보인다. 늘 하던 일에 열정이 없거나 보통 때 같으면 참고 넘어갈 만한 일에도 무섭게 달려든다. 속상한 일이 있는 것이 틀림없다. 그런데 여러분이 그의 감정을 파악하려고 하면, 그는 문제가 없다고 말한다. 이처럼 상대방이 속내를 드러내지 않는다면 마음이 매우 아플 수 있다. 그가 여러분의 판단을 신뢰하지 못한다고 느낄 수도 있다. 그가 우리의 공유 현실에 장벽을 세우고 있다는 느낌도 들 수 있다. 그래도 우리는 그런 좌절에 순순히 무릎을 꿇어서는 안 된다. 특히, 상대방의 입을 열려고 최후통첩을 보내거나 잘못된 이분법을 사용하는 것은 결코 해서는 안 될 최악의 행동이다. "뭐가 문제인지 먼저 말하기 전에는 나도 아무 말 안 할 거야" 혹은 "날 좋아한다면 털어놓고 말해야지"처럼 말이다. 사람들은 사회적 지지를 갈망하기도 하지만, 독립 역시 중요하게 생각한다. 그래서 상대방의 행동을 통제하려고 노력하면, 오히려 그가 입을 꾹 다물어버릴 가능성만 더 커진다.

캐나다의 몬트리올 대학교와 라발 대학교의 연구진은 실험 참가자 268명에게, 힘든 시기에 연인이 지지를 표할 때 사용할 만한 다양한 전략을 살펴보게 했다. 그중 자율성을 보장하는 전략이 가장 인기가 있었다. 연구진은 실험실 실험에서도 매우 유사한 모습을 발견했다. 실험실로 커플들을 불러서 그중 한 사람에게 두 사람 간에 아직 합의를 보지 못한 중요한 주제—가령 아이를 가질지 말지—를 가지고 대화를 시작해달라고 요청했다. 두 사람의 대화는 영상으로 촬영하고 분석되었다. 예상하듯이 몇몇 사람들은 이런 주제를 꺼내자 금세 입을 굳게 닫았다. 압박을 가해서 입을 열게 하려고 하자 오히려 대화하기를 더 주저했다. 그 대신에 대화 중에 여유를 마련해주면서, 마음을 터놓고 싶을 때 말하게 했던 사람들이 더 건설적인 대화를 나누었으며 관계에 대한 만족도도 더 큰 경향이 있었다.[24]

이러한 연구 결과를 바탕으로, 연구진은 "자율성 지지형 소통"에 세 가지 특성이 필요하다고 주장했다.

- 상대방의 감정 변화를 알아챌 것
- 자신의 우려를 표현할 것
- 대화 시기와 주제, 깊이에 유연함을 보일 것

　실생활에서는 "속상한 거 같은데, 언제든지 내가 필요하면 말해"라는 식으로 간단하게 말한 다음, 한 걸음 물러서서 상대방에게 필요한 공간을 내주면 된다. 상대방을 도우려는 의도가 제아무리 좋더라도 혼자 있고 싶어하는 그의 욕망을 존중해야만 한다. 대화를 시작하는 데에는 다 때와 장소가 있다. 이것을 정하는 것은 우리가 사랑하는 사람의 몫으로 남겨두어야 한다.

연민의 역설

상대방이 폭발 직전의 상황이라면, 그에게서 일단 물러서는 것이 합리적일까? 어쨌든 한창 분노와 실망, 두려움에 사로잡혀 있는 사람과 대화를 나누면 진이 다 빠져버릴 수 있다. 현재 우리가 사는 개인주의 사회에서는 개인의 안녕감을 최우선으로 삼기 때문에, 뒤로 물러서서 상대방이 스스로 문제에 대처하게 하는 것이 정말로 나쁘기만 한 일인지 의문이 생길 수 있다. 물론 형편 좋을 때만 친구 노릇을 하려는 사람으로 치부되기를 바라는 사람은 없겠지만, 우리는 얼마든지 나쁜 감정 에너지로부터 자신을 보호하는 선택을 할 수 있다.

확신이 서지 않는가? 다행히 여러분만 그런 것이 아니다. 과학자들도 이 문제를 매우 진지하게 연구했다. 과학자들은 "타인에 대한 연민"을 측정하기 위해서 다음 문항들에 1점(거의 한 번도 그런 적 없다)에서 5점(거의 항상 그렇다)까지의 척도로 점수를 매기게 했다.

- 힘든 시기를 보내는 사람이 있다면, 그 사람에게 신경을 쓰려고 한다.
- 다른 사람들이 나에게 말을 걸면, 주의 깊게 관심을 기울인다.
- 누구나 때때로 기분이 가라앉는다. 인간이라서 어쩔 수 없다.

그리고 다음의 문항들도 있었다.

- 때때로 사람들이 자기 문제에 관해서 이야기할 때 나와 상관없는 일처럼 느껴진다.
- 앞에서 사람이 우는데, 아무 느낌이 들지 않는 경우가 종종 있다.
- 나는 고통스러워하는 사람들과 감정적으로 연결되었다는 느낌이 없다.

아마도 여러분은 전자의 문항들에 높은 점수를 주고 후자의 문항들에 낮은 점수를 매긴 사람들이 타인에게 연민을 더 많이 느낄 것이라고 짐작할 것이다.

그런데 전자의 세 번째 문장—"누구나 때때로 기분이 가라앉는다. 인간이라서 어쩔 수 없다"—에 특히 주목해야 한다. 때때로 이를 가리켜서 "인지상정"이라고 한다. 그 덕분에 우리는 다른 사람들이 기분 나빠한다고 비난하거나, 우리와 다른 문제에 직면한 사람들에 대해서 우월감을 느끼거나 비판하지 않게 된다.

연구진은 이렇게 나온 점수를 다양한 삶의 만족도 측정치와 비교했다. 타인을 향한 공감과 애정이 늘어나면 개인에게 부담이 되므로 연민 점수가 높은 사람의 감정적 안녕감이 더 나쁘리라고 예상할지도 모르겠다. 그러나 실제로는 정반대이다. 연민을 많이 느끼는 사람이 타인의 고통을 외면하는 사람보다 상당히 더 행복하다.

이것을 일컬어 "연민의 역설"이라고 한다. 바로 앞에서 우리가 탐구했던 베풂의 선물이 이를 잘 설명해준다. 우리는 다른 사람에게 친절하게 행동할 때에 마음이 훈훈해지는 것을 느낀다. 그러면 생리적으로나 심리적으로 스트레스가 진정된다. 돌봄에 대한 이런 반응은 오래 전에 진화된 것으로, 그 덕분에 인간의 양육 기술이 늘었다. 이것이 역할을 한 것은 분명하다. 그런데 이외에 다른 가능성도 있다. 우리가 친절한 행동을 일종의 거래나 투자로 본다는 것이다. 다른 사람이 어려울 때 우리가 도왔으니, 그 사람도 우리에게 똑같이 하리라고 기대할 수 있다는 말이다. 이렇게 되면 우리는 안전감을 더 많이 느낄 수 있다.

'눈에는 눈, 이에는 이'와 같은 이런 발상이 조금 냉소적으로 들릴 수 있다. 나도 공감한다. 나도 이런 식으로 내가 맺은 인간관계를 보고 싶지는 않다. 내가 보기에 더 그럴싸한 설명은 따로 있다. 단순히 연민이 많은 사람이 진한 우정을 유지하는 능력이 더 뛰어날지도 모른다는 시각이다. 이런 사람들은 단 한 번의 행동으로 직접적인 "투자 수익"을 반드시 기대하는 것이 아니라, 사회적 연결을 더 일반적으로 강화할 수 있도록 행동할 뿐이다. 이러한 맥락에서 휴스턴 대학교와 애리조나 대학교의 연구자들은 사람들의 연민 정도를 측정한 후에, 이렇게 나온 점수를 "우정 유지" 행동에 관한 설문조사 결과와 비교했다. 우정을 유지하기 위한 행동들에는 다음과 같은 것들이 포함되었다.

- 공유하는 경험을 회상하기
- 사적 생각을 공유하기
- 바쁘더라도 상대방을 위해서 시간 내기
- 오해를 바로잡기
- 판단하지 말고 경청하기

이런 기술은 위기 상황에서만 유용한 것이 아니다. 누군가와 관계를 발달시킬 때 어느 시점에서든 그 사람과의 공유 현실을 형성하려면 이런 기술이 필수적이다. 그렇기 때문에 우정 유지 행동은 관계의 질과 헌신, 만족을 점칠 수 있는 강력한 예측 변수이다. 연구진의 통계분석 결과, 이런 행동이 연민과 행동의 연관성을 "매개해서" 겉으로 보이는 역설을 해소하는 것으로 나타났다. 간단히 말해 연민을 많이 느낄수록 우정을 유지하는 능력이 뛰어나고, 이런 강한 연결의 결과로 생기는 삶의 만족도가 더 크다.[25]

이러한 이득은 코로나 바이러스 범유행 시기에 명백하게 확인되었다. 2020년 봄 포르투갈 코임브라 대학교의 마르셀라 마투스와 영국 더비 대학교의 폴 길버트가 이끄는 다국적 연구진이 브라질에서 호주에 이르는 21개국 출신 사람들 4,000명을 모집했다. 그리고 이들을 대상으로 신념과 태도, 감정 상태를 묻는 다양한 설문조사를 실시했다. 특히 흥미로웠던 부분은 "연민에 대한 두려움"으로, 앞에서 거론했던 우려 사항들을 살펴보는 조사였다. 이를 위해서 참가자들에게 "내가 연민을 느끼면, 취약한 사람들이 나한테 의존하는 바람에 나의 감정적 자원이 고갈되지나 않을지 걱정스럽다", "너무 연민이 많으면 사람이 물러져서 이용당하기 쉬워진다"와 같은 문장에 점수를 매기게 했다. 그 결과, 이 척도에 높은 점수를 준 사람들은 코로나 바이러스로 인한 위기 상황에서 정신 건강 상태가 더 나빠지는 경향을 보였다. 연민의 문을 걸어 잠근 것이 자기 보호에 독이 된 셈이었다.[26] 그러므로 우리는 인생의 암흑기에 도움을 주고받는 것을 두려워해서는 안 된다.

혹시 곤경에 처한 사람에게 선뜻 연민 어린 행동을 하기가 어려워 고군분투하는가? 걱정할 것 없다. 이 걸림돌은 얼마든지 극복할 수 있다. 육체적으로 가슴 근육을 성장시킬 수 있듯이, 우리 가슴속 타인에 대한 연민도 목적의식을 가지고 연습하면 정신적으로 성장시킬 수 있다. 현재 가지고 있는 연민 비축분을 많이 쓰면 쓸수록 장차 더 많이 보유하게 된다. 그러면 그만큼 더 행복해진다.[27]

이런 모든 연구 결과를 바탕으로, 우리의 열 번째 연결의 법칙을 다음과 같이 요약할 수 있다. 도움이 필요한 사람들에게 감정적 지지를 보내되, 절대 강요하지는 말라. 그들의 감정을 인정하면서도 문제를 보는 다른 시각을 제시하라.

위로의 과학을 알게 되니 왜 그토록 많은 사람이 그레이스 노턴에게 보낸 헨리 제임스의 편지에서 위안을 받았는지 쉽게 이해가 간다. 그는 먼저 진심 어린 교감의 표현으로 그녀가 느끼는 감정의 강도를 인정하면서도 그녀가 느끼는 고통의 깊이를 감히 헤아리려고 하지 않는다. 그러고는 그녀의 상황에 대한 그의 "무지함"을 드러내면서 최대한 겸손한 모습을 보인다. 그러나 그런 다음에는 기어를 바꾸듯이 태도를 바꾼다. 그녀의 고통을 인생 전체라는 더 넓은 시각에서 바라보면서 우리가 느끼는 감정의 찰나적인 속성을 강조하고, 역경을 이겨낼 그녀의 힘을 재차 확인한다. 마지막으로, 노턴을 고삐 풀린 말을 탄 사람에 비유하면서—그녀가 극단적인 행동을 하지나 않을까 두려운 마음에—그녀에게 삶의 고삐를 꼭 붙잡으라고 애원하며 편지를 마무리한다.

나는 일종의 기계적 압축이 필요하다고 고집하고 싶습니다. 그래야 제아무리 말이 빨리 달려 나가더라도, 갑자기 말이 섰을 때 다소 동요되었으나 완벽하게 예전과 같은 G. N.[그레이스 노턴]이 안장 위에 그대로 있을 테니까요. 아프지 않도록 노력하세요. 그뿐입니다. 그래야 미래가 있습니다. 그대는 눈에 띄게 성공한 사람이에요. 그대는 실패해서는 안 됩니다. 나는 그대를 가장 많이 아끼고 전적으로 신뢰합니다.[28]

노턴은 삶의 고삐를 놓지 않았고, 두 사람은 1916년 제임스가 세상을 떠날 때까지 가까운 친구로 지냈다.[29]

핵심 정리

- 우리는 감정적 지지를 보내면 사람들이 얼마나 고마워할지 과소평가한다. 특히, 사회적 연결망의 가장자리에 있는 사람들에 대해서 과소평가한다.
- 우리는 사람들이 자신의 감정을 하소연하면, 그저 수동적으로 경청하는 것이 지지를 보내는 최고의 방법이라고 흔히 믿는다. 유압식 감정 표현 모형 때문이다. 그러나 연구에 따르면 이 방법은 효과적이지 않은 경우가 많다.
- 사람들이 자신의 감정을 잘 다루도록 도와주려면, 그들의 경험을 인정해야 한다. 그리고 그들이 상황을 재해석하도록 도와야 한다. 그래야 그들이 자신의 문제에 대한 통찰을 더 많이 얻을 수 있고—가능하면—부정적 감정을 재해석할 수 있다.
- 우리는 유년기 동안 우리를 돌봐준 사람들에게서 정서를 조절하는 방법을 배웠다. 만약 우리가 어려운 감정을 다루느라 고군분투한다면, 이는 재해석보다는 최악의 상황을 상상하도록 부추긴 대화가 낳은 결과일 수도 있다.

행동 전략

- 누군가가 힘든 시기를 보내고 있다는 소식이 들리면, 도움의 손길을 내밀라. 연민은 실천하면 할수록 점점 더 자연스러워진다.

- 여러분의 도움을 상대방에게 강제하려고 들지 말라. 다만, 언제든 상대방이 필요하다면 여러분이 도울 수 있다는 것을 알려라.
- 상대방에게 어떤 도움을 원하는지―말을 들어줄 사람이 필요한지, 혹은 실질적인 원조나 심지어 기분 전환이 필요한지―묻도록 하라.
- 난처한 주제를 논할 때는 **어떻게** 그런지 과정이나 방법을 묻는 질문보다는 **왜** 그런지 이유를 묻는 질문―이런 질문은 더 넓은 통찰을 유도한다―을 던지도록 노력하라. 사람들은 어떻게 그렇느냐는 질문을 받으면 일어난 일의 세부 사항에 사로잡혀서 그것에만 집중하게 된다.
- 한 걸음 떨어진 관점에서 상황을 살펴볼 방법을 찾아라. 상대방에게 그 경험을 통해서 무엇을 배웠는지, 혹은 그의 인생 전체에서 보면 그 경험이 어떻게 보이는지 물어볼 수 있다. 또는 미래의 관점에서 그 사건을 보면 어떻게 보일지 생각해보도록 독려할 수도 있다. 이런 모든 방법은 곱씹기보다는 통찰력 있는 성찰을 더 독려하는 기법이다.

11

건설적인 의견 충돌

오늘날처럼 정치가 양극화된 상황에 이 두 사람만큼 마음이 맞지 않을 것 같은 사람들을 상상하기란 거의 불가능하다. 진보적 페미니스트였던 그녀는 평생 성평등을 위해서 싸웠고 성 소수자들의 권리를 공개적으로 지지했다. 보수주의자였던 그는 적극적 차별 철폐 조치와 동성 간 혼인에 반대하고 총기 소유에 대해서는 일관되게 찬성했다. 그러나 미국 연방 대법원 대법관을 지낸 루스 베이더 긴즈버그 판사(1933-2020)와 앤터닌 스캘리아 판사(1936-2016)는 오랫동안 돈독한 우정을 나눈 것으로 유명하다.

두 사람의 유대관계는 1980년대 워싱턴 D.C.에 있는 미국 연방 항소법원에서 시작되었다. 그들은 유년기를 뉴욕에서 보냈다는 공통점이 있었고, 두 사람 모두 클래식 음악을 좋아했다. 그들은 이내 서로의 사법적 능력과 직업윤리에 대해서 깊은 존경심을 품게 되었다. 그후 10년이 채 지나기도 전에 두 사람은 모두 연방 대법원에 합류하여 계속해서 우정을 꽃피웠다. 스캘리아는 1986년에 공화당 출신 대통령 로널드 레이건에 의해서 대법관에 지명되었고, 긴즈버그는 1993년에 민주당 출신 대통령 빌 클린턴에 의해서 지명되었다. 일터 밖에서 긴즈버그와 스캘리아는 새해맞이 행사를 비롯한 휴일을 빈번히 함께 보냈다. 긴즈버그는 인도코끼리 등에 올라탄 두 사람의 사진을 그녀의 사무실에 늘 놓아두었다.[1] 그들은 짓궂게 상대방을 놀리기도 했지만, 서로를 칭찬할 때는 더없이 후했다.[2] 긴즈버그에 따르면, 두 사람은 "절친한 친우"였다.[3]

그들의 의견 충돌은 격렬했으나 공정했다.[4] 스캘리아는 이렇게 표현했다. "나는 생각을 공격하지, 사람은 공격하지 않는다. 매우 좋은 사람들 중에는 몇몇 매우 나쁜 생각을 하는 사람이 몇몇 있다."[5] 오히려 의견 충돌은 두 사람의 사법적 판단을 더 예리하게 만들었다. 긴즈버그는 스캘리아가 세상을 떠난 후에 이렇게 말했다. "판결문 초안을 작성하고 스캘리아의 반대 의견을 받으면, 최종 공개된 판결문이 초안보다 현저히 뛰어났다."[6]

이처럼 다른 세계관을 지닌 두 사람이 어떻게 그렇게 강한 연결관계를 형성할 수 있었을까? 「뉴욕 타임스 *The New York Times*」의 칼럼니스트인 제니퍼 시니어는 이렇게 지적했다. "전에는 사람들이 정치적 이견이 있다고 해도 그것 때문에 반드시 각자 마음의 문을 걸어 닫지는 않았다. 그리 멀지 않은 과거의 일인데도 때때로는 이런 사실을 기억하기가 힘들다. 그뿐 아니라 과거에는 사상적 차이를 도덕적 결함으로 보는 시각도 없었다."[7]

우리는 모두 이 교훈에 귀를 기울여야 한다. 미국에 등록된 유권자의 약 40퍼센트가 자신과 다른 정치 성향을 지닌 친구는 단 한 명도 없다고 말한다. 양쪽은 상대방을 가리켜 너무 편협하거나 지능이 모자라거나 정직하지 않다고 비난하는 경향이 있다.[8] 근본적으로 대척점에 있는 관점을 지닌 사람들과 대립하면, 좌절감과 불안감, 분노만 남는다. 우정을 보존하려면, 논쟁이 될 법한 주제를 완전히 피하면 된다. 그러나 자기 노출에 관한 심리학 연구에 따르면, 숨기는 것 자체가 관계를 틀어지게 할 수 있다. 심각한 의견 충돌이 고개를 들기 시작하면, 최대한 빨리 우정을 포기하는 것이 많은 사람들의 눈앞에 있는 유일한 길이다.[9]

그런데 과연 제3의 길은 없을까? 사회적 연결의 심리학에서 그 답을 찾을 수 있다. 건설적인 논쟁에 돌입하는 전략은 많다. 공유 현실을 온전히 보존하면서도 견해를 나눌 수 있도록 의견 충돌의 틀을 짜면 된다. 그러면 적어도 상대방의 입장을 더욱 잘 이해하게 된다. 잘하면 솔직하면서도 공손하게 차이를 표현하는 방법으로 관계가 강화될 수 있다. 또한 예전에 알던 것보다 서로 더 많은 공통점이 있다는 사실을 발견하게 될 수도 있다.

분열 혹은 동조?

다른 사람의 견해가 여러분과는 너무 거리가 먼데, 설상가상으로 각자 신념에 대한 확신이 강하고, 둘 중에 한 사람은 틀림없이 제정신이 아니라고 느낀 적 있는가? 그렇다면 여러분은 솔로몬 아시의 실험 참가자들에게 동감하게 될 것이다. 아시의 연구는 이제 심리학 연

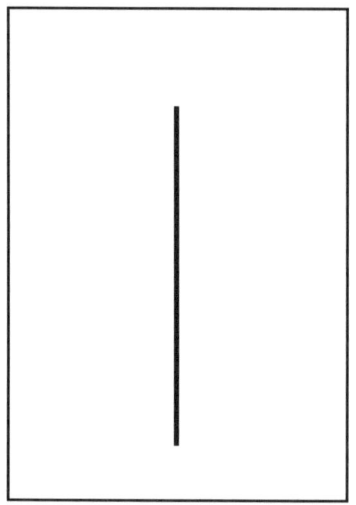 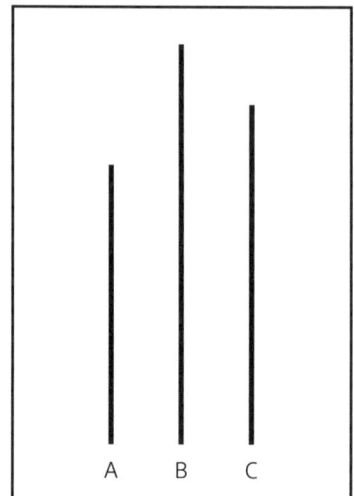

구의 고전으로 꼽히는 만큼, 여러분도 이 실험 방법에 대해서는 이미 잘 알지도 모르겠다. 다만 이 연구의 결론을 완전히 잘못 해석하는 경우가 왕왕 있다. 아시는 펜실베이니아의 스와스모어 칼리지에 있는 실험실에서 실험 참가자들을 8명씩 묶은 후에 다음과 같이 간단한 지각 검사를 진행했다. 위의 그림에서 왼편 카드의 선과 일치하는 것은 오른편 카드에 그려진 선 A, B, C 가운데에 어느 것인가?

그런데 집단마다 8명 중에 1명만이 실제 참가자였고 나머지는 모두 연기자였다. 몇 차례 실험에서는 연기자들도 모두 정답을 이야기했다. 그런데 그다음부터는 정답이 너무 뻔히 보이는데도 만장일치로 오답을—예시에서 A나 B를—선택하기 시작했다. 그러자 실험 참가자는 "양립할 수 없는 모순된 두 가지 힘"에 직면했다. "즉, 철저히 뚜렷하게 지각되는 사실을 직접 경험해서 얻은 명백한 증거, 그리고 자신과 동등한 사람들로 구성된 집단이 만장일치로 제시하는 증거 사이에서 갈등하게 되었다." 나중에 아시는 이렇게 기록했다. "참가자는 아마도 살면서 처음으로, 그의 감각으로 포착한 명백한 증거를 한 집단이 만장일치로 부정하는 상황에 직면했을 것이다." 여러분의 바람대로 참가자들은 대체로 자신의 눈을 믿었지만, 전체 실험 가운데 약 3분의 1의 경우에는 결국 합의된 결과를 지지했다.[10]

이 연구 결과는 1950년대 초에 발표되었고, 그후로 수십 년간 인간의 약점을 보여주는 하나의 징후로서 동조 효과의 교과서적 사례로 여겨졌다. 이 해석에 따르면, 반대되는 증거가 코앞에 있더라도 우리는 여론에 편승할 때 행복하다. 의견을 달리하기에는 우리가 너무 겁이 많거나 게으르다는 단순한 이유 때문이다.[11] 그런데 아시의 관심은 의견 충돌의 대가에 있었다. 실험 후 참가자들에게 질의한 결과, 집단의 여론이 진실과 대치되자 거의 모두가 불안감이 고조되는 경험을 한 것으로 나타났다. 이런 기록을 바탕으로 아시는 공유 현실이 안녕감에 얼마나 중요한지를 강조한 최초의 사상가가 되었다.

그런데 여기에서 명심할 점이 있다. 우리가 내리는 판단 가운데에는—기본적인 지각을 포함해서—오류의 대상이 되는 것이 많다. 그래서 우리는 다른 사람들의 인정에 의존해서 자기의 경험에 대한 해석을 확인하고 주변 세상을 이해한다. 다른 사람들이 우리와 생각이나 감정이 같다고 이야기하면, 우리는 우리 마음이 제대로 작동하고 있다고 안심하게 된다. 그리고 그 사람을 잠재적 동료로 받아들여서 서로 협력하고 상호 지원할 수 있다는 것을 알게 된다. 그런데 의견 충돌이 생기면 이 모든 것이 위협받는다. 작은 의견 차이 정도는 취향 문제라고 해명할 수 있겠지만, 근본적인 사실―가령 선 3개의 상대적인 길이―을 다르게 보면 자기 자신과 상대방, 양쪽 모두에게 의문을 품게 된다.

아시의 면담 결과에 따르면, 다수의 의견에 동조한 참가자들은 게으르거나 의지가 박약한 것이 아니었다. 그들은 이 경험으로 인해서 자신의 판단력에 대한 확신이 무너졌고, 지각에 결함이 있는 것은 아닌지 진심으로 의심했다. 그들은 그저 누구를 믿어야 할지 알 수 없었다. 그런데 아시의 연구로 확실히 알게 된 사실이 있다. 참가자와 같은 방식으로 상황을 이해한 반대의 목소리가 단 하나만 있어도, 이런 스트레스와 그 결과로 생긴 동조 효과를 감소시키기에 충분하다는 것이다.[12]

그러나 안타깝게도 이런 아시의 결론은 사회심리학계에 널리 알려지지 않았다. 시기적으로 제2차 세계대전의 종전과 맞물리면서, 많은 심리학자들의 관심은 다른 쪽으로 몰렸다. 그들은 나치가 저지른 것과 같은 끔찍한 잔혹 행위에 어떻게 그렇게 많은 사람들이 연루될 수 있었는지에 집중했다. 이런 맥락에서 아시의 연구 결과 중에 가장 많은 관심을 받은 해석은 아주 단순한 것이었다. 즉, 많은 사람이 동조하기를 선호하며, 우리는 영혼 없이 무리를 따르는 양처럼 행동하는 경우가 많다는 것이었다. 이보다 더 복잡한 주장―아시의 실험 참가자들이 서로 충돌하는 정보를 이해하려고 노력하느라 매우 난처해하면서 고군분투했다는 것―은 대부분 외면당했다.[13]

그런데 최근 들어서 사회심리학자들이 이 실험에 대한 논의를 재개하기 시작했다. 이들은 외로움이나 연결감 같은 기존의 감정들이 우리가 의견 충돌에 반응하는 방식에 영향을 줄 수 있음을 증명했다.[14] 버몬트 대학교의 엘리자베스 피넬의 연구를 살펴보자. 제2장에서 살펴보았듯이 피넬은 존재론적 고독을 과학적으로 연구한 선구자이다. 이 책에서 살펴본 많은 심리학적 개념들과 마찬가지로, 존재론적 고독 역시 다양한 문장에 0점(전혀 동의하지 않는다)에서 9점(매우 동의한다)까지의 수치화된 척도로 점수를 매기는 조사를 통해서 측정할 수 있다. 존재론적 고독 수치가 높은 사람들은 "다른 사람들은 대체로 나의 경험을 이해하지 못한다"와 같은 문장에 동의를 표할 가능성이 크다. 반면에 "나는 주변의 다른 사람들과 보통 같은 반응을 보인다"와 같은 문장에는 동의하지 않을 가능성이 크다.

피넬은 존재론적 고독이 사람들을 다수의 의견에 동조하게 만들 가능성이 크다는 가설을 세운 다음, 이어진 실험을 통해서 이 감정이 조작될 수 있음을 입증했다. 다른 사람이 과제에서 자신과 같은 생각을 했다는 사실을 단순히 알기만 해도 많은 참가자들이 선 길이 지각 실험에서 동조 효과에 굴하지 않았다. 이들은 이미 공유 현실에 대한 확신이 있었기 때문이다. 반면에 이런 경험이 박탈된 사람들은 집단에 편승할 가능성이 훨씬 더 컸다.

피넬은 참가자들에게 이매지니프 게임을 하게 했다. 앞에서 살펴보았듯이(56쪽 참조) "마이클 조던이 해양생물이라고 상상해보자. 그렇다면 그는 문어, 돌고래, 귀상어, 게 중에 어떤 동물일까?"와 같은 질문에 답하는 게임이다. 사람들은 직감적 반응에 따라서 선택을 한다. 그런데 다른 사람도 같은 대답을 했다는 이야기를 듣게 되면, 강한 사회적 연결감이 생길 수 있다. 여기에서 주목할 만한 점이 있다.

이렇게 하면 선 길이 지각 실험에서 집단적인 합의에 동조할 가능성이 줄어든다.[15]

이런 실험이 어찌 보면 우리 일상과는 다소 동떨어진 것처럼 보일 수 있지만, 전반적인 실험 결과는 우리가 다른 사람들의 세계관을 이해하는 데에 중대한 의미를 가진다. 예를 들면, 외로운 사람들이 음모론을 믿을 가능성이 큰 이유를 이해하는 데에 도움이 된다.[16] 자신을 주변 사람들과 단절된 외톨이라고 생각하는 사람들은 또다른 연결관계를 형성할 잠재적 원천을 찾게 된다. 그들이 소외된 이유를 깔끔하게 설명해주는 "독립적 사고방식을 가진 사람들"로 구성된 온라인 커뮤니티에서 새로운 인맥이 생길 수도 있다. 이들은 이렇게 새로 발견한 공유 현실을 형성하고 유지하기 위해서, 일반적인 사람이라면 믿기 힘든 주장을 훨씬 더 적극적으로 믿으려고 한다. 이때 이런 믿음이 틀렸음을 잘못된 방법으로 반박하려고 하다가는 오히려 상황을 악화시킬 뿐이다.

가령 여러분의 사촌이 지구가 평평하다고 믿는 사람들과 친구가 되었다고 상상해보자. 그래서 그는 정규 교육과정에서 지구가 둥글다고 가르치는 것이 전 세계적 차원의 음모라고 믿는다. 이런 모습을 접하면 여러분은 비웃음과 조롱으로 즉각 반응할 것이다. 왜 아니겠는가? 그의 주장은 과학적 지식과 개인의 경험에 모순되기 때문이다. 여러분은 이렇게 말할 것이다. "너 돌았니? 아무리 멍청해도 세상이 둥근 건 다 알잖아. 우주에서 찍은 지구 사진도 있잖아! 시간대가 전부 다른 건 또 어떻게 설명할 건데? 수평선을 지나는 배가 아래쪽부터 사라지는 건 또 어떻고?" 여러분은 이처럼 강한 어조로 말하면 사촌이 충격을 받아서 여러분의 사고방식에 동화될 것이라고 생각할지도 모른다.

그러나 여러분의 조롱이 그의 존재론적 고독을 증폭시켰을 위험이 있다. 그는 여러분이 이해해주기를 바라면서 찾아왔는데, 여러분의 반응은 그의 견해를 존중하지 않는다는 것을 강조한 셈밖에 되지 않는다. 이제 그는 연결과 인정 욕구를 충족시키기 위해서 여러분에게서 등을 돌려 새로운 친구들에게 갈 것이다. 게다가 여러분이 그의 취약점을 증폭시킨 탓에 그는 심지어 더 기괴한 주장마저도 더욱 잘 수용하게 될 것이다. 어쩌면 이번에는 사악한 파충류 인간들이 비밀리에 세상을 지배하고 있다는 생각을 품을지도 모른다. 여러분이 정말로 사촌을 아끼고 그가 이성적인 목소리에 귀를 기울이기를 바라더라도, 여러분의 노력은 역효과를 낳고 만다. 그가 더 이성적인 세계관을 형성하기 훨씬 더 힘들게 한다.

자, 이번에는 여러분이 사촌에게 훨씬 더 상냥하게 반응한다고 상상해보자. "그거 독특한 생각인걸." 불신이 가득해도 애써 이렇게 말하도록 한다. "그런 주장은 어디에서 들었어?" 그가 유튜브 영상을 이야기하면 더 깊이 캐묻는다. 그런 주장을 하는 사람들의 학력을 물어보거나 사촌이 그들을 신뢰할 만한 정보원으로 여기는 이유가 무엇인지 물어볼 수 있겠다. 그렇게 한 다음에야 여러분의 반대 논거를 제시한다. 이때 비판하듯이 말하지 말고 대화하는 방식으로 해야 한다. 이 대화가 올바른 방식으로 진행되면, 그의 존재론적 고독감이 더 커지는 일 없이 건설적인 의견 교환의 장이 마련된다. 그를 당장 설득할 수는 없겠지만, 적어도 그가 자신의 신념을 더 강하게 고집하지 않도록 할 수는 있다.

여기에서 지구가 평평하다는 극단적인 주장을 일부러 사례로 선택한 이유가 있다. 그 정도 주장이면 여러분의 열렬한 지지가 일어나지는 않을 것 같아서이다. 그런데 저녁 식사 자리에서 나누는 대화 주제들 중에도 이와 유사한 상황이 될 만한 것들이 많다. 내가 이 장을 집필하고 있는 지금도 여전히 뉴스를 차지하고 있는 몇 가지 논란들을 예로 들 수 있다. 블라디미르 푸틴이 우크라이나를 침략한 것은 "도발"이 있었기 때문인가? 지구 온난화는 탄소 배출의 결과물이며 장기적으로 인류를 위협하는 최대 위험인가? 백신은 면역계를 강화하는 것이 아니라 약화하는가?

2021년에 실시한 설문조사에 따르면, 미국인의 59퍼센트는 대중에게 중요한 이슈에 대해서 사람들이 대부분 기본적인 사실에도 동의하지 못한다고 생각한다. 다른 사람들의 지식과 이해에 대한 이 같은 불신이 프랑스에서는 심지어 더 높게 나타났으며(61퍼센트), 이탈리아와 스페인이 비슷한 수준이었고(각각 55퍼센트), 벨기에(51퍼센트)와 스웨덴(45퍼센트)이 서로 비슷했다. 이에 비해서 영국의 수치는 조금 낮게—37퍼센트—조사되었다. 그러나 이 수치도 여전히 상당히 많은 사람들이 자신과 다른 정치적 배경을 지닌 사람들로부터 소외감을 느낀다는 것을 보여준다.[17]

주위 사람들과 진심 어린 정직한 관계를 구축하고 싶다면, 우리에게 가장 중요한 주제들을 가지고 마음을 터놓고 대화할 수 있도록 노력해야 한다. 그러나 불행히도 대화가 신랄한 논쟁으로 비화해서 거리만 더 멀어지는 경우가 빈번하다. 그러면 다른 의견을 가진 사람들과는 접촉이 없어지고, 자신의 기존 신념을 기분 좋게 강화해주는 사람들과만 친분을 유지하게 된다. 이러다 보면 우리의 사회적 연결망은 같은 소리만 메아리처럼 들려주는 반향실로 전락하고 만다.

 이렇게 될 운명을 피할 방법은 하나이다. 핵심 신념이 근본적으로 다르더라도, 주변 사람들과 공유 현실을 형성하고 유지하도록 노력하는 것이다.18 다음 네 가지 핵심 원칙을 따르면 훨씬 쉬워진다. 의견 차이가 있을 때 정중함과 호기심을 잃지 말라. 반대의 관점에 관심을 보여라. 개인적 경험을 공유하라. 자신의 의견을 상대방의 도덕적 언어로 표현하라. 이렇게 이 네 가지 원칙이 하나로 모여 열한 번째 연결의 법칙이 된다.

몬터규의 법칙 : 정중함이 주장을 이긴다

첫 번째 원칙은 영국의 작가이자 시인인 메리 워틀리 몬터규(1689-1782)의 이름에서 따온 것이다. 그녀는 많은 업적을 남겼지만, 그 가운데에서도 튀르키예를 다녀온 후에 천연두 예방접종에 찬성한 것과 여성에 대한 그 당시의 사회적 태도에 도전한 것으로 가장 유명하다. 1756년 5월에 딸 뷰트 백작부인에게 보낸 편지에서, 그녀는 편지를 전달해주는 양쪽의 공통 지인에게 공손하게 예의범절을 갖추라고 조언한다. "명심하렴. 정중함에는 돈이 들지 않지만, 그것으로 무엇이든 다 얻을 수 있단다." 그러면서 이렇게 부탁한다. "부디 이 금언을 너의 딸들이 가슴에 아로새겨야 할 게다."19

이것을 가리켜 일리노이 대학교의 린다 스키트카는 몬터규의 법칙이라고 부른다. 그녀의 연구에 따르면, 이 법칙은 18세기만큼이나 오늘날에도 유효하다. 무례한 태도를 보이면 사람들은 방어적인 자세로 대응하게 된다. 자신의 지위와 신념, 가치가 공격받는다고 느껴서 자아를 보호할 방법을 찾게 된다. 그러면 상대방이 전달하려는 정보에 대해서 무의식적으로 마음을 닫게 된다. 어떤 사람들은 자신의 우월함이나 강한 확신을 보여주려고 일부러 예의 없는 태도를 보이기도 한다. 그러나 무례함이 공손함을 이기는 일은 드물다. 오히려 무례함 때문에 여러분의 다정함과 우월함에 대한 평가가 나빠지는 경우가 많다. 상대방을 모욕하면 여러분이 강해 보일 것 같지만, 듣는 사람이 보기에는 대부분 여러분의 약점만 드러날 뿐이다.

  무례하게 행동하면, 여러분의 입장에 찬성할 가능성이 가장 큰 사람들로부터도 신용을 잃을 수 있다. 2010년대 말 스키트카 연구진은 도널드 트럼프 대통령의 트위터 게시글에 대한 사람들의 반응을 분석했다. 그 결과, 예의 바르고 품위 있는 게시글이 올라오면 그를 지지하는 사람들과 비방하는 사람들 양쪽 모두로부터 지지도가 오르는 것으로 확인되었다. 가령 "워싱턴에서 보낸 환상적인 하루. 오바마 대통령과의 첫 상견례. 정말 좋은 만남이었고 호흡도 척척 맞았다. 멜라니아도 오바마 여사를 무척 좋아한다!" 같은 게시글이 그랬다. 반면에 트럼프가 모욕과 험담을 동원하자 여론의 호감이 뚝 떨어졌다. 가령 "삐딱한 힐러리 클린턴이 이제는 자기를 제외한 모두에게 탓을 돌리면서, 자신이 형편없는 후보임을 시인하려고 하지 않는다. 페이스북을 공격하고 심지어 민주당원들과 민주당 전당대회까지 들이받고 있다" 같은 게시글이 대표적이다. 상대방을 공격하면 가장 가까운 정치적 협력자들의 지지를 강화할 수 있다는 주장과는 반대로, 연구진은 죽기 살기로 트럼프를 따르는 지지층에게조차 무례한 행동이 아무런 득이 없음을 발견했다.[20]

지금 와서 2016년 대통령 선거에 대해 다시 이러쿵저러쿵하고 싶지는 않지만, 짚고 넘어가야 할 사실이 있다. 클린턴이 트럼프 지지자들을 가리켜 "한심한 인간들"이라고 하자, 그녀 역시도 부동층에서 표가 떨어져 나갔다.[21] 내가 아는 한 보수와 진보, 두 정치 성향 중에 어느 한쪽이 더 공손한 편이라고 주장할 만한 증거가 없다. 거의 모든 연결의 법칙과 마찬가지로, 몬터규의 법칙도 어떤 배경을 지닌 사람이든 상관없이 모두에게 적용된다. 경멸은 담화에 독이 될 뿐이며 상호 이해를 확립할 가능성을 산산조각낼 뿐이다.

호기심의 중요성

기본적인 예의범절을 지키는 것 외에 우리가 할 수 있는 일이 또 있다. 상대방이 하는 말에 진심으로 흥미를 표하려고 의식적으로 노력하는 것이다. 그러면서 우리 자신의 견해에도 의심스럽고 불확실한 구석이 있음을 인정한다. 작용, 반작용의 법칙에 따르면, 논쟁을 벌이는 양쪽 가운데 한편에서 겸손과 호기심의 징후를 보이면 상대편이 마음을 여는 데에 도움이 될 수 있다. 그러면 뒤따라 이어지는 논의에 막대한 보탬이 된다.

브리티시 컬럼비아 대학교의 프랜시스 첸의 연구 결과에 따르면, 상대방에게 그의 견해를 설명해달라는 요청을 단 한 번 하는 것만으로도 상대방이 여러분의 주장을 더 호의적으로 생각하고 이어지는 논의에 더 많이 참여하도록 유도할 수 있다. 첸은 스탠퍼드 대학교에 재직하던 시절, 학생들에게 종합 졸업시험을 도입하는 문제에 관한 온라인 토론에 참여하게 했다. 시험 도입은 열띤 반응을 불러일으킬 만한 조치였다. 실험 참가자들은 몰랐지만, 그들의 토론 상대자는 실험 진행자들이었다. 이들은 논란거리가 되는 이 조치에 대한 지지 주장을 주도면밀하게 펴는 원고에 따라서 실험을 진행했다. 전체 토론 실험의 절반에서는 실험자가 학생들에게 그들의 견해를 더 설명해달라고 요청했다. "당신의 말에 흥미가 가는데요. 어떻게 그렇게 생각하게 되었는지 더 말해줄래요?" 나머지 절반의 실험에서는 더 많은 정보를 요청하지 않고 토론이 진행되었다. 토론이 끝난 다음에는 참가자들에게 토론 파트너에 대한 의견을 달라고 요청했다.

대본에는 아주 작은 차이만 있었지만, 단 한 번의 관심 표명만으로도 토론을 대하는 학생들의 태도가 달라졌다. 더 설명해달라는 요청을 받은 참가자들은 자신과 반대되는 주장에 대한 정보를 더 적극적으로 더 많이 알고 싶어했다. 그리고 토론 파트너와 그 주제에 관해서 한 번 더 대화를 나누는 것에 더 많이 동의했다. 이 주제로 학생들이 쓴 글을 분석한 결과도 일맥상통했다. 그들은 자신의 견해를 명료하게 전개하면서도 토론 파트너의 관점을 기꺼이 받아들였다.[22]

이외에도 충돌하는 세계관을 뚫고 공유 현실을 수립하고 싶다는 의지를 보여주는 방법은 많다. 논쟁의 여지가 많은 주제를 논하는 동안에는 공통된 의견에 동의를 표하거나("맞아") 인정하는("알겠어", "무슨 말인지 이해해") 간단한 표현이 특히 진가를 발휘한다. 상대적으로 애매한 표현들("다소", "그럴지도 몰라")도 마찬가지이다. 이런 표현을 쓰면 주장하는 내용에 미묘한 뉘앙스가 실리게 된다. 마지막으로는 "너"를 주어로 삼아서 상대방의 말을 그대로 받아 다시 말하는 방법도 있다. 이는 적극적으로 경청하고 있다는 것을 보여주는 증거가 된다. 전체적인 틀에서 보면 이런 식의 표현이 사소하고 하찮아 보일 수 있지만, 그 하나하나는 상대방의 관점을 사려 깊게 고려하고 있음을 보여주는 데에 도움이 된다. 게다가 전염성도 있다. 한쪽 편이 더 적극적으로 호응하는 언어를 사용하기 시작하면, 상대편도 따라 할 가능성이 크다.

 우리의 자기 지각 능력이 제대로 작동하지 않는다는 것은 우리가 얼마나 수용적으로 보일지 판단하는 능력이 일반적으로 그리 좋지 않다는 의미이다. 많은 경우에 우리는 진심으로 건설적인 대화를 원하는데도 이런 의도를 효과적으로 전달하지 못한다. 지방정부 행정직 공무원들을 대상으로 한 연구를 살펴보자. 동료들과 논쟁적 주제에 관한 토론을 벌인 후에 자신의 행동을 평가하게 했다. 그랬더니 이들은 얼마 되지 않는 신호들—자신이 욕을 했는지, 대화 중에 상대방의 직함을 제대로 말했는지, 상대방에게 함께해줘서 고맙다고 인사를 했는지 등—에만 너무 지엽적으로 초점을 맞추었다. 그런데 상대방이 이들을 인식하는 데에 영향을 준 것은 오히려 다른 언어적 기표들—상대방의 관점을 신중하게 인정하는 모습, 불확실함을 인식하고 겸손함을 반영한 조심스러운 표현, 합의점에 초점을 맞추는 모습 등—이었다. 이런 작은 표시들은 한 사람의 수용성에 대한 상대방의 인식에 영향을 줄 뿐 아니라, 이 사람이 상대방의 전문적인 판단을 얼마나 존중하는지, 이 사람이 조직을 대표하면 좋을지, 앞으로 이 사람과의 협력을 고려할지에도 영향을 주었다. 이 모두는 더욱 건강하고 건설적인 대인관계의 원동력이 된다.

이와 같은 수용성의 징후는 온라인에서도 똑같이 중요하다. 논의가 말싸움이나 공격적인 조리돌림으로 전락하지 않도록 막아줄 수 있기 때문이다. 예를 들어 위키피디아 사용자들의 막후 대화를 분석하면, 신랄한 말다툼으로 비화하는 경우가 많은 것으로 드러난다. 게시글에 대안적 관점에 대한 진정한 관심과 겸손, 존중을 나타내는 언어적 표지가 담기면, 이런 일이 벌어질 가능성이 훨씬 작았다.[23]

그렇다면 어째서 이런 방법이 효과가 있는 것일까? 수용적 대화는 상호 이해에 대한 우리의 욕망을 강조함으로써 연결감을 조성하여 상대방의 자기방어의 벽을 낮춘다. 그 결과 상대방이 우리의 생각을 경청할 가능성, 그리고 자신의 사고를 왜곡시키는 편향을 인식할 가능성이 더 커진다.[24] 어떤 경우에는 우리가 상대방의 주장에서 허점을 지적하지 않아도 이렇게 된다. 이런 놀라운 관점 전환은 영국 학생들을 대상으로 한 연구에서 확인되었다. 먼저 학생들에게 고령층이나 유색인종 등 다양한 사회적 집단을 향한 편견에 대해서 생각하게 한 다음, 연구 조교의 주재로 이 주제에 관한 토론을 시작했다. 대화를 시작하면서 조교는 모든 의견이 철저히 비밀이 보장되니, 후폭풍을 염려할 필요 없이 얼마든지 원하는 대로 솔직하게 말하면 된다고 했다. 그리고 학생들을 두 집단으로 나눈 다음, 한 집단에서는 조교가 학생들의 말을 조용히 듣기만 했다. 고개를 끄덕이거나 중얼거리듯 소극적으로 동의를 표현("아하" 혹은 "그렇지")했지만, 적극적으로 찬성이나 반대를 표명하지는 않았다. 반면, 다른 집단에서는 조교가 훨씬 더 적극적으로 참여했다. 질문을 해서 학생들이 마음을 터놓고 그들의 신념을 밝히게 했고, "말하기 어려울 수 있겠지만"이라고 하면서 공감을 표현했다.

어느 집단에서도 조교는 학생들의 의견에 적극적으로 이의를 제기하지 않았다. 그러나 조교가 적극적으로 참여하는 모습을 보이자, 마치 마법처럼 학생들은 자신의 편견에 대해서 더 비판적으로 생각하게 되었다. 그 결과 의견을 바꿀 의향이 더 생겼고, 토론 대상이 된 사회적 집단에 대해서도 더 호의적인 태도를 지니게 되었다. 이런 결과가 확고부동한 현상임을 입증하기 위해서 하이파 대학교의 가이 이츠하코프가 이끄는 연구진은 이스라엘 대학생들을 대상으로 다시 대규모 표본실험을 진행했다. 이번에도 조교는 학생들에게 수동적으로 반응하거나 아니면 더욱 적극적인 관심을 보였다. 그 결과, 이런 반응이 이번에도 학생들의 자기 성찰 능력에 영향을 미쳤다. 연구 조교가 호기심과 공감을 보이자, 학생들은 자신이 지닌 편향의 근원에 대한 통찰력이 커졌고, 자신의 견해를 재평가할 의향이 커졌다고 답했다. 이들은 "대화 후에 그 사건을 다시 생각해봐야 한다고 느끼게 되었다", "대화 상대방 덕분에 대화 중에 나의 사고방식에 대해서 생각하게 되었다" 등의 발언에 동의할 가능성이 커졌다.[25]

이런 원칙은 세계 무대에도 적용된다. 스코틀랜드와 바스크의 독립에 관한 의견을 묻는 설문조사에서, 사람들은 상대편에게 이해받는다고 느끼면 그들에 대한 신뢰와 용서의 감정이 커지는 것으로 나타났다. 누군가가 여러분의 의견을 진지하게 생각하려고 노력한다는 이야기를 듣는 것만으로도 기적이 일어날 수 있는 듯하다.[26]

자신의 관점이 불확실하다는 내색을 하고는 다른 사람의 관점에 호기심을 보이는 것이 때때로 불편하게 느껴질 수 있다. 어떤 이슈에 대해서 매우 확고한 의견이 있는 경우, 판단을 배제하고 의구심을 품는 태도를 보이면 혹시나 허점을 인정하는 일이 되지나 않을까 우려될 수도 있다. 심지어 상대방의 견해에 그저 머리를 조아리는 것처럼 보일 수도 있다. 그런데 여러분의 목표가 자신이 중요하게 여기는 명분에 대한 인식과 연민을 높이는 것이라면, 이 연구 결과는 명확하다. 수용적 태도는 사회적 연결을 유지하는 최고의 방법일 뿐 아니라 사람들의 의견을 바꾸는 최고의 방법이기도 하다.

투홀스키의 법칙 : 개인의 경험을 공유하라

"한 사람의 죽음은 비극인 반면, 수백만 명의 죽음은 통계이다"라는 말을 들어본 적 있을 것이다. 흔히 이오시프 스탈린이 한 말로 인용되지만, 1930년대에 독일을 떠난 유대계 풍자가 쿠르트 투홀스키의 글에 먼저 등장한다.[27] 몬터규의 법칙과 마찬가지로, 투홀스키의 주장 역시 오늘날 많은 심리학 연구들로 뒷받침된다. 즉, 순수한 데이터보다는 일화가 대체로 훨씬 더 설득력 있다는 연구 결과들이 많다. 논리적 시각에서 보면 이는 말도 안 되는 것처럼 보인다. 우리는 하나의 사건보다는 일반적인 경향을 훨씬 더 중요하게 생각할 것만 같다. 다만, 왜 그럴 만한지 설명할 수 있는 한 가지 이유를 공유 현실이라는 개념에서 찾을 수 있다. 생각을 환기하는 이야기를 듣고 있는 사람의 뇌를 스캔해보면, 그의 신경 활동이 화자 및 다른 청자들과 일치하기 시작하는 것을 확인할 수 있다. 경험을 전달하는 말이 상호 이해의 토대를 구축하는 셈이다.[28] 반면에 통계는—한 사람의 특정한 삶에 대한 세부 사항이나 그가 경험한 모든 감정이 담겨 있지 않아서—그런 작용을 할 가능성이 거의 없다.

예를 들면, 성 소수자의 46퍼센트가 지난 5년간 직장 내 차별을 경험했다는 사실을 전해 들었다고 하자. 이 사실은 그들의 권리를 보호할 법률 강화를 정당화할 수는 있다. 그러나 안타깝게도 아무런 감정적 반응도 불러일으키지 않고, 관련된 사람들 사이에 연결감도 끌어내지 못한 채, 듣는 사람의 머릿속을 그냥 통과해버리기 쉽다. 반면에 자기가 일하는 사무실에서 누군가가 모욕을 당했다는 실제 이야기를 들으면, 사람들은 그 사람의 경험을 자기의 경험마냥 생각하게 되어 그냥 무시해버리기가 훨씬 더 힘들어진다.[29]

사람들은 투홀스키의 발언을 익히 알지만, 대부분 이 법칙을 실행에 옮기지는 않는다. 연구자들이 실험 참가자들에게 자신의 의견을 제시하는 가장 좋은 방법을 설명해달라고 하자, 56퍼센트가 사실을 제시하는 쪽을 선택했다. 반면에 개인적인 경험을 전달하는 편을 선택한 사람은 21퍼센트에 그쳤다.[30] "투홀스키의 법칙"의 위력을 확인할 수 있는 연구 결과는 또 있다. 2018년 미국 중간선거 준비 기간에 여러 진보진영 기관의 선거 운동원들을 대상으로 실시된 대규모 연구 결과이다. 이들 선거 운동원의 목표는 유권자들과 대면으로 대화해서 미국 내 불법 이민자들에 대한 오명을 지우는 것이었다. 이를 위해서 두 가지 전략 중의 하나를 사용하게 했다. 첫 번째 집단은 순전히 통계적인 논거—가령 이민이 범죄율을 높인다는 흔한 공포심과 관련된 통계자료—만 사용하게 했다. 두 번째 집단은 서사가 있는 이야기를 주고받게 했다. 호기심과 관심을 표명할 때 설득력을 얻게 된다는 점을 고려해서, 두 번째 집단의 자원봉사자들은 먼저 대화 상대자에게 직접 겪은 이민자들과의 경험이나 이민자들의 사회적 역할에 대한 의견을 이야기해달라고 했다. 이들은 대화 상대자인 유권자들의 말을 들은 다음에, 미국으로 이민 온 가족이나 친구 이야기를 포함해서 자신의 이야기를 들려주었다.

첫 번째 집단처럼 논거를 바탕으로 한 대화는 사람들의 견해에 전반적인 영향을 주지 않았다. 반면, 두 번째 집단처럼 이야기에 서사가 포함되자 사람들의 견해가 달라졌다. 자원봉사자들과 이야기를 주고받은 유권자들은 불법으로 미국에 들어온 어린이에게 법적 지위를 부여해야 한다는 주장을 "강력히 지지할" 가능성이 약 5퍼센트 더 많았다. 공감보다는 적대감을 유발하는 경우가 많은 논쟁적 주제에 대해서 11분간 대화를 나눈 것치고는 나쁘지 않은 결과이다.

이 법칙을 더 입증하기 위해서 연구진은 두 가지 실험을 더 진행했다. 이번에는 성 전환자 권리에 관한 논의가 대상이 되었다. 유권자들과 총 6,800건 이상의 대화를 했는데, 결과는 같았다. 상호 존중하는 자세로 경험을 나눈 경우, 인간미 없는 사실과 통계에 초점을 둔 대화보다 사람들의 의견을 바꿀 가능성이 유의미하게 더 컸다.[31]

여러분의 정치적 우선순위는 이들 선거 운동원들이 택한 우선순위와 매우 다를 수 있지만, 투홀스키의 법칙은 주제를 막론하고 어떤 논의에서든 유효한 듯하다. 예를 들어 한 연구 결과에 따르면, 총기 규제와 총기 소지 권리를 둘러싼 논쟁을 벌일 때 개인적인 의견을 교환하자 양쪽이 무조건 반사처럼 아무 생각 없이 자동으로 반응하는 일이 줄어들었다고 한다.[32] 우리 가운데 조금만 더 많은 사람이 이런 사실에 주목한다면, 우리가 논의할 때 양극화는 크게 줄어들고 이해심은 크게 늘 수 있다.

도덕적 관점 바꾸기

논의의 질을 향상하는 마지막 전략은 도덕적 관점을 바꾸는 것이다. 대화 상대방의 도덕적 핵심 가치를 확인한 다음, 그 관점에서 문제의 주제를 논하는 방법이다. 애국심이 깊은 사람과 환경 문제를 논한다고 상상해보자. 이 경우에는 생태계에서 벌어지는 모든 끔찍한 일들을 열거하면서, 이것이 지역의 전통과 관습, 많은 사람들의 생계를 어떻게 위협하는지 설명하는 편이 좋다. 오염과 천연자원 착취를 예방하는 것이 국가의 자산과 전원의 신성한 상태를 유지하는 최선의 길이라고 피력하는 것이다. 이처럼 그 사람의 애국심에 명시적으로 호소하는 방법을 사용하면, 그 사람은 여러분이 하는 말에 훨씬 더 관심을 보이게 된다.

이 방법이 효과가 있는지 시험하기 위해서 뉴욕 대학교와 오리건

주의 리드 칼리지의 연구진이 대학생들을 대상으로 실험을 진행했다. 연구진은 실험 참가자들에게 일반적인 정치관에 대해 질문한 다음, 최근의 환경 연구 관련 정보를 제공했다. 학생들 가운데 절반에게는 애국심에 호소하도록 설계된, 다음과 같은 내용이 포함된 정보를 제공했다. "환경 친화적으로 살면 미국식 생활방식을 보호하고 보존할 수 있다. 조국의 천연자원을 보존하는 것은 애국적인 행위이다." 그런 다음 참가자들에게 그들의 환경 관련 행동에 대한 다양한 설문조사를 실시했다. 그리고는 "녹색 일자리" 개발과 미국의 북극 야생동물 보호구역 보호, 해양 굴착 시 석유 유출 방지 등에 관한 탄원서에 서명할 기회를 주었다. 아니나 다를까 새로 관점을 바꾸자 전통적으로 환경 이슈에 무관심했던, 상대적으로 보수적인 가치를 가진 사람들의 참여가 증가했다.[33]

이후로 도덕적 관점을 바꾸면—동성 간 혼인부터 미국 대통령을 선택하는 문제에 이르기까지—민감한 주제들에 대한 열린 사고가 증가하는 것으로 입증되었다. 사실 자체는 바꾸지 않고, 그저 상대방의 마음속을 들여다보고 그들이 쉽게 이해할 만한 언어로 주제를 설명하면 된다.[34]

세라의 이야기

어떤 의견은 한번 형성되면 절대로 바꿀 수 없을까 봐 우려되는가? 그렇다면 세라—익명성을 보호하기 위해서 가명을 사용했다—라는 한 여성의 특별한 이야기를 기억하기를 바란다.

세라는 환멸로 가득 찬 여학생이었다. 부모의 이혼에 분노했고, 학급 친구들로부터 따돌림을 당했으며, 고등학생 때 처음으로 스킨헤드족과 어울리기 시작하면서 성 정체성의 혼란을 겪었다. 그녀의 말에 따르면, 당시 스킨헤드족은 대부분 "물 탄 듯 순한 펑크 로커"에 불과했다. 그러나 그녀는 더 극단적인 인종차별 집단에 서서히 가세하기 시작했고, 머지않아 팔뚝에 나치 문양 문신까지 새겼다. "처음 어울리기 시작했을 때부터 분노와 폭력을 경험했기 때문에 나는 그들과 아주 쉽게 어울릴 수 있었어요."

그녀는 의혹의 씨앗이 생기면 박살을 내고 말았다. 예를 들면, 한때는 유색인인 히스패닉 남자와 짧은 불륜을 저지르기도 했다. 그러면 거짓말쟁이가 된다는 것을—그리고 이놈하고 잠자리를 가지는 "창녀" 취급을 받을 것도—잘 알았다. 그러나 이런 생각들을 인정하는 것만으로도 "모든 일이 꼬여버릴 것만 같았다." 소지품을 챙겨서 도시를 떠나려고 했던 적도 있었지만, 존재론적 고독감이 커지면서 늘 그녀의 옷소매를 붙잡았다. 게다가 떠나려고 했다가 실패할 때마다 갱단에 대한 그녀의 헌신은 점점 더 강해졌다. 아마도 부서질 듯 약한 공유 현실에 매달리려는 시도였을 것이다. "나는 말 그대로 나가서 더 많은 사람을 모아야 하고, 더 강경파가 되어 더 많은 싸움을 시작해야 한다고 주장했죠."

범죄 지하세계로 타락한 세라는 결국 무장 강도가 되었다. 경찰의 추적을 받은 그녀는 체포되어 기소되고 25년 형을 선고받았다. 감옥 생활은 그녀의 몰락을 부추기는 또 하나의 전환점이 되었을 수도 있었다. 그러나 그 대신 세라는 기적과 같은 일을 경험했다.

기적은 친절한 행동 하나에서 시작되었다. 세라가 애타게 원하던 담배를 한 흑인 재소자가 선물한 것이다. 그렇다고 세라는 자신의 시각을 즉각 바꾸지는 않았다. 다만 예외를 두고 싶어했다. 그러다가 관계가 발전하면서 새로 사귄 친구들에게 자신의 생각을 방어해야 하는 상황이 되었다. 한 여성이 그녀에게 물었다. "너 만약 여기 오기 전에 길에서 날 만났다면 날 혼내주려고 달려들었을까?" 세라가 곰곰이 생각하며 말했다. "알다시피 이런 종류의 질문은 답을 하지 않고 헛소리로 뭉개버릴 수 없는 것들이잖아요. 그들이 나에 대해서 알려고 질문하고 내가 그 질문에 대답하면 할수록, 나는 나 자신을 알게 되었어요." 서서히 그녀의 신념이 무너지기 시작했고, 결국 그녀는 자신이 속했던 갱단에 대한 불리한 증언을 했다.

세라는 갱생 과정에서 마침내 조지아 주립대학교 심리학과 교수인 존 호건을 만나게 되었다. 극단주의 완화를 연구하는 그는 세라의 여정을 기록한 보고서를 행동과학 학술지에 발표했다.[35] 그녀는 출옥한 후에 다른 사람들이 자신의 전철을 밟지 않도록 위험한 환경에 처한 청년들을 위해서 일했다. "나는 세상이 정말로 나와 나의 신념, 생각보다 훨씬 더 크다는 것을 깨닫기 시작했어요." 그녀가 호건에게 말했다. "마치 새로 태어난 것만 같았죠."

나는 호건의 보고서를 읽으면서 세라가 동료 재소자들과 편협한 판단에 바탕을 두지 않은 대화를 나누었다는 사실에 충격을 받았다. 또한 그녀의 절망적인 처지에도 불구하고, 우리가 이 장에서 논했던 원칙들을 그들이 구체적으로 실천하는 모습에도 감명을 받았다. "그곳 사람들은 열린 마음을 가졌고 정직했어요. 말하자면 그곳에는 긴장감이 없었고, 사실 진짜 의견 충돌도 없었어요.……그저 함부로 판단하지 않으면서 정보를 나눌 뿐이었죠.……그렇게 나는 이 길을 가지 않았더라면 되었을 법한 사람이 되기 시작한 거죠." 세상 모든 곳들 가운데에서 세라가 마음을 바꾸는 데에 필요했던 사회적 환경을 제공한 곳이 바로 감옥이었다. "그들은 내가 어떤 사람인지 알았지만, 그래도 나를 다른 사람들과 똑같이 대했답니다."

경계선 없는 친구들

다른 연결의 법칙들과 마찬가지로, 우리의 열한 번째 법칙을 이루는 네 가지 전략 역시 각자의 재량에 따라서 실천해야 한다. 이번 장의 시작 부분에서 언급했듯이 세계관이 충돌하면 어떤 관계에든 굉장한 부담이 된다. 연구에 따르면, 사람들은 대부분 우리가 상상하는 것보다 더 열린 마음으로 이치에 맞는 논의에 임한다. 그러나 여러분이 아무리 정중하게 대하려고 노력하더라도 사람들 가운데에는 상호 존중하며 대화할 의향이 전혀 없는 이들도 있다. 이런 경우에는 노력이 헛수고가 된다. 그래서 이런 사람에게 쏟을 에너지를 아껴서 다른 사람들에게 쓰라고 하고 싶다. 진정으로 해로운 견해에 직면한다면, 대화를 지속해야 한다는 의무감 때문에 자신의 정신 건강을 해쳐서는 결코 안 된다.

그래도 여러분이 살면서 여러분과 다른 견해를 가진 사람들 최소한 몇 명과는 더욱 건설적인 대화를 나눌 수 있도록, 이들 원칙이 도움이 되기를 바란다. 긴즈버그와 스캘리아의 사례가 보여주듯이 의견 차이가 반드시 깊은 연결관계를 가로막는 장벽이 된다는 법은 없다. 심지어 열띤 논쟁이 여러분의 우정에 흥미의 불꽃을 더하고, 여러분의 사고가 나태해지거나 오만해지지 않게 방지할 수도 있다.

한번은 스캘리아가 재치 있는 농담을 했다. "긴즈버그에게는 옥에 티가 뭘까요? 물론, 법에 대한 그녀의 견해는 빼고요."**36** 이들 두 판사가 헌법을 서로 다르게 해석한 경우는 많았지만, 그들이 보는 그대로의 진실에 대한 헌신은 서로가 같았다. 그래서 이것을 두 사람 사이 우정의 바탕으로 삼았다.

어느 해에 스캘리아가 긴즈버그의 생일에 장미꽃 스물네 송이를 보내자, 그의 친구이자 동료인 제프리 서튼이 진심으로 영문을 모르겠다는 듯 물었다. "대체 이 장미들이 자네한테 무슨 도움이 되었나? 4 대 5 평결이 나온 중요한 사건들 중에서 자네가 긴즈버그 판사의 표를 받은 적이 있다면 어디 한번 이야기해보게."

그러자 스캘리아가 대답했다. "세상에는 표보다 더욱 중요한 것들도 있다네."**37**

> **핵심 정리**
>
> • 존재론적 고독감은 사람을 더 극단적인 관점으로 몰고 가서 특정한 집단에 동조하게 만들 수 있다.

- 자명해 보이는 진실에 대한 의견 차이가 깊다면, 이런 존재론적 고독감이 악화할 수 있다. 이렇게 되면 의견이 바뀌기보다는 각자의 신념이 강해진다.
- 몬터규의 법칙—정중함에는 돈이 들지 않지만, 그것으로 무엇이든 다 얻을 수 있다—은 특히 의견이 충돌할 때 의미가 있다. 무례하면 상대방을 설득할 기회가 줄어들고, 일반적으로는 여러분의 입장을 지지할 법한 사람들 사이에서도 여러분의 평판에 누가 될 수 있다.
- 사람들에게는 다른 사람들이 자신의 말을 들어주고 자신을 이해해주기를 바라는 어마어마한 욕망이 있다. 다른 사람의 의견에 관심을 표하면, 그의 심리적 방어벽이 낮아져서 여러분의 주장에 마음의 문을 열게 된다. 그 결과 더욱 건설적인 대화로 이어진다.
- 개인적 일화가 통계적 논거보다 설득력 있는 경우가 많다. 나는 이 현상을 가리켜서 투홀스키의 법칙이라고 부른다.

행동 전략

- 의견 충돌이 생기면, 욕하거나 험담하지 말고, 상대방의 성격이나 능력에 의문을 제기하는 개괄적인 발언은 피하도록 하라. 앤터닌 스캘리아의 표현을 빌리자면 생각을 공격하되, 사람은 공격하지 말라.
- 상대방의 자질 가운데 여러분이 가장 존경하는 것을 강조하는 방법으로 그의 자의식을 인정하도록 노력하라.
- 상대방의 관점에 대해서 솔직하게 질문하고 그의 주장들 가운데 일부를 되풀이해서 말하도록 노력하라. 그렇게 해서 여러분이 상

대방의 주장에 주의 깊게 귀를 기울인다는 내색을 하라.
- 고려 중인 주제에 대해서 불확실하거나 모호한 점이 있다면 인정하라. 거짓으로 확신감을 보여주기보다는 지식의 한계를 털어놓도록 하라.
- 여러분의 신념에 중대한 맥락을 더해줄 수 있는 이야기와 경험을 주고받아라.

12

용서 구하기

1976년 TV 코미디 쇼 「새터데이 나이트 라이브」의 프로듀서 론 마이클스가 비틀스에게 특별한 공개 제안을 했다.

"지금 대략 2,200만 시청사들이 보고 계신데요. 죄송하지만 이 자리를 빌려 아주 특별한 네 분께 한말씀 올리고자 합니다.……존 레넌과 폴 매카트니, 조지 해리슨, 그리고 링고 스타. 바로 비틀스에게 요청을 하나 하려고 합니다." 그가 말문을 열었다. "제가 생각하기에 비틀스의 출현은 음악계에 일어난 최대 사건입니다. 아니, 그 정도가 아니죠. 당신들은 일개 음악 그룹이 아닙니다. 우리의 일부입니다. 우리는 당신들과 함께 성장했습니다. 이런 이유로 우리 프로그램에 출연해주시기를 청하는 바입니다." 그가 날린 결정타는 출연료였다. 그는 화면에 수표를 슬쩍 비추면서, 방송사에서는 비틀스의 재결합에 3,000달러를 지불할 수 있다고 주장했다.

그 시각, 스튜디오에서 불과 몇 킬로미터 떨어지지 않은 곳에서 비틀스 멤버 두 명이 이 프로그램을 시청하고 있었다. 그날 저녁 폴 매카트니와 그의 아내 린다가 존 레넌의 맨해튼 아파트에 들렀다가 그 공개 제안을 본 것이다. 두 사람은 그 제안을 마이클스의 상상보다 훨씬 더 긍정적으로 받아들였다. 훗날 레넌은 언론인 데이비드 셰프에게 이렇게 말했다. "당장 택시를 타고 갈 뻔했지만, 그때 너무 피곤해서 못 했던 것뿐이에요."[1] 비틀스의 해체는 음악사에서 가장 유명한 결별이다. 그런데 10년간 온갖 불화를 겪고도 그들은 어떻게 행복한 마음으로 재결합을 생각할 수 있는 시점에 이르렀을까?

패브 포Fab Four(엄청난fabulous 네 사람이라는 뜻/역주)라는 애칭으로 불리기도 했던 비틀스는 초창기에 우정의 모범으로 꼽혔다. '비틀마니아Beatlemania' 현상이 절정에 달해 전 세계가 비틀스에 열광하던 시절, 매카트니는 이렇게 설명했다. "우리 넷은 사실 한 사람입니다. 한 몸을 이루는 네 부분일 뿐이죠. 우리는 따로 또 같이 하나를 이룹니다. 각자 다른 것을 합쳐서 전체를 만들지요."[2] 주요 작사, 작곡가였던 레넌과 매카트니는 불가사의할 정도로 비슷했다. 한 사람은 왼손잡이였고 다른 사람은 오른손잡이여서, 리허설을 하는 동안 거울을 보듯이 상대방과 똑같이 움직이는 모습을 보면 음악적 도플갱어 같았다. 친구들끼리 이심전심으로 서로 무슨 말을 하려는지 안다면, 이들 두 사람은 상대방의 음악적 모티브와 가사에 대해서 이심전심이었다. 그 결과, 세상에서 가장 기념비적인 노래들을 탄생시키는 아이디어를 촉발했다. 당연히 두 사람 사이에는 경쟁도 있었지만, 어디까지나 자기 확장적인 경쟁이었다. 덕분에 두 사람은 따로 또 같이 재능을 키우고 꽃피울 수 있었다. 당시로서는 드물게 이들 두 남성은 서로에 대한 애정을 공개적으로 표현했다.

그러다가 마음에 응어리가 지기 시작했다. 사업 방식과 개인 신상을 둘러싸고 의견 충돌이 생겼고, 창작의 방향과 밴드 안에서 개인의 역할을 놓고 갈등이 일었다. 그룹이 공식적으로 해체된 후에도 사적인 대화나 인터뷰, 노래를 통해서 서로에 대한 비난이 이어졌다. 그런데 제아무리 너덜너덜해졌어도 그들을 잇는 연결의 끈은 어떻게든 살아남았다. 1970년대 중반이 되자 두 사람은 서로 헐뜯는 일을 멈추고 직접 만나기 시작했다. 비록 레넌이 사망할 때까지 비틀스가 재결합하지는 않았지만, 두 사람 모두 다시 같이 일할 가능성을 진지하게 타진했다. 레넌의 여자친구였던 메이 팡은 훗날 이렇게 회고했다. "두 사람의 협악했던 관계에 얽힌 사연을 다 들어서 알고 있었는데, 그렇게 빨리 훈훈한 우정을 다시 이어가는 모습을 보고 조금 놀랐습니다. 다들 참 다정했거든요."[3]

이렇듯 레넌과 매카트니 사이의 균열은 전 세계 미디어의 렌즈를 통해 널리 알려졌다. 그런데 사회적 관계가 무너지는 일은 사실 인간이 겪는 매우 흔한 경험이다. 친구 사이든 동료 사이든 연인 사이든, 갈등이 빚어지고 험한 말을 주고받으며 공격하고 방어하다가 결국 압박에 못 이겨 유대가 깨지고 만다. 그러면 애초에 왜 그런 인연을 맺었는지 모르겠다는 생각을 하게 된다.

앞 장에서 우리는 정치적 의견 차이에 대처하는 방법을 살펴보았다. 이제 개인의 상처를 다루는 법을 살펴볼 차례이다. 상대방을 성나게 했다면, 상처 난 관계를 어떻게 치유할 수 있을까? 타인의 잘못을 용서하는 법을 배우려면 어떻게 해야 할까? 물론 어떤 상처는 너무 깊어서 잘못한 쪽과 관계를 끊는 편이 더 나을 때가 있다. 그러나 우리 생각보다 서로 수용하고 이해할 수 있는 경우가 훨씬 더 많다. 다만 우리가 허점 많은 직관에 따라서 잘못 생각하는 것뿐이다.

사람들은 대부분 새로 친분을 맺는 것이 어렵다고들 한다. 그런데 사실 불화를 겪으면서 친분을 유지하기가 훨씬 더 힘들다. 그래서 시간이 지나면서 사회적 연결망이 서서히 무너지게 된다. 이런 운명을 피하려면, 열두 번째이자 가장 중요한 연결의 법칙을 배워야 한다. 먼저, 앙심과 용서를 새로 이해하는 것부터 시작하자.

원한의 해부

나는 첫 직장에서 비밀 산타로부터 저주 인형을 선물받았다. 매우 진취적인 직장 동료가 한 땀 한 땀 바느질해서 만들어준 것이었다. 그는 내가 상급자에게 욕먹을 때마다 그가 함께 제공한 핀으로 인형을 찌르면 나의 좌절감이 날아가버릴 것이라고 주장했다. 물론 그 말은 농담이었지만, 언론계에서 칼부림하듯이 격하게 오가는 말이 정말로 나를 낙담하게 만들기도 했다. 그래서 나는 떳떳하게 고백한다. 직장 동료와 심한 언쟁을 주고받아 스트레스가 유독 심한 날이면 나의 저주 인형은 고슴도치가 되었노라고 말이다. 그러면 분노가 조금 사라지는 것 같았다.

수년 후, 나는 캐나다의 윌프리드 로리에 대학교의 린디 리앙이라는 심리학자가 이런 발상을 과학적으로 실험했다는 것을 알게 되었다. 리앙은 먼저 실험 참가자들에게 상사가 무례하거나 불공평하게 대했거나 그들이 열심히 한 일을 인정하지 않았던 때의 기억을 떠올리게 했다. 그런 다음 그중 절반에게는 가상의 저주 인형이 나오는 웹사이트를 안내했다. 이 웹사이트에서는 디지털 핀이나 집게, 성냥으로 좌절감을 해소할 수 있었다. 반면 통제집단 참가자들에게는 저주 인형의 사진만 보여주고 인형을 해칠 수는 없게 했다.

그런 다음, 앞선 과제와 무관해 보이는 과제를 주었다. 글자가 비어 있는 단어들을 보여주고 빈 곳을 채우게 했다. 보통 두 가지 답이 가능했는데, 그중 하나는 오래 묵은 분한 감정을 드러낼 수 있는 단어였다. 가령 "un__ual"이라는 단어의 빈칸을 채우게 했다. 그러면 "unusual(특이하다)"이나 "unequal(불공평하다)"이라는 단어를 만들 수 있다. 또는 "un__st"라는 단어를 제시했다. 그러면 "unjust(부당하다)"나 "unrest(걱정)"라는 단어가 만들어질 수 있다. 자신이 받은 학대를 곱씹던 사람들은 부당함을 나타내는 단어를 고를 가능성이 더 크다는 발상이었다. 이것은 내재적 감정을 시험하는 표준 검사이다. 실제로 통제집단 참가자들은 자신이 불공정한 대접을 받았던 일을 기억해낸 다음에는 부정不正과 연관된 단어를 말할 가능성이 우연 이상으로 더 컸다. 반면에 저주 인형에 핀을 꽂거나 인형을 불태웠던 참가자들은 그렇지 않았다. 이런 가상의 복수 행위가 부당한 취급을 받았다는 느낌을 가라앉힌 것으로 보였다.

웃기는 실험처럼 들릴 수도 있지만, 실험 목적은 진지했다(이런 이유로 인해서 이 연구는 "사람들을 웃긴 다음……생각하게끔 만드는 연구"에 주는 "이그노벨상"을 받았다).[4] 리앙은 우리가 타인으로부터 상처를 받으면 앙갚음을 하고 싶어하는 이유를 알고 싶어했다. 그래서 실험실에서 복수의 효과를 검사할 수 있는 안전한 방법으로 찾아낸 것이 바로 가상의 저주 인형이었다. 이 실험 결과, 우리가 다른 사람들과의 상호 작용에서 정의를 얼마나 중요하게 생각하는지, 어떻게 공격적으로 반응해서 균형을 바로잡을 수 있는지가 확인되었다. 마치 우리 뇌가 자기 자신의 잘못과 타인이 자신에게 저지른 잘못을 기록하는 장부를 보관하고 있는 것 같다. 그래서 우리가 하는 응징이 순전히 상징적이더라도, 복수 행위는 장부를 결산하는 데에 도움이 되는 것으로 보인다.

우리가 이런 식으로 진화한 데에는 그만한 이유가 있다. 타인의 잘못을 계속해서 의식하면 호구 노릇을 그만두게 되기 때문이다. 진화적 관점에서 보면, 과거에는 이것이 집단 내의 위계에서 유리한 위치를 유지하는 데에 매우 중요했을 것이다. 또한 주체 의식을 회복하는 데에도 일조해서 우리가 약해졌다고 느낄 때 약간이나마 자신감이 생기기도 한다. 복수가 달콤한 이유가 바로 이 때문이다.

그러나 안타깝게도 앙심으로 인해서 많은 상처가 치유되지 못한 채 남게 되기도 한다. 예를 들어 우리는 다른 사람들로부터 모욕을 당하면, 인간 이하의 취급을 받는다고 느끼는 경우가 많다. 우리가 쓰는 표현만 봐도 알 수 있다. "쓰레기처럼 느껴진다" 또는 "개똥 취급받는다"와 같은 표현이 그렇다. 인간미를 측정하는 방법으로, 자신의 감정의 깊이나 지적 정교함—이 두 가지는 다른 동물들과 달리 우리 인간종에게만 있는 특징이다—에 점수를 매기는 심리 검사를 활용할 수 있는데, 사람들은 다른 사람들과 갈등을 빚고 속이 상한 다음에는 자신에게 훨씬 낮은 점수를 준다. 마치 자기 자신을 이해

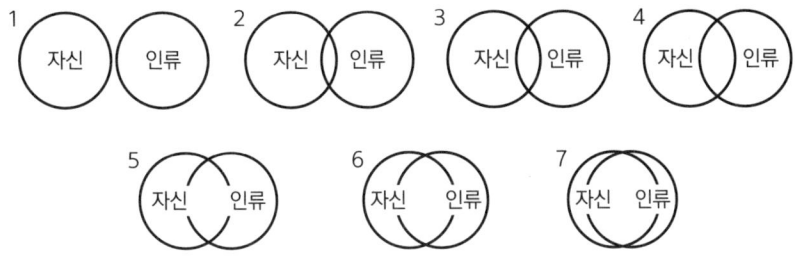

하는 데에 필수적인 무엇인가를 잃은 것처럼 말이다. 그런데 이때 앙심을 품고 악의적으로 행동하면, 이를 회복하는 데에 거의 도움이 되지 않는다. 피츠버그 대학교의 카리나 슈만과 스탠퍼드 대학교의 그레고리 월턴의 연구 결과가 이를 뒷받침한다.

한 실험에서 연구진은 참가자들에게 과거에 그들에게 상처를 준 적이 있는 사람을 떠올리게 했다. 그런 다음, 참가자들에게 복수의 편지를 쓰거나 용서의 편지를 쓰라고 했다. 복수심에 불타는 편지에는 잘못한 상대방에게 "앙갚음하고" 상처를 주려는 목적에 따라서 모든 불만과 분노를 표현하게 했다. 용서의 편지에는 상호 이해에 이바지하는 내용이 담기도록 했다. 참가자들은 편지를 쓴 후에 다양한 심리 검사를 했다. 그중에는 자신의 보편적 인간성을 묻는 설문 조사도 있었고 자기 안의 타인 점수를 변형해서 전반적인 세상과의 연결감을 조사하는 검사도 있었다(위의 그림 참조).

참가자들은 대부분 실험에 아주 열심히 참여했다. 다음은 외모를 비하한 사람에게 보내는 복수 편지의 내용을 발췌한 것이다.

"나더러 못생겼다고 했냐? 어? 너나 망할 거울로 네 불쾌한[원문 표현] 얼굴 좀 봐! 코는 생지옥처럼 크기만 하고, 네 얼굴에는 여드름

자국이 점자처럼 새겨져 있어서 기본적으로 못생김이라고 적혀 있어. 날 열받게 하려거든 다시 생각해라, 이 자식아." 참으로 실감나게 원색적으로 썼다!

다음은 자신을 속인 연인을 용서하려고 애쓰는 사람이 쓴 편지의 일부이다.

"네가 저지른 일로 상처를 많이 받았지만, 실수는 늘 일어난다는 걸 깨달았어. 사람들은 잘못된 결정을 하고 때로는 되돌리기를 바란다는 것도 알게 되었지. 우리 관계가 계속 이어질 수 있을지는 모르겠어. 그래도 널 용서하기로, 너에게 어떤 악감정도 품지 않기로 결심했어. 이번 일로 우리 관계가 끝나더라도 내가 널 용서했다는 걸 알았으면 좋겠어. 너도 언젠가는 너 자신을 용서할 수 있기를 바라."

복수의 편지가 만족감을 안겼을 것이라고는 생각한다. 그러나 참가자들의 잃어버린 인간미를 회복하고 세상과의 전반적인 연결감을 크게 북돋운 것은 용서의 편지였다. 중요한 사실은 그들의 행동이 자신의 도덕적 품성에 대한 전반적인 견해와도 연결되어 있었다는 점이다. 용서를 실천한 사람들은 자신의 가치에 맞게 자신이 떳떳하게 살아왔다고 믿은 반면, 앙심을 품은 사람들은 그렇지 않았다.

앙심과 용서의 효과는 다양하게 나타나는데, 자기 자신을 벌주고 싶어하는 욕망에서도 확인되었다. 이런 태도는 또다른 가상의 저주 인형을 사용해서 수량화되었다. 그런데 이번에는 그 저주 인형이 타인이 아니라 **자기 자신**을 상징했다. 참가자들에게 이 저주 인형에게 핀을 몇 개나 꽂고 싶은지 물었다. 그러자 용서의 편지를 썼던 사람들보다 복수의 편지를 썼던 사람들이 꽂고 싶다고 말한 핀의 개수가 상당히 더 많았다. 우울증을 앓는 사람들을 대상으로 한 기존 연구에 따르면 이 검사에 대한 반응은 대체로 실제 자해 욕구를 반영하기 때문에 이런 결과는 심리적으로 의미가 있는 듯하다. 실험 참가자들의 반응은 자기 자신에 관한 생각을 보여주는 또다른 지표가 된다. 즉, 우리가 올바른 길을 가면 우리 자신을 훨씬 더 많이 좋아하게 되고, 올바르지 않은 길을 가면 결국 자신이 더럽고 때 묻었다고 느낀다는 것을 알 수 있다.

슈만과 월턴은 많은 실험들을 통해 이 연구 결과를 확인했다. 가령 한 연구에서는 참가자들에게, 그들이 직장에서 발표할 때 비판했던 동료를 한 명 떠올리고서 그를 파티에 초대할지 말지를 결정하게 했다. 또다른 연구에서는 바로 그 동료에게 부당하게 불리한 동료 평가 점수를 줘서 벌을 주거나, 아니면 양심적으로 성직하게 점수를 주게 했다. 두 경우 모두 너그럽게 행동할수록 심리 결과가 좋았다.[5]

이렇듯 우리의 인간미를 회복하는 기능 말고도, 용서는 우리의 전반적인 정신 건강을 향상할 수 있다. 연구 결과, 더 쉽게 용서하는 사람들이 우울과 불안을 경험할 위험이 낮은 것으로 밝혀졌다.[6] 여타 친사회적 행위들과 마찬가지로 용서도 육체적 이득을 가져온다. 미국 시민 6,671명을 대상으로 진행한 전국 동반질환 연구를 살펴보자. 이 연구에서 실험 대상자들은 다음과 같은 간단한 질문에 답해야 했다. "예 혹은 아니오로 답하시오. 나는 수년간 사람들에게 원한을 품었다." 약 30퍼센트가 "예"라고 답했는데, 이렇게 답한 사람들은 "아니오"라고 답한 사람들보다 심혈관 질환과 만성 통증, 위궤양을 겪을 가능성이 더 컸다. 또다른 많은 교란 변수들을 고려한 후에도 결과는 마찬가지였다.[7] 사회적 연결의 중요성에 대한 우리의 모든 지식을 고려할 때 이것은 타당한 결과이다. 지속적인 분한 마음과 갈등은 심각한 스트레스의 원인이 되어 생물학적으로 여러 기관계에 큰 피해를 주며, 그 결과 우리는 사회적 연결망이 발달할 때 얻을 수 있는 이득 또한 모두 누리지 못하게 된다.

용서가 심리적으로나 육체적으로나 이득을 안겨준다고 해서 용서에 한계가 없다는 뜻은 아니다. 어떤 사람이 우리에게 함부로 대했다면, 그가 자신의 행동에 따른 결과를 똑똑히 깨닫도록 해야 한다. 그리고 또다른 학대를 당하지 않도록 우리 자신을 보호해야 한다. 심지어 가장 가까운 사이라도 상황에 맞게 화를 내면, 상대방에게 선을 넘었으니 앞으로 행동에 조심하라는 경고의 표시가 된다. 또한 자신의 감정의 진정성을 느끼려면, 그리고—궁극적으로는—다른 사람과의 연결감을 느끼려면, 좌절감이나 실망을 표현할 줄 아는 것도 중요하다.[8]

늘 그렇듯 관건은 균형이다. 잘못한 사람에게 복수하기 위해서 쓸데없는 앙갚음을 하는 것, 그리고 같은 모욕을 두 번 다시 당하지 않기 위해서 자신의 좌절감이나 실망을 단호하게 표현하는 것은 엄연히 다르다. 아리스토텔레스도 『니코마코스 윤리학 *Ethika Nikomacheia*』에서 그렇게 주장했다. "화를 내더라도 마땅한 일과 마땅한 사람에게 화를 내고, 더 나아가 마땅한 방법으로, 마땅히 화를 내야 할 때, 마땅한 만큼만 화를 내는 사람은 칭송받아야 한다."[9] 그는 노여움에 사로잡혀 있거나 노여움을 전혀 모르면 결국에는 불행해진다고 주장했다.

누군가와 긴 인연을 맺고 싶다면, 분노와 비난을 감수하더라도 자신의 감정에 솔직해야 한다. 다만 자신의 상처를 표현할 올바른 방법을 찾는 일이 말로는 쉬워도 행동은 어려울 수 있다. 건설적으로 그렇게 할 수 있는 몇 가지 방법을 뒤이어 살펴볼 예정이다. 그런데 그 전에 자신에게 일반적으로 너그러운 본성이 있는지부터—혹은 일상생활이 어려울 정도로 원한을 품는 성향이 강한지부터—점검해보는 것이 좋겠다. 먼저, 과거에 부당한 대우를 받았던 때를 떠올려본다. 1점(전혀 동의하지 않는다)부터 5점(매우 동의한다)까지의 척도로 다음 문항들에 점수를 매긴다면 어떠한가?

- 그 사람이 나를 부당하게 대했던 일이 머릿속을 떠나지 않는다.
- 그 사람의 부당한 행동 때문에 나는 삶을 즐기지 못하고 있다.
- 그 사람이 나를 함부로 대했던 일을 생각하면 우울해진다.
- 나를 부당하게 취급했던 사람에게 앙갚음할 방법을 생각하느라 시간을 쏟는다.

그리고 다음도 해보자.

- 나를 부당하게 대했던 사람에게 좋은 일이 생기기를 바란다.
- 나를 부당하게 대했던 사람에게 연민을 느낀다.
- 나를 부당하게 대했던 사람을 만나도 마음이 평온할 것 같다.
- 나를 부당하게 대했던 사람이 장차 다른 사람들에게 공정하게 대우받기를 바란다.

이 문항들은 관계 내 갈등을 연구하는 과학자들이 개발한 용서 척도에서 발췌한 것들이다. 이에 대한 사람들의 답변을 보면, 그들의 감정적 안녕감을 예측할 수 있다.[10]

모욕이 남긴 상처가 아직 아물지 않았는가? 그렇다면 더 큰 포용력과 공감 능력을 보여주는 후자의 문항들보다는 깊은 상처와 분함을 나타내는 전자의 문항들에 더 강하게 동의하는 것이 당연하다. 그런데 혹시 분하고 억울하고 보복하고 싶다는 생각에 오랫동안 사로잡혀 있는가? 그리고 혹시 많은 사람들에 대해서 이런 태도를 품고 있는가? 그렇다면 정신적 블록(감정적 요인으로 인한 사고의 차단/역주)이 있어서 이 때문에 다시 한번 기회를 주어도 될 만한 사람들을 용서하지 못하는지도 모른다.[11] 딱 한 번 이례적인 모욕을 받은 다음에 이런 견해를 가진다면 특히나 우려스럽다. 사람에 따라서는 분한 마음이 아무리 작아도 곪아버리는 수가 있다. 그러면 삶에 큰 행복과 의미를 가져올 수도 있는 사회적 연결이 깨지고 만다. 과학적 증거를 고려했을 때, 씁쓸한 마음이 오래가면 육체와 영혼에 독이 된다는 말은 과장이 아니라고 생각한다.

용서 척도에서 이런 방향으로 기울어진 사람들은 분한 마음과 원한을 떨쳐버릴 방법을 터득하면 정신 건강에 득이 될 수 있다.[12] 이런 방법들 중의 하나가 REACH 기법이다. REACH는 고통을 **상기하기**recalling, 가해자에게 **공감하기**empathizing, 이타적으로 **행동하기**acting, 용서하기로 **약속하기**committing, 용서의 끈을 **놓지 않기**holding의 줄임말이다. 이 모형에서는 세 번째 단계가 핵심이다. 용서가 저절로 생겨난다고 보는 것이 아니라, 용서를 우리의 **선택**에 따라서 다른 사람에게 줄 수 있는 이타적인 선물로 보는 것이다.

 이 다섯 단계에 따라 용서에 이르는 법을 연습해보자. 먼저 다른 사람에게서 상처받았던 때를 떠올린 뒤, 그 사건으로 어떤 영향을 받았는지 설명한다. 그러고는 자신이 다른 사람에게 상처를 주었던 때를 떠올린다. 이 행동은 가해자에게 공감과 연민을 더 많이 느끼는 데에 도움이 될 수 있다. 그런 다음 자신이 다른 사람으로부터 용서를 받아서 도움이 되었던 때를 떠올린다. 이 감정을 강화하는 전략들 가운데 하나는 그 사람에게 감사의 편지를 쓰는 것이다. 이렇게 한 다음 자신도 가해자에게 마찬가지로 연민을 느낄 의향이 있는지, 만약 있다면 그 사람도 마찬가지로 안도감을 느끼게 해주겠다고 의도적으로 결심할 의향이 있는지 자문한다. 필요할 때마다 이 단계를 반복하면, 분힌 마음을 떨쳐버리셨다는 다짐에 더 전념하게 된다.

 버지니아 코먼웰스 대학교의 에버렛 워딩턴은 이 REACH 용서법을 개척한 선구자이다. 이 방법은 집단치료 방식으로도 진행할 수 있고, 안내서를 보면서 스스로 할 수도 있다. 그는 다수의 연구에서 이 접근법을 실험했다. 그중 하나가 미국과 컬럼비아에서 남아프리카 공화국과 우크라이나에 이르기까지 거의 5,000명의 참가자들을 대상으로 한 무작위 통제실험이다. 참가자들 가운데 절반에게는 즉시 이 용서법을 활용하게 했지만, 나머지 절반은 실험이 끝날 때까지 활용을 지연했다(이들은 원한다면 실험이 끝난 후 스스로 얼마든지 시도해볼 수 있었다). 그 결과, 이 용서법으로 용서 척도 점수만 향상된 것이 아니라 우울과 불안 증상도 진정된 것으로 나타났다.[13]

 워딩턴은 언행일치를 실천한 인물이다. 1996년 새해 첫날, 그는 어머니가 집으로 침입한 한 청소년의 손에 살해되었음을 알게 된다. 처음에는 그 10대를 죽일 궁리를 할 정도로 격분이 치밀어올랐으나, 결국에는 살인자를 용서했다.[14] 물론 우리는 이런 상황이 되면 워딩턴처럼 넓은 아량을 베풀기가 쉽지 않을 것이다. 그러나 그의 연구에 따르면, 우리는 누구나 적어도 주변 사람들을 조금 더 이해하는 법을 배울 수 있다. 스스로 REACH 접근법을 시도해보고자 한다면, "더 참고할 만한 자료"(363쪽)에 있는 링크를 참고하기를 바란다. 용서는 결코 쉽지 않다. 그래도 우리는 분하고 억울한 마음을 떨쳐버려야 한다. 그렇지 않으면 이런 마음이 사랑과 우정, 행복을 가로막는 영구적인 장벽으로 남게 된다.

멀리 떨어져서 전체적으로 바라보기

말다툼 자체에는 어떻게 대처해야 할까? 가장 너그러운 사람이라도 한창 말다툼을 벌이는 순간에는 냉정함을 유지하기 어렵다. 그러다 보면 열기가 가라앉은 후에는 자신이 내뱉은 말을 주워 담을 수 없어서 후회하게 될 뿐이다. 그런데 평정심을 유지하는 데에 도움이 되는 심리적 기법들이 있다. 이들 기법을 활용하면, 유대관계가 영구적으로 깨질 위험을 줄이면서도 자신의 관점을 더욱 건설적으로 표현할 수 있게 된다.

이때 전략의 핵심은 우리가 초점을 어디에 두느냐에 달려 있다. 우리는 화가 나거나 상처를 받으면 흔히 현미경으로 들여다보듯이 아주 미미한 세부 사항에 관심을 집중한다. 이런 시각으로 보면 관계의 전체 풍경이 달라진다. 타인의 실수가 대단한 실패처럼 보이면서, 애초에 그와 인연을 맺은 이유를 망각하기 시작한다. 우리가 맺은 연결관계에 생긴 균열이 아주 작아도 대단히 중요한 일로 인식되기 시작하면서, 상대방을 서서히 이해하지 못하게 되고 표현에도 이런 왜곡된 인식이 반영된다.

몇 주일 혹은 몇 달, 몇 년이 지난 후 당시의 상황에서 멀리 떨어져서 되돌아보면, 적절한 시각으로 갈등을 바라볼 수 있다. 그래서 시간이 약이라는 말이 있는 것이다. 그러나 그때가 되면 친밀한 관계를 구하기에는 너무 늦었을 수도 있다. 우리는 그 대신, 재해석 기법을 통해서 당면한 사건에 심리적 거리를 둠으로써 이 과정을 가속화할 수 있다. 그러면 이로 인해 실수를 바라보는 균형감각을 회복하게 되어 건설적 대화를 나누기가 훨씬 더 쉬워진다.

충격적일 만큼 놀라운 사례가 하나 있다. 시카고 시내와 교외에 사는 연인 120쌍을 대상으로 진행한 연구 결과이다. 이 연구를 위해서 각 연인들은 관계에 대한 만족감과 사랑, 친밀감, 신뢰, 열정, 서로에 대한 헌신을 2년에 걸쳐 보고했다. 처음 1년간은 아무런 간섭 없이 그냥 내버려두었다. 그랬더니 이 기간에 연인들 대부분은 상호 작용의 질이 유의미하게 떨어지는 것을 경험했다. 슬픈 일이지만, 수많은 사랑 이야기들에서 흔히 예측되는 변화이다.

바로 이 시점에 연구진이 개입했다. 실험 대상의 절반에게 아주 짧은 재해석 과정을 따르게 한 것이다. 지침은 간단했다. 제3자의 눈으로 갈등을 보라는 것이었다. "관련자 모두가 잘 되기를 바라는 제3

자, 즉 중립적인 관점으로 상황을 보는 사람의 시각에서 상대방과의 의견 차이를 생각해보세요. 그 사람이라면 이번 의견 충돌을 어떻게 생각할까요? 그 사람이라면 의견 충돌에서 좋은 점을 어떻게 발견할까요?" 참가자들은 최근에 있었던 갈등에 이 기법을 적용하는 연습을 7분간 한 다음, 의견 충돌이 생길 때마다 각자 일상에서 이 전략을 어떻게 활용할지 계획을 세웠다. 가령 나라면, 말다툼이 시작된 후에 마음을 진정시키기 위해서 5분간 주변을 산책할 것 같다. 그동안 이 기법처럼 외부인의 시각으로 논쟁을 보려고 노력할 것이다.

이런 발상을 강화하기 위해서 연구진은 4개월 간격으로 데이터를 수집할 때마다 참가자들에게 똑같은 지침을 내렸고, 그 중간에도 잊지 않도록 주의를 환기하는 이메일을 보냈다. 결과는 괄목할 만할 정도로 성공적이었다. 참가자들의 관계 만족도에서 하향 추세가 사라졌다. 반면에 통제집단에서는 관계의 질이 꾸준히 하락했다. 결국 참가자들은 다른 관점으로 다툼을 바라보고 균형 잡힌 시각으로 의견 차이를 들여다봄으로써, 상대방에 대한 사랑을 더욱 잘 유지할 수 있었다.[15]

중립적인 제3자의 입장이 되어 생각하기가 어렵다면, 이외에도 심리적 거리를 둘 방법이 많다. 예를 들면 미래의 자신이 되어 생각해보는 방법이 있다. 지금부터 6개월 또는 1년이 지난다면, 현재 의견 충돌을 빚은 사안이나 갈등 중에 취한 여러분의 행동에 대해서 어떻게 생각하고 느낄 것 같은가? 캐나다의 워털루 대학교 심리학자들이 앞의 연구에서 영감을 받아 또다른 연구를 진행했다. 그들은 참가자들에게 최근에 친구나 연인과 의견 충돌이 있었던 일을 생각하면서 이 재해석 방법을 활용하게 했다. 연구진의 가설 그대로, 이 작은 의식 변화만으로도 상처 준 사람에 대한 용서의 마음이 커지고 비난이 줄었다. 그 결과 말다툼으로 관계가 성장하게 되었음을 깨달아 미래의 안녕감에 대해서 더 낙관적으로 생각하게 되었다.

"이 실험은 실제로 우리 유대관계에 도움이 되었어요." 한 참가자의 전언이다. "당시에는 정말로 골치 아픈 상태였지만, 최종적으로는 우리 사이가 더 깊어지는 계기가 되었죠.……덕분에 우리 두 사람 모두 서로를 더욱 잘 이해하고 힘든 상황에 대처하는 방법도 배웠답니다." 한창 말다툼을 벌이는 동안에는 갈등을 계기로 더 가까워질 수 있다는 생각을 명심하기가 힘들기 마련이다. 그러나 미래의 시각에서 바라보면, 가장 필요할 때 지혜를 얻을 수 있다.[16]

우리는 갈등에 대해서 곰곰이 생각하면서, 우리가 긍지를 느끼는 핵심 가치와 성격적 특성도 되돌아볼 수 있다. 이때의 목표는 우리의 "자기 통합성"을 강화하는 것이다. 심리학자들의 정의에 따르면 자기 통합성이란, 자기 자신을 도덕적이고 가치 있는 사람으로 보는 것이다. 우리는 자기 통합성이 위협받으면 정체성이 무너질 것처럼 느낄 수 있다. 그래서 이를 보호하기 위해서 가능한 모든 수단을 동원한다. 예컨대 우리를 비판하는 사람들을 맹렬히 비난하거나 그냥 입을 닫고 대화를 회피하기도 한다. 그러나 두 방법 모두 화해를 위한 방안은 아니다.

우리는 자기 통합성을 강화하는 방법으로 이러한 방어적 행동을 중화할 수 있다. 그러면 기꺼이 양보할 마음이 더 생겨서 관계를 바로잡는 데에 도움이 된다. 다소 추상적이고 이론적인 말처럼 들리겠지만, 수많은 연구 결과 실제 갈등 중에 이 방법이 효과가 뛰어난 것으로 입증되었다. 자기 통합성을 강화하는 방법은 다음과 같다.

다음 11가지 가치를 살펴보고, 여러분의 정체성에 비추어 중요한 순서대로 순위를 매겨보라.

- 독립성
- 유머 감각
- 사회적 지위
- 지식 학습과 지식 습득
- 친구, 가족과의 관계
- 즉각성, 즉 현재의 삶을 사는 것
- 운동 능력과 건강 관리
- 직업윤리
- 음악적 능력과 음악 감상
- 육체적 매력
- 연애

그리고 이 가운데 가장 중요한 가치를 선택한 다음, 이 가치가 여러분에게 중요한 이유를 몇 분간 설명해보라.

갈등을 겪을 때마다 이 과정을 전부 다 거칠 시간이 없더라도, 잠시만 시간을 내어 이 전략의 일반 원칙을 짚어보라. 다음과 같이 자문해보면 된다. 나의 삶의 방향타가 되는 중요한 가치는 무엇인가? 그 가치가 당면한 갈등과 무슨 관련이 있는가? 여러분이 중요하게 여기는 것들과 여러분의 인생을 크게 보면, 현재 겪고 있는 의견 충돌이 그다지 중요하지 않다는 것을 깨닫게 될 것이다. 그리고 타인의 비판이나 비난이 더는 여러분의 자기 통합성을 위협하지 않을 것이다. 피츠버그 대학교의 카리나 슈만이 실험 대상 연인들에게 이러한 지침을 내렸더니, 이들은 최근의 의견 차이에 대해서 더 건설적인 대화를 나눌 수 있게 되었다. 첫 개입 이후 1년 내내 이들은 전반적인 관계 만족도 측면에서 이득을 누린 것으로 확인되었다.[17]

상대방이 반대하지 않는다면, 풍경을 바꾸는 것만으로도 기분이 나아지는 데에 도움이 될 수 있다. 가령 공원이나 정원을 함께 산책하면 된다. 걷기는 자연스럽게 주변으로 관심의 초점을 함께 맞출 수 있는 공동활동이다. 그 덕분에 관계 구축의 첫 단추가 되는 기본적인 공유 현실이 생겨날 수 있다. 가장 기본적인 신경 차원에서 보면 동기화된 움직임이 우리 뇌파를 일치시키는 데에 도움이 된다는 사실을 잊지 말기를 바란다. 그 결과 연결감이 생기면서 대화가 편해져서 양쪽 모두 상대방의 관점에 더 솔직해진다.[18]

어떤 전략을 사용하든 단번에 문제가 해결되리라고 기대할 수는 없다. 그러나 이런 도구들을 활용하면, 자신의 감정에만 눈머는 일 없이 더 객관적인 자세로 의견 차이가 생기는 부분을 살펴볼 수 있다. 이렇게 해서 명확하게 알게 되면 우리는 다른 사람들의 실수에 너그러워지고 더욱 연민 어린 태도로 우리의 우려를 전달할 수 있게 된다. 반대로 우리가 잘못을 저지른 것이 확실한 경우라도 올바른 기준으로 사안을 바라볼 수 있게 해서 다른 사람에게 준 상처를 치유하는 데에 큰 도움이 된다.

왜 미안하다는 말이 세상에서 가장 하기 힘들까

가장 먼저 원한을 해부하는 것으로 시작했으니, 마무리는 사과를 해부하는 것으로 갈무리하자. 잘못을 저지른 다음에는 당사자와의 공유 현실을 복원해야 한다. 그렇게 할 수 있는 방법은 딱 한 가지이다. 자신의 행동에 책임을 지고, 상대방의 상처 입은 감정을 온전히 이해한다는 것을 입증해야 한다. 이런 대화를 회피하면, 자신의 행복과 상대방의 행복을 일부러 방해하는 셈이 된다.

심리학 연구에 따르면, 효과적으로 사과하는 데에 걸림돌이 되는 4대 장애물이 있다고 한다. 첫째, 우리는 자신이 유발한 피해를 인정하지 않는다. 둘째, 우리는 사과 행위 자체가 너무 고통스럽고 수치스럽다고 생각한다. 셋째, 우리는 사과가 관계 복원에 거의 역할을 하지 못한다고 생각한다. 넷째, 좋은 사과를 구성하는 요소가 무엇인지 그냥 모르고, 그래서 치유에 필요한 말을 하지 못한다.[19] 첫 번째 장애물은 가해 행위 자체의 세부적인 내용에 따라서 명확히 좌우된다. 그러나 앞에서 탐구했던 심리적 거리 두기와 자기 통합성 확인 전략을 활용하면, 이 장애물을 극복할 수 있다. 두 번째와 세 번째 장애물은—대인관계에 대한 우리의 믿음이 대부분 그렇듯이—거의 근거가 없는 우려들이다. 따라서 이런 우려들은 사회적 연결에 불필요한 장벽이 된다.

케임브리지 대학교와 로테르담 대학교 연구진의 연구 결과, 우리는 사과가 스트레스를 많이 유발하고 치욕적일 것이라고 너무 심하게 과대평가하는 것으로 드러났다. 반면에 관계를 바로잡으면서 느끼는 해방감은 과소평가하는 것으로 밝혀졌다. 한 실험에서 과학자들은 참가자들을 속여 그들이 상식 퀴즈에서 부정행위를 했다고 믿게 했다. 그리고 그 행동으로 다른 참가자가 상을 탈 기회를 박탈했다고 믿게 했다. 그런 다음, 자신의 행동을 사과하면 기분이 어떨 것 같은지 참가자들 일부에게 물었다. 반면 다른 일부에게는 실제로 미안하다고 말할 기회를 주었다. 사과는 결코 참가자들이 예측한 만큼 스트레스를 유발하거나 치욕적이지 않았다. 일상에서도 같은 모습이 반복되는지 확인하기 위해서 연구진은 한 집단의 참가자들에게 과거에 자신이 타인에게 사과했던 때를 떠올리게 했다. 반면 다른 집단 참가자들에게는 미래에 자신이 타인에게 사과하는 모습을 상상하게 했다. 이번에도 예측은 빗나갔다. 사과는 사람들이 상상했던 것보다 훨씬 더 유쾌하고 훨씬 덜 어색한 행위였다.[20]

사과 행위는 타인의 용서를 받는 것 외에도 실제로 많은 개인적 이득을 안겨준다. 예를 들어 사과를 하면, 사람들의 자기 통합성이 증진된다. 또한 자기 연민도 커지고, 잘못한 사람은 미래의 자기 행동에 대해서 더욱 긍정적으로 느끼게 된다. 이 두 가지 모두 장기적 안녕감에 중요하다.[21]

세 번째 우려—사과는 **다른** 사람의 의견을 바로잡는 데에 거의 아무 역할도 하지 않는다—역시 잘못된 것이다. 사람들은 상처를 입으면 대부분 가해자가 잘못을 인정하기를 간절히 바라며, 때로는 사과를 하지 않는 것이 애초의 가해 행위보다 더욱 속상하게 만들기도 한다. 그러나 우리는 이런 욕망을 과소평가하고, 사과를 해봤자 소귀에 경 읽기가 된다고 생각한다. 이러한 이유로 사람들은 상대방이 용서할 준비가 되었다고 믿을 만한 근거가 있을 때에야 관계를 바로잡을 가능성이 더 크다. 자신의 사과가 물거품이 되지 않으리라는 확신이 생겼기 때문이다. 따라서 우리가 위험을 감수할 의향이 조금만 더 있다면, 더 많은 관계를 지켜낼 수 있을 것이다.[22]

마지막으로 네 번째 장애물인 사과의 내용을 살펴볼 차례이다. 두말할 필요도 없다. 다른 사람에게 비난의 화살을 돌리지 말고, 자신의 잘못에 책임을 져야 한다. "나의 말을 오해했다면 미안해" 혹은 소극적으로 "실수였어"라고 하는 것만큼 짜증 나는 사과는 없다. 이런 표현은 우리 사이에 이해가 부족하다는 것을 강조할 뿐이다. 그 결과 이미 금이 가기 시작한 공유 현실에 더 많은 손상이 생긴다.

여러 사회심리학자에 따르면, 이상적인 사과에는 다음과 같은 요소들이 포함된다.

- 명확한 사과의 표현
- 잘못에 대한 책임 인정
- 가해 행위 확인
- 용서 요청
- 후회나 슬픔 표명
- 행동 교정矯正 제안
- 가해 행위의 발생 이유에 대한 설명
- 재발 방지 약속

사과로 얻는 이득은 누적된다. 단순히 사과를 표현하기만 해도 어느 정도 위력이 있지만, 사과 안에 더 많은 요소들이 담길수록 진정성은 더욱 빛을 발한다. 그리고 피해자가 마음의 평화를 찾고 용서해줄 가능성도 더 커진다.[23]

사과의 시기도 중요할 수 있다. 시간이 지연되면 상대방이 고통받는 시간도 길어지지만, 그렇다고 너무 성급하게 사과하는 것도 좋지 않다. 자칫 자기의 행동을 되돌아보지도 않고 상대방의 관점으로 상황을 보려는 노력도 충분히 하지 않은 것처럼 보일 수 있다. 최악의 경우, 반사적으로 반응하는 것처럼 보일 수도 있다. 아니면 자기 행동의 결과를 받아들이지 않으려고 과정을 서두르는 것처럼 보일 수도 있다. 어쩌면 상대방의 이야기를 듣는 고충을 건너뛰고 그저 화해를 원하는 것처럼 보일 수도 있다는 뜻이다. 이러한 이유로, 우리는 먼저 상대방이 불만을 충분히 표현할 수 있도록 해야 한다. 우리가 상세히 사과할 차례는 그다음이다. 한 연구 논문 저자들의 표현처럼, 사과는 "빠른 것보다 늦은 편이 나은" 뜻밖의 경우이다.[24]

뒤이은 대화에서는 상대방의 감정을 우리의 방식으로 표현해볼 수도 있다. 이때 몇 가지 주의 사항을 명심해야 한다. 앞에서 살펴보았듯이 우리에게는 자기중심적 편향이 있어서 타인의 감정을 자신이 잘 이해한다고 과대평가할 수 있다. 따라서 상대방의 감정을 간파했다며 자신의 통찰력을 과도하게 믿지 않도록 주의해야 한다. 그러나 상대방의 말에 주의 깊게 관심을 기울인다면, 그의 의견을 되풀이해서 말하는 방법으로 우리가 상처를 주었음을 인정하고 그 고통을 씻어주고 싶다는 뜻을 전달할 수 있다. 그 결과, 용서에 필수적으로 필요한 신뢰감이 더 커진다.[25]

우리가 선택한 사과 시기가 언제든 사과 장소가 어디든, 사과를 통해서 그 관계가 우리에게 어떤 가치가 있는지가 드러나야 한다. 공격받아서 입은 상처의 대부분은 우리가 더는 유대관계 유지에 전념하지 않는다는 느낌에서 생겨난다. 따라서 이런 의혹을 잠재워야 한다.[26] 잘못한 행위의 성격과 관계에 따라서, 이번 일을 계기로 삼아 상대방에 대한 우리의 존경과 사랑, 그리고 그와 가까운 관계를 유지하고 싶은 이유를 다시금 표현해야 한다. 그런 다음에야 우리의 오랜 유대관계가 재확립되면서 상처가 치유되기 시작한다.

필요한 것은 오직 사랑뿐

우리의 열두 번째 연결의 법칙은 다음과 같다. 안녕감을 위해서 앙심보다는 용서를 선택하라. 말다툼할 때에는 큰 그림을 보라. 사과할 때에는 반드시 잘못을 규정하고, 행동에 책임을 지고, 후회를 표현하라. 모든 용서 행위의 기저에는 근본적인 믿음―사람은 개선된다―이 깔려 있기 때문에 마지막으로 다음을 추가해야 한다. **사람은 더 나은 방향으로 변할 수 있다는 믿음을 가져라.**

혹자는 우리의 행동 방식이 유아기에 정해져서 절대 바뀌지 않는다고 믿는다. 인간의 본성에 대해서 이 같은 관점을 지닌 사람들의 눈에는 실수가 절대 되돌릴 수 없는 심각한 인성 결함의 징후로 보인다. 만회할 기회가 없다면, 자기 통합성에 대한 모든 도전이 훨씬 더 위협적으로 느껴질 것이다. 그리고 다른 사람들의 사과는 공허하고 무의미하게 들릴 것이다. 어차피 그들은 같은 실수를 계속 반복할 운명이기 때문이다. 이런 냉소적인 견해는 신경과학과 심리학의 최신 이론과는 맞지 않는다. 이 분야의 최신 연구에 따르면, 사람들은 하고자 하는 의지만 있다면 정말로 여러 행동 방식을 바꿀 수 있다. 어떤 사람의 과거 나쁜 습관을 보고 그 사람의 미래를 예측해서는 안 된다. 이런 사실을 부정하면, 우리는 사랑하는 사람들과 함께 성장하지 못하게 되고, 그 결과 훨씬 더 외로워진다.

아마도 우리는 레넌과 매카트니의 사례를 본보기로 삼아야 할 것이다. 비록 비틀스를 재결합할 기회는 없었지만, 두 사람은 서로의 차이를 극복하는 법을 배웠고 상대방이 함께하는 것에 다시금 감사했다. 1970년대에 그들이 뉴욕에서 만났을 때, 이를 지켜본 사람들은 두 사람이 오랜 신뢰관계기 금세 복원되는 모습에 놀랐다. 그들의 전기작가인 리처드 화이트는 이렇게 표현했다. "두 사람의 마음속에는 그 어떤 뿌리 깊은 옹졸한 복수의 앙금보다 서로에 대한 따뜻한 마음이 더 깊이 존재했던 것이 분명했다."[27]

1970년대 중반 무렵 레넌은 씁쓸한 마음이 생겼던 주된 원인이 옆에 친구들 없이 홀로 독자적인 길을 가는 것이 두려웠기 때문이었음을 깨달았다. "독립하고 싶은 마음이 제아무리 크더라도, 10년간 서로의 품 안에 있다가 독립하기는 정말 힘들죠. 말하자면 그래요." 레넌은 말했다. "그래도 우리는 잘 극복했다고 생각합니다. 우리는 남은 인생을 친구로 지낼 겁니다."[28] 지금까지도 매카트니는 두 사람 사이의 균열이 미디어에 의해 부풀려졌다고 주장한다. "우리의 결별 이야기가 사실이기는 하지만, 가장 중요한 부분은 그게 아니에요."

2014년 그는 영국 토크쇼에 나와서 말했다. "가장 중요한 것은 서로에 대한 애정이었습니다."²⁹

핵심 정리

- 우리는 부당한 취급을 당하면 주체 의식을 잃고 자신이 인간 이하라고 느끼게 된다.
- 해를 입은 다음 복수에 나서면 정의감을 회복하는 데에는 도움이 되지만, 자신이 비인간적이며 도덕적 가치와 단절되었다는 느낌만 남는다.
- 용서는 정신적, 육체적 건강 향상과 밀접히 연결되어 있다. 우리는 누구나 용서를 함양하는 법을 배울 수 있다.
- 우리가 실수를 인정하면 자기 통합성—우리가 도덕적이고 효율적인 사람이라는 생각—이 위협받을 수 있다. 이런 불편한 감정을 느끼지 않기 위해서 우리는 자기방어적인 태도를 취하고는 한다. 그러나 그러면 화해할 기회가 줄어든다.
- 갈등 상황으로부터 떨어져서 "심리적 거리"를 두고 보면, 균형감각을 얻는 데에 도움이 된다. 그 덕분에 우리는 더 건설적으로 대화에 임할 수 있게 된다.
- 사람들은 사과할 때 느끼는 불편한 감정은 과대평가하고, 관계를 바로잡을 때 경험하는 좋은 기분은 과소평가한다. 또한 우리가 하는 말이 상대방에게 얼마나 큰 의미가 되는지도 과소평가한다. 이러한 편향 때문에 갈등을 겪은 후 연결을 복원하기가 힘들어진다.

행동 전략

- 원한에 매달려서 분한 마음을 떨쳐버리지 못한다면, REACH 용서법을 시도해보라. 사회적 연결을 강화하고 정신 건강도 개선될 것이다.
- 사건에서 한발 물러서서 심리적 거리를 두고 싶은가? 중립적인 제3자라면 의견 충돌에 대해서 어떻게 말할 것 같은지 상상해보라. 또는 6개월이나 1년 후라면 지금의 행동을 어떻게 볼 것 같은지 한번 생각해보라.
- 사과할 때에는 반드시 상대방에게 상처와 슬픔을 표현할 기회를 충분히 주도록 하라. 용서의 첫걸음은 상대방이 자신의 말을 듣는다고 느끼는 데에서 시작된다. 너무 성급히 사과하면, 상대방에게서 이런 기회를 박탈하는 셈이 된다.
- 여러분이 저지른 잘못을 구체적으로 밝히고, 책임을 받아들여라. 여러분 때문에 생긴 상처에 대해서 애통함과 유감을 표현하라. 가능하면 여러분 때문에 생긴 피해를 보상하겠다고 제안하고 정중히 용서를 청하라.

결론

열세 번째 연결의 법칙

우리는 헬렌 켈러와 앤 설리번을 만나는 것으로 이 여정을 시작했다. 수십 년이 흘러도 두 사람의 관계는 여전히 돈독했다. 1917년 3월 남편과 아픈 이별을 한 설리번은 쑤에르토 리코에서 5개월간의 휴가를 보내고 있었다. 이 기간에 켈러는 설리번을 무척이나 그리워했다. 특히나 두 사람이 처음 만난 기념일이 되자, 떨어져 있다는 사실이 그 어느 때보다 간절히 느껴졌던 것 같다. 헬렌 켈러에 따르면, 이날은 그녀가 "다시 태어난" 날이었다. 그래서 그녀에게는 "영혼의 생일"이었다.

"생각해보세요. 지난 금요일은 제 영혼의 생일이었는데, 선생님과 떨어져서 그날을 보내야 했다니요!" 그해 3월 4일, 켈러는 설리번에게 편지를 썼다. "30년 전, 선생님은 어느 조용한 마을에 왔지요. 완벽하지 않은 시력과 경험 부족으로 장애가 있는, 세상에 홀로 남은 한 어린 소녀에게로 왔어요. 그러고는 굳게 닫혀 있던 삶의 문을 열어 기쁨과 희망, 지식, 그리고 우정이 찾아오게 해주었답니다."[1]

이 편지를 썼을 때 켈러는 서른일곱이었다. 사회에서는 마치 결혼만이 의미 있는 유일한 관계인 것처럼 성대히 결혼식을 치른다. 그러나 사회적 연결의 위력에 대해서 워낙 많은 것을 알게 된 마당에, 나는 우리가 또다른 인연들도 기념하고 축하하는 노력을 더 많이 했으면 하는 바람을 품지 않을 수 없다. 다른 사람들이 우리 삶에 들어와 삶을 풍요롭게 만든 "영혼의 생일"을 우리가 기억했으면 한다.

   이 책에서 우리는 돈독한 관계를 수립하고 유지하는 데에 도움이 되는 열두 가지 연결의 법칙을 배웠다.

1. 다른 사람들을 대할 때 일관성을 유지하라. 스트레스를 주는 프레너미가 되지 말라.
2. 만나는 사람들과 상호 이해관계를 구축하라. 피상적인 유사점은 무시하고, 내면세계에 집중하라. 생각과 감정이 일치하는 독특한 방식에 집중하라.
3. 평균적으로 내가 좋아하는 만큼 다른 사람도 나를 좋아한다고 믿어라. 사회적 기술을 발휘해서 사회성 면에서 자신감을 가질 준비를 하라.
4. 자신의 믿음을 다시 한번 확인하라. "관점 전환"보다는 "관점 파악"을 통해서 자기중심적 사고와 오해를 방지하라.
5. 대화 중에는 적극적인 관심을 보이고, 자기 노출을 망설이지 말고, 새로움의 대가를 피해야 한다. 그래야 상호 이해가 구축되고 마음과 마음이 합쳐진다.
6. 후하게 칭찬하라. 다만 표현은 매우 구체적이어야 한다.

7. 자신의 취약성에 대해서 열린 마음으로 솔직해져라. 친절보다 정직을 중요하게 여겨라(단, 가능하다면 친절과 정직, 두 가지 모두를 실천하라).
8. 질투를 두려워하지 말라. 성공을 공개하되, 발언은 정확하게 하고 다른 사람들과의 비교는 피하라. "다른 사람의 행복에 함께 기뻐하는 즐거움"을 누려라.
9. 지원을 부탁하면 장기적으로 더 강한 유대관계를 구축할 수 있다는 기대 아래, 필요한 경우 도움을 청하라.
10. 도움이 필요한 사람들에게 감정적 지지를 보내되, 절대 강요하지는 말라. 그들의 감정을 인정하면서도 문제를 보는 다른 시각을 제시하라.
11. 의견 차이가 있을 때 성숙함과 호기심을 잃지 말라. 반대의 관점에 관심을 보여라. 개인적 경험을 공유하라. 자신의 의견을 상대방의 도덕적 언어로 표현하라.
12. 안녕감을 위해서 앙심보다는 용서를 선택하라. 말다툼할 때에는 큰 그림을 보라. 사과할 때에는 반드시 잘못을 규정하고, 행동에 책임을 지고, 후회를 표현하라. 사람은 더 나은 방향으로 변할 수 있다는 믿음을 가져라.

여기에 더해서 마지막으로 한 가지 법칙을 추가하고자 한다.

13. 현재 여러분의 인생에서 한 발 빠져 있는 사람들에게 연락하라. 그들이 여전히 마음 한편을 차지한다는 사실을 알려라.

오늘날과 같은 세계화 시대에 모든 사람들에게는 친구나 동료, 친척 중에 물리적으로 가까이에서 함께 생활할 수 없는 이들이 있다. 그러나 켈러와 설리번의 사례처럼 물리적 거리가 반드시 사회적 거리를 의미하지는 않는다. 지금의 우리에게는 즉석에서 소통할 수 있게 해주는 놀라운 기술이 있다. 이제는 상대방에게 우리가 그를 생각하고 있다는 말을 전하기 위해서 편지가 대양을 건너 도달하기를 기다릴 필요가 없다.

다른 연결의 법칙과 마찬가지로, 이 열세 번째 충고 역시도 이를 뒷받침하는 탄탄한 과학적 증거가 있다. 피츠버그 대학교의 페기 류의 일련의 연구 덕분이다. 류 연구진은 수십 명의 학생을 모집한 후 사회적 유대가 있는 사람들 중에 연락이 뜸해지기 시작한 사람 한 명을 지정하게 했다. 그런 다음, 이제는 여러분에게도 익숙해진 절차를 밟았다. 먼저 연구진은 참가자들에게, 그 사람에게 보낼 짧은 메모를 쓰게 했다. 그런 다음 상대방이 이 행동을 얼마나 고마워할 것으로 생각하는지를 측정하는 심리 설문지에 응답하게 했다. 연구진은 이메일로 당사자에게 이들의 메모와 함께, 이 메시지를 받은 느낌을 묻는 설문지를 보냈다.

연구 결과는 모든 사회적 편향에 관한 연구 결과와 일맥상통했다. 참가자들은 상대방이 메시지에 따뜻하게 반응하지 않을 것이라고 짐작하면서, 유의미할 정도로 이들의 반응을 과소평가했다. 그러나 실제로는 거의 모든 메시지가 환영받았다. 감사의 정도를 1점(전혀 감사하지 않다)에서 7점(대단히 감사하다)까지의 점수로 평가해달라고 했더니, 메시지 수신자들의 평균 반응은 6.2점이었다. 뒤이은 연구에서는 이런 행동이 유대가 약한 관계에서 특히 더 환영받은 것으로 나타났다. 느슨하게 연결된 사람들은 상대가 자신을 잊었다고 생각하고 있었기 때문에 그가 자신을 여전히 기억하고 소중히 여긴다는 것을 알고는 뜻밖의 기쁨을 느꼈다.[2] 사실 친구와 연락이 끊기는 것은 흔히 일어나는 후회스러운 일이다. 게다가 우리는 대부분 너무 자존심이 강해서 먼저 손을 내밀지 못한다. 그러나 아주 작은 움직임만으로도 약해졌거나 금이 갔던 유대관계를 되살리는 데에 도움이 된다.[3]

미래의 우정

지인들과 이 책의 내용을 두고 논의하는 동안, 나는 접촉 수단이 중요하느냐는 질문을 자주 받았다. 얼굴을 보고 만나야만 우정의 이점을 온전히 누릴 수 있을까? 기술이 우리 사이의 거리를 더 멀어지게 하는 것은 아닐까? 친구들은 언론 기사를 들먹이기도 했다. 소셜 미디어 때문에 사람들이 외로움과 우울증으로 내몰리고 있다는 주장이었다. 사람들이 현실 세계에서 직접 만나는 대신 스크린 앞에 혼자 앉아 있기 때문이라는 내용이었다. 2022년 「뉴욕 타임스」에는 "고독의 위기에 빠진 현대인 : 스마트폰을 내려놓아야 할 또 하나의 이유"라는 제목의 기사가 실렸다.[4] 같은 해 알자지라 방송에서는 "유독성 피드 : 소셜 미디어와 청소년 정신 건강"이라는 헤드라인으로 기사가 보도되기도 했다.[5] 그전 해에는 「워싱턴 포스트 *Washington Post*」에 "10년

전보다 외로워진 전 세계 청소년, 원인은 아마도 스마트폰"이라는 기사가 게재되었다.[6]

이와 같은 메시지들을 보면, 친구들 몇몇이 스마트폰을 오래 사용한다고 걱정하면서도 정작 스마트폰을 끊지 못하는 것도 그리 놀랍지 않다. 이밖에 재택근무에 대한 우려도 두말하면 잔소리이다. 1주일에 하루만 사무실에 나가면 동료들과 어떻게 유대관계를 맺을 수 있겠는가?

그런데 이들의 우려는 대부분 다 근거 없는 기우에 불과하다. 소셜 미디어에 너무 많은 시간을 쏟으면 고독감이 증폭될 수 있는 것은 사실이지만, 기술을 사용하는 방식에 따라 파급효과는 달라진다. 미디어에서는 대부분 이런 미묘한 차이를 놓치고 있다. 어떤 사람들은 온라인에서 사회적 비교를 하는 데에 시간을 다 쓴다. 이들은 온라인에서의 인기를 일종의 경쟁으로 여기고, 다른 사람들의 게시물에서 자신이 갈망하던 생활방식을 발견하면 결국 스스로가 부족하다고 느낀다. 이런 행동이 우리의 안녕감에 득이 될 가능성은 없다. 반면 어떤 사람들은 소셜 미디어를 또 하나의 연결 도구로 활용한다. 지인들의 생활을 계속 확인하면서 상대방이 힘든 시기에 감정적 지지를 보내고 좋은 일이 있으면 함께 기뻐해주는 즐거움을 누린다.[7]

영상 회의 기술도 마찬가지이다. 이런 기술은 연결 유지에 유리한 막강한 도구가 될 수 있지만, 우리는 잘못된 직관 때문에 이를 최대한 활용하지 못하기도 한다. 최근 한 연구에서는 참가자들에게 오래된 지인과 다시 연락해보거나 온라인에서 모르는 사람과 대화해보라고 했다. 대부분 음성이나 영상 통화를 반기지 않고 어색해할 것 같다고 우려했다. 그 대신 문자와 이메일이 훨씬 더 반응이 좋을 것이라고 예상했다. 그러나 참가자들에게 음성 통화와 영상 통화를 하라고 독려했더니, 그들이 예상했던 것보다 대화가 훨씬 더 순조롭고 즐겁게 진행되었다. 그 결과 이후에 유대가 더 돈독해졌다.[8]

다른 모든 조건이 똑같다면, 아마도 대면 만남이 음성이나 영상 통화보다는 나을 것이다. 그리고 음성이나 영상 통화가 이메일이나 문자 메시지, 소셜 미디어의 메시지보다 조금 더 나을 것이다. 그러나 어느 매체를 통한 사회적 접촉이든 간에 전혀 접촉하지 않는 것보다는 낫다. 자기 노출 같은 활동들은 어떤 식으로 하든 여러분의 우정에 득이 될 공산이 크다.[9] 한 연구에서는 빨리 친해지는 법을 가상현실에서 실험하기도 했다. 그랬더니 서로 모르는 사이에서도 대화를 나눈 결과 사회적 연결이 강화된 것으로 나타났다.[10] 온라인이든 오프라인이든 상호 작용하는 동안 연결의 법칙을 적용하면, 여러분의 교우관계는 성황을 이룰 것이다. 1890년대에 윌리엄 제임스는 이런 글을 남겼다. "인간 본성의 가장 깊은 곳에는 높이 평가받고 싶다는 갈망이 있다." 이 어록은 21세기와 그 이후로도, 우리가 어떤 소통 수단을 선택하더라도 여전히 유효할 것이다.[11]

이 책에 소개된 어떤 가르침이든 아직 실행에 옮겨보지 않았는가? 그렇다면 여러분에게 의미가 있는 세 사람을 떠올린 다음, 그 사람들에게 여러분의 감정을 전달해보기를 바란다. 어쩌면 그들의 반응에 놀라게 될 수도 있다. 부디 이것이 연결의 법칙이 선사하는 행복을 처음 맛보는 계기가 되었으면 한다.

더 참고할 만한 자료

자기 연민
텍사스 대학교 오스틴의 교수 크리스틴 네프는 자기 연민 관련 자료와 자기 연민을 함양하는 방법을 풍부하게 제공하는 포괄적인 웹사이트를 운영한다.
https://self-compassion.org

빨리 친구가 되는 법
캘리포니아 대학교 버클리의 위대한 좋은 과학 센터(Greater Good Science Center, 심리학과 사회학, 신경과학의 관점에서 행복과 감사를 연구하는 기관/역주)의 웹사이트를 방문하면, 빨리 친구가 되는 법의 36가지 대화 주제를 모두 열람할 수 있다.
https://ggia.berkeley.edu/practice/36_questions_for_increasing_closeness

나르시시즘 검사
자아도취적 성향 목록은 다음 웹사이트에서 무료로 제공한다.
https://openpsychometrics.org/test/NPI

용서
버지니아 코먼웰스 대학교의 교수 에버렛 워딩턴은 REACH 용서 프로그램을 설계하고 시험했다. 개인 웹사이트를 통해서 다양한 안내서를 무료로 제공하고 있다.
https://www.evworthington-forgiveness.com/reach-forgiveness-of-others

용어 정리

감사 격차 gratitude gap
우리는 칭찬받는 것을 좋아하면서도, 다른 사람들이 감사의 표현을 얼마나 중요하게 여길지는 일관되게 과소평가한다.

감정 코칭 emotion coaching
상대방이 그의 고통이나 괴로움을 재해석하도록 도와주는, 힘이 되는 대화.

고슴도치의 딜레마 porcupine's dilemma
다른 사람과의 관계가 가까울수록 그로 인해서 우리에게 가해지는 고통은 커진다는 쇼펜하우어의 주장. 우리는 연결의 법칙을 적용함으로써 고슴도치의 딜레마를 극복할 수 있다.

공유 현실 shared reality
다른 사람과 현실을 공유한다고 느끼려면, 내적 삶이 똑같다는 강한 느낌이 들어야 한다. 그래야 생각과 감정, 신념이 일치하게 된다. 공유 현실은 사회적 연결의 기본 토대이다. "주체로서의 나 공유하기", "존재론적 고독" 참조.

관점 전환 perspective-taking
"관점 파악" 참조.

관점 파악 perspective-getting
단순히 다른 사람의 입장이 되어 생각하면—이것이 바로 관점 전환 과정이다—그 사람의 생각이나 감정, 신념을 파악할 수 있다고 믿는 사람들이 많다. 그러나 당혹스럽게도 이 추정이 들어맞지 않는 경우가 많다. 따라서 우리는 적극적으로 사람들의 의견을 물으면서 더 열심히 관점 파악에 나서야 한다.

다른 사람의 기쁨에 함께 기뻐하는 마음 confelicity
다른 사람의 성공이나 안녕감에 대해서 기쁨을 공유하는 마음.

도덕적 관점 바꾸기 moral reframing
정치적 논쟁을 벌이는 동안 상대방의 도덕적 가치에 맞는 언어로 문제를 설명하는 행위. 도덕적 관점 바꾸기는 강력한 설득 도구이다.

메타 인지 meta-perception
다른 사람들이 나를 어떻게 인식하느냐에 대한 나의 인식. 쓸데없이 비관적인 경우가 많다.

목격 효과 witnessing effect
다른 사람이 누군가에게 감사를 표하는 모습을 관찰하는 것만으로도 이를 지켜보는 사람의 마음속에 이타심이 촉진될 수 있다. 또한 칭찬을 하는 사람과 받는 사람에게도 더욱 따뜻한 감정을 느끼게 된다. 목격 효과는 힘이 많이 되는 사회적 연결망을 끌어모으기 위한 손쉬운 전략이다.

몬터규의 법칙 Montagu Principle
열띤 정치적 논쟁 중에도 정중함을 유지하면, 의견에 찬성하는 측과 반대하는 측 모두로부터 더 큰 지지를 받게 된다. 이 명칭은 "정중함에는 돈이 들지 않지만, 그것으로 무엇이든 다 얻을 수 있다"는 주장을 처음으로 했던 메리 워틀리 몬터규의 이름에서 따온 것이다.

미트프로이데 Mitfreude
샤덴프로이데의 반대말로, "함께 기뻐하기"라고 번역된다. "다른 사람의 기쁨에 함께 기뻐하는 마음" 참조.

벤저민 프랭클린 효과 Benjamin Franklin effect
우리가 다른 사람에게 도움을 청하면, 우리에 대한 그 사람의 관심과 배려심이 보통 증가한다. 벤저민 프랭클린이 남긴 명언에서 영감을 받아 도출된 연구 결과이다. "아마에" 참조.

부메랑 질문 boomerasking
자기 이야기를 할 핑계로 삼기 위해서 던지는 질문. 이런 질문을 하는 버릇은 사회적 연결에 도움이 되지 않는다.

빨리 친구가 되는 법 fast-friends procedure
두 사람 사이에 친밀감을 도모하기 위해서 설계된 과학적 기법. 여기에는 자기 노출을 독려하는 36가지 질문이 사용된다.

새로움의 대가 novery penalty
사람들은 익숙하지 않은 생각이나 경험에 관한 새로운 정보를 처리하기 힘들어 하는 경우가 많다. 그래서 이미 아는 것들에 대해서 이야기하는 것을 더 좋아한다. 바로 이것이 새로움의 대가이다. 새로움의 대가는 대화 중에 사회적 연결을 가로막는 흔한 장벽이다.

아름다운 허점 효과 beautiful mess effect
우리는 자신의 결함을 다른 사람에게 드러내는 것을 두려워하지만, 다른 사람들이 자신의 약점을 솔직히 밝히면 고마워한다. 아름다운 허점 효과는 자신의 결점을 솔직히 인정할 때 사회적 연결이 강화되는 원리를 설명한다.

아마에 甘え
스스로 할 수 있는 일인데도 "적절하지 않게" 도움을 요청하는 행위. 상대방과의 유대를 강조하는 데에 도움이 된다. 불편함을 초래할 수 있음에도 불구하고, 아마에는 도움을 청하는 사람과 도와주는 사람 모두의 사회적 연결감을 강화한다.

양가적 관계 ambivalent relationship
인맥 가운데에 양가적 관계에 있는 사람들은 매우 신뢰할 수 없다. 이들은 도움과 상처를 똑같이 준다. 그래서 도무지 행동을 예측할 수 없으며, 그 결과 혐오스럽기만 한 사람보다 오히려 더 강한 스트레스 반응을 촉발할 수 있다. "프레너미"가 대표적이다. 동료, 부모, 형제자매, 배우자, 대가족 구성원 중에 이런 사람이 있을 수 있다.

양성 질투 benign envy
우리보다 운이 좋은 사람들을 향해서 적개심을 일으키지 않으면서도, 환경을 바꿔야겠다는 동기를 부여하는 건설적인 질투심.

연민의 역설 paradox of compassion
다른 사람들의 고통에 대한 공감 수준이 높고 그들이 어려울 때 힘이 되어준다면, 다른 사람들의 고통을 회피하는 것보다 훨씬 더 큰 행복에 이를 수 있다.

이해의 착각 illusion of understanding
다른 사람들이 자신의 모호한 메시지 뒤에 숨은 의미를 잘 이해할 수 있고, 반대로 자신도 다른 사람들의 의도를 잘 이해한다고 과대평가하는 경향.

자기 노출 self-disclosure
두려움, 환상, 열망 등 자신에 관한 개인적이거나 비밀스러운 정보를 다른 사람들에게 알리는 행위. 자기 노출을 많이 하고 상대방도 많이 하도록 격려하면, 더 가까운 관계로 가는 지름길에 접어들 수 있다.

자기중심적 사고방식 egocentric thinking
다른 사람들도 자신과 같은 시각으로 세상을 경험한다고 믿는 경향. "투명성의 착각", "이해의 착각" 참조.

자기 확장 self-expansion
개인이 느끼는 성장한다는 느낌. 건강하고 힘이 되는 관계를 유지하려면 이 느낌이 필요하다.

존재론적 고독 existential isolation
그 누구도 우리의 현실을 공유하지 않으며 이해하지도 못한다는 느낌. 우리는 많은 사람들과 함께 있으면서도 존재론적 고독을 경험할 수 있다.

주체로서의 나 공유하기 I-sharing
친밀한 공유 현실을 형성하면, 우리는 마치 같은 의식의 흐름을 공유한다는 듯이 특정 사건에 대해서 타인과 같은 반응을 경험한다.

집단적 열광 collective effervescence
많은 사람들이 마치 하나처럼 느끼고 행동할 때, 그런 단체활동을 통해서 느끼는 연결감과 의미.

친밀 소통 편향 closeness-communication bias
우리는 친구나 가족의 처지에서 생각하는 능력이 뛰어나다며 과신하는 경향이 있다. 반면에 전혀 모르는 사람에 대해서는 잘 알지 못하다며 훨씬 더 겸손하게 생각한다. 우리가 사랑하는 사람들을 당연하게 여기는 경우가 많은 이유가 친밀 소통 편향 때문일 수 있다.

투명성의 착각 illusion of transparency
주변 사람들의 눈에 자신의 감정이 잘 드러난다고 과대평가하는 경향.

투홀스키의 법칙 Tucholsky's principle
정치적 문제를 두고 토론할 때, 개인의 경험을 이야기하면 사실과 통계를 공유할 때보다 설득력이 상당히 더 커진다. 이 명칭은 독일의 풍자 작가 쿠르트 투홀스키의 이름에서 따온 것이다.

함께 곱씹기, 함께 성찰하기 co-brooding, co-reflection
서로 하소연하는 행위를 뜻하는 함께 곱씹기는 우리의 불행을 악화할 수 있다. 다른 사람들과 자신이 처한 어려움에 관해서 이야기를 나눌 때에는 곱씹기 대신에 함께 성찰하기를 해야 한다. 그 과정에서 당면한 문제에 대한 새로운 통찰과 시각을 찾게 된다.

해즐릿의 법칙 Hazlitt's law
사회적 연결을 구축하려면, 적극적이고 가시적으로 주변 사람들에게 관심을 보여야 한다. 이 명칭은 "대화의 기술은 말하는 기술뿐 아니라 듣는 기술이다"라고 주장한 19세기의 수필가 윌리엄 해즐릿에게서 따온 것이다.

허위 합의 효과 false consensus effect
자신의 신념이 실제보다 훨씬 더 보편적이라고 생각하는 일종의 자기중심적 사고방식. 이런 사고방식 때문에 저녁 식사 자리에 심각하게 난처한 상황이 초래될 수 있다.

휴브리스 가설 hubris hypothesis
명시적으로 다른 사람과 비교하지 않는다면, 자화자찬도 쉽게 용서될 수 있다.

호감도 차이 효과 liking gap
상대방이 나를 좋아하는 것보다 내가 상대방을 훨씬 더 좋아한다고 믿는 흔한 편향. 우리는 호감도 차이 효과 때문에 의기소침해져서 연결감을 구축하거나 인연의 스파크가 튀게 하는 행동을 못할 수 있다.

감사의 글

무릇 모든 책은 한 권 한 권이 전부 집단적 노력의 산물이다. 이 책 역시 셀 수 없이 많은 사람들의 친절과 지지 없이는 세상의 빛을 보지 못했을 것이다. 먼저, 이 책의 아이디어에서 가능성을 발견하고 끊임없이 인도해준 나의 에이전트 캐리 플리트에게 감사한다. 펠리시티 브라이언 에이전시의 미셸 딥햄과 빔원늘, 그리고 뉴욕의 조에 패그너멘타에게도 빚진 것이 많다. 이들은 이 책이 대서양 양편의 독자들에게 도달할 수 있게 해준 공신들이다.

경이로운 캐논게이트 출판사의 편집부, 사이먼 소로굿, 루시 저우, 카이트리오나 혼, 제니 프라이, 앨리스 쇼틀랜드, 라일라 크뤽섕크, 클레어 라이더먼에게도 대단히 감사하다. 그들의 손을 거쳐 출판된 것이 자랑스러울 뿐이다. 미국에서는 페가수스 출판사에 둥지를 틀고 클레어본 행콕, 제시카 케이스, 줄리아 로메로의 지원을 받는 행운을 누릴 수 있었다. 글을 멋지게 광내준 교열 담당 프레이저 크라이턴과 교정 담당 로레인 매캔에게도 고마움을 전한다.

지난 수년간 대화를 나누며 사회적 연결의 심리학 전문지식을 아낌없이 공유해준 과학자들에게도 빚진 마음이 크다. 버네사 본스, 에리카 부스비, 타야 코언, 거스 쿠니, 케빈 코티, 니컬러스 에플리, 알렉스 길레스피, 나오미 그랜트, 이고르 그로스만, 줄리앤 홀트-룬스태드, 존 호건, 캐런 황, 보아즈 키사르, 이선 크로스, 엘리자베스 피넬, 린디 리앙, 일레인 리스, 질리언 샌드스트롬, 카리나 슈만, 애슐리 휠런스, 바우터르 볼프가 그 주인공들이다.

이 책의 아이디어는 「뉴 사이언티스트 *New Scientist*」의 티퍼니 오캘러헌과 BBC의 메러디스 투리츠에게 의뢰받아 작성한 기고문에서 나왔다. 이 책의 씨앗을 뿌려준 두 사람에게 감사의 인사를 전한다. 그 덕분에 그 씨앗이 자라서 마침내 어엿한 한 권의 책이 되었다.

나와 나의 작업을 응원해준 친구와 동료, 편집자들, 다시 말해 샐리 애디, 린지 베이커, 샤오니 바타샤리아, 줄스 브라운, 에이미 찰스, 댄 코신스, 아일린과 피터 데이비스, 캐서린 드 랭, 케이트 더글러스, 스티븐 다울링, 너태샤와 샘 펜윅, 리처드 피셔, 앨리슨 플러드, 알레시아 프랑코, 롭 프리먼, 앨리슨 조지, 자리아 고브트, 리처드 그레이, 클라우디아 해먼드, 제시카 햄절로, 소피 하르다흐, 마사 헨리크, 멀리사 호겐붐, 크리스천 자렛, 리베카 로런스, 피오나 맥도널드, 이언 맥레이, 다미아노 미릴리아노, 윌 파크, 엘리 파슨스, 에마와 샘 파팅턴, 조 페리, 드루티 샤, 데이비드 샤리아트마다리, 미트후 스토로니, 닐과 로런 설리번, 존 서턴, 헬렌 톰슨, 이언 터커, 가이아 빈스, 리처드 웹, 클레어 윌슨에게 고마움을 전한다.

나의 부모님 마거릿과 앨버트에게는 이루 말할 수 없을 정도로 큰 빚을 졌다. 그리고 누구보다도 로버트 데이비스에게 감사한다. 그대 없는 나의 삶은 상상할 수도 없다.

출처들

파버 & 파버 출판사 허가를 받아 『실비아 플라스의 일기(*The Journals of Sylvia Plath*)』에서. 미국 시각장애인 협회 허가를 받아 헬렌 켈러의 어록에서 인용.

33쪽 사회적 연결이 건강에 미치는 효과. Holt-Lunstad, J., Smith, T.B., & Layton, J.B. (2010). Social relationships and mortality risk : a meta-analytic review. *PLoS Medicine*, 7(7), e1000316.

58쪽 잉크 얼룩. 친절하게도 엘리자베스 피넬의 허가를 받아 다음에서 인용. Pinel, E.C., Long, A.E., & Huneke, M. (2015). In the blink of an I : On delayed but identical subjective reactions and their effect on self-interested behavior. *The Journal of Social Psychology*, 155(6), 605–16.

63쪽 자기 안의 타인 검사. Aron, A., Aron, E.N., & Smollan, D. (1992). Inclusion of other in the self scale and the structure of interpersonal closeness. *Journal of Personality and Social Psychology*, 63(4), 596–612.

112쪽 샐리-앤 검사. 저자 본인.

114쪽 감독관 검사. Savitsky, K., Keysar, B., Epley, N., Carter, T., & Swanson, A. (2011). The closeness-communication bias : Increased egocentrism among friends versus strangers. *Journal of Experimental Social Psychology*, 47(1), 269–273. Illustration copyright (c) Tom Holmes, tom-holmes.co.uk

333쪽 자기 안의 타인 검사의 변형. Schumann, K., & Walton, G.M. (2022). Rehumanizing the self after victimization : the roles of forgiveness versus revenge. *Journal of Personality and Social Psychology*, 122(3), 469.

주

서론

1 Keller, H. (1903). *Optimism : An Essay*. T. P. Crowell. 다음 웹사이트에서 접속할 수 있다. https://www.disabilitymuseum.org.
2 Keller, H. (2017). *Story of My Life* (pp. 12−16). Grapevine. Kindle Edition. 초판 1903년 발행.
3 다음에서 인용했다. Herrmann, D. (1998). *Helen Keller : A Life* (p. vii). Knopf.
4 Keller, H. *Story of My Life* (p. 75).
5 Holt-Lunstad, J. (2021). Loneliness and social isolation as risk factors : The power of social connection in prevention. *American Journal of Lifestyle Medicine*, 15(5), 567−73.
6 예컨대 다음을 보라. Perry-Smith, J.E. (2006). Social yet creative : The role of social relationships in facilitating individual creativity. *Academy of Management Journal*, 49(1), 85−101.
7 UCLA 외로움 척도이다. Russell, D., Peplau, L.A., & Ferguson, M.L. (1978). Developing a measure of loneliness. *Journal of Personality Assessment*, 42, 290−4.
   최근의 연구 결과는 다음을 참조하라. https://newsroom.thecignagroup.com/loneliness-epidemic-persists-post-pandemic-look ; Office of the Surgeon General. (2023). Our Epidemic of Loneliness and Isolation : The US Surgeon General's Advisory on the Healing Effects of Social Connection and Community. 다음에서 접속. https://www.hhs.gov/sites/default/files/surgeon-general-social-connection-advisory.pdf.
8 Vincent, D. (2020). *A History of Solitude* (p. 222). John Wiley & Sons.
9 Keller, H. *Story of My Life* (p. 20).

제1장

1 긴즈버그는 구조된 후에야 루프레히터가 다른 탐험가들을 위험에 빠트린 전력이 있는 국제형사경찰기구(Interpol) 수배자라는 사실을 알게 되었다.
2 이 부분의 자세한 사항은 다음에서 발췌했다. Ghinsberg, Y. (1993). *Back to Tuichi.* Random House; Round, S. (2012). 'I was lost in the Amazon jungle'. *The Jewish Chronicle* : https://www.thejc.com/news/all/i-was-lost-in-the-amazon-jungle-1.3956.
3 McCain, J. (1999). *Faith of My Fathers* (pp. 206−11). New York : Random House.
4 Lewis, C. S. (1960). *The Four Loves* (p. 103). Harcourt, Brace.
5 알라메다 카운티 연구에 관한 상세한 내용은 다음을 참조하라. Berkman, L.F. and Breslow, L. (1983). *Health and Ways of Living : The Alameda County Study.* Oxford University Press, New York; Schoenborn, C.A. (1986). Health habits of US adults, 1985 : the 'Alameda 7' revisited. *Public Health Reports,* 101(6), 571; Stafford, N. (2012). Lester Breslow. *British Medical Journal,* 344, e4226.
6 Berkman, L.F. (1979). Social networks, host resistance, and mortality : a nine-year follow-up study of Alameda County residents. *American Journal of Epidemiology,* 109, 189−201.
7 Berkman and Breslow. *Health and Ways of Living : The Alameda County Study* (pp. 200-3).
8 이러한 연구 결과의 개요를 확인하고 공중보건 지침 차원의 역할을 알아보고자 한다면 다음을 참조하라. Holt-Lunstad, J. (2021). The major health implications of social connection. *Current Directions in Psychological Science,* 30(3), 251−9; Martino, J., Pegg, J., & Frates, E.P. (2017). The connection prescription : using the power of social interactions and the deep desire for connectedness to empower health and wellness. *American Journal of Lifestyle Medicine,* 11(6), 466−75; Haslam, S.A., McMahon, C., Cruwys, T., Haslam, C., Jetten, J., & Steffens, N.K. (2018). Social cure, what social cure? The propensity to underestimate the importance of social factors for health. *Social Science & Medicine,* 198, 14−21.
9 Cohen, S., Doyle, W.J., Skoner, D.P., Rabin, B.S., & Gwaltney, J.M. (1997). Social ties and susceptibility to the common cold. *Journal of the American Medical Association,* 277(24), 1940-4. 이들 결과, 그리고 더 나아가 최근 실시된 반복 실험 결과를 확인하고자 한다면 다음을 참조하라.

Cohen, S. (2021). Psychosocial vulnerabilities to upper respiratory infectious illness : implications for susceptibility to coronavirus disease 2019 (COVID-19). *Perspectives on Psychological Science,* 16(1), 161-74.

10 Hemilä, H., & Chalker, E. (2013). Vitamin C for preventing and treating the common cold. *Cochrane Database of Systematic Reviews.* DOI : 10.1002/14651858.CD000980.pub4.

11 Hackett, R.A., Hudson, J.L., & Chilcot, J. (2020). Loneliness and type 2 diabetes incidence : findings from the English Longitudinal Study of Ageing. *Diabetologia,* 63, 2329-38. 또한 다음을 참조하라. Lukaschek, K., Baumert, J., Kruse, J., Meisinger, C., & Ladwig, K.H. (2017). Sex differences in the association of social network satisfaction and the risk for type 2 diabetes. *BMC Public Health,* 17, 1-8.

12 Kuiper, J.S., Zuidersma, M., Voshaar, R.C.O., Zuidema, S.U., van den Heuvel, E.R., Stolk, R.P., & Smidt, N. (2015). Social relationships and risk of dementia : A systematic review and meta-analysis of longitudinal cohort studies. *Ageing Research Reviews,* 22, 39-57.

13 Valtorta, N.K., Kanaan, M., Gilbody, S., Ronzi, S., & Hanratty, B. (2016). Loneliness and social isolation as risk factors for coronary heart disease and stroke : systematic review and meta-analysis of longitudinal observational studies. *Heart,* 102(13), 1009-16 ; Hakulinen, C., Pulkki-Råback, L., Virtanen, M., Jokela, M., Kivimäki, M., & Elovainio, M. (2018). Social isolation and loneliness as risk factors for myocardial infarction, stroke and mortality : UK Biobank cohort study of 479 054 men and women. *Heart,* 104(18), 1536-42.

14 Holt-Lunstad, J., Smith, T.B., & Layton, J.B. (2010). Social relationships and mortality risk : a meta-analytic review. *PLoS Medicine,* 7(7), e1000316.

15 Holt-Lunstad, J. (2021). The major health implications of social connection. *Current Directions in Psychological Science,* 30(3), 251-9.

16 Snyder-Mackler, N., Burger, J.R., Gaydosh, L., Belsky, D.W., Noppert, G.A., Campos, F.A., ······ & Tung, J. (2020). Social determinants of health and survival in humans and other animals. *Science,* 368(6493), eaax9553.

17 Eisenberger, N.I., & Cole, S.W. (2012). Social neuroscience and health : neurophysiological mechanisms linking social ties with physical health. *Nature Neuroscience,* 15(5), 669-74 ; Cacioppo, J.T., Cacioppo, S., & Boomsma, D.I. (2014). Evolutionary mechanisms for loneliness. *Cognition & Emotion,* 28(1), 3-21 ; Sturgeon, J.A., & Zautra, A.J. (2016). Social pain and physical

pain : shared paths to resilience. *Pain Management,* 6(1), 63−74 ; Zhang, M., Zhang, Y., & Kong, Y. (2019). Interaction between social pain and physical pain. *Brain Science Advances,* 5(4), 265−73.

18 Eisenberger, N.I., Moieni, M., Inagaki, T.K., Muscatell, K.A., & Irwin, M.R. (2017). In sickness and in health : the co-regulation of inflammation and social behavior. *Neuropsychopharmacology,* 42(1), 242−53.

19 Kim, D.A., Benjamin, E.J., Fowler, J.H., & Christakis, N.A. (2016). Social connectedness is associated with fibrinogen level in a human social network. *Proceedings of the Royal Society B : Biological Sciences,* 283(1837), 20160958.

20 Leschak, C.J., & Eisenberger, N.I. (2019). Two distinct immune pathways linking social relationships with health : inflammatory and antiviral processes. *Psychosomatic Medicine,* 81(8), 711 ; Uchino, B.N., Trettevik, R., Kent de Grey, R.G., Cronan, S., Hogan, J., & Baucom, B.R. (2018). Social support, social integration, and inflammatory cytokines : A meta-analysis. *Health Psychology,* 37(5), 462.

21 이와 관련된 모든 메커니즘을 알아보려면 다음을 참조하라. National Academies of Sciences, Engineering, and Medicine (2020). *Social isolation and loneliness in older adults : Opportunities for the health care system.* National Academies Press.

22 외로움 뉴런이 존재한다는 추정은 하버드 대학교의 딩 류(Ding Liu)와 캐서린 뒬락(Catherine Dulac)의 연구에서 제기되었다. 이 주장은 2022년 신경과학 학회 회의에서 제기되었으나, 이 책을 집필하는 시점에는 아직 동료 평가 후 학술지에 발표되지 않은 상태이다.

23 Uchino, B.N., & Garvey, T.S. (1997). The availability of social support reduces cardiovascular reactivity to acute psychological stress. *Journal of Behavioral Medicine,* 20, 15−27 ; Heinrichs, M., Baumgartner, T., Kirschbaum, C., & Ehlert, U. (2003). Social support and oxytocin interact to suppress cortisol and subjective responses to psychosocial stress. *Biological Psychiatry,* 54(12), 1389−98 ; Hooker, E.D., Campos, B., Zoccola, P.M., & Dickerson, S.S. (2018). Subjective socioeconomic status matters less when perceived social support is high : A study of cortisol responses to stress. *Social Psychological and Personality Science,* 9(8), 981−9.

24 Hornstein, E.A., Fanselow, M.S., & Eisenberger, N.I. (2016). A safe haven : Investigating social-support figures as prepared safety stimuli. *Psychological Science,* 27(8), 1051−60 ; Hornstein, E.A., Haltom, K.E., Shirole, K., &

Eisenberger, N.I. (2018). A unique safety signal : Social-support figures enhance rather than protect from fear extinction. *Clinical psychological science,* 6(3), 407–15.

25 Master, S.L., Eisenberger, N.I., Taylor, S.E., Naliboff, B.D., Shirinyan, D., & Lieberman, M.D. (2009). A picture's worth : Partner photographs reduce experimentally induced pain. *Psychological Science,* 20(11), 1316–18 ; Younger, J., Aron, A., Parke, S., Chatterjee, N., & Mackey, S. (2010). Viewing pictures of a romantic partner reduces experimental pain : involvement of neural reward systems. *PloS One,* 5(10), e13309.

26 Zalta, A.K., Tirone, V., Orlowska, D., Blais, R.K., Lofgreen, A., Klassen, B., ⋯⋯ & Dent, A.L. (2021). Examining moderators of the relationship between social support and self-reported PTSD symptoms : a meta-analysis. *Psychological Bulletin,* 147(1), 33 ; Hornstein, E.A., Craske, M.G., Fanselow, M.S., & Eisenberger, N.I. (2022). Reclassifying the unique inhibitory properties of social support figures : A roadmap for exploring prepared fear suppression. *Biological Psychiatry,* 91(9), 778–85.

27 Szkody, E., Stearns, M., Stanhope, L., & McKinney, C. (2021). Stress-buffering role of social support during COVID-19. *Family Process,* 60(3), 1002–15.

28 Ortiz-Ospina, E. (2020). Loneliness and Social Connections. Our World in Data : https://ourworldindata.org/social-connections-and-loneliness.

29 Simonton, D.K. (1992). The social context of career success and course for 2,026 scientists and inventors. *Personality and Social Psychology Bulletin,* 18(4), 452–63. 사이먼턴의 방법에 대한 더 자세한 내용은 다음에서 확인할 수 있다. Simonton, D. (1984). Scientific eminence historical and contemporary : a measurement assessment. *Scientometrics,* 6(3), 169–82.

30 Uzzi, B., & Spiro, J. (2005). Collaboration and creativity : The small world problem. *American Journal of Sociology,* 111(2), 447–504 ; Uzzi, B. (2008). A social network's changing statistical properties and the quality of human innovation. *Journal of Physics A : Mathematical and Theoretical,* 41(22), 224023 ; 뮤지컬 「웨스트사이드 스토리」의 사례는 다음 기사를 참조하라. Dream teams thrive on mix of old and new blood. EurekAlert! : https://www.eurekalert.org/news-releases/621358.

31 Perry-Smith, J.E. (2006). Social yet creative : the role of social relationships in facilitating individual creativity. *Academy of Management Journal,* 49(1), 85–

101 ; Baer, M. (2010). The strength-of-weak-ties perspective on creativity : a comprehensive examination and extension. *Journal of Applied Psychology,* 95(3), 592.

32 Burchardi, K.B., & Hassan, T.A. (2013). The economic impact of social ties : evidence from German reunification. *Quarterly Journal of Economics,* 128(3), 1219−71. 이러한 연구 결과들에 관한 논의 내용을 살피려면 다음을 참조하라. Ortiz-Ospina. Loneliness and Social Connections.

33 Meyers, L. (2007). Social relationships matter in job satisfaction. *American Psychological Association Monitor,* 38(4), 14. 다음에서 온라인으로 참조할 수 있다. https://www.apa.org/monitor/apr07/social.

34 Southwick, S.M., & Southwick, F.S. (2020). The loss of social connectedness as a major contributor to physician burnout : applying organizational and teamwork principles for prevention and recovery. *JAMA Psychiatry,* 77(5), 449−50.

35 Haslam, S.A., McMahon, C., Cruwys, T., Haslam, C., Jetten, J., & Steffens, N.K. (2018). Social cure, what social cure?

36 Martino, J., Pegg, J., & Frates, E.P. (2017). *The connection prescription.*

37 Zhao, Y., Guyatt, G., Gao, Y., Hao, Q., Abdullah, R., Basmaji, J., & Foroutan, F. (2022). Living alone and all-cause mortality in community-dwelling adults : A systematic review and meta-analysis. *EClinicalMedicine,* 54, 101677 ; Stavrova, O., & Ren, D. (2021). Is more always better? Examining the nonlinear association of social contact frequency with physical health and longevity. *Social Psychological and Personality Science,* 12(6), 1058−70.

38 Campo, R.A., Uchino, B.N., Holt-Lunstad, J., Vaughn, A., Reblin, M., & Smith, T.W. (2009). The assessment of positivity and negativity in social networks : the reliability and validity of the social relationships index. *Journal of Community Psychology,* 37(4), 471−86.

39 Holt-Lunstad, J., Uchino, B.N., Smith, T.W., Olson-Cerny, C., & Nealey-Moore, J.B. (2003). Social relationships and ambulatory blood pressure : structural and qualitative predictors of cardiovascular function during everyday social interactions. *Health Psychology,* 22(4), 388.

40 Holt-Lunstad, J., & Clark B.D. (2014). Social stressors and cardiovascular response : Influence of ambivalent relationships and behavioral ambivalence. *International Journal of Psychophysiology,* 93, 381−9.

41 Carlisle, M., Uchino, B.N., Sanbonmatsu, D.M., Smith, T.W., Cribbet,

M.R., Birmingham, W., ······ & Vaughn, A.A. (2012). Subliminal activation of social ties moderates cardiovascular reactivity during acute stress. *Health Psychology,* 31(2), 217.
42 Ross, K.M., Rook, K., Winczewski, L., Collins, N., & Dunkel Schetter, C. (2019). Close relationships and health : The interactive effect of positive and negative aspects. *Social and Personality Psychology Compass,* 13(6), e12468.
43 Holt-Lunstad, J., & Uchino, B.N. (2019). Social ambivalence and disease (SAD) : a theoretical model aimed at understanding the health implications of ambivalent relationships. *Perspectives on Psychological Science,* 14(6), 941−66.
44 Herr, R.M., Birmingham, W.C., van Harreveld, F., van Vianen, A.E., Fischer, J.E., & Bosch, J.A. (2022). The relationship between ambivalence towards supervisor's behavior and employee's mental health. *Scientific Reports,* 12(1), 9555.
45 2023년 2월 10일 긴즈버그의 웹사이트에서 검색. https://ghinsberg.com/blog/about-me-my-vision-my-mission.
46 Ghinsberg, Y. (1993). *Back to Tuichi* (p. 135). Random House.

제2장

1 Plath, S. (1975). *Letters Home* (pp. 46−8). Faber & Faber.
2 Plath, S. (2000). *The Unabridged Journals of Sylvia Plath : 1950-1962* (pp. 28−31). Anchor.
3 여타 많은 과학 개념들과 마찬가지로 공유 현실 역시 다양한 방식으로 정의할 수 있다. 이 책에서는 다음에서 채택한 정의를 바탕으로 한다. Gerald Echterhoff, E. Tory Higgins and John Levine : Echterhoff, G., Higgins, E.T., & Levine, J.M. (2009). Shared reality : experiencing commonality with others' inner states about the world. *Perspectives on Psychological Science,* 4(5), 496−521.
4 Konstan, D. (2018). 'One Soul in Two Bodies : Distributed Cognition and Ancient Greek Friendship'. In *Distributed Cognition in Classical Antiquity,* Edinburgh University Press, pp. 209−24. https://doi.org/10.1515/9781474429764-014.
5 Pinel, E.C., Long, A.E., Landau, M.J., Alexander, K., & Pyszczynski, T. (2006). Seeing I to I : a pathway to interpersonal connectedness. *Journal of Personality and Social Psychology,* 90(2), 243 ; Higgins, E. Tory. *Shared Reality* (pp. 251−2). Oxford University Press. Kindle Edition.
6 Pinel, E.C., & Long, A.E. (2012). When I's meet : sharing subjective experience

with someone from the outgroup. *Personality and Social Psychology Bulletin*, 38(3), 296−307; Pinel, E.C., Long, A.E., & Crimin, L.A. (2008). We're warmer (they're more competent): I-sharing and African-Americans' perceptions of the ingroup and outgroup. *European Journal of Social Psychology*, 38(7), 1184−92.

7 Pinel, E.C., Fuchs, N.A., & Benjamin, S. (2022). I-sharing across the aisle: can shared subjective experience bridge the political divide? *Journal of Applied Social Psychology*, 52(6), 407−13. 잉크 얼룩에 대한 질문은 다음에서 처음으로 등장했다. Pinel, E.C., Long, A.E., & Huneke, M. (2015). In the blink of an I: On delayed but identical subjective reactions and their effect on self-interested behavior. *The Journal of Social Psychology*, 155(6), 605−16.

8 Huneke, M., & Pinel, E.C. (2016). Fostering selflessness through I-sharing. *Journal of Experimental Social Psychology*, 63, 10−18.

9 Pinel, E. C., Long, A. E., Landau, M. J., Alexander, K., & Pyszczynski, T. (2006). Seeing I to I.

10 Rivera, G.N., Smith, C.M., & Schlegel, R.J. (2019). A window to the true self: the importance of I-sharing in romantic relationships. *Journal of Social and Personal Relationships*, 36(6), 1640−50.

11 Rossignac-Milon, M., Bolger, N., Zee, K.S., Boothby, E.J., & Higgins, E.T. (2021). Merged minds: generalized shared reality in dyadic relationships. *Journal of Personality and Social Psychology*, 120(4), 882.

12 여기에서 사용된 그림들은 다음을 참고로 하여 수정한 것이다. Aron, A., Aron, E.N., & Smollan, D. (1992). Inclusion of other in the self scale and the structure of interpersonal closeness. *Journal of Personality and Social Psychology*, 63(4), 596−612.

13 공통된 의식의 흐름에 대한 이런 해석은 다음을 참조하라. Higgins, E.T., Rossignac-Milon, M., & Echterhoff, G. (2021). Shared reality: from sharing-is-believing to merging minds. *Current Directions in Psychological Science*, 30(2), 103−10.

14 Montaigne, Michel de. *On Friendship* (p. 11). Penguin Great Ideas. Kindle Edition.

15 Montaigne, Michel de. *On Friendship* (p. 8).

16 Parkinson, C., Kleinbaum, A.M., & Wheatley, T. (2018). Similar neural responses predict friendship. *Nature Communications*, 9(1), 1−14. 추가 분석을 통해서 이러한 결론이 확인되었다. Hyon, R., Kleinbaum, A.M., & Parkinson, C. (2020). Social network proximity predicts similar trajectories

of psychological states : evidence from multi-voxel spatiotemporal dynamics. *NeuroImage*, 216, 116492.

17 연구 사례를 살펴보고자 한다면 다음을 참조하라. Kinreich, S., Djalovski, A., Kraus, L., Louzoun, Y., & Feldman, R. (2017). Brain-to-brain synchrony during naturalistic social interactions. *Scientific Reports*, 7(1), 17060. 이 연구 분야에 대한 검토로는 다음을 참조하라. Baek, E.C., & Parkinson, C. (2022). Shared understanding and social connection : integrating approaches from social psychology, social network analysis, and neuroscience. *Social and Personality Psychology Compass*, 16(11), e12710.

18 Nummenmaa, L., Lahnakoski, J.M., & Glerean, E. (2018). Sharing the social world via intersubject neural synchronisation. *Current Opinion in Psychology*, 24, 7–14.

19 Luft, C.D.B., Zioga, I., Giannopoulos, A., Di Bona, G., Binetti, N., Civilini, A., ⋯⋯ & Mareschal, I. (2022). Social synchronization of brain activity increases during eye-contact. *Communications Biology*, 5(1), 1–15.

20 Mu, Y., Cerritos, C., & Khan, F. (2018). Neural mechanisms underlying interpersonal coordination : a review of hyperscanning research. *Social and Personality Psychology Compass*, 12(11), e12421.

21 Oishi, S., Krochik, M., & Akimoto, S. (2010). Felt understanding as a bridge between close relationships and subjective well-being : antecedents and consequences across individuals and cultures. *Social and Personality Psychology Compass*, 4(6), 403–16.

22 Selcuk, E., Gunaydin, G., Ong, A.D., & Almeida, D.M. (2016). Does partner responsiveness predict hedonic and eudaimonic well-being? A 10-year longitudinal study. *Journal of Marriage and Family*, 78(2), 311–25 ; Helm, P.J., Medrano, M.R., Allen, J.J., & Greenberg, J. (2020). Existential isolation, loneliness, depression, and suicide ideation in young adults. *Journal of Social and Clinical Psychology*, 39(8), 641–74 ; Constantino, M.J., Sommer, R.K., Goodwin, B.J., Coyne, A.E., & Pinel, E.C. (2019). Existential isolation as a correlate of clinical distress, beliefs about psychotherapy, and experiences with mental health treatment. *Journal of Psychotherapy Integration*, 29(4), 389.

23 Shamay-Tsoory, S.G., Saporta, N., Marton-Alper, I.Z., & Gvirts, H.Z. (2019). Herding brains : a core neural mechanism for social alignment. *Trends in Cognitive Sciences*, 23(3), 174–86.

24 Durkheim, E. (1965). *The Elementary Forms of the Religious Life* (J.W.

Swain, Trans.). Free Press. 뜨거운 석탄 위를 걷는 예시는 다음 논문에서 등장한다. Konvalinka, I., Xygalatas, D., Bulbulia, J., Schjødt, U., Jegindø, E.M., Wallot, S., ⋯⋯ & Roepstorff, A. (2011). Synchronized arousal between performers and related spectators in a fire-walking ritual. *Proceedings of the National Academy of Sciences,* 108(20), 8514−19.

25 Wheatley, T., Kang, O., Parkinson, C., & Looser, C.E. (2012). From mind perception to mental connection : Synchrony as a mechanism for social understanding. *Social and Personality Psychology Compass,* 6(8), 589−606.

26 Wiltermuth, S.S., & Heath, C. (2009). Synchrony and cooperation. *Psychological Science,* 20(1), 1−5.

27 Miles, L.K., Nind, L.K., Henderson, Z., & Macrae, C.N. (2010). Moving memories : Behavioral synchrony and memory for self and others. *Journal of Experimental Social Psychology,* 46(2), 457−60 ; Valdesolo, P., Ouyang, J., & DeSteno, D. (2010). The rhythm of joint action : Synchrony promotes cooperative ability. *Journal of experimental social psychology,* 46(4), 693−95 ; Tarr, B., Launay, J., & Dunbar, R.I. (2014). Music and social bonding : 'self-other' merging and neurohormonal mechanisms. *Frontiers in Psychology,* 5, 1096.

28 Tarr, B., Launay, J., & Dunbar, R.I. (2014). Music and social bonding ; Savage, P.E., Loui, P., Tarr, B., Schachner, A., Glowacki, L., Mithen, S., & Fitch, W.T. (2021). Music as a coevolved system for social bonding. *Behavioral and Brain Sciences,* 44, e59.

29 Smith, P. (2015). *M Train* (p. 87). Knopf.

30 Aron, A., Lewandowski Jr, G.W., Mashek, D., & Aron, E.N. (2013). The self-expansion model of motivation and cognition in close relationships. *The Oxford Handbook of Close Relationships,* 90−115 ; Aron, A., Lewandowski, G., Branand, B., Mashek, D., & Aron, E. (2022). Self-expansion motivation and inclusion of others in self : an updated review. *Journal of Social and Personal Relationships,* 39(12), 3821−52.

31 Sparks, J., Daly, C., Wilkey, B.M., Molden, D.C., Finkel, E.J., & Eastwick, P.W. (2020). Negligible evidence that people desire partners who uniquely fit their ideals. *Journal of Experimental Social Psychology,* 90, 103968.

32 Huang, S.A., Ledgerwood, A., & Eastwick, P.W. (2020). How do ideal friend preferences and interaction context affect friendship formation? Evidence for a domain-general relationship initiation process. *Social Psychological and*

Personality Science, 11(2), 226-35.
33 이 두 문단에는 해리 라이스(Harry Reiss), 폴 이스트윅과 나눈 대화에서 영감을 받아 얻은 통찰이 포함되어 있다. 관련한 내용은 다음의 기사 내용을 참조하라. 'A sexual destiny mindset' - and the other red flags of romantic chemistry. *Guardian* : https://www.theguardian.com/science/2023/feb/12/the-science-of-romantic-chemistry-and-those-not-so-obvious-red-flags. 또한 다음을 참조하라. Reis, H.T., Regan, A., & Lyubomirsky, S. (2022). Interpersonal chemistry : what is it, how does it emerge, and how does it operate? *Perspectives on Psychological Science,* 17(2), 530-58.
34 Aron, A., Steele, J.L., Kashdan, T.B., & Perez, M. (2006). When similars do not attract : Tests of a prediction from the self-expansion model. *Personal Relationships,* 13(4), 387-96 ; Aron, A., Lewandowski, G., Branand, B., Mashek, D., & Aron, E. (2022). Self-expansion motivation and inclusion of others in self : an updated review ; Santucci, K., Khullar, T.H., & Dirks, M.A. (2022). Through thick and thin? : Young adults' implicit beliefs about friendship and their reported use of dissolution and maintenance strategies with same-gender friends. *Social Development,* 31(2), 480-96.
35 Cirelli, L.K., Wan, S.J., & Trainor, L.J. (2014). Fourteen-month-old infants use interpersonal synchrony as a cue to direct helpfulness. *Philosophical Transactions of the Royal Society B : Biological Sciences,* 369(1658), 20130400.
36 Göritz, A.S., & Rennung, M. (2019). Interpersonal synchrony increases social cohesion, reduces work-related stress and prevents sickdays : a longitudinal field experiment. *Gruppe. Interaktion. Organisation : Zeitschrift für angewandte Organisationspsychologie,* 50, 83-94 ; 또한 다음을 참조하라. Hu, Y., Cheng, X., Pan, Y., & Hu, Y. (2022). The intrapersonal and interpersonal consequences of interpersonal synchrony. *Acta Psychologica,* 224, 103513.
37 Baranowski-Pinto, G., Profeta, V.L.S., Newson, M., Whitehouse, H., & Xygalatas, D. (2022). Being in a crowd bonds people via physiological synchrony. *Scientific Reports,* 12(1), 1-10.
38 Bastian, B., Jetten, J., & Ferris, L.J. (2014). Pain as social glue : shared pain increases cooperation. *Psychological Science,* 25(11), 2079-85 ; Peng, W., Lou, W., Huang, X., Ye, Q., Tong, R.K.Y., & Cui, F. (2021). Suffer together, bond together : brain-to-brain synchronization and mutual affective empathy when sharing painful experiences. *NeuroImage,* 238, 118249.

39 Aron, A., Lewandowski, G., Branand, B., Mashek, D., & Aron, E. (2022). Self-expansion motivation and inclusion of others in self: an updated review.
40 Nin, A. (1974). *The Journals of Anaïs Nin : Volume 2 (1934-1939)* (p. 202). Quartet.

제3장

1 Corti, K., & Gillespie, A. (2016). Co-constructing intersubjectivity with artificial conversational agents : people are more likely to initiate repairs of misunderstandings with agents represented as human. *Computers in Human Behavior,* 58, 431–42.

2 Epley, N., & Schroeder, J. (2014). Mistakenly seeking solitude. *Journal of Experimental Psychology : General,* 143(5), 1980.

3 Schroeder, J., Lyons, D., & Epley, N. (2022). Hello, stranger? Pleasant conversations are preceded by concerns about starting one. *Journal of Experimental Psychology : General,* 151(5), 1141.

4 Sandstrom, G.M., & Dunn, E.W. (2014). Is efficiency overrated? Minimal social interactions lead to belonging and positive affect. *Social Psychological and Personality Science,* 5(4), 437–42.

5 Sandstrom, G.M., & Boothby, E.J. (2021). Why do people avoid talking to strangers? A mini meta-analysis of predicted fears and actual experiences talking to a stranger. *Self and Identity,* 20(1), 47–71.

6 Boothby, E.J., Cooney, G., Sandstrom, G.M., & Clark, M.S. (2018). The liking gap in conversations : do people like us more than we think? *Psychological Science,* 29(11), 1742–56.

7 Mastroianni, A.M., Cooney, G., Boothby, E.J., & Reece, A.G. (2021). The liking gap in groups and teams. *Organizational Behavior and Human Decision Processes,* 162, 109–22.

8 Wolf, W., Nafe, A., & Tomasello, M. (2021). The development of the liking gap : children older than 5 years think that partners evaluate them less positively than they evaluate their partners. *Psychological Science,* 32(5), 789–98.

9 Savitsky, K., Epley, N., & Gilovich, T. (2001). Do others judge us as harshly as we think? Overestimating the impact of our failures, shortcomings, and mishaps. *Journal of Personality and Social Psychology,* 81(1), 44 ; Gilovich, T., Medvec, V.H., & Savitsky, K. (2000). The spotlight effect in social judgment : an egocentric bias in estimates of the salience of one's own actions

and appearance. *Journal of Personality and Social Psychology*, 78(2), 211.

10 De Jong, P.J., & Dijk, C. (2013). Social effects of facial blushing : influence of context and actor versus observer perspective. *Social and Personality Psychology Compass*, 7(1), 13−26 ; Thorstenson, C.A., Pazda, A.D., & Lichtenfeld, S. (2020). Facial blushing influences perceived embarrassment and related social functional evaluations. *Cognition and Emotion*, 34(3), 413−26.

11 Whitehouse, J., Milward, S.J., Parker, M.O., Kavanagh, E., & Waller, B.M. (2022). Signal value of stress behaviour. *Evolution and Human Behavior*, 43(4), 325−33.

12 Zell, E., Strickhouser, J.E., Sedikides, C., & Alicke, M.D. (2020). The better-than-average effect in comparative self-evaluation : A comprehensive review and meta-analysis. *Psychological Bulletin*, 146(2), 118.

13 Elsaadawy, N., & Carlson, E.N. (2022). Do you make a better or worse impression than you think? *Journal of Personality and Social Psychology*, 123(6), 1407−20.

14 Welker, C., Walker, J., Boothby, E., & Gilovich, T. (2023). Pessimistic assessments of ability in informal conversation. *Journal of Applied Social Psychology*, 53, 555−69 ; Atir, S., Zhao, X., & Echelbarger, M. (2023). Talking to strangers : Intention, competence, and opportunity. *Current Opinion in Psychology*, 101588.

15 흔히 미국의 시인 마야 안젤루(Maya Angelou)가 이 말을 했다고들 하지만, 그녀가 자서전을 쓰기 수십 년 전부터 회자하던 속담인 것 같다. https://quoteinvestigator.com/2014/04/06/they-feel.

16 Sandstrom, G.M., Boothby, E.J., & Cooney, G. (2022). Talking to strangers : a week-long intervention reduces psychological barriers to social connection. *Journal of Experimental Social Psychology*, 102, 104356.

17 Rollings, J., Micheletta, J., Van Laar, D., & Waller, B.M. (2023). Personality traits predict social network size in older adults. *Personality and Social Psychology Bulletin*, 49(6), 925−38 ; Gale, C.R., Booth, T., Mõttus, R., Kuh, D., & Deary, I.J. (2013). Neuroticism and Extraversion in youth predict mental wellbeing and life satisfaction 40 years later. *Journal of Research in Personality*, 47(6), 687−97 ; Rizzuto, D., Mossello, E., Fratiglioni, L., Santoni, G., & Wang, H.X. (2017). Personality and survival in older age : the role of lifestyle behaviors and health status. *The American Journal of Geriatric Psychiatry*, 25(12), 1363−72.

18 Zelenski, J.M., Whelan, D.C., Nealis, L.J., Besner, C.M., Santoro, M.S., & Wynn, J.E. (2013). Personality and affective forecasting : Trait introverts underpredict the hedonic benefits of acting extraverted. *Journal of Personality and Social Psychology,* 104(6), 1092.
19 Margolis, S., & Lyubomirsky, S. (2020). Experimental manipulation of extraverted and introverted behavior and its effects on well-being. *Journal of Experimental Psychology : General,* 149(4), 719.
20 Duffy, K.A., Helzer, E.G., Hoyle, R.H., Fukukura Helzer, J., & Chartrand, T.L. (2018). Pessimistic expectations and poorer experiences : the role of (low) extraversion in anticipated and experienced enjoyment of social interaction. *PloS One,* 13(7), e0199146 ; Zelenski, J.M., Whelan, D.C., Nealis, L.J., Besner, C.M., Santoro, M.S., & Wynn, J.E. (2013). Personality and affective forecasting.
   다음의 논문에서는 이러한 결과들을 더 넓은 맥락의 사회적 행동과 그 이점 측면에서 논한다. Epley, N., Kardas, M., Zhao, X., Atir, S., & Schroeder, J. (2022). Undersociality : miscalibrated social cognition can inhibit social connection. *Trends in Cognitive Sciences,* 26(5), 406-18.
21 Hudson, N.W., & Fraley, R.C. (2015). Volitional personality trait change : can people choose to change their personality traits? *Journal of Personality and Social Psychology,* 109(3), 490 ; Stieger, M., Flückiger, C., Rüegger, D., Kowatsch, T., Roberts, B.W., & Allemand, M. (2021). Changing personality traits with the help of a digital personality change intervention. *Proceedings of the National Academy of Sciences,* 118(8), e2017548118.
22 Kivity, Y., & Huppert, J.D. (2016). Does cognitive reappraisal reduce anxiety? A daily diary study of a micro-intervention with individuals with high social anxiety. *Journal of Consulting and Clinical Psychology,* 84(3), 269 ; Duijndam, S., Karreman, A., Denollet, J., & Kupper, N. (2020). Emotion regulation in social interaction : physiological and emotional responses associated with social inhibition. *International Journal of Psychophysiology,* 158, 62-72.
23 Savitsky, K., Epley, N., & Gilovich, T. (2001). Do others judge us as harshly as we think?
24 이 전략에 대한 더 많은 정보는 캘리포니아 대학교 버클리의 과학 기반 연구기관인 위대한 좋은 과학 센터의 웹사이트에서 얻을 수 있다. https://greatergood.berkeley.edu/article/item/how_to_be_yourself_when_you_have_social_anxiety.

25 Wax, R. (2016). *A Mindfulness Guide for the Frazzled* (p. 41). Penguin Random House UK.
26 Breines, J.G., & Chen, S. (2012). Self-compassion increases self-improvement motivation. *Personality and Social Psychology Bulletin*, 38(9), 1133–43 ; Vazeou-Nieuwenhuis, A., & Schumann, K. (2018). Self-compassionate and apologetic? How and why having compassion toward the self relates to a willingness to apologize. *Personality and Individual Differences*, 124, 71–6.
27 Werner, K.H., Jazaieri, H., Goldin, P.R., Ziv, M., Heimberg, R.G., & Gross, J.J. (2012). Self-compassion and social anxiety disorder. *Anxiety, Stress & Coping*, 25(5), 543–58.
28 Ketay, S., Beck, L.A., & Dajci, J. (2022). Self-compassion and social stress : links with subjective stress and cortisol responses. *Self and Identity*, 1–20.
29 26가지 문항의 전체 검사는 다음에서 할 수 있다. https://self-compassion.org/self-compassion-test/
30 Stevenson, J., Mattiske, J.K., & Nixon, R.D. (2019). The effect of a brief online self-compassion versus cognitive restructuring intervention on trait social anxiety. *Behaviour Research and Therapy*, 123, 103492 ; Teale Sapach, M.J., & Carleton, R.N. (2023). Self-compassion training for individuals with social anxiety disorder : a preliminary randomized controlled trial. *Cognitive Behaviour Therapy*, 52(1), 18–37.
31 Burnette, J.L., Knouse, L.E., Vavra, D.T., O'Boyle, E., & Brooks, M.A. (2020). Growth mindsets and psychological distress : A meta-analysis. *Clinical Psychology Review*, 77, 101816. 또한 다음을 참조하라. Schroder, H.S., Kneeland, E.T., Silverman, A.L., Beard, C., & Björgvinsson, T. (2019). Beliefs about the malleability of anxiety and general emotions and their relation to treatment outcomes in acute psychiatric treatment. *Cognitive Therapy and Research*, 43(2), 312–23 ; 또한 다음을 참조하라. Schleider, J., & Weisz, J. (2018). A single-session growth mindset intervention for adolescent anxiety and depression : 9-month outcomes of a randomized trial. *Journal of Child Psychology and Psychiatry*, 59(2), 160–70.
32 Valentiner, D.P., Mounts, N.S., Durik, A.M., & Gier-Lonsway, S.L. (2011). Shyness mindset : applying mindset theory to the domain of inhibited social behavior. *Personality and Individual Differences*, 50(8), 1174–9.
33 Valentiner, D.P., Jencius, S., Jarek, E., Gier-Lonsway, S.L., & McGrath, P.B.

(2013). Pre-treatment shyness mindset predicts less reduction of social anxiety during exposure therapy. *Journal of Anxiety Disorders*, 27(3), 267−71.

34 이 연구에 대한 자세한 내용은 나의 저서 『기대의 발견(*The Expectation Effect*)』(2022)에서 읽을 수 있다. 이 이점을 입증한 최근의 대규모 연구에 대해서는 다음을 참조하라. Yeager, D.S., Bryan, C.J., Gross, J.J., Murray, J.S., Krettek Cobb, D., Santos, P.H.F., ⋯⋯ & Jamieson, J.P. (2022). A synergistic mindsets intervention protects adolescents from stress. *Nature*, 607(7919), 512−20.

제4장

1 대중적으로 각색될 때 이 이야기는 때때로 과장된다. 그러나 오해에 관한 기본적인 세부 사항은 델로치 부국장으로부터 확인된 내용이다. Mikkelson, B. (1999). Watch the Borders!. Snopes : https://www.snopes.com/fact-check/watch-the-borders.

2 후버의 행위는 다음에서 하나의 사례로 등장한다. Keysar, B., & Barr, D.J. (2002). Self-anchoring in conversation : why language users do not do what they 'should'. In Gilovich, T., Griffin, D., & Kahneman, D. (eds), *Heuristics and Biases : The Psychology of Intuitive Judgment* (pp. 150−66). Cambridge University Press.

3 심지어 성인을 대상으로 샐리-앤 검사를 해도 내용을 명백하게 소개하지 않으면 많은 성인들이 잘못된 답을 말한다. Birch, S.A., & Bloom, P. (2007). The curse of knowledge in reasoning about false beliefs. *Psychological Science*, 18(5), 382−6.

4 Keysar, B., Barr, D.J., Balin, J.A., & Brauner, J.S. (2000). Taking perspective in conversation : The role of mutual knowledge in comprehension. *Psychological Science*, 11(1), 32−8.

5 Epley, N., Morewedge, C.K., & Keysar, B. (2004). Perspective taking in children and adults : equivalent egocentrism but differential correction. *Journal of Experimental Social Psychology*, 40(6), 760−8.

6 Epley, N., Keysar, B., Van Boven, L., & Gilovich, T. (2004). Perspective taking as egocentric anchoring and adjustment. *Journal of Personality and Social Psychology*, 87(3), 327 ; Lin, S., Keysar, B., & Epley, N. (2010). Reflexively mindblind : using theory of mind to interpret behavior requires effortful attention. *Journal of Experimental Social Psychology*, 46(3), 551−6.

7 Krueger, J., & Clement, R.W. (1994). The truly false consensus effect : an

ineradicable and egocentric bias in social perception. *Journal of Personality and Social Psychology,* 67(4), 596.
8   Dunn, M., Thomas, J.O., Swift, W., & Burns, L. (2012). Elite athletes' estimates of the prevalence of illicit drug use : evidence for the false consensus effect. *Drug and Alcohol Review,* 31(1), 27-32.
9   Gilovich, T., Savitsky, K., & Medvec, V.H. (1998). The illusion of transparency : biased assessments of others' ability to read one's emotional states. *Journal of Personality and Social Psychology,* 75(2), 332.
10 Savitsky, K., & Gilovich, T. (2003). The illusion of transparency and the alleviation of speech anxiety. *Journal of Experimental Social Psychology,* 39(6), 618-25.
11 Keysar, B. (1994). The illusory transparency of intention : linguistic perspective taking in text. *Cognitive Psychology,* 26(2), 165-208.
12 Kruger, J., Epley, N., Parker, J., & Ng, Z.W. (2005). Egocentrism over e-mail : can we communicate as well as we think? *Journal of Personality and Social Psychology,* 89(6), 925.
13 Keysar, B., & Henly, A.S. (2002). Speakers' overestimation of their effectiveness. *Psychological Science,* 13(3), 207 12 ; 또한 다음을 참조하라. Keysar, B., & Barr, D.J. (2002). Self-anchoring in conversation : why language users do not do what they 'should'. In Gilovich, T., Griffin, D., & Kahneman, D. (eds), *Heuristics and Biases : The Psychology of Intuitive Judgment,* (pp. 150-66).
14 Savitsky, K., Keysar, B., Epley, N., Carter, T., & Swanson, A. (2011). The closeness-communication bias : increased egocentrism among friends versus strangers. *Journal of Experimental Social Psychology,* 47(1), 269-73.
15 Cheung, H. (2019). YouGov survey : British sarcasm 'lost on Americans'. BBC : https://www.bbc.com/news/world-us-canada-46846467.
16 Lau, B.K.Y., Geipel, J., Wu, Y., & Keysar, B. (2022). The extreme illusion of understanding. *Journal of Experimental Psychology : General,* 151(11), 2957-62.
17 Chang, V.Y., Arora, V.M., Lev-Ari, S., D'Arcy, M., & Keysar, B. (2010). Interns overestimate the effectiveness of their hand-off communication. *Pediatrics,* 125(3), 491-6.
18 Mishap Investigation Board (1999). Phase I Report. https://llis.nasa.gov/llis_lib/pdf/1009464main1_0641-mr.pdf.
19 Savitsky, K., Keysar, B., Epley, N., Carter, T., & Swanson, A. The closeness-communication bias.

20 Eyal, T., Steffel, M., & Epley, N. (2018). Perspective mistaking : accurately understanding the mind of another requires getting perspective, not taking perspective. *Journal of Personality and Social Psychology*, 114(4), 547.
21 Goldstein, N.J., Vezich, I.S., & Shapiro, J.R. (2014). Perceived perspective taking : when others walk in our shoes. *Journal of Personality and Social Psychology*, 106(6), 941.
22 Edwards, R., Bybee, B.T., Frost, J.K., Harvey, A.J., & Navarro, M. (2017). That's not what I meant : how misunderstanding is related to channel and perspective-taking. *Journal of Language and Social Psychology*, 36(2), 188–210.
23 Cahill, V.A., Malouff, J.M., Little, C.W., & Schutte, N.S. (2020). Trait perspective taking and romantic relationship satisfaction : a meta-analysis. *Journal of Family Psychology*, 34(8), 1025.
24 Eyal, T., Steffel, M., & Epley, N. (2018). Perspective mistaking.
25 Damen, D., van Amelsvoort, M., van der Wijst, P., Pollmann, M., & Krahmer, E. (2021). Lifting the curse of knowing : how feedback improves perspective-taking. *Quarterly Journal of Experimental Psychology*, 74(6), 1054–69.

제5장

1 West, R. (1982). *The Harsh Voice* (p. 63). London : Virago. (초판 1929년 발행).
2 Hazlitt, W. (1870). *The Plain Speaker* (pp. 50–1). London : Bell and Daldy. (이 산문은 1820년 「런던 매거진[*London Magazine*]」에 처음으로 발표되었다).
3 Huang, K., Yeomans, M., Brooks, A.W., Minson, J., & Gino, F. (2017). It doesn't hurt to ask : question-asking increases liking. *Journal of Personality and Social Psychology*, 113(3), 430. 질문 방법에 관한 더 많은 논의는 다음을 참조하라. https://dash.harvard.edu/bitstream/handle/1/35647952/huangyeomansbrooksminsongino_QuestionAsking_Manuscript.pdf. '부메랑 질문'이라는 용어가 등장한 논문은 다음과 같다. Yeomans, M., Schweitzer, M.E., & Brooks, A.W. (2022). The conversational circumplex : identifying, prioritizing, and pursuing informational and relational motives in conversation. *Current Opinion in Psychology*, 44, 293–302.
4 앨리슨 우드 브룩스(Alison Wood Brooks), 마이클 요먼스(Michael Yeomans), 마이클 노턴(Michael Norton)의 이 연구는 2023년 국제 갈등관리 학회에서 발표되었다.
5 Zhou, J., & Fredrickson, B.L. (2023). Listen to Resonate : Better Listening

as a Gateway to Interpersonal Positivity Resonance through Enhanced Sensory Connection and Perceived Safety. *Current Opinion in Psychology,* 101669 ; Lloyd, K.J., Boer, D., Keller, J.W., & Voelpel, S. (2015). Is my boss really listening to me? The impact of perceived supervisor listening on emotional exhaustion, turnover intention, and organizational citizenship behavior. *Journal of Business Ethics,* 130, 509–24.

6   Castro, D.R., Anseel, F., Kluger, A.N., Lloyd, K.J., & Turjeman-Levi, Y. (2018). Mere listening effect on creativity and the mediating role of psychological safety. *Psychology of Aesthetics, Creativity, and the Arts,* 12(4), 489.

7   Collins, H.K. (2022). When listening is spoken. *Current Opinion in Psychology,* 101402.

8   이 사례는 다음의 논문에 소개되어 있다. Itzchakov, G., Reis, H.T., & Weinstein, N. (2022). How to foster perceived partner responsiveness : high-quality listening is key. *Social and Personality Psychology Compass,* 16(1), e12648.

9   Misra, S., Cheng, L., Genevie, J., & Yuan, M. (2016). The iPhone effect : the quality of in-person social interactions in the presence of mobile devices. *Environment and Behavior,* 48(2), 275–98.

10   Dwyer, R.J., Kushlev, K., & Dunn, E.W. (2018). Smartphone use undermines enjoyment of face-to-face social interactions. *Journal of Experimental Social Psychology,* 78, 233–9. 더 많은 정보를 원한다면 다음을 참조하라. Roberts, J.A., & David, M.E. (2022). Partner phubbing and relationship satisfaction through the lens of social allergy theory. *Personality and Individual Differences,* 195, 111676 ; Al Saggaf, Y., & O'Donnell, S.B. (2019). Phubbing : perceptions, reasons behind, predictors, and impacts. *Human Behavior and Emerging Technologies,* 1(2), 132–40.

11   Rossignac-Milon, M. (2019). *Merged Minds : Generalized Shared Reality in Interpersonal Relationships.* Columbia University.

12   McFarland, D.A., Jurafsky, D., & Rawlings, C. (2013). Making the connection : social bonding in courtship situations. *American Journal of Sociology,* 118(6), 1596–649.

13   Mein, C., Fay, N., & Page, A.C. (2016). Deficits in joint action explain why socially anxious individuals are less well liked. *Journal of Behavior Therapy and Experimental Psychiatry,* 50, 147–51 ; Günak, M.M., Clark, D.M., & Lommen, M.J. (2020). Disrupted joint action accounts for reduced likability of socially anxious individuals. *Journal of Behavior Therapy and Experimental*

14 Flynn, F.J., Collins, H., & Zlatev, J. (2022). Are you listening to me? The negative link between extraversion and perceived listening. *Personality and Social Psychology Bulletin*, 01461672211072815.

15 Hirschi, Q., Wilson, T.D., & Gilbert, D.T. (2022). Speak up! Mistaken beliefs about how much to talk in conversations. *Personality and Social Psychology Bulletin*, 01461672221104927.

16 Aron, A., Melinat, E., Aron, E.N., Vallone, R.D., & Bator, R.J. (1997). The experimental generation of interpersonal closeness : a procedure and some preliminary findings. *Personality and Social Psychology Bulletin*, 23(4), 363-77.

17 다음의 논문에는 빨리 친구가 되는 법이 두서없는 대화보다 우월하며, 영상 통화이든 대면형 상호 작용에서이든 똑같이 효과가 뛰어나다는 사실을 다시 실험을 통해서 확인한 내용이 담겨 있다. Sprecher, S. (2021). Closeness and other affiliative outcomes generated from the fast friends procedure : a comparison with a small-talk task and unstructured self-disclosure and the moderating role of mode of communication. *Journal of Social and Personal Relationships*, 38(5), 1452-71.

18 Stürmer, S., Ihme, T.A., Fisseler, B., Sonnenberg, K., & Barbarino, M.L. (2018). Promises of structured relationship building for higher distance education : evaluating the effects of a virtual fast-friendship procedure. *Computers & Education*, 124, 51-61.

19 Lytle, A., & Levy, S.R. (2015). Reducing heterosexuals' prejudice toward gay men and lesbian women via an induced cross-orientation friendship. *Psychology of Sexual Orientation and Gender Diversity*, 2(4), 447.

20 Echols, L., & Ivanich, J. (2021). From 'fast friends' to true friends : can a contact intervention promote friendships in middle school? *Journal of Research on Adolescence*, 31(4), 1152-71.

21 Kardas, M., Kumar, A., & Epley, N. (2022). Overly shallow? : miscalibrated expectations create a barrier to deeper conversation. *Journal of Personality and Social Psychology*, 122(3), 367.

22 Thorson, K.R., Ketay, S., Roy, A.R., & Welker, K.M. (2021). Self-disclosure is associated with adrenocortical attunement between new acquaintances. *Psychoneuroendocrinology*, 132, 105323.

23 Inagaki, T.K. (2018). Opioids and social connection. *Current Directions in Psychological Science*, 27(2), 85-90.

24 Slatcher, R.B. (2010). When Harry and Sally met Dick and Jane : Creating closeness between couples. *Personal Relationships*, 17(2), 279−97 ; Welker, K.M., Baker, L., Padilla, A., Holmes, H., Aron, A., & Slatcher, R.B. (2014). Effects of self-disclosure and responsiveness between couples on passionate love within couples. *Personal Relationships*, 21(4), 692−708.

25 Milek, A., Butler, E.A., Tackman, A.M., Kaplan, D.M., Raison, C.L., Sbarra, D.A., …… & Mehl, M.R. (2018). 'Eavesdropping on happiness' revisited : a pooled, multisample replication of the association between life satisfaction and observed daily conversation quantity and quality. *Psychological Science*, 29(9), 1451−62.

26 Sanchez, K.L., Kalkstein, D.A., & Walton, G.M. (2022). A threatening opportunity : The prospect of conversations about race-related experiences between Black and White friends. *Journal of Personality and Social Psychology*, 122(5), 853.

27 Reczek, C.E., Reczek, R., & Bosley-Smith, E. (2022). *Families We Keep : LGBTQ People and Their Enduring Bonds with Parents*. NYU Press.

28 Sanchez, K.L., Kalkstein, D.A., & Walton, G.M. (2022). A threatening opportunity.

29 Cooney, G., Gilbert, D.T., & Wilson, T.D. (2017). The novelty penalty : why do people like talking about new experiences but hearing about old ones? *Psychological Science*, 28(3), 380−94.

30 Hirschi, Q., Wilson, T.D., & Gilbert, D.T. Speak up! Mistaken beliefs about how much to talk in conversations.

제6장

1 여기에서는 다음에 실린 "여우와 까마귀"를 인용했다. Milo Winter (1919). *The Aesop for Children : with Pictures*. Rand, McNally & Co. 이 판본은 미국에서 누구나 허가 없이 공유할 수 있는 것으로 간주되며, 다음의 의회 도서관 웹사이트를 통해 온라인으로 열람할 수 있다. https://read.gov/aesop/about.html.

2 La Fontaine, J. (2010). *The Complete Fables of Jean de la Fontaine* (Shapiro, N., Trans.) (p. 5). University of Illinois Press.

3 Alighieri, D. (2006). *Inferno* (Kirkpatrick, R., Trans) (p. 158). Penguin UK.

4 Bareket-Bojmel, L., Hochman, G., & Ariely, D. (2017). It's (not) all about the Jacksons : testing different types of short-term bonuses in the field. *Journal of*

Management, 43(2), 534−54.

5   Bradler, C., Dur, R., Neckermann, S., & Non, A. (2016). Employee recognition and performance : a field experiment. *Management Science,* 62(11), 3085−99.

6   Handgraaf, M.J., De Jeude, M.A.V.L., & Appelt, K.C. (2013). Public praise vs. private pay : effects of rewards on energy conservation in the workplace. *Ecological Economics,* 86, 86−92.

7   이 조사는 기업 보너슬리의 의뢰로 여론조사 업체 원폴(OnePoll)에서 실시했다. Cariaga, V. (2022). Nearly Half of Americans Quit Their Jobs Because They Feel Unappreciated by Management. Yahoo! Finance : https://finance.yahoo.com/news/nearly-half-americans-quit-jobs-145250545.html.

8   Schembra, C. (2021). Gratitude may be the secret to overcoming the talent crisis. Fast Company : https://www.fastcompany.com/90665927/gratitude-may-be-the-secret-to-overcoming-the-talent-crisis.

9   Izuma, K., Saito, D.N., & Sadato, N. (2008). Processing of social and monetary rewards in the human striatum. *Neuron,* 58(2), 284−94.

10 Grant, N.K., Fabrigar, L.R., & Lim, H. (2010). Exploring the efficacy of compliments as a tactic for securing compliance. *Basic and Applied Social Psychology,* 32(3), 226−33.

11 Grant, N.K., Krieger, L.R., Nemirov, H., Fabrigar, L.R., & Norris, M.E. (2022). I'll scratch your back if you give me a compliment : exploring psychological mechanisms underlying compliments' effects on compliance. *British Journal of Social Psychology,* 61(1), 37−54.

12 Stsiampkouskaya, K., Joinson, A., & Piwek, L. (2023). To Like or Not to Like? An Experimental Study on Relational Closeness, Social Grooming, Reciprocity, and Emotions in Social Media Liking. *Journal of Computer-Mediated Communication,* 28(2), zmac036. 다음에서 온라인으로 참조할 수 있다. https://doi.org/10.1093/jcmc/zmac036.

13 Chan, E., & Sengupta, J. (2010). Insincere flattery actually works : a dual attitudes perspective. *Journal of Marketing Research,* 47(1), 122−33.

14 Gordon, A.M., & Diamond, E. (2023). Feeling understood and appreciated in relationships : where do these perceptions come from and why do they matter?. *Current Opinion in Psychology,* 101687.

15 다음의 보충 자료에서 설문조사 5를 참조하라. Zhao, X., & Epley, N. (2021). Insufficiently complimentary? : Underestimating the positive impact of compliments creates a barrier to expressing them. *Journal of Personality and*

Social Psychology, 121(2), 239.
16 Boothby, E.J., & Bohns, V.K. (2021). Why a simple act of kindness is not as simple as it seems : underestimating the positive impact of our compliments on others. *Personality and Social Psychology Bulletin,* 47(5), 826−40.
17 Zhao, X., & Epley, N. (2021). Insufficiently complimentary?
18 Zhao, X., & Epley, N. (2021). Kind words do not become tired words : undervaluing the positive impact of frequent compliments. *Self and Identity,* 20(1), 25−46.
19 Johnson, S., *The Rambler,* no. 136. 1751년 7월 6일 토요일. 다음에서 참조할 수 있다. http://www.yalejohnson.com/frontend/sda_viewer?n=106855.
20 Kumar, A., & Epley, N. (2018). Undervaluing gratitude : expressers misunderstand the consequences of showing appreciation. *Psychological Science,* 29(9), 1423−35.
21 Toepfer, S.M., Cichy, K., & Peters, P. (2012). Letters of gratitude : further evidence for author benefits. *Journal of Happiness Studies,* 13, 187−201.
22 Gu, Y., Ocampo, J.M., Algoe, S.B., & Oveis, C. (2022). Gratitude expressions improve teammates' cardiovascular stress responses. *Journal of Experimental Psychology . General,* 151(12), 3281−91.
23 Algoe, S.B., & Zhaoyang, R. (2016). Positive psychology in context : effects of expressing gratitude in ongoing relationships depend on perceptions of enactor responsiveness. *Journal of Positive Psychology,* 11(4), 399−415.
24 Kaczmarek, L.D., Kashdan, T.B., Dr kowski, D., Enko, J., Kosakowski, M., Szäefer, A., & Bujacz, A. (2015). Why do people prefer gratitude journaling over gratitude letters? The influence of individual differences in motivation and personality on web-based interventions. *Personality and Individual Differences,* 75, 1−6.
25 Algoe, S.B., Dwyer, P.C., Younge, A., & Oveis, C. (2020). A new perspective on the social functions of emotions : gratitude and the witnessing effect. *Journal of Personality and Social Psychology,* 119(1), 40.
26 Algoe, S.B. (2012). Find, remind, and bind : the functions of gratitude in everyday relationships. *Social and Personality Psychology Compass,* 6(6), 455−69 ; Algoe, S.B., Dwyer, P.C., Younge, A., & Oveis, C. (2020). A new perspective on the social functions of emotions. 또한 다음을 참조하라. https://www.psychologicalscience.org/news/why-saying-thank-you-makes-a-difference.html.

27 Algoe, S.B., Kurtz, L.E., & Hilaire, N.M. (2016). Putting the 'you' in 'thank you' : examining other-praising behavior as the active relational ingredient in expressed gratitude. *Social Psychological and Personality Science,* 7(7), 658–66.

28 Algoe, S.B., Fredrickson, B.L., & Gable, S.L. (2013). The social functions of the emotion of gratitude via expression. *Emotion,* 13(4), 605 ; Algoe, S.B., & Zhaoyang, R. (2016). Positive psychology in context : effects of expressing gratitude in ongoing relationships depend on perceptions of enactor responsiveness. *Journal of Positive Psychology,* 11(4), 399–415.

29 Czopp, A.M. (2008). When is a compliment not a compliment? Evaluating expressions of positive stereotypes. *Journal of Experimental Social Psychology,* 44(2), 413–20.

30 Ashokkumar, A., & Swann Jr, W.B. (2020). The saboteur within. In Brummelman, E. (ed.), *Psychological Perspectives on Praise* (pp. 11–18) Routledge ; Kille, D.R., Eibach, R.P., Wood, J.V., & Holmes, J.G. (2017). Who can't take a compliment? The role of construal level and self-esteem in accepting positive feedback from close others. *Journal of Experimental Social Psychology,* 68, 40–9.

31 Higgins, E.T. (2019). *Shared Reality* (p. 172). Oxford University Press.

32 Marigold, D.C., Holmes, J.G., & Ross, M. (2007). More than words : reframing compliments from romantic partners fosters security in low self-esteem individuals. *Journal of Personality and Social Psychology,* 92(2), 232. 또한 다음을 참조하라. Marigold, D.C., Holmes, J.G., & Ross, M. (2010). Fostering relationship resilience : an intervention for low self-esteem individuals. *Journal of Experimental Social Psychology,* 46(4), 624–30.

33 Sezer, O., Prinsloo, E., Brooks, A., & Norton, M.I. (2019). Backhanded compliments : how negative comparisons undermine flattery. https://papers.ssrn.com/sol3/papers.cfm?abstract_id=3439774.

34 Williams, L.A., & Bartlett, M.Y. (2015). Warm thanks : gratitude expression facilitates social affiliation in new relationships via perceived warmth. *Emotion,* 15(1), 1.

제7장

1 Schopenhauer, A. (1903). *The Basis of Morality* (A.B. Bullock, Trans.) (p. 70). Swan Sonnenschein & Co. 초판 1840년 발행.

2   Wicks, R. (2021). Arthur Schopenhauer. *Stanford Encyclopedia of Philosophy* : https://plato.stanford.edu/entries/schopenhauer.
3   이런 자세한 이야기는 철학자 시모나 메니코치(Simona Menicocci)가 극본을 맡고 이탈리아 공영방송 라이(Rai)가 제작한 쇼펜하우어에 관한 다큐멘터리에 등장한다. https://www.raiplaysound.it/audio/2020/05/Maturadio-Podcast-di-folosofia-Schopenhauer-2bf6db6e-e44b-4549-b122-4d188f52d30a.html.
4   Cartwright, D.E. (2010). *Schopenhauer : A Biography*. Cambridge University Press.
5   Schopenhauer, A. (1951). *Essays from the Parerga and Paralipomena* (T. Bailey Saunders, Trans.). 고슴도치의 이야기는 "공허함에 대하여(Studies in Pessimism)"의 84–85쪽에 등장한다. 다음에서 온라인으로 참조할 수 있다. https://archive.org/details/in.gov.ignca.17417.
6   Gide, A. (2011). *Autumn Leaves* (E. Pell, Trans.), (p. 19). Philosophical Library/Open Road. Kindle Edition.
7   Slepian, M.L., & Koch, A. (2021). Identifying the dimensions of secrets to reduce their harms. *Journal of Personality and Social Psychology*, 120(6), 1431.
8   Slepian, M.L., Chun, J.S., & Mason, M.F. (2017). The experience of secrecy. *Journal of Personality and Social Psychology*, 113(1), 1.
9   Slepian, M.L., Kirby, J.N., & Kalokerinos, E.K. (2020). Shame, guilt, and secrets on the mind. *Emotion*, 20(2), 323.
10 이탈리아의 속담이다. "혀는 아픈 이를 건드리는 법이다(*La lingua batte dove il dente duole*)."
11 Slepian, M.L., Masicampo, E.J., Toosi, N.R., & Ambady, N. (2012). The physical burdens of secrecy. *Journal of Experimental Psychology : General*, 141(4), 619.
12 Slepian, M.L., Halevy, N., & Galinsky, A.D. (2019). The solitude of secrecy : thinking about secrets evokes goal conflict and feelings of fatigue. *Personality and Social Psychology Bulletin*, 45(7), 1129–51.
13 Slepian, M.L., Chun, J.S., & Mason, M.F. The experience of secrecy.
14 Slepian, M.L., Masicampo, E.J., & Ambady, N. (2014). Relieving the burdens of secrecy : revealing secrets influences judgments of hill slant and distance. *Social Psychological and Personality Science*, 5(3), 293–300.
15 Smith, M. (2022). 25 years after her death, Princess Diana is more popular than King Charles, and the monarchy. YouGov : https://yougov.co.uk/politics/articles/44509-25-years-after-her-death-princess-diana-more-popul.

16 Brown, T. (2017). *The Diana Chronicles* (p. 354). Random House. Kindle Edition.
17 Savitsky, K., Epley, N., & Gilovich, T. (2001). Do others judge us as harshly as we think? Overestimating the impact of our failures, shortcomings, and mishaps. *Journal of Personality and Social Psychology,* 81(1), 44.
18 Gromet, D.M., & Pronin, E. (2009). What were you worried about? Actors' concerns about revealing fears and insecurities relative to observers' reactions. *Self and Identity,* 8(4), 342−64.
19 Bruk, A., Scholl, S.G., & Bless, H. (2018). Beautiful mess effect : self−other differences in evaluation of showing vulnerability. *Journal of Personality and Social Psychology,* 115(2), 192 ; Jaffé, M.E., Douneva, M., & Albath, E.A. (2023). Secretive and close? How sharing secrets may impact perceptions of distance. *PloS One,* 18(4), e0282643. 또한 다음을 참조하라. Smith, E.E. (2019). Your flaws are probably more attractive than you think they are. *Atlantic* : https://www.theatlantic.com/health/archive/2019/01/beautiful-mess-vulnerability/579892.
20 Jiang, L., John, L.K., Boghrati, R., & Kouchaki, M. (2022). Fostering perceptions of authenticity via sensitive self−disclosure. *Journal of Experimental Psychology : Applied,* 28(4), 898.
21 Cited in : Bruk, A., Scholl, S.G., & Bless, H. Beautiful mess effect.
22 John, L.K., Barasz, K., & Norton, M.I. (2016). Hiding personal information reveals the worst. *Proceedings of the National Academy of Sciences,* 113(4), 954−9.
23 Rogers, T., & Norton, M.I. (2011). The artful dodger : answering the wrong question the right way. *Journal of Experimental Psychology : Applied,* 17(2), 139.
24 Gerdeman, D. (2016). How The 2016 Presidential Candidates Misled Us With Truthful Statements. Harvard Business School : https://hbswk.hbs.edu/item/paltering-in-action.
25 Rogers, T., Zeckhauser, R., Gino, F., Norton, M.I., & Schweitzer, M.E. (2017). Artful paltering : the risks and rewards of using truthful statements to mislead others. *Journal of Personality and Social Psychology,* 112(3), 456.
26 Trend Watch (2018). Hicks : I Tell 'White Lies' : Lookups rise 6500% after Hicks resignation. Merriam−Webster : https://www.merriam-webster.com/news-trend-watch/hicks-i-tell-white-lies-20180228.
27 Levine, E.E., & Cohen, T.R. (2018). You can handle the truth : mispredicting the

consequences of honest communication. *Journal of Experimental Psychology : General,* 147(9), 1400.

28 Levine, E.E., Roberts, A.R., & Cohen, T.R. (2020). Difficult conversations : navigating the tension between honesty and benevolence. *Current Opinion in Psychology,* 31, 38−43.

29 Levine, Emma E. (2022). Community standards of deception : deception is perceived to be ethical when it prevents unnecessary harm. *Journal of Experimental Psychology : General,* 151(2), 410.

30 Abi-Esber, N., Abel, J. E., Schroeder, J., & Gino, F. (2022). 'Just letting you know……' : underestimating others' desire for constructive feedback. *Journal of Personality and Social Psychology,* 123(6), 1362−1385.

31 Henley, A.J., & DiGennaro Reed, F.D. (2015). Should you order the feedback sandwich? Efficacy of feedback sequence and timing. *Journal of Organizational Behavior Management,* 35(3−4), 321−35.

32 Kim, S., Liu, P.J., & Min, K.E. (2021). Reminder avoidance : why people hesitate to disclose their insecurities to friends. *Journal of Personality and Social Psychology,* 121(1), 59.

33 Carter, N.L., & Mark Weber, J. (2010). Not Pollyannas : higher generalized trust predicts lie detection ability. *Social Psychological and Personality Science,* 1(3), 274−9.

제8장

1 Shanahan, M. (2017). Celebrity Humblebrags So Iconic They'll Leave You Secondhand Embarrassed For Days. Buzzfeed : https://www.buzzfeed.com/morganshanahan/humblebrags-so-bad-theyll-leave-you-secondhand-embarassed.

2 Weaver, H. (2017). Meryl Streep's Reaction to the Moonlight Mix-Up Defines the 2017 Oscars. Vanity Fair : https://www.vanityfair.com/style/2017/02/meryl-streep-reaction-to-moonlight-oscar-win.

3 Zuo, B. (2023). 'Versailles literature' on WeChat Moments : humblebragging with digital technologies. *Discourse & Communication,* 17504813231164854.

4 Sun, Y. (2020). 'Versailles Literature' Trending on China's Internet : A New Way to Brag. pandaily : https://pandaily.com/versailles-literature-trending-on-chinas-internet-a-new-way-to-brag.

5 Schlenker, B.R., & Leary, M.R. (1982). Audiences' reactions to self-enhancing,

self-denigrating, and accurate self-presentations. *Journal of Experimental Social Psychology,* 18(1), 89−104 ; O'Mara, E.M., Kunz, B.R., Receveur, A., & Corbin, S. (2019). Is self-promotion evaluated more positively if it is accurate? Reexamining the role of accuracy and modesty on the perception of self-promotion. *Self and Identity,* 18(4), 405−24.

6 Schlenker, B.R. (1975). Self-presentation : managing the impression of consistency when reality interferes with self-enhancement. *Journal of Personality and Social Psychology,* 32(6), 1030.

7 Zell, E., Strickhouser, J.E., Sedikides, C., & Alicke, M.D. (2020). The better-than-average effect in comparative self-evaluation : a comprehensive review and meta-analysis. *Psychological Bulletin,* 146(2), 118.

8 Dunning, D. (2011). The Dunning−Kruger effect : on being ignorant of one's own ignorance. In *Advances in Experimental Social Psychology* (Vol. 44, pp. 247−96). Academic Press.

9 Hoorens, V., Pandelaere, M., Oldersma, F., & Sedikides, C. (2012). The hubris hypothesis : you can self-enhance, but you'd better not show it. *Journal of Personality,* 80(5), 1237−74.

10 Van Damme, C., Hoorens, V., & Sedikides, C. (2016). Why self-enhancement provokes dislike : the hubris hypothesis and the aversiveness of explicit self-superiority claims. *Self and Identity,* 15(2), 173−90.

11 Van Damme, C., Deschrijver, E., Van Geert, E., & Hoorens, V. (2017). When praising yourself insults others : self-superiority claims provoke aggression. *Personality and Social Psychology Bulletin,* 43(7), 1008−19.

12 Hoorens, V., Pandelaere, M., Oldersma, F., & Sedikides, C. The hubris hypothesis.

13 Steinmetz, J., Sezer, O., & Sedikides, C. (2017). Impression mismanagement : people as inept self-presenters. *Social and Personality Psychology Compass,* 11(6), e12321.

14 전체 목록은 다음을 참조하라. https://openpsychometrics.org/tests/NPI.

15 de La Bruyère, J. (1885). *The 'Characters' of Jean de La Bruyère* (H. Van Laun, Trans.) (p. 295). Nimmo.

16 Luo, M., & Hancock, J.T. (2020). Modified self-praise in social media. In Placencia, M.E., & Eslami, Z.R. (eds), *Complimenting Behavior and (Self-) Praise across Social Media : New Contexts and New Insights* (pp. 289−309). Benjamins.

17 Roberts, A.R., Levine, E.E., & Sezer, O. (2020). Hiding success. *Journal of Personality and Social Psychology,* 120(5), 1261−86.
18 Harris, D.I. (2015). Friendship as shared joy in Nietzsche. *Symposium,* 19(1), 199−221.
19 Chan, T., Reese, Z.A., & Ybarra, O. (2021). Better to brag : underestimating the risks of avoiding positive self-disclosures in close relationships. *Journal of Personality,* 89(5), 1044−61.
20 Pagani, A.F., Parise, M., Donato, S., Gable, S.L., & Schoebi, D. (2020). If you shared my happiness, you are part of me : capitalization and the experience of couple identity. *Personality and Social Psychology Bulletin,* 46(2), 258−69.
21 Peters, B.J., Reis, H.T., & Gable, S.L. (2018). Making the good even better : a review and theoretical model of interpersonal capitalization. *Social and Personality Psychology Compass,* 12(7), e12407 ; Chan, T., Reese, Z.A., & Ybarra, O. Better to brag.
22 Chan, T., Reese, Z.A., & Ybarra, O. Better to brag.
23 Lanyon, C. (2016). Years of Rejection Just Made J.K. Rowling More Determined. *New York Magazine* : https://nymag.com/vindicated/2016/11/years-of-rejection-just-made-j-k-rowling-more-determined.html.
24 Brooks, A.W., Huang, K., Abi-Esber, N., Buell, R.W., Huang, L., & Hall, B. (2019). Mitigating malicious envy : why successful individuals should reveal their failures. *Journal of Experimental Psychology : General,* 148(4), 667. 또한 다음을 참조하라. Nault, K.A., Sezer, O., & Klein, N. (2023). It's the journey, not just the destination : conveying interpersonal warmth in written introductions. *Organizational Behavior and Human Decision Processes,* 177, 104253.
25 Pascal, B. (1995). *Pensées.* (A.J. Krailsheimer, Trans.) (p. 214). Penguin.

제9장

1 Franklin, B. (1906). *The Autobiography of Benjamin Franklin* (pp. 106−7). Houghton, Mifflin & Co. Originally published in 1791.
2 Ryan, A.M., & Shin, H. (2011). Help-seeking tendencies during early adolescence : An examination of motivational correlates and consequences for achievement. *Learning and Instruction,* 21(2), 247−56 ; Martín-Arbós, S., Castarlenas, E., & Duenas, J.M. (2021). Help-seeking in an academic context : a systematic review. *Sustainability,* 13(8), 4460.

3 Bamberger, P. (2009). Employee help-seeking : Antecedents, consequences and new insights for future research. *Research in Personnel and Human Resources Management,* 28, 49−98.
4 Moran, J. (2016) *Shrinking Violets* (p. 74). Profile. Kindle Edition
5 Gladwell, M. (2008). *Outliers* (pp. 200−7). Little, Brown.
6 이들 연구의 요약본은 다음을 참조하라. Bohns, V.K. (2016). (Mis)understanding our influence over others : a review of the underestimation-of-compliance effect. *Current Directions in Psychological Science,* 25(2), 119−23. 구체적 방법에 관한 일부 세부 사항은 다음에서 인용했다. Flynn, F.J., & Lake, V.K. (2008). If you need help, just ask : underestimating compliance with direct requests for help. *Journal of Personality and Social Psychology,* 95(1), 128.
7 Straeter, L., & Exton, J. (2018). Why friends give but do not want to receive money. VoxEU : https://voxeu.org/article/why-friends-give-do-not-want-receive-money.
8 Bohns, V.K., Roghanizad, M.M., & Xu, A.Z. (2014). Underestimating our influence over others' unethical behavior and decisions. *Personality and Social Psychology Bulletin,* 40(3), 348−62.
9 다음 논문에서 2번 연구를 참조하라. Whillans, A.V., Dunn, E.W., Sandstrom, G.M., Dickerson, S.S., & Madden, K.M. (2016). Is spending money on others good for your heart? *Health Psychology,* 35(6), 574.
10 이 연구 결과는 위의 논문에서 1번 연구를 참조하라. 또한 다음을 참조하라. Piferi, R.L., & Lawler, K.A. (2006). Social support and ambulatory blood pressure : an examination of both receiving and giving. *International Journal of Psychophysiology,* 62(2), 328−36.
11 Sneed, R.S., & Cohen, S. (2013). A prospective study of volunteerism and hypertension risk in older adults. *Psychology and Aging,* 28(2), 578.
12 Hui, B.P., Ng, J.C., Berzaghi, E., Cunningham-Amos, L.A., & Kogan, A. (2020). Rewards of kindness? A meta-analysis of the link between prosociality and well-being. *Psychological Bulletin,* 146(12), 1084.
13 이들 실험의 구체적인 내용과 이나가키의 이론 전반에 대해서는 다음 논문을 참조하라. Inagaki, T.K. (2018). Neural mechanisms of the link between giving social support and health. *Annals of the New York Academy of Sciences,* 1428(1), 33−50. 또한 다음을 참조하라. Inagaki, T.K., Haltom, K.E.B., Suzuki, S., Jevtic, I., Hornstein, E., Bower, J.E., & Eisenberger, N.I. (2016).

The neurobiology of giving versus receiving support : the role of stress-related and social reward-related neural activity. *Psychosomatic Medicine,* 78(4), 443.

14 Wang, Y., Ge, J., Zhang, H., Wang, H., & Xie, X. (2020). Altruistic behaviors relieve physical pain. *Proceedings of the National Academy of Sciences,* 117(2), 950−8 ; Schreier, H.M., Schonert-Reichl, K.A., & Chen, E. (2013). Effect of volunteering on risk factors for cardiovascular disease in adolescents : a randomized controlled trial. *JAMA Pediatrics,* 167(4), 327−32.

15 Nakamura, J.S., Kwok, C., Huang, A., Strecher, V.J., Kim, E.S., & Cole, S.W. (2023). Reduced epigenetic age in older adults who volunteer. *Psychoneuroendocrinology,* 148, 106000. "노화 시계"에 대해서 더 많은 정보가 필요하다면, 미국 국립 노화 연구소(US National Institute of Aging)의 글을 참조하라. The epigenetics of aging : What the body's hands of time tell us. https://www.nia.nih.gov/news/epigenetics-aging-what-bodys-hands-time-tell-us.

16 Poulin, M.J., Brown, S.L., Dillard, A.J., & Smith, D.M. (2013). Giving to others and the association between stress and mortality. *American Journal of Public Health,* 103(9), 1649−55.

17 Aknin, L.B., Barrington Leigh, C.P., Dunn, E.W., Helliwell, J.F., Burns, J., Biswas-Diener, R., ⋯⋯ & Norton, M.I. (2013). Prosocial spending and well-being : cross-cultural evidence for a psychological universal. *Journal of Personality and Social Psychology,* 104(4), 635 ; Hui, B.P., Ng, J.C., Berzaghi, E., Cunningham-Amos, L.A., & Kogan, A. Rewards of kindness?

18 Zhao, X., & Epley, N. (2022). Surprisingly happy to have helped : underestimating prosociality creates a misplaced barrier to asking for help. *Psychological Science,* 33(10), 1708−31.

19 Jecker, J., & Landy, D. (1969). Liking a person as a function of doing him a favour. *Human Relations,* 22(4), 371−8.

20 아마에의 일본어 정의와 함축된 의미에 대한 설명과 함께 이들 실험 결과를 살펴보려면 다음을 참조하라. Niiya, Y., Ellsworth, P.C., & Yamaguchi, S. (2006). Amae in Japan and the United States : An exploration of a 'culturally unique' emotion. *Emotion,* 6(2), 279. 또한 다음을 참조하라. Niiya, Y., & Ellsworth, P.C. (2012). Acceptability of favor requests in the United States and Japan. *Journal of Cross-Cultural Psychology,* 43(2), 273−85.

21 Niiya, Y. (2016). Does a favor request increase liking toward the requester? *Journal of Social Psychology,* 156(2), 211−21.

22 다음을 참조하라. Inagaki, T.K., & Eisenberger, N.I. (2012). Neural correlates of giving support to a loved one. *Psychosomatic Medicine*, 74(1), 3−7 ; Inagaki, T.K. (2018). Neural mechanisms of the link between giving social support and health. *Annals of the New York Academy of Sciences*, 1428(1), 33−50.
23 Niiya, Y. (2017). Adult's amae as a tool for adjustment to a new environment. *Asian Journal of Social Psychology*, 20(3−4), 238−43.
24 Marshall, T.C. (2012). Attachment and amae in Japanese romantic relationships. *Asian Journal of Social Psychology*, 15(2), 89−100. 더 많은 논의는 다음을 참조하라. Niiya, Y. Does a favor request increase liking toward the requester?
25 Gopnik, A. (2011). *The Philosophical Baby* (p. 243). Random House. Kindle Edition.
26 Bohns, V. (2021). *You Have More Influence Than You Think* (pp. 125−56). WW Norton & Company.
27 Seneca, L.A. (1917). *Moral Epistles*, Volume 1 (R.M. Gummere, Trans.) (p. 307). The Loeb Classical Library.
28 Roghanizad, M.M., & Bohns, V.K. (2022). Should I ask over zoom, phone, email, or in-person? Communication channel and predicted versus actual compliance. *Social Psychological and Personality Science*, 13(7), 1163−72.
29 Inagaki, T.K. Neural mechanisms of the link between giving social support and health.

제10장

1 Anesko, M., Zacharias, G.W. (eds). (2018). *The Complete Letters of Henry James, Volume 1* (p. 195). University of Nebraska Press.
2 Dungan, J.A., Munguia Gomez, D.M., & Epley, N. (2022). Too reluctant to reach out : receiving social support is more positive than expressers expect. *Psychological Science*, 33(8), 1300−12.
3 Hewitt, R. (2018). Do 'animal Fluids move by Hydraulick laws'? : the politics of the hydraulic theory of emotion. *Lancet Psychiatry*, 5(1), 25−6 ; Littrell, J. (2008). The status of Freud's legacy on emotional processing : contemporary revisions. *Journal of Human Behavior in the Social Environment*, 18(4), 477−99 ; Evans, D. (2002). *Emotion : The Science of Sentiment* (pp. 81−2). Oxford University Press ; Kross, E. (2021). *Chatter : The Voice in Our Head, Why It Matters, and How to Harness It*. Vermilion.

4　Zech, E. (2000). The effects of the communication of emotional experiences [미발표 박사 학위 논문]. University of Louvain. 다음에서 참조할 수 있다. http://hdl.handle.net/2078.1/149682. 다음에서 인용. Rimé, B. (2009). Emotion elicits the social sharing of emotion : Theory and empirical review. *Emotion Review*, 1(1), 60-85.

5　Barasch, A. (2020). The consequences of sharing. *Current Opinion in Psychology*, 31, 61-6.

6　Vicary, A.M., & Fraley, R.C. (2010). Student reactions to the shootings at Virginia Tech and Northern Illinois University : does sharing grief and support over the Internet affect recovery? *Personality and Social Psychology Bulletin*, 36(11), 1555-63 ; Seery, M.D., Silver, R.C., Holman, E.A., Ence, W.A., & Chu, T.Q. (2008). Expressing thoughts and feelings following a collective trauma : immediate responses to 9/11 predict negative outcomes in a national sample. *Journal of Consulting and Clinical Psychology*, 76(4), 657. 이 흥미로운 연구는 이선 크로스의 『채터, 당신 안의 훼방꾼』(주 3 참조)을 통해서 처음 알게 되었다. 이 연구 결과에 대한 크로스의 해석이 이 장의 틀을 짜는 데에 중요한 역할을 했다.

7　Bastin, M., Vanhalst, J., Raes, F., & Bijttebier, P. (2018). Co-brooding and co-reflection as differential predictors of depressive symptoms and friendship quality in adolescents : investigating the moderating role of gender. *Journal of Youth and Adolescence*, 47, 1037-51.

8　Horn, A.B., & Maercker, A. (2016). Intra-and interpersonal emotion regulation and adjustment symptoms in couples : the role of co-brooding and co-reappraisal. *BMC Psychology*, 4, 1-11.

9　Barasch, A. The consequences of sharing.

10　Starr, L.R., Huang, M., & Scarpulla, E. (2021). Does it help to talk about it? Co-rumination, internalizing symptoms, and committed action during the COVID-19 global pandemic. *Journal of Contextual Behavioral Science*, 21, 187-95.

11　Alparone, F.R., Pagliaro, S., & Rizzo, I. (2015). The words to tell their own pain : linguistic markers of cognitive reappraisal in mediating benefits of expressive writing. *Journal of Social and Clinical Psychology*, 34(6), 495-507 ; 또한 다음을 참조하라. Zheng, L., Lu, Q., & Gan, Y. (2019). Effects of expressive writing and use of cognitive words on meaning making and post-traumatic growth. *Journal of Pacific Rim Psychology*, 13, e5.

12 McAdams, D.P. (2013). The psychological self as actor, agent, and author. *Perspectives on Psychological Science,* 8(3), 272-95.
13 예컨대 다음을 보라. Slotter, E.B., & Ward, D.E. (2015). Finding the silver lining : the relative roles of redemptive narratives and cognitive reappraisal in individuals' emotional distress after the end of a romantic relationship. *Journal of Social and Personal Relationships,* 32(6), 737-56.
14 Adler, J.M., Turner, A.F., Brookshier, K.M., Monahan, C., Walder-Biesanz, I., Harmeling, L.H., ······ & Oltmanns, T.F. (2015). Variation in narrative identity is associated with trajectories of mental health over several years. *Journal of Personality and Social Psychology,* 108(3), 476.
15 Mitchell, C., Reese, E., Salmon, K., & Jose, P. (2020). Narrative coherence, psychopathology, and wellbeing : concurrent and longitudinal findings in a mid-adolescent sample. *Journal of Adolescence,* 79, 16-25. 나는 이 연구 결과에 관한 기사를 다음에 기고한 바 있다. *New Scientist* : How to take control of your self-narrative for a better, happier life. https://www.newscientist.com/article/mg25634204-800-how-to-take-control-of-your-self-narrative-for-a-better-happier-life.
16 Mitchell, C., & Reese, E. (2022). Growing memories : coaching mothers in elaborative reminiscing with toddlers benefits adolescents' turning-point narratives and wellbeing. *Journal of Personality,* 90(6), 887-901.
17 Hiller, R.M., Meiser-Stedman, R., Lobo, S., Creswell, C., Fearon, P., Ehlers, A., ······ & Halligan, S.L. (2018). A longitudinal investigation of the role of parental responses in predicting children's post-traumatic distress. *Journal of Child Psychology and Psychiatry,* 59(7), 781-9.
18 Noel, M., Pavlova, M., Lund, T., Jordan, A., Chorney, J., Rasic, N., ······ & Graham, S. (2019). The role of narrative in the development of children's pain memories : influences of father- and mother-child reminiscing on children's recall of pain. *Pain,* 160(8), 1866-75.
19 Pavlova, M., Lund, T., Nania, C., Kennedy, M., Graham, S., & Noel, M. (2022). Reframe the pain : A randomized controlled trial of a parent-led memory-reframing intervention. *Journal of Pain,* 23(2), 263-75.
20 Danoff-Burg, S., Mosher, C.E., Seawell, A.H., & Agee, J.D. (2010). Does narrative writing instruction enhance the benefits of expressive writing? *Anxiety, Stress, & Coping,* 23(3), 341-52.
21 Kross, E., & Ayduk, O. (2017). Self-distancing : theory, research, and current

directions. In *Advances in Experimental Social Psychology* (Vol. 55, pp. 81–136). Academic Press. 또한 다음을 참조하라. Rude, S.S., Mazzetti, F.A., Pal, H., & Stauble, M.R. (2011). Social rejection : how best to think about it? *Cognitive Therapy and Research,* 35, 209–16.

22 Lee, D.S., Orvell, A., Briskin, J., Shrapnell, T., Gelman, S.A., Ayduk, O., ... & Kross, E. (2020). When chatting about negative experiences helps – and when it hurts : distinguishing adaptive versus maladaptive social support in computer-mediated communication. *Emotion,* 20(3), 368. 재해석이 가져오는 이득에 대한 더 많은 증거는 다음을 참조하라. Nils, F., & Rimé, B. (2012). Beyond the myth of venting : social sharing modes determine the benefits of emotional disclosure. *European Journal of Social Psychology,* 42(6), 672–81.

23 Kross, E. *Chatter* (p. 94).

24 Kil, H., Allen, M.P., Taing, J., & Mageau, G.A. (2022). Autonomy support in disclosure and privacy maintenance regulation within romantic relationships. *Personal Relationships,* 29(2), 305–31. 연구자들이 자신의 연구를 설명하는 내용은 성격 및 사회심리학회(Personality and Social Psychology)의 블로그 인성과 맥락(Character and Context)에서 열람할 수 있다. https://spsp.org/news/character-and-context-blog/kil-mageau-allen-open-conversations-with-partner.

25 Sanchez, M., Haynes, A., Parada, J.C., & Demir, M. (2020). Friendship maintenance mediates the relationship between compassion for others and happiness. *Current Psychology,* 39, 581–92.

26 Matos, M., McEwan, K., Kanovský, M., Halamová, J., Steindl, S.R., Ferreira, N., ... & Gilbert, P. (2021). Fears of compassion magnify the harmful effects of threat of COVID-19 on mental health and social safeness across 21 countries. *Clinical Psychology & Psychotherapy,* 28(6), 1317–33 ; Matos, M., McEwan, K., Kanovský, M., Halamová, J., Steindl, S.R., Ferreira, N., ... & Gilbert, P. (2022). Compassion protects mental health and social safeness during the COVID-19 pandemic across 21 countries. *Mindfulness,* 13(4), 863–80. 또한 다음을 참조하라. Svoboda, E. (2021). Is Avoiding Other People's Suffering Good for Your Mental Health?. *Greater Good Magazine* : https://greatergood.berkeley.edu/article/item/is_avoiding_other_peoples_suffering_good_for_your_mental_health.

27 Jazaieri, H., Jinpa, G.T., McGonigal, K., Rosenberg, E.L., Finkelstein, J.,

Simon-Thomas, E., ······ & Goldin, P.R. (2013). Enhancing compassion : a randomized controlled trial of a compassion cultivation training program. *Journal of Happiness Studies,* 14, 1113−26.
28 Anesko, M., Zacharias, G.W. (eds). *The Complete Letters of Henry James, Volume 1* (p. 197).
29 Tursi, R. (2017). Cambridge's Grace Norton : an absent presence. *Massachusetts Historical Review,* 19, 117−48.

제11장

1 De Vogue, A. (2016). Scalia-Ginsburg friendship bridged opposing ideologies. CNN : https://edition.cnn.com/2016/02/14/politics/antonin-scalia-ruth-bader-ginsburg-friends/index.html.
2 All Things Considered. (2016). Ginsburg and Scalia : 'Best buddies'. NPR : https://www.npr.org/2016/02/15/466848775/scalia-ginsburg-opera-commemorates-sparring-supreme-court-friendship.
3 All Things Considered. Ginsburg and Scalia : 'Best buddies'.
4 Cox, C. (2020). Fact check : It's true, Ginsburg and Scalia were close friends despite ideological differences. *USA Today* : https://eu.usatoday.com/story/news/factcheck/2020/09/27/fact-check-ruth-bader-ginsburg-antonin-scalia-were-close-friends/3518592001.
5 Public Information Office. (2016). Ruth Bader Ginsberg, Remarks for the Second Court Judicial Conference : https://www.supremecourt.gov/publicinfo/speeches/remarks%20for%20the%20second%20circuit%20judicial%20conference%20may%2025%202016.pdf.
6 *USA Today.* (2016). Supreme Court justices weigh in on Antonin Scalia's death. https://eu.usatoday.com/story/news/politics/2016/02/14/statements-supreme-court-death-justice-scalia/80375976.
7 Senior, J. (2010). The Ginsburg-Scalia act was not a farce. *New York Times* : https://www.nytimes.com/2020/09/22/opinion/ruth-bader-ginsburg-antonin-scalia.html.
8 Green, M. (2020). Why friendships are falling apart over politics. The Conversation : https://theconversation.com/why-friendships-are-falling-apart-over-politics-146821 ; Pew Research Center. (2019). Partisan antipathy : More intense, More personal. https://www.pewresearch.org/politics/2019/10/10/partisan-antipathy-more-intense-more-personal ; Pew Research Center. (2022).

As partisan hostility grows, signs of frustration with the two-party system. https://www.pewresearch.org/politics/2022/08/09/as-partisan-hostility-grows-signs-of-frustration-with-the-two-party-system.

9 All Things Considered. (2020). 'Dude, I'm done' : When politics tears families and friendships apart. NPR : https://www.npr.org/2020/10/27/928209548/dude-i-m-done-when-politics-tears-families-and-friendships-apart.

10 Asch, S.E. (1951). Effects of group pressure upon the modification and distortion of judgments. In H.S. Guetzkow (ed.), *Groups, Leadership and Men : Research in Human Relations* (pp. 222–36). Carnegie Press.

11 Friend, R., Rafferty, Y., & Bramel, D. (1990). A puzzling misinterpretation of the Asch 'conformity' study. *European Journal of Social Psychology*, 20(1), 29–44.

12 Gilchrist, A. (2015). Perception and the social psychology of 'The Dress'. *Perception*, 44(3), 229–31.

13 Higgins, E.T. (2019). *Shared Reality* (pp. 150–7). Oxford University Press. Kindle Edition.

14 Pinel, E.C., Long, A.E., & Crimin, L.A. (2010). I-sharing and a classic conformity paradigm. *Social Cognition*, 28(3), 277–89.

15 Pinel, E.C., Long, A.E., & Crimin, L.A. I-sharing and a classic conformity paradigm. ; 또한 다음을 참조하라. Pinel, E.C., Long, A.E., Murdoch, E.Q., & Helm, P. (2017). A prisoner of one's own mind : identifying and understanding existential isolation. *Personality and Individual Differences*, 105, 54–63.

16 Graeupner, D., & Coman, A. (2017). The dark side of meaning-making : How social exclusion leads to superstitious thinking. *Journal of Experimental Social Psychology*, 69, 218–22 ; Poon, K.T., Chen, Z., & Wong, W.Y. (2020). Beliefs in conspiracy theories following ostracism. *Personality and Social Psychology Bulletin*, 46(8), 1234–46.

17 A summary of the survey results can be found on the Pew Research Center's website : https://www.pewresearch.org/global/wp-content/uploads/sites/2/2021/10/PG_2021.10.13_Diversity_Topline.pdf.

18 Pinel, E.C., Fuchs, N.A., & Benjamin, S. (2022). I-sharing across the aisle : can shared subjective experience bridge the political divide? *Journal of Applied Social Psychology*, 52(6), 407–13.

19 Montagu, M.W. (1837). *The Letters and Works of Lady Mary Wortley*

Montagu Volume III (p. 134). Richard Bentley.
20 Frimer, J.A., & Skitka, L.J. (2018). The Montagu Principle : incivility decreases politicians' public approval, even with their political base. *Journal of Personality and Social Psychology,* 115(5), 845.
21 Hessan, D. (2016). Understanding the undecided voters. *Boston Globe* : https://www.bostonglobe.com/opinion/2016/11/21/understanding-undecided-voters/9EjNHVkt99b4re2VAB8ziI/story.html.
22 Chen, F.S., Minson, J.A., & Tormala, Z.L. (2010). Tell me more : the effects of expressed interest on receptiveness during dialog. *Journal of Experimental Social Psychology,* 46(5), 850-3.
23 Yeomans, M., Minson, J., Collins, H., Chen, F., & Gino, F. (2020). Conversational receptiveness : improving engagement with opposing views. *Organizational Behavior and Human Decision Processes,* 160, 131-48.
24 Itzchakov, G., & Reis, H.T. (2021). Perceived responsiveness increases tolerance of attitude ambivalence and enhances intentions to behave in an open-minded manner. *Personality and Social Psychology Bulletin,* 47(3), 468-85 ; Reis, H.T., Lee, K.Y., O'Keefe, S.D., & Clark, M.S. (2018). Perceived partner responsiveness promotes intellectual humility. *Journal of Experimental Social Psychology,* 79, 21-33.
25 이츠하코프의 논문에서는 이들 연구를 상세히 설명할 뿐 아니라 결과에 대한 메타 분석도 하고 있어서 상당한 효과 규모가 확인된다. Itzchakov, G., Weinstein, N., Legate, N., & Amar, M. (2020). Can high quality listening predict lower speakers' prejudiced attitudes? *Journal of Experimental Social Psychology,* 91, 104022. 이 연구와 관련해서 더 많은 증거와 상세한 논의 내용을 원한다면 다음을 참조하라. Itzchakov, G., Reis, H.T., & Weinstein, N. (2022). How to foster perceived partner responsiveness : high-quality listening is key. *Social and Personality Psychology Compass,* 16(1), e12648.
26 Livingstone, A.G., Fernández Rodríguez, L., & Rothers, A. (2020). 'They just don't understand us' : the role of felt understanding in intergroup relations. *Journal of Personality and Social Psychology,* 119(3), 633.
27 Tucholsky, K. (1932). *Lerne lachen ohne zu weinen* (p. 148). Rowohlt.
28 Chang, C.H., Nastase, S.A., & Hasson, U. (2023). How a speaker herds the audience : Multi-brain neural convergence over time during naturalistic storytelling. *bioRxiv.* 다음에서 온라인으로 참조할 수 있다. https://www.ncbi.nlm.nih.gov/pmc/articles/PMC10592711.

29 이런 심리적 메커니즘에 관한 논의는 다음을 참조하라. Van Bavel, J.J., Reinero, D.A., Spring, V., Harris, E.A., & Duke, A. (2021). Speaking my truth : why personal experiences can bridge divides but mislead. *Proceedings of the National Academy of Sciences,* 118(8), e2100280118.

30 Kubin, E., Puryear, C., Schein, C., & Gray, K. (2021). Personal experiences bridge moral and political divides better than facts. *Proceedings of the National Academy of Sciences,* 118(6), e2008389118.

31 Kalla, J.L., & Broockman, D.E. (2020). Reducing exclusionary attitudes through interpersonal conversation : evidence from three field experiments. *American Political Science Review,* 114(2), 410−25.

32 Kubin, E., Puryear, C., Schein, C., & Gray, K. (2021). Personal experiences bridge moral and political divides better than facts.

33 Feygina, I., Jost, J.T., & Goldsmith, R.E. (2010). System justification, the denial of global warming, and the possibility of 'system-sanctioned change'. *Personality and Social Psychology Bulletin,* 36(3), 326−38.

34 Feinberg, M., & Willer, R. (2015). From gulf to bridge : when do moral arguments facilitate political influence?. *Personality and Social Psychology Bulletin,* 41(12), 1665−81 ; Feinberg, M., & Willer, R. (2019). Moral reframing : a technique for effective and persuasive communication across political divides. *Social and Personality Psychology Compass,* 13(12), e12501.

35 Horgan, J., Altier, M.B., Shortland, N., & Taylor, M. (2017). Walking away : the disengagement and de-radicalization of a violent right-wing extremist. *Behavioral Sciences of Terrorism and Political Aggression,* 9(2), 63−77.

36 De Vogue, A. Scalia-Ginsburg friendship bridged opposing ideologies.

37 Boden, A., & Slattery, E. (2022). What we can learn from Antonin Scalia and Ruth Bader Ginsburg's friendship. Pacific Legal Foundation : https://pacificlegal.org/antonin-scalia-and-ruth-bader-ginsburgs-friendship.

제12장

1 The Beatles Bible (2018). John Lennon and Paul McCartney consider appearing on Saturday Night Live. https://www.beatlesbible.com/1976/04/24/john-lennon-paul-mccartney-saturday-night-live-lorne-michaels.

2 White, R. *Come Together : Lennon and McCartney in the Seventies* (p. 7). Omnibus Press. Kindle Edition.

3   White, R. *Come Together* (p. 162).
4   Sample, I. (2018). 'Voodoo doll and cannibalism studies triumph at Ig Nobels'. *Guardian* : https://www.theguardian.com/science/2018/sep/14/voodoo-doll-and-cannibalism-studies-triumph-at-ig-nobels.
5   Schumann, K., & Walton, G.M. (2022). Rehumanizing the self after victimization : the roles of forgiveness versus revenge. *Journal of Personality and Social Psychology,* 122(3), 469.
6   Rasmussen, K.R., Stackhouse, M., Boon, S.D., Comstock, K., & Ross, R. (2019). Meta-analytic connections between forgiveness and health : the moderating effects of forgiveness-related distinctions. *Psychology & Health,* 34(5), 515–34. 또한 다음을 참조하라. Wade, N.G., & Tittler, M.V. (2019). Psychological interventions to promote forgiveness of others : review of empirical evidence. In Worthington Jr, E.L., & Wade, N.G. (eds), *Handbook of Forgiveness* (pp. 255–65). Routledge.
7   Messias, E., Saini, A., Sinato, P., & Welch, S. (2010). Bearing grudges and physical health : relationship to smoking, cardiovascular health and ulcers. *Social Psychiatry and Psychiatric Epidemiology,* 45, 183–7.
8   Howe, D. (2008). Forgive Me?. Greater Good Magazine : https://greatergood.berkeley.edu/article/item/forgive_me ; 또한 다음을 참조하라. McNulty, J.K. (2010). Forgiveness increases the likelihood of subsequent partner transgressions in marriage. *Journal of Family Psychology,* 24(6), 787 ; McNulty, J.K. (2011). The dark side of forgiveness : the tendency to forgive predicts continued psychological and physical aggression in marriage. *Personality and Social Psychology Bulletin,* 37(6), 770–83 ; Luchies, L.B., Finkel, E.J., McNulty, J.K., & Kumashiro, M. (2010). The doormat effect : when forgiving erodes self-respect and self-concept clarity. *Journal of Personality and Social Psychology,* 98(5), 734.
9   Curzer, H.J. (2012). *Aristotle and the Virtues* (p. 156). Oxford University Press.
10 이 문항들은 모두 데이턴 대학교의 마크 라이(Mark Rye) 연구진이 개발한 용서 척도에서 발췌한 것들이다. Worthington Jr, E.L., Lavelock, C., vanOyen Witvliet, C., Rye, M.S., Tsang, J.A., & Toussaint, L. (2015). Measures of forgiveness : Self-report, physiological, chemical, and behavioral indicators. In *Measures of personality and social psychological constructs* (pp. 474–502). Academic Press.
11 Rye, M.S., Loiacono, D.M., Folck, C.D., Olszewski, B.T., Heim, T.A.,

& Madia, B.P. (2001). Evaluation of the psychometric properties of two forgiveness scales. *Current Psychology,* 20, 260-77.
12. Wade, N.G., Hoyt, W.T., Kidwell, J.E.M., & Worthington, E.L. (2014). Efficacy of psychotherapeutic interventions to promote forgiveness : a meta-analysis. *Journal of Consulting and Clinical Psychology,* 82(1), 154-70.
13. Ho, M.Y., Worthington, E., Cowden, R., Bechara, A.O., Chen, Z.J., Gunatirin, E.Y., ... & VanderWeele, T. (2023). International REACH forgiveness intervention : a multi-site randomized controlled trial. 출판 전 논문을 다음에서 참조할 수 있다. https://osf.io/8qzgw.
14. McNeill, B. (2017). After four decades, Everett Worthington, leading expert on forgiveness, set to retire from VCU's Department of Psychology. VCUnews : https://news.vcu.edu/article/After_four_decades_Everett_Worthington_leading_expert_on_forgiveness ; Stammer. L. (2001). Complex Workings of Forgiveness. *Los Angeles Times* : https://www.latimes.com/archives/la-xpm-2001-jun-11-mn-9065-story.html.
15. Finkel, E.J., Slotter, E.B., Luchies, L.B., Walton, G.M., & Gross, J.J. (2013). A brief intervention to promote conflict reappraisal preserves marital quality over time. *Psychological Science,* 24(8), 1595-1601.
16. Huynh, A.C., Yang, D.Y.J., & Grossmann, I. (2016). The value of prospective reasoning for close relationships. *Social Psychological and Personality Science,* 7(8), 893-902.
17. Schumann, K. (2014). An affirmed self and a better apology : the effect of self-affirmation on transgressors' responses to victims. *Journal of Experimental Social Psychology,* 54, 89-96. 장기적 이득에 대해서는 다음에 보고되어 있다. Schumann, K., Ritchie, E.G., & Dragotta, A. (2021). Adapted self-affirmation and conflict management in romantic relationships. 출판 전 논문을 다음에서 참조할 수 있다. https://psyarxiv.com/j3hyk.
18. Webb, C.E., Rossignac-Milon, M., & Higgins, E.T. (2017). Stepping forward together : could walking facilitate interpersonal conflict resolution?. *American Psychologist,* 72(4), 374.
19. Schumann, K. (2018). The psychology of offering an apology : understanding the barriers to apologizing and how to overcome them. *Current Directions in Psychological Science,* 27(2), 74-8.
20. Leunissen, J.M., De Cremer, D., van Dijke, M., & Reinders Folmer, C.P. (2014). Forecasting errors in the averseness of apologizing. *Social Justice*

Research, 27(3), 322−39.
21 Carpenter, T.P., Carlisle, R.D., & Tsang, J.A. (2014). Tipping the scales : conciliatory behavior and the morality of self-forgiveness. *Journal of Positive Psychology*, 9(5), 389−401.
22 Leunissen, J.M., De Cremer, D., & Reinders Folmer, C.P. (2012). An instrumental perspective on apologizing in bargaining : the importance of forgiveness to apologize. *Journal of Economic Psychology*, 33, 215−22 ; Leunissen, J.M., De Cremer, D., Folmer, C.P.R., & Van Dijke, M. (2013). The apology mismatch : asymmetries between victim's need for apologies and perpetrator's willingness to apologize. *Journal of Experimental Social Psychology*, 49(3), 315−24.
23 Bippus, A.M., & Young, S.L. (2020). How to say 'I'm sorry:' ideal apology elements for common interpersonal transgressions. *Western Journal of Communication*, 84(1), 43−57 ; 또한 다음을 참조하라. Schumann, K. (2014). An affirmed self and a better apology : the effect of self-affirmation on transgressors' responses to victims. *Journal of Experimental Social Psychology*, 54, 89−96.
24 Frantz, C.M., & Bennigson, C. (2005). Better late than early : the influence of timing on apology effectiveness. *Journal of Experimental Social Psychology*, 41(2), 201−7.
25 Yu, A., Berg, J.M., & Zlatev, J.J. (2021). Emotional acknowledgment : how verbalizing others' emotions fosters interpersonal trust. *Organizational Behavior and Human Decision Processes*, 164, 116−35.
26 Forster, D.E., Billingsley, J., Burnette, J.L., Lieberman, D., Ohtsubo, Y., & McCullough, M.E. (2021). Experimental evidence that apologies promote forgiveness by communicating relationship value. *Scientific Reports*, 11(1), 1−14.
27 White, R. *Come Together* (p. 156).
28 White, R. *Come Together* (p. 222).
29 Billups, A. (2014). Paul McCartney Thankful for Repaired Friendship Before John Lennon's Death. *Time* : https://time.com/3622655/paul-mccartney-john-lennon-friendship.

결론
1 다음에서 인용했다. Herrmann, D. (1998). *Helen Keller : A Life* (p. 208). Knopf.

2   다음의 2번 연구를 참조하라. Liu, P.J., Rim, S., Min, L., & Min, K.E. (2023). The surprise of reaching out : appreciated more than we think. *Journal of Personality and Social Psychology,* 124(4), 754.
3   Pink, D. (2022). *The Power of Regret* (pp. 131-3). Canongate.
4   Harrison Warren, T. (2022). We're in a Loneliness Crisis : Another Reason to Get Off Your Smartphone. *New York Times* : https://www.nytimes.com/2022/05/01/opinion/loneliness-connectedness-technology.html.
5   Fault Lines (2022). A toxic feed : social media and teen mental health. Al Jazeera : https://www.aljazeera.com/program/fault-lines/2022/5/4/a-toxic-feed-social-media-and-teen-mental-health.
6   Bahrampour, T. (2021). Teens around the world are lonelier than a decade ago. The reason may be smartphones. *Washington Post* : https://www.washingtonpost.com/local/social-issues/teens-loneliness-smart-phones/2021/07/20/cde8c866-e84e-11eb-8950-d73b3e93ff7f_story.html.
7   Clark, J.L., Algoe, S.B., & Green, M.C. (2018). Social network sites and well-being : the role of social connection. *Current Directions in Psychological Science,* 27(1), 32-7.
8   Kumar, A., & Epley, N. (2021). It's surprisingly nice to hear you : misunderstanding the impact of communication media can lead to suboptimal choices of how to connect with others. *Journal of Experimental Psychology : General,* 150(3), 595.
9   Clark, J.L., Algoe, S.B., & Green, M.C. (2018). Social network sites and well-being : the role of social connection.
10 Agnew, C.R., Carter, J.J., & Imami, L. (2022). Forming Meaningful Connections Between Strangers in Virtual Reality : Comparing Affiliative Outcomes by Interaction Modality. *Technology, Mind, and Behavior.* Online only : https://doi.org/10.1037/tmb0000091.
11 레드클리프 대학교 학생들에게 보낸 1896년 4월 6일 자 편지에서 인용.

역자 후기

인간은 사회적 동물이고, 생존을 위해서 사회를 이루며 살도록 진화해왔다. 우리가 속한 집단이 크든 작든 우리는 모두 그 안에서 다른 사람들과 관계를 맺으며 산다. 싫든 좋든 간에 우리는 어떤 형태로든 서로 연결되어 있다. 그러니 우리의 행복한 삶을 위해서 이런 연결관계를 어떻게 유지하느냐가 중요한 문제이다.

먼저, 이 책을 펼치며 사회적 단절은 불행의 씨앗이라는 진리를 새삼 되새긴다. 아무리 내성적이고 혼자 있는 것이 편한 사람이라도 외로움은 즐기기 힘든 감정이다. 우리는 생존을 위해서 그렇게 진화되었기 때문이다. 저자는 이런 사실을 흥미로운 과학적 증거들로 뒷받침하고 있다. 제시된 연구 결과와 데이터들을 보면, 외로움이 건강과도 직결된 문제라는 것에 고개가 끄덕여진다.

그렇다면 바람직한 사회적 연결을 이루려면 어떻게 해야 할까? 저자는 여러 심리학 개념과 이론, 연구 결과들을 제시하면서 13가지의 연결의 법칙을 제안한다. 이를 두고 혹자는 지극히 상식적인 내용이 아닐까 짐작할지도 모른다. 그러나 저자가 소개하는 연구 결과들은 평범한 우리가 모르고 있던 편향된 사고방식과 잘못된 직관을 지적

해준다. 실제로 본문에서 실험 결과를 설명할 때에는 "우리의 생각보다"라는 표현이 자주 등장한다.

기본적으로 저자는 선한 눈으로 인간의 선한 면을 들여다보는 사람 같다. 물론 이 책을 처세술 차원에서 인맥 관리를 위해 읽을 수도 있겠다. 그러나 저자는 좋은 인간관계, 좋은 사회적 연결, 좋은 건강, 좋은 삶, 좋은 세상에 방점을 둔다. 연민, 배려, 역지사지의 자세로 상대방을 대하면 좋은 관계가 유지되지 않을 수 없을 것이다. 당장은 참고 손해 보느라 호구가 되는 것 같더라도 눈앞의 이익이나 감정에 치우치지 않는다면, 장기적으로는 최후의 승자가 될 것이다.

저자는 과학 전문 저널리스트로서 자신이 정리한 13가지의 연결의 법칙을 탄탄한 데이터와 검증된 연구 결과로 증명할 뿐 아니라, 장을 마무리할 때마다 친절하게도 핵심 정리와 행동 전략까지 안내해준다. 그의 친절에 보답하듯이, 당장 일상생활 속에서 실행에 옮겨보고 싶다.

2025년 여름

김수진

인명 색인

고프닉 Gopnik, Alison 266
괴테 Goethe, Johann Wolfgang von 196
구 Gu, Yumeng 179-180
그랜트 Grant, Naomi 170-171
그로밋 Gromet, Dena 206, 208
(루스 베이더) 긴즈버그 Ginsburg, Ruth Bader 299-300, 324
(요시) 긴즈버그 Ghinsberg, Yossi 27-28, 51, 54
길레스피 Gillespie, Alex 84-85
길로비치 Gilovich, Thomas 118, 120
길버트 Gilbert, Paul 295

노스코트 Northcote, James 138-139
노턴 Norton, Grace 271, 273, 285, 296-297
뉴턴 Newton, Isaac 41-42, 196
니야 유 新谷優 260-263, 265
니체 Nietzsche, Friedrich Wilhelm 238
닌 Nin, Anaïs 78-79

다이애나(왕세자비) Princess of Wales Diana 203-204

단테 Dante, Alighieri 167
더닝 Dunning, David 228
던건 Dungan, James 273
던 Dunn, Elizabeth 87
델로치 DeLoach, Cartha 110
뒤르켐 Durkheim, Émile 69
드웩 Dweck, Carol 105

라 보에티 La Boétie, Étienne de 65
라 브뤼예르 La Bruyère, Jean de 233
라우 Lau, Becky Ka Ying 125
라이프니츠 Leibniz, Gottfried Wilhelm 41
랜디 Landy, David 259-260, 264
러바인 Levine, Emma 213, 215
레넌 Lennon, John 327-329, 351
레러 Lehrer, Jim 211
레이건 Reagan, Ronald 300
레첵 Reczek, Rin 158
레토 Leto, Jared 223
로드 Lorde, Audre 158
로버츠 Roberts, Annabelle 233-235, 237
로빈스 Robbins, Jerome 43
로스탕 Rostand, Edmond 83

421

로시냐-밀론 Rossignac-Milon, Maya 61-62, 64-65, 71, 146
로크 Locke, John 41
롤링 Rowling, J. K. 242
루이스 Lewis, C. S. 29
류보머스키 Lyubomirsky, Sonja 97
류 Liu, Peggy 358
르윈스키 Lewinsky, Monica 211
리스 Reese, Elaine 281
리앙 Liang, Lindie 330-331

마골리스 Margolis, Seth 97
마이클스 Michaels, Lorne 327-328
마키아벨리 Machiavelli, Niccoló 172
마투스 Matos, Marcela 295
매카트니 McCartney, Paul 327-329, 351
매캐덤스 McAdams, Dan 280
매케인 McCain, John 28
맥팔랜드 McFarland, Daniel 146
모레 Moré, Gonzalo 78
모어 More, Thomas 213
몬터규 Montagu, Mary Wortley 309
몽테뉴 Montaigne, Michel de 65, 79

바레켓-보즈멜 Bareket-Bojmel, Liad 168
바이든 Biden, Joe 57
버크먼 Berkman, Lisa 30-31, 45
번스타인 Bernstein, Leonard 43
보슬리-스미스 Bosley-Smith, Emma 158
본스 Bohns, Vanessa 173-174, 250-253, 267
볼프 Wolf, Wouter 90

부스비 Boothby, Erica 17-19, 88-90, 173-174
브라운 Brown, Brené 209
브레슬로 Breslow, Lester 29-30
블레지메르 Blésimaire, Jean Anthime Grégoire de 196
비테 Witte, Karl 196

사이먼턴 Simonton, Dean 41-42
사임 Syme, Leonard 30-31, 45
샌드스트롬 Sandstrom, Gillian 87, 96
샌체즈 Sanchez, Kiara 157-158
설리번 Sullivan, Anne 13-14, 16, 355, 358
셰익스피어 Shakespeare, William 14, 226
손드하임 Sondheim, Stephen 43
쇼펜하우어 Schopenhauer, Arthur 195-196, 220
슈뢰더 Schroeder, Juliana 85-86, 99
슈만 Schumann, Karina 333, 335, 345
슐렝커 Schlenker, Barry 227
(패티) 스미스 Smith, Patti 71, 79
(프레드) 스미스 Smith, Fred 71-72
스캘리아 Scalia, Antonin 299-300, 324-325
스키트카 Skitka, Linda 310
스탈린 Stalin, Iosif Vissarionovich 316
스탕달 Stendhal 138
스트리프 Streep, Meryl 224
슬래처 Slatcher, Robert 155
슬레피언 Slepian, Michael 199-202
시니어 Senior, Jennifer 300

(아서) 아론 Aron, Arthur 72, 149, 152–155
(일레인) 아론 Aron, Elaine 72
아리스토텔레스 Aristoteles 54, 336
아버 Arbor, Ann 287
아시 Asch, Solomon 301–304
아이젠버거 Eisenberger, Naomi 39
애스토 Astor, William Backhouse 196
앨고 Algoe, Sara 182–184, 186
에라스뮈스 Erasmus, Desiderius 213
에얄 Eyal, Tal 131–132
에플리 Epley, Nicholas 85–86, 99, 174–175, 178
오바마 Obama, Barack 310
오베이스 Oveis, Christopher 179–180
오스틴 Austen, Jane 82
왁스 Wax, Ruby 102
워딩턴 Worthington, Everett 339–340
워즈워스 Wordsworth, William 41, 138
월턴 Walton, Gregory 333, 335
웨스트 West, Rebecca 137
윈프리 Winfrey, Oprah 181
윌터머스 Wiltermuth, Scott 70
이나가키 Inagaki, Tristen 256–257
이스트윅 Eastwick, Paul 74
이츠하코프 Itzchakov, Guy 315

자오 Zhao, Xuan 174–175
제나로 Gennaro, Peter 43
(윌리엄) 제임스 James, William 361
(헨리) 제임스 James, Henry 271–273, 285, 296–297
제커 Jecker, Jon 259–260, 264
존슨 Johnson, Samuel 176
지드 Gide, André 199

찰스 3세 Charles III 203
첸 Chen, Frances 312

카너먼 Kahneman, Daniel 19
카네기 Carnegie, Dale 129
케인 Cain, Susan 98
켈러 Keller, Helen 13–14, 16, 355–356, 358
코베인 Cobain, Kurt 199
(셸던) 코언 Cohen, Sheldon 31
(타야) 코언 Cohen, Taya 213, 215
코티 Corti, Kevin 84–85
콜리지 Coleridge, Samuel Taylor 138
쿠니 Cooney, Gus 18–19, 88–90, 159, 162–163
쿠마르 Kumar, Amit 178
크로스 Kross, Ethan 286–287, 289
크루거 Kruger, Justin 228
(빌) 클린턴 Clinton, Bill 211–212, 300
(힐러리) 클린턴 Clinton, Hillary 310–311
키사르 Keysar, Boaz 122, 126

투홀스키 Tucholsky, Kurt 316–317
트럼프 Trump, Donald 57, 310–311
트웨인 Twain, Mark 14

파스칼 Pascal, Blaise 244
파킨슨 Parkinson, Carolyn 66–67
포 Poe, Edgar Allan 118
프랭클린 Franklin, Benjamin 246–247, 259, 269
프로닌 Pronin, Emily 206, 208
프로이트 Freud, Sigmund 275–276

플라스 Plath, Sylvia 53−54, 76, 79, 137
피넬 Pinel, Elizabeth 56−59, 64, 305

하임리히 Heimlich, Henry J. 249
해즐릿 Hazlitt, William 138−139, 160, 176
핼리 Halley, Edmund 41−42
헤겔 Hegel, Georg Wilhelm Friedrich 195
헨리 8세 Henry VIII 213
호건 Horgan, John 322
호런스 Hoorens, Vera 229−230
홀트-룬스태드 Holt-Lunstad, Julianne 32−33, 44, 46−48
황 Huang, Karen 139−140, 142
후버 Hoover, John Edgar 109−110, 125
히스 Heath, Chip 70